CAPES de Lettres modernes 2024

Tout le programme de littérature française en un volume

Alain Corbellari
Lisa Pochmalicki
Éric Tourrette
Jean-Paul Sermain
Antoine Piantoni
Magali Rabot

coordonné par

Jean-Michel Gouvard

Professeur de Littérature française à l'Université de Bordeaux Montaigne
Associate Fellow à l'Institute of Modern Languages Research, University of London

ellipses

Mise en pages : Anne-Florence BUYS

ISBN 9782340-079359

8/10 rue la Quintinie 75015 Paris

www.editions-ellipses.fr

Auteurs divers
Fabliaux

par Alain Corbellari

« L'humour est une chose trop sérieuse pour la confier à des rigolos. »

(Marcel Gotlib)

L'édition de référence du concours est :

Fabliaux du Moyen Âge, édition de Jean Dufournet, Paris, GF, 2014.

Lors de leur première mention dans la présente étude, les textes qui figurent dans l'anthologie Dufournet sont suivis de leur numéro d'ordre dans cette édition (par ex. D VIII pour *Estula*) ; ceux qui n'y figurent pas mais sont comptabilisés dans le *Nouveau Recueil Complet des Fabliaux* sont suivis de leur numéro d'ordre dans cette publication (par ex. NRCF 124 pour *Trubert*) ; aucune référence spéciale n'est fournie par ailleurs pour les autres textes médiévaux cités. Par commodité, tous les titres sont transcrits en français moderne.

Introduction

Les fabliaux : aussitôt ce mot prononcé, c'est un tout parfum de bonne humeur fleurant bon la vieille France qui vient à l'esprit du lecteur alléché. Et certes, il ne s'agira pas ici de démentir cette heureuse réputation attachée aux contes à rire de la littérature médiévale. On aimerait cependant aller un peu plus loin que cette caractérisation simpliste et réductrice qui laisse entendre que les fabliaux ne seraient que l'enfance de l'humour et que ce sont les conteurs postérieurs, Boccace, Chaucer, Rabelais, qui auraient donné ses lettres de noblesse au rire dans la littérature européenne. Certes, ces grands auteurs ont su faire fructifier l'héritage des fabliaux, dont ils se sont nourris, mais les contes français des XIIe et XIIIe siècles méritent bien d'être envisagés pour eux-mêmes, car ils ne manquent ni toujours de subtilité, ni de bonheurs d'écriture, ni d'un sens aigu des travers et des ridicules de la condition humaine. Première expression écrite dans l'Occident moderne d'une veine comique que l'Antiquité n'avait, curieusement, qu'assez parcimonieusement exploitée sous forme narrative, alors que tout donne à penser que certaines des situations qu'ils exploitent remontent à des archétypes oraux immémoriaux, les fabliaux constituent un corpus riche de quelque 150 textes conservés. Ceux-ci entretiennent avec d'autres genres littéraires des relations complexes qui touchent bien sûr au comique, mais également à la satire, à l'allégorie et même à la littérature moralisante. Étudier les fabliaux c'est ainsi entrer dans l'intimité de la création littéraire du Moyen Âge central, en un temps où styles et sujets ne sont pas encore cloisonnés comme ils le deviendront à l'époque classique. Évoquant tous les états de la société, des plus humbles paysans aux aristocrates les plus raffinés, parodiant les récits à la mode et usant d'une très grande variété de thèmes, au sein desquels les histoires de maris cocus, souvent mises en exergue, ne forment qu'un groupe parmi d'autres, les fabliaux se situent également au carrefour des croyances médiévales : à travers eux, les pensées les plus hétérodoxes trouvent une expression, certes souvent détournée, mais malgré tout transparente à qui sait les lire. Leur axiologie n'en est pas plus claire pour autant. Tour à tour, voire simultanément, réactionnaires et subversifs, ils ne distillent pas que la bonne humeur, et un certain malaise peut parfois sourdre de leurs narrations, tant celles-ci affichent une liberté de ton et de pensée dont les échos sont encore perceptibles pour les lecteurs d'aujourd'hui.

Redécouverts et édités au XVIIIe siècle, qui y trouve un alibi ancestral et « gaulois » à sa frivolité, regardés avec une certaine suspicion par un XIXe siècle plus corseté qui hésite à leur accorder la consécration de l'étude scientifique, objets, au XXe siècle, d'une attention à la fois soutenue (ils sont de toutes les anthologies) et un peu distraite (on verra que leur fortune dans la critique française moderne a connu un parcours en dents de scie), les fabliaux restent incontournables lorsque l'on parle de littérature médiévale. Toutefois, s'il existe des sociétés savantes internationales dédiées aux chansons de geste, au roman arthurien, à la littérature courtoise, à la littérature du moyen français, et même à des auteures particulières comme Marie de France ou Christine de Pizan, il est frappant que la Société *Reinardus*, censée couvrir le domaine des fables, des branches renardiennes et des fabliaux n'accorde qu'une place extrêmement congrue à ce dernier genre, la littérature animalière s'y taillant – c'est le cas de le dire ! – la part du lion. Bien sûr, avec le temps, la bibliographie des fabliaux, enrichie par les médiévistes allemands, italiens et anglo-saxons autant sinon plus que par les Français, est devenue confortable et des projets de vaste envergure, touchant aux manuscrits, à l'exégèse, mais aussi à l'édition électronique du corpus fabliesque, sont actuellement en cours. Souhaitant présenter dans toute son ampleur diachronique les résultats de la recherche sur les fabliaux, la présente synthèse aimerait ainsi fournir le plus large éventail possible des problèmes posés par ce genre faussement simple mais authentiquement divertissant.

I

Contextes

1. La production des fabliaux

1.1. Leur nom

Le mot *fabliau* a la particularité d'être un dialectalisme picard. En ancien français central, le terme devrait être *fableau* ou *fablel*, mais ces dernières graphies, surtout la première, restent très minoritaires, et l'habitude s'est rapidement prise de désigner les contes à rire médiévaux sous leur appellation la plus usuelle qui en dessine, en même temps, l'aire de diffusion privilégiée. Rappelons que si, au XIIe siècle, le dialecte anglo-normand était, en raison de l'importance du mécénat des souverains anglais et de leurs vassaux continentaux, dominant dans la production littéraire française, la conquête de la plupart des territoires français de Jean sans Terre par Philippe Auguste au tout début du XIIIe siècle avait, en marginalisant l'influence du français insulaire, permis l'émergence d'une nouvelle zone de création et d'innovation littéraire : le Nord de la France, où allait se développer un mécénat urbain favorable à des genres nouveaux destinés à concurrencer ceux, plus traditionnels, de la chanson de geste et du roman chevaleresque. Notons que le genre est pour ainsi dire inconnu de la littérature d'oc[1] et que la seule localité du Sud de la France à être mentionnée dans notre corpus est Montpellier, où se déroule *Le Vilain ânier* (NRCF 92), sans doute parce qu'il était plus vraisemblable de situer une « rue aux épices » dans une ville proche de la Méditerranée plutôt qu'en Picardie.

Quand, en 1893, dans le premier livre scientifique consacré aux fabliaux, Joseph Bédier opta pour la forme picarde, déjà canonique, du mot, certains érudits posi-

1. Dans le tout petit corpus (moins de vingt œuvres) qui constitue l'ensemble de la production narrative dans la littérature occitane médiévale, on peut à la rigueur considérer la *novas* (« nouvelle ») de *Castia Gilous* (« le jaloux puni ») comme une sorte de fabliau, mais c'est bien là le seul texte occitan que l'on pourrait classer dans cette catégorie.

tivistes ne manquèrent pas de le lui reprocher : n'aurait-on pas dû utiliser la forme « standard » ? L'usage, heureusement, prévalut, mais avec cette petite particularité que si le terme médiéval était dissyllabique (n'entretenant qu'un écart minimal avec *fableau*), il est devenu trisyllabique en français moderne.

Le *fabliau* serait donc une « petite fable ». Mais une *fable* est courte par définition, et dès le XIIe siècle, même si certains fabliaux peuvent être occasionnellement traités de « fables » (comme, par exemple *Haimet et Barat* – D IV), ce terme s'applique déjà préférentiellement aux apologues animaliers de la descendance d'Ésope et de Phèdre. Douin de Lavesne, auteur de *Trubert* (NRCF 124), qui est de loin le plus long des fabliaux (il fait 3 000 vers alors que les autres représentants du genre ne dépassent pratiquement jamais les 1 000 vers), introduit son texte en précisant que « dans les fabliaux il doit y avoir des fables » et que son récit porte donc à juste titre l'appellation de « fabliau ». Certes, cette revendication peut trouver une justification dans le fait que *Trubert* comprend une série d'épisodes qui, même si la progression dramatique du récit est soigneusement dosée, pourraient presque être isolés pour former des fabliaux indépendants ; mais cet usage englobant du terme reste atypique. Dans le corpus fabliesque, d'ailleurs, les textes enchaînant plusieurs récits sont l'exception : on peut citer *Richeut*, *Aubérée* (NRCF 4) et *Les Trois Dames qui trouvèrent l'anneau* (NRCF 11). Dans l'immense majorité des cas, les fabliaux nous racontent des anecdotes aussi ramassées que rondement menées et ne dépassent généralement pas les 300 ou 400 vers.

Il est vrai que, constatant la présence de la forme *flabel* dans quelques-uns des plus anciens textes de notre corpus, Luciano Rossi a été tenté de proposer une autre hypothèse étymologique[1], à partir du mot *flabellum*, « grand éventail garni de feuilles », parce que les récits comiques seraient comparables à un vent dérisoire ; à l'appui de cette idée le chercheur italien rappelle l'étymologie de *fou* (*follis*, « ballon ») et de l'italien *buffo* (d'une onomatopée imitant le souffle). Cependant, la fréquence des métathèses dans les graphies médiévales (ici *flabel* pour *fablel*) fragilise cette hypothèse qui n'a généralement pas été retenue par les spécialistes de l'ancien français.

1.2. Leurs manuscrits

Les fabliaux nous ont été transmis dans de nombreux manuscrits dont l'étude attentive est particulièrement instructive. Pendant longtemps, cependant, les érudits ne se sont pas beaucoup intéressés à cette question, se contentant de constater que les fabliaux avaient tendance à être copiés dans de vastes recueils collectifs. Mais en 1960, Jean Rychner, désireux de descendre « jusque dans la

1. Luciano Rossi, « Observations sur l'origine et la signification du mot flabel », *Romania*, 117, 1999, p. 342-362.

vie réelle des œuvres[1] », a fait observer que certains récits copiés dans plusieurs manuscrits étaient sensiblement différents d'une version à l'autre : plus ou moins soignés, plus ou moins adaptés à des publics spécifiques, les fabliaux se révélaient malléables, et l'étude de leurs divergences mettait en pièce les théories antérieures voulant en faire l'expression d'une classe sociale particulière. Bédier avait en effet jugé qu'ils étaient un exemple typique de littérature « bourgeoise », par opposition à la littérature « courtoise », tandis que, prenant le contre-pied de cette opinion, Per Nykrog avait au contraire défini, en 1957, le fabliau comme un « burlesque courtois[2] », en faisant en particulier très justement observer que l'octosyllabe des fabliaux ressemblait souvent à s'y méprendre à celui du roman courtois. Jean Rychner renvoyait les deux thèses dos-à-dos en montrant que les manuscrits de fabliaux témoignaient de destinations extrêmement diverses et que toute généralisation en la matière était impossible. De surcroît, pour achever de brouiller les cartes, on admettra volontiers que les seigneurs aient pu prendre plaisir aux contes gras, et l'on sait par ailleurs que bien des bourgeois médiévaux affichaient par snobisme des goûts culturels aristocratiques.

Rychner montrait également que, contrairement à une idée reçue, les copistes n'avaient pas toujours tendance à enjoliver et améliorer les textes qu'ils transmettaient : les versions de certains fabliaux apparaissent même si squelettiques que l'on est obligé de constater que les copistes des manuscrits les plus humbles font parfois preuve d'une évidente négligence.

Quoi qu'il en soit, 42 manuscrits contiennent de un à 58 textes considérés comme des fabliaux par l'actuelle édition de référence du *Nouveau recueil complet des fabliaux* (NRCF). On n'en fournira pas ici la liste complète, due à Nykrog qui a eu la bonne idée de les désigner par les lettres de l'alphabet, dans l'ordre descendant du plus riche au plus pauvre en fabliaux. Comme cette liste est reproduite dans tous les tomes du NRCF, on se contentera de citer les six manuscrits offrant les collections les plus riches :

- A : Paris Bibliothèque nationale, fonds français 837 : 58 fabliaux
- B : Berne, Burgerbibliothek, manuscrit français 354 : 41 fabliaux
- C : Berlin, Deutsche Staatsbibliothek, Hamilton 257 : 31 fabliaux
- D : Paris Bibliothèque nationale, fonds français 19152 : 26 fabliaux
- E : Paris Bibliothèque nationale, fonds français 1593 : 23 fabliaux
- F : Paris Bibliothèque nationale, fonds français 12603 : 14 fabliaux

1. Jean Rychner, *Contribution à l'étude des Fabliaux. Variantes remaniements dégradations*, Neuchâtel, Faculté des Lettres, Genève, Droz, 1960 t. I, p. 7.

2. Per Nykrog, *Les Fabliaux*, Genève, Droz 1973², p. 104.

Le manuscrit A ne comprend que des textes brefs, mais il mêle fabliaux et textes édifiants : on est tenté d'en faire une lecture où textes comiques et sérieux se répondraient en un subtil contrepoint, mais les tentatives de systématiser cette hypothèse n'ont pour l'instant donné que des résultats mitigés. C'est également dans ce manuscrit que l'on trouve la plus grande collection d'œuvres de Rutebeuf.

Le manuscrit B présente l'originalité de se terminer par une copie du *Conte du graal* de Chrétien de Troyes. Il comprend également, au milieu des fabliaux, une fameuse version de l'épisode de *La Folie Tristan*, bien connue des tristaniens sous le nom de *Folie de Berne*. Ici encore, les propositions de comprendre les textes comiques en référence aux textes arthuriens restent sujettes à débat.

Le manuscrit C est étonnamment bref : alors que les autres recueils importants comprennent de 205 (D) à 524 (J) folios, C ne compte que 64 folios (et ne devait en avoir que 97 à l'origine) : Jean Rychner en estimait le copiste « peu doué et fidèle[1] » et a eu la surprise de retrouver sa main dans le manuscrit E.

La bigarrure des autres recueils est également patente, et l'on notera que bien des textes proches des fabliaux « officiels », mais non retenus par les répertoires modernes, s'y retrouvent avec prédilection. On notera que sept de ces manuscrits contiennent également les fables de Marie de France et cinq (mais, à l'exception du manuscrit D, pas les mêmes) la collection d'*exempla* de la *Disciplina clericalis*. L'hypothèse la plus simple est que ces recueils, tous assez copieux, étaient destinés à l'agrément de commanditaires aimant diversifier leurs lectures et qui – la remarque est peut-être plus intéressante car elle pourrait dire quelque chose sur l'état d'esprit des lecteurs médiévaux – ne voyaient pas d'hiatus rédhibitoire entre des textes lestes, voire scabreux, et des récits destinés à leur édification morale. L'idée moderne d'une séparation non seulement des genres mais aussi des registres ne les effleurait visiblement pas. Cependant des recherches plus récentes ont tenté de dépasser ce constat, et l'on dispose aujourd'hui, dans la lignée des travaux fondateurs de Keith Busby sur la contextualisation des manuscrits[2] d'études très détaillées sur la plupart des recueils de fabliaux[3].

En tout état de cause, la masse manuscrite des fabliaux n'est pas énorme : compte tenu du fait que l'on peut hésiter, dans certains cas, à considérer comme indépendantes certaines versions proches d'une même intrigue, on peut estimer (ce sont en tout cas les chiffres qui se dégagent de la table du NRCF) que 66 textes (c'est-à-dire la moitié du corpus) ne sont connus qu'à un exemplaire, 24 à deux, 12 à trois, 10 à quatre, 6 à cinq, 5 à six, 3 à sept et un (*Aubérée*) à huit exemplaires.

1. J. Rychner, *op, cit.*, t. I, p. 139.

2. Keith Busby, *Codex et contexte: lire la littérature médiévale dans les manuscrits*, traduit de l'anglais par Laurent Brun, Corinne Denoyelle, Thierry Lorée et Lukas Ovrom, Classiques Garnier, 2022 (original anglais : 2002).

3. Voir Olivier Collet, Fanny Maillet et Richard Trachsler (éds), *Lire en contexte: enquête sur les manuscrits de fabliaux*, n° thématique de la revue *Études françaises*, 48, 2012.

Dans ces conditions, et comme un très grand nombre de manuscrits médiévaux sont irrémédiablement perdus, on peut se poser la question de savoir si beaucoup de fabliaux ont disparu corps et biens : Bédier estimait que c'était probablement le cas ; Nykrog, qui, en revanche, avait tendance, comme on l'a déjà signalé, à rehausser le statut littéraire du genre, pensait à l'inverse que nous avions conservé l'essentiel des versions jugées dignes d'être mises par écrit. Il en donnait pour argument le fait que nous n'avons guère conservé de titres qui correspondraient à des fabliaux disparus. Mais comme les allusions externes aux fabliaux restent de toute façon rares dans la littérature médiévale, le débat n'est, aujourd'hui encore, toujours pas tranché.

1.3. Leurs auteurs

Un tiers des fabliaux sont signés, ce qui est une proportion tout à fait honorable pour la littérature en ancien français, dans laquelle l'anonymat reste majoritaire jusqu'à la fin du XIIIe siècle.

On a voulu distinguer parmi les noms apparaissant généralement dans les prologues de nos textes, mais aussi parfois dans la conclusion, voire au détour d'une phrase, divers types d'écrivains : certains fabliaux seraient dus à de simples « jongleurs » (on parlerait aujourd'hui de « compositeurs-interprètes »), d'autres à des clercs ou à des auteurs plus professionnels et raffinés. En réalité, toute inférence est douteuse et même les noms rendus célèbres par la qualité ou la variété des productions qui leur sont associées ne renvoient qu'à des personnages sur lesquels on ne sait généralement rien de plus que ce que nous disent leurs œuvres mêmes.

Le plus ancien auteur de fabliau identifié semble bien être l'Arrageois Jean Bodel, auteur fameux de la chanson de geste des *Saisnes* (c'est-à-dire des « Saxons »), de la première pièce de théâtre semi-profane de la littérature française, le *Jeu de saint Nicolas*, du premier *Congé d'Arras* (poème d'adieu écrit au moment où il se serait retiré dans une léproserie) et de quelques pastourelles. Certains manuscrits l'appelant Bedel, on a pu se demander s'il s'agissait bien toujours du même auteur, mais un consensus s'est fait aujourd'hui pour considérer que tel est bien le cas. Il n'en est pas moins remarquable que dans le fameux prologue de la *Chanson des Saisnes*, Jean Bodel divise en trois « matières » (de Bretagne, de Rome et de France) les possibles de la littérature narrative de son temps sans évoquer les genres comiques et que le mot « fabliau » n'apparaisse que quelques vers plus loin pour désigner des textes frivoles et dépourvus de valeur auquel s'opposerait la noble « chanson » que le trouvère va nous conter. Mais il s'agit sans doute là d'une dénégation rhétorique et circonstancielle destinée à souligner le fait que Bodel s'occupe en cet endroit de littérature « sérieuse » ; en effet, on possède de lui neuf fabliaux parmi les plus vifs et les plus réussis du genre qui rendent invraisemblable l'idée qu'il aurait méprisé tout ce pan de sa production : ces textes, qui font de lui, sous bénéfice d'inventaire, l'auteur de fabliaux le plus prolifique, ont probablement été écrits entre la fin du XIIe siècle et les premières années du XIIIe, compte tenu du fait que – renseignement exceptionnel pour un auteur médiéval, et que l'on doit en l'occurrence au *Nécrologe de la confrérie des jongleurs et bourgeois d'Arras* – nous savons la date exacte de la mort de Bodel : 1210.

À l'autre extrémité de l'histoire du genre, on trouve Jean de Condé, auteur des *Braies du prêtre* (NRCF 115) et Watriquet de Couvins, auteur des *Trois Chanoinesse de Cologne* (NRCF 121) et des *Trois Dames de Paris* (NRCF 122), dont l'anecdote est précisément datée de 1320. Le caractère isolé de ces textes au sein de la production plus raffinée de ces deux écrivains, dont l'œuvre est en effet essentiellement constituée de dits moralisants et allégoriques et que l'on considère généralement comme les ultimes auteurs de fabliaux en ancien français, au moment où la langue est en train de basculer vers le moyen français, semble bien signaler l'épuisement du genre.

Entre ces deux bornes de la fin du XIIe et du début du XIVe siècle, les autres auteurs sont particulièrement difficiles à dater et on les situe souvent sans beaucoup d'autres précisions au milieu du XIIIe siècle. Certaines personnalités se détachent cependant : Gautier le Leu, auteur de dix textes, il est vrai inégalement considérés comme des fabliaux par les divers répertoires, s'avère un auteur particulièrement cruel et antireligieux ; Garin, avec six fabliaux, est après Gautier le Leu et Jean Bodel, dont il est proche par la vivacité et par l'esprit, le troisième auteur le plus abondant du genre ; Haiseau, dont Bédier qualifie la manière de « rapide, fruste, brutale[1] » nous en laissé quatre. Beaucoup d'auteurs ne sont attestés que par un seul texte : Eustache d'Amiens a écrit *Le Boucher d'Abbeville* (D VI), Courtebarbe *Les Trois Aveugles de Compiègne* (D XVII), Durand *Les Trois Bossus ménestrels* (NRCF 47), Enguerrand d'Oisy *Le Meunier d'Arleux* (NRCF 110), Douin de Lavesne *Trubert*. Parmi les auteurs dont la production offre une certaine variété d'inspiration figure Huon le Roi, connu pour six textes – si du moins les appellations qui le désignent (on trouve aussi Huon Le Roi de Cambrai ou simplement le Roi de Cambrai) renvoient bien à la même personne. En tout état de cause, seule sa version de *La Malle Honte* (D X) est indubitablement un fabliau ; son *Vair palefroi*, conte courtois contant l'histoire d'un cheval bien dressé qui réunit des amants séparés, n'a été retenu comme fabliau, parmi les modernes, que par Bédier ; et les autres textes qu'on lui attribue sont carrément des textes de dévotion. Huon Piaucele, auteur d'*Estormi* (D XV) et de *Sire Hain et dame Anieuse* (NRCF 5), lui a même parfois été identifié, mais cette possibilité est aujourd'hui généralement abandonnée. Philippe de Rémy, sire de Beaumanoir, auteur de deux romans, *La*

1. Joseph Bédier, *Les Fabliaux*, Champion, 1894, p. 481.

Manekine et *Jehan et Blonde*, est l'auteur d'un fabliau particulièrement moral qui se situe aussi aux frontières du genre, *La Folle Largesse*. Quant à Rutebeuf, plus connu pour ses dits politiques, satiriques et « personnels », il nous a laissé quatre fabliaux, qui ont pu embarrasser la critique, car ils ne figurent pas parmi les mieux enlevés et dénotent volontiers une tendance à la satire, généralement étrangère à la veine fabliesque. *Frère Denise* (NRCF 56) comprend même une longue et virulente diatribe contre les ordres mendiants qui, certes, ne nous étonne pas de la part de notre auteur, mais n'en tranche pas moins avec l'*ethos* peu politisé des fabliaux. Tout se passe comme si Rutebeuf n'avait usé ici de la forme fabliau que comme prétexte à épancher son animosité coutumière contre les Cordeliers.

On citera enfin un cas de paternité plutôt douteux : Jean Dufournet, dans son édition, n'hésite en effet pas à présenter comme auteur de *Boivin de Provins* (D XIV)… le protagoniste-titre lui-même, dont le dernier vers du conte nous dit qu'il « fit ce fabliau à Provins ». Mais il est plus vraisemblable (et c'était déjà l'opinion de Bédier) que cette mention finale ne soit qu'une simple pirouette destinée à accréditer la véridicité de l'histoire en la présentant comme un compte rendu autobiographique ou autofictionnel. À la fin de son *Lai du Chèvrefeuille* Marie de France nous présente semblablement le héros de son récit, qui n'est autre que Tristan, comme le premier auteur du texte qu'elle nous transmet, mais aucun exégète moderne n'a publié le texte en l'attribuant à l'amant d'Iseut ! Le cas de Boivin semble donc plutôt illustrer une forme de mise en abyme ou de métalepse : le protagoniste n'en deviendrait subrepticement l'auteur que par un artifice rhétorique brouillant les limites de la réalité et de la fiction. À moins que « faire le fabliau » ne signifie, en l'occurrence, tout simplement « jouer un bon tour », ce qui, en fait, reviendrait un peu au même.

2. Définir le fabliau

2.1. Éditions et répertoires

La première entreprise moderne d'édition des fabliaux remonte à 1756 : cette année-là, l'érudit Étienne Barbazan (1696-1770) publie trois petits volumes comprenant 55 textes, qui seront complétés en 1808 puis en 1823 par Dominique Martin Méon (1748-1829). En 1779, Pierre Jean-Baptiste Legrand d'Aussy (1737-1800) édite ses *Fabliaux ou Contes, Fables et Romans en Vers du XII*[e] *et XIII*[e] *siècles*. Le succès est tel qu'une nouvelle édition augmentée paraît dès 1781, qu'on en adapte certains à la manière de La Fontaine, qu'on en porte à la scène et que des traductions anglaises en sont données dès 1786. Les choix de Barbazan, de Legrand d'Aussy et de Méon rassemblent déjà une grande partie des textes toujours admis aujourd'hui dans le corpus fabliesque, mais ces érudits tirent un peu le genre vers le haut : ils

« oublient » quelques-uns des textes les plus obscènes et incluent des œuvres que l'on serait tentés de nommer aujourd'hui des nouvelles courtoises, comme *Le Vair Palefroi*, déjà évoqué, ou l'inclassable « chantefable » d'*Aucassin et Nicolette* qui est d'abord, malgré les évidents éléments de parodie qui la parcourent, un roman idyllique. Legrand d'Aussy a même la curieuse idée de terminer son recueil par une édition du roman féerique du XIIe siècle *Parthonopeus de Blois*, pour le coup parfaitement étranger à la veine comique.

L'édition Barbazan-Méon sera remplacée à la fin du XIXe siècle par une entreprise d'une plus grande rigueur scientifique, le *Recueil complet des fabliaux* d'Anatole de Montaiglon et Gaston Raynaud, en six tomes, publiés de 1872 à 1890. Les deux éditeurs émondent le choix de leurs prédécesseurs et aboutissent à un total de 158 textes, dont quelques-uns seront retranchés par Bédier – essentiellement au prétexte qu'ils ne sont pas assez narratifs – trois ans après le bouclement du *Recueil complet*, dans sa thèse sur les fabliaux : la liste de Bédier comprend ainsi 149 textes. À son tour, Nykrog, en 1957, dressera une nouvelle liste dont la principale originalité, par rapport à celle de Bédier, sera d'inclure des contes compris dans des recueils d'époque, en particulier dans les fables de Marie de France et dans les contes moraux de la *Disciplina clericalis*. Ainsi élargie, la liste de Nykrog comprend 161 fabliaux, mais les exégètes ultérieurs rejetteront ses ajouts. En 1975, Omer Jodogne aboutit à une liste de 150 fabliaux, parmi lesquels il isole 57 « fabliaux certifiés » (c'est-à-dire qui s'intitulent eux-mêmes fabliaux). Citons encore le répertoire établi par l'allemand Kiesow, qui est le plus restrictif, puisqu'il ne comprend que 126 titres.

En 1983 débute la grande entreprise du NRCF, éditée par Nico van den Boogard et Willem Noomen, qui s'achèvera avec le tome X, paru en 1998, dû aux soins du seul Noomen, van den Boogard étant prématurément décédé dans l'intervalle. Cette édition monumentale, qui comprend des copies diplomatiques de tous les témoins manuscrits et une édition critique de chaque fabliau, fait aujourd'hui référence : elle compte 127 items totalisant, grâce à des regroupements drastiques, 143 textes.

Les différences numériques entre les différents répertoires, et le chassé-croisé de textes inclus par certains mais non par d'autres montrent qu'un consensus n'existe que pour à peu près deux tiers du corpus : sur 186 textes retenus par au moins un des six répertoires qui se sont succédé depuis Montaiglon et Raynaud, seuls 121 le sont par tous, et l'on verra qu'il n'est peut-être pas impossible d'ajouter encore, aux marges de cet ensemble, quelques textes qu'aucun érudit moderne n'a daigné inclure dans sa liste.

La définition du fabliau par Bédier, qui parlait tout simplement de « contes à rire en vers[1] » a fait fortune pour son élégance et sa concision. Mais, si le critère du vers ne pose pas problème (puisqu'à la seule exception de la nouvelle tragique de

1. J. Bédier, *op. cit.*, p. 30.

La Fille du conte de Ponthieu, du XIIIe siècle, les textes narratifs brefs en prose sont tout simplement inexistants dans la littérature française avant le XVe siècle), ceux du rire et du « conte » sont beaucoup plus problématiques. Aussi, Noomen[1] a-t-il établi une liste plus précise de critères définissant les fabliaux : ils seraient 1) brefs, 2) en octosyllabes à rimes plates, 3) narratifs, 4) autonomes, 5) non-animaliers et non allégoriques. Nous allons reprendre plus en détail quelques-uns de ces critères.

2.2. La question narrative

Il existe au Moyen Âge une catégorie très importante de textes brefs que l'on appelle les *dits*. Monique Léonard en a inventorié, en ne retenant que ceux qui revendiquent ce titre, plus de 600, ce qui constitue un corpus autrement plus fourni que celui des fabliaux, mais aussi beaucoup plus disparate[2]. Le *dit* s'oppose à la *chanson* en ce qu'il est, comme son nom l'indique, récité et non chanté. Il présente des degrés d'humour extrêmement variables, et il n'est théoriquement pas narratif (mais plutôt argumentatif ou descriptif) ; mais on sent bien que ces deux critères restent assez flous. Parmi les textes retenus comme fabliaux par Montaiglon et Raynaud, mais rejetés par Bédier, figurait par exemple le *Dit des deux bourdeurs ribauds*, dispute de deux jongleurs à propos de leurs répertoires respectifs, qui est en effet un dialogue plutôt qu'un récit, mais qui témoigne d'une verve toute fabliesque. Un certain nombre de dits trahissent une propension énumérative, comme la fameuse série, si l'on ose dire « proto-publicitaire », des descriptions de métiers[3], ou les différents *Dits des rues de Paris* : souvent ironiques, ces textes, que personne n'a songé à inclure parmi les fabliaux pèchent eux aussi par un déficit narratif certain. Néanmoins, l'un de ces dits prend pour prétexte de son épuisement du cadastre parisien le désarroi d'un homme qui a perdu sa femme dans le dédale des ruelles, embryon de récit qui nous rapproche incontestablement du fabliau. Les fameux *dits* de Rutebeuf, pour leur part, peuvent être des poèmes satiriques ou des textes plus « personnels » décrivant la (prétendue) vie de misère du poète. Ici encore, sans être tout à fait narratifs, ces textes nous mettent en présence de personnages et de situations (jeu de dés, condition précaire, mariage raté, etc.) qui pourraient facilement s'épanouir en narrations fabliesques.

Le cas des *lais* est plus complexe encore : ce sont incontestablement des récits, mais leur ton courtois et l'aspect « sérieux » des aventures qu'ils narrent les écarte généralement de la veine des fabliaux. Songeons cependant au lai d'*Equitan* de

1. Willem Noomen, « Qu'est-ce qu'un fabliau ? », in *Actes du XIVe Congrès de linguistique et de philologie romane*, 1974, t. V, p. 421-432.

2. Monique Léonard, *Le* dit *et sa technique littéraire des origines à 1340*, Champion, « Nouvelle Bibliothèque du Moyen Âge », 1996.

3. Voir l'édition de ces dits professionnels dans mon ouvrage *La Voix des clercs. Littérature et savoir universitaire autour des dits du XIIIe siècle*, Genève, Droz, 2005, p. 274-292.

Marie de France qui raconte le sort plutôt grotesque, quoique cruel (il se noie dans une cuve), d'un roi lubrique : nul n'a songé à l'inclure parmi les fabliaux bien que la situation d'adultère et la ruse qui perd le personnage-titre se rapprochent fort d'une situation de conte à rire. Quant au lai anonyme et fort grossier du *Lécheur*, qui nous révèle un secret de polichinelle (à savoir que c'est d'abord l'attrait du sexe qui a suscité les exploits des preux chevaliers), il ne doit sans doute qu'à son ton plutôt descriptif et à son ancrage dans la tradition bretonne de ne jamais avoir été inclus parmi les fabliaux[1].

Le critère de l'éloignement de la quotidienneté médiévale n'est, par ailleurs, pas tout à fait sûr non plus ; même s'il est exclu du NRCF, beaucoup de commentateurs ont classé comme fabliau le *Lai d'Aristote* d'Henri de Valenciennes qui raconte la mésaventure du grand philosophe grec ridiculisé par la maîtresse d'Alexandre le Grand, laquelle, après avoir séduit le Stagirite, étale sa honte devant son prestigieux élève. Quant aux deux « fabliaux arthuriens » que sont *Le Manteau mal taillé* et le *Lai du cor* de Robert Biket, ils mettent tous deux en scène des objets censés dénoncer l'infidélité des femmes de la cour arthurienne : seuls celles à qui le manteau va et ceux qui peuvent boire dans la corne sans en renverser le contenu sortent victorieux de l'épreuve et le moins que l'on puisse dire est qu'ils ne sont pas nombreux. Cependant, alors que la morale du *Manteau mal taillé* reste implicite, raison pour laquelle ce texte a parfois été compté parmi les fabliaux (mais pas, cependant, par le NRCF), le *Lai du cor* présente une moralisation chrétienne « prônant le pardon réciproque en matière sentimentale[2] », qui l'a fait exclure unanimement de toutes les listes de fabliaux.

2.3. Allégorie et édification

Les modernes se sont entendus à exclure les contes animaliers du domaine des fabliaux, ce qui leur a permis de considérer comme des genres à part les fables et les « branches » du *Roman de Renart*. Plus d'un tour du rusé goupil, pourtant, est digne des héros de fabliaux, mais il est vrai que sa caractérisation animale le tire vers la satire et l'allégorie, dimensions peu compatibles avec l'*ethos* du fabliau qui ne s'encombre guère d'intention symboliques ou ouvertement exemplaires[3].

Les choses sont cependant moins claires lorsque les personnages allégoriques ne sont pas des vices ou des vertus personnifiées, mais prennent une couleur simplement humoristique : que faire par exemple de *La Bataille des vins* et de

1. Voir Rosanna Brusegan, « Le *Lai du Lecheor* et la tradition du lai plaisant », in *Miscellanea Mediaevalia, Mélanges offerts à Philippe Ménard*, Champion, 1998, t. I, p. 249-265.

2. Philippe Walter, in *Lais du Moyen Âge*, Gallimard, Bibliothèque de la Pléiade, 2018, p. 1308.

3. Sur la comparaison des deux corpus, voir Nicolas Garnier, *Dynamiques du récit comique bref : le* Roman de Renart *et les fabliaux*, thèse soutenue le 30 novembre 2019 à Sorbonne Université, sous la direction de Dominique Boutet.

La Bataille des Sept Arts d'Henri d'Andeli, deux textes des années 1220-1230 dont les protagonistes sont respectivement de (plus ou moins) grands crus qui se battent pour savoir lequel est le meilleur et des livres dont l'affrontement reflète les querelles universitaires du XIIIe siècle ? Pour ne pas parler de l'anecdote du *Vit et de la Couille* surpris par l'orage durant lequel seul le premier trouve un abri... (Il paraît superflu de développer le sens symbolique de ce texte !) On admettra que l'exclusion de ces récits facétieux du corpus des fabliaux reste assez arbitraire.

En revanche, la non-prise en compte des contes pieux est plus facilement explicable : quand bien même plusieurs d'entre eux prêteraient à rire, leur portée moralisante et leur confiance dans l'intervention divine n'est en effet jamais prise en défaut. Lisons par exemple l'histoire (insérée dans *La Vie des Pères*) de l'ermite invité chez un couple de ses amis et à qui le diable impose de commettre un péché pour avoir le droit de sortir pour une fois de sa solitude. Évidemment, entre le meurtre, l'adultère et l'ivrognerie, l'ermite choisit le troisième ; mais, non moins évidemment, une fois ivre, il viole son hôtesse et tue le mari qui tentait de s'interposer. Ce qui distingue ce texte d'un fabliau est moins sa cruauté et son ironie grinçante que son axiologie : une bonne pénitence suffit en effet à l'ermite pour s'en sortir aux yeux de Dieu, qui rejette l'essentiel de la faute sur le diable tentateur. De même, l'histoire de la *Sacristine*, qui fait le mur de son couvent, mais dont personne ne s'aperçoit de l'absence, car la Vierge a pris son apparence pour donner le change, ou l'anecdote du *Jongleur de Notre-Dame*, qui manifeste son amour de la Vierge en faisant des cabrioles devant sa statue qui lui sourit, font naître le sourire de leur acceptation naïve du miracle, alors que l'esprit des fabliaux se caractérise précisément – on y reviendra plus loin – par le refus absolu du surnaturel (ou du moins d'un surnaturel pris au premier degré).

3. Origine et devenir des fabliaux

3.1. L'origine des contes

Le XIXe siècle historiciste a longtemps débattu de l'origine des contes, développant en particulier pour expliquer la genèse des fabliaux quatre théories que Bédier a patiemment pesées dans sa thèse :

- pour certains, ils étaient issus des débris d'anciennes mythologies, en particulier indo-européennes ;
- pour d'autres, ils témoignaient de l'évolution de croyances ancestrales, liées par exemple au culte solaire ;

- pour d'autres, ils venaient, comme tous les contes eurasiatiques, de l'Inde et en particulier du trésor de la sagesse bouddhiste ;
- d'autres, enfin, soutenaient que seul le hasard, aidé par une certaine convenance universelle (ce que Jung appellera plus tard l'inconscient collectif) expliquait les ressemblances entre les contes.

En fin de compte, Bédier réfutait toutes ces théories, à l'aide d'une anecdote imparable qui était elle-même presque un petit fabliau, et qu'il présentait comme l'ayant lui-même vécue : en 1887, alors qu'il commençait de travailler à sa thèse, il avait en effet entendu, sur un bateau parcourant l'Océan indien, un conteur mauricien « qui n'avait jamais quitté son île » (mais d'où Bédier le savait-il ?) raconter une histoire qui se révéla être l'un de « ses » fabliaux. Or, le conte avait eu du succès et le lendemain un autre passager le conta à son tour à une assemblée de passagers venus de tous les horizons. Et Bédier de conclure ironiquement : « Des collecteurs de contes qui peut-être, depuis l'année 1887, ont recueilli ce récit à Aden ou Moka, à Marseille, à Dax, compareront gravement ces versions qu'ils proclameront arabe, provençale, basque, et chercheront les lois de la propagation de ce conte. Quelle apparence qu'on en découvre jamais ?[1] » Comme Bédier l'avait déjà dit plus haut, « En myriades de molécules, il flotte, épars dans l'air, le pollen des contes[2] ». Il est impossible de contrer un tel argument et on ne s'étonnera pas que le livre de Bédier ait porté à la mythologie comparée un coup dont elle se remettra difficilement : elle se reconstituera sur de tout autres bases avec Georges Dumézil et sa théorie de la trifonctionnalité, mais c'est là une autre histoire. Plus pragmatiquement, les chercheurs se contenteront désormais de répertorier les différentes versions des « contes-types » décrits par Anti Aarne et dans *The Types of International Folktales* (index de motifs narratifs élaboré à partir de 1910 et complété à plusieurs reprises par Stith Thompson, puis par Hans-Jörg Uther), mais ne chercheront plus à en retracer à toute force la genèse.

Il n'en reste pas moins que la forte présence de certaines anecdotes dans divers folklores du vieux monde rend, malgré tout, fort probable, pour un nombre limité de fabliaux, l'idée d'une provenance asiatique : les histoires mettant en particulier en scène des « cadavres encombrants » qui semblent perpétuellement ressusciter (comme dans *Le Moine Sacristain* – D XIII – ou dans *Les Trois Bossus ménestrels*, dont les variantes sont regroupées sous le numéro 1536b dans le répertoire d'Aarne-Thompson-Uther) ont ainsi toutes les chances d'avoir été connues ancestralement en Orient : on analysera plus loin, à propos des revenants, un conte des *Mille et une nuits* ainsi qu'un conte caucasien dont les affabulations sont fort proches respectivement du fabliau du *Moine sacristain* et de celui des *Trois Bossus ménestrels*.

1. J. Bédier, *op. cit.*, p. 278.

2. *Ibid.*, p. 51.

La probabilité qu'ils aient été eux-mêmes inspirés par les fabliaux est à peu près nulle, et il faut, au moins dans ces cas, admettre le caractère autochtone de ces récits asiatiques.

Des emprunts directs sont même ponctuellement envisageables : les ressemblances entre *Le Lai d'Aristote* et le conte arabe du vizir ridiculisé pourraient ainsi s'expliquer par le fait que l'auteur du fabliau, Henri de Valenciennes, a participé à la IVe croisade et a pu entrer en contact avec des conteurs orientaux. Mais ces cas demeurent rares et, pour l'essentiel, il reste plus prudent de s'en tenir à l'argument sceptique de Bédier.

3.2. La légende urbaine et l'histoire drôle

Le déblayage bédiériste laisse toutefois ouverte la question de la propension de l'humanité à toujours raconter et inventer des histoires. De fait, en s'inspirant de la méthode de Jolles dans son étude sur les « formes simples[1] », on pourrait relier les narrations fabliesques à deux types narratifs immémoriaux toujours très vivants aujourd'hui : l'histoire drôle et la légende urbaine. Cette dernière, contrairement à ce que laisse entendre son nom, n'est en effet pas spécifiquement liée au monde des villes et, en dépit de ce que prétendent ceux qui en ont dégagé les caractéristiques à la fin du XXe siècle, elle ne constitue pas l'apanage du monde moderne. Formée par la rumeur, la légende urbaine a la double caractéristique de se donner pour vraie (n'allez surtout pas manifester votre scepticisme envers quelqu'un qui vous en raconterait une : vous le vexeriez beaucoup) et de dire quelque chose des préjugés et des phobies ambiantes. À cet égard, elles s'avèrent aujourd'hui le véhicule idéal du complotisme, mais, là encore, il est clair que l'on n'a pas attendu le XXIe siècle pour dire qu'il faut se méfier des étrangers, que nous sommes manipulés par les puissants ou que la nature nous tend quotidiennement des pièges : le bruit qui avait couru il y a une trentaine d'années en Angleterre et selon lequel des grenouilles se seraient échappées du ventre opéré de femmes prétendument enceintes remonte en fait à une légende liée à Néron et rapportée au XIIIe siècle par la *Légende dorée* ! Ainsi, le fait que beaucoup de fabliaux soient très conservateurs d'un point de vue social reflète bien l'*ethos* de la légende urbaine, qui nous met continuellement en garde contre la nouveauté, contre les actes irréfléchis et contre le non-respect des coutumes ancestrales : affirmer que tel personnage a trouvé son châtiment pour une mésalliance ou un autre acte contre nature conforte les réflexes auto-protectionnistes de l'auditeur. Pour prendre un exemple plus précis, un fabliau comme *Les Trois Dames de Paris*, qui mentionne exceptionnellement la date à laquelle serait arrivée l'aventure qu'il narre (alors que les fabliaux se contentent généralement de situer leurs anecdotes par un vague « jadis avint… ») nous montre trois

1. Voir André Jolles, *Formes simples*, Seuil, « Poétique », 1972.

bourgeoises parisiennes ivres-mortes, enterrées vives puis se réveillant, s'ébrouant et semant l'effroi dans les rues comme si elles étaient des revenantes : ce récit joue très consciemment sur le saisissement de l'auditeur au moment où il apprend que, comme on dit, cela « s'est passé près de chez lui », le récit l'incitant peut-être du même coup à ne pas trop forcer sur la bouteille…

Mais le fabliau dérive aussi d'une autre « forme simple » que l'on pourrait tout simplement appeler l'histoire drôle, laquelle n'est peut-être rien d'autre qu'une légende urbaine tournée en dérision, dédramatisée et débarrassée de sa prétention à la vérité. Un écrivain de la fin du XIXe siècle, Léon Bloy, nous donne un bon exemple de ce glissement en introduisant dans chacun de ses deux recueils de nouvelles, *Sueur de sang* et les *Histoires désobligeantes*, une anecdote sur le fameux thème, bien connu de la littérature médiévale – nous ne sortons donc pas ici de notre sujet autant qu'il pourrait le paraître –, du « cœur mangé » (un mari jaloux tue l'amant de sa femme et fait servir son cœur à cette dernière en ne l'instruisant de la nature du plat qu'après qu'elle l'a consommé) ; Bloy a vraisemblablement connu l'anecdote par un récit de Barbey d'Aurevilly qui se fait lui-même très consciemment le médiateur de sa tradition ancienne. La première de ses nouvelles à en tirer parti, *À la table des vainqueurs*, a le caractère tragique de la légende urbaine : une femme dont la famille a été tuée par les Prussiens lors de la guerre de 1870 se venge en s'engageant comme cuisinière chez un officier allemand à qui elle fait manger ses propres enfants ; l'autre nouvelle, *La Fève*, adopte le ton léger de l'histoire drôle : un cocu notoire invite, après la mort de sa femme, tous les anciens amants de celle-ci à partager un immense gâteau dont la « fève » est constituée par le cœur de la défunte.

L'intérêt d'appliquer cette grille aux fabliaux est que, dans beaucoup de cas, on peut hésiter entre les deux catégories, car si le rire qu'ils suscitent apparaît généralement de prime abord comme naturel et bon enfant, caractérisant le texte comme rien de plus qu'une « histoire drôle », il n'en reste pas moins qu'ils sont volontiers cruels et affichent presque toujours des intentions, ou plutôt des prétextes moralisants qui les rapprochent de la « légende urbaine ». De fait, ces prétentions morales sont souvent à double fond : à une morale explicite, généralement très terre-à-terre, s'en superpose volontiers une autre, implicite, qui nous ramène aux obsessions ou aux préjugés d'une époque. Ainsi, les proverbes passe-partout qui terminent *Estula* (D VIII – « en peu de temps Dieu fait son œuvre » et « tel rit au matin qui le soir pleure ») cachent-ils une interrogation bien plus dérangeante, comme on le verra plus loin, sur la place de l'homme au sein de la nature. De même, conclure le fabliau des *Trois Aveugles de Compiègne* en affirmant que « beaucoup de gens sont injustement couverts de honte » est un peu court, et ne nous empêche pas de nous identifier au clerc malin qui s'est moqué des aveugles. Quant aux fabliaux qui, comme *Les Tresses* (D XVI), se terminent par des remarques convenues sur la malignité des femmes, ils nous feraient moins rire s'ils ne se terminaient pas par le triomphe de ces dernières. La morale du *Chevalier à la robe vermeille* (NRCF 12), qui recommande aux maris de se fier à ce que disent leurs femmes plutôt qu'à leurs propres yeux, est, à cet égard, exemplairement antiphrastique. Ainsi, par les leçons qu'ils affichent, les fabliaux donnent le change en faisant mine de se conformer à l'*ethos* des fables et des contes pieux. En réalité, ils organisent le saccage de cette tradition et nous mènent vers des questionnements existentiels inédits à travers lesquels ils se révèlent souvent bien plus subversifs qu'ils n'en ont l'air.

Histoire drôle et légende urbaine forment donc les deux côtés de la médaille fabliesque : entre le récit sans conséquence et la relation de faits censément réels, l'auditeur hésite à rire franchement ou à rire jaune, diverti mais aussi secrètement inquiété par un conte dont il pourrait bien lui-même être le héros… ou la victime.

3.3. La fortune moderne des fabliaux

Le fabliau disparaît complètement, on l'a rappelé, au milieu du XIVe siècle : l'obsolescence de la narration en vers en est sans doute la cause la plus directe ; cependant, ni la nouvelle en prose ni la farce, qui ne se développent pas avant le XVe siècle, n'en sont, à quelques exceptions près, les héritières directes. En effet, si les thèmes en sont souvent proches (histoires de cocufiage, ruses diverses), pratiquement aucune intrigue ne se retrouve littéralement d'un genre à l'autre ; tout au plus signalera-t-on que *Le Testament de l'âne* de Rutebeuf (D XIX), est repris dans les *100 Nouvelles nouvelles* et que des ressemblances sont observables entre *Constant du Hamel* (NRCF 2) et la *Farce du Poulier*, entre *Les Braies du Cordelier* (NRCF 17) et la *Farce de Frère Guillebert* et entre *La Bourgeoise d'Orléans* (NRCF 19) et la *Farce d'un mari jaloux*. Il n'est évidemment pas impossible, ici encore, qu'il faille compter sur un certain nombre de textes perdus, en particulier parmi les farces, qui n'ont sans doute pas toutes accédé à la dignité de l'écriture et de la publication (cette volatilité du théâtre sera encore de mise à l'époque élisabéthaine). On retrouve ainsi jusque chez Molière des thèmes de fabliaux qui ont pu transiter par l'intermédiaire de farces que nous n'avons pas conservées, mais peut-être aussi plus simplement par la tradition orale. On voit par exemple que l'intrigue du *Médecin malgré lui* présente de fortes analogies, difficiles à attribuer au hasard, avec le fabliau du *Vilain Mire* (NRCF 13) et – quoique l'inspiration en semble plus lointaine – on ne peut qu'être frappé par la ressemblance des situations initiales des fabliaux de *Béranger au long cul* ou du *Prêtre qui guettait* avec celle de *Georges Dandin* : même mésalliance d'un paysan enrichi et d'une aristocrate désargentée, même condamnation morale pour des mésaventures équivalentes. Quant à La Fontaine, il reprendra également à plusieurs reprises des thèmes de fabliaux – par l'intermédiaire de Boccace et des *100 Nouvelles nouvelles* – dans ses *Contes*. Et on rappellera que le conte de Perrault *Les Trois Souhaits* n'est qu'une adaptation, en plus décent, du fabliau des *Quatre Souhaits de saint Martin* (NRCF 31).

À l'étranger, l'influence du genre s'est faite sentir plus directement dès le XIVe siècle : Boccace dans *Le Décaméron* et Chaucer dans *Les Contes de Canterbury* s'en montrent imprégnés, et l'on en retrouve également quelques intrigues en Allemagne dans des *Schwänke* (contes à rire) ou dans le *Schelmenroman* (roman comique), du *Pfaffe Amis* (*Amis le Prêtre*) du Stricker (fin du XIIIe siècle) à *Till Eulenspiegel* (début du XVIe siècle). Enfin, les conteurs italiens perpétueront l'esprit du fabliau jusqu'en plein cœur du XVIIe siècle.

Au XVIIIe siècle, on se met à rééditer, en France, des œuvres littéraires antérieures au XVe siècle : après *Le Roman de la Violette*, *Le Roman de la Rose* et les *Chansons* de Thibaut de Champagne, les fabliaux font partie, comme on l'a rappelé, des textes anciens les plus précocement exhumés par les érudits modernes. Trois ans avant l'édition de Barbazan avait d'ailleurs été publié le *Mémoire sur les fabliaux* du comte de Caylus (1692-1765), premier chercheur à suggérer la piste de l'origine indienne (que La Fontaine avait, il est vrai, déjà affirmée pour certaines de ses fables), tout en faisant des fabliaux – et dans le même mouvement ! – le modèle de l'esprit français, ou plutôt « gaulois », selon l'idée voulant que la littérature du Moyen Âge ait perpétué les traditions littéraires des peuples subjugués par César, en une forme de revanche (pour ne pas dire de « contre-culture ») sur les modèles gréco-romains. Un XVIIIe siècle conservateur et plutôt opposé aux Lumières va ainsi se reconnaître dans ces contes gais et le mot de « fabliau » fera florès. Un recueil de Sade sera même intitulé *Historiettes, Contes et fabliaux*.

Le moralisme de la Révolution et de l'Empire, sans tout à fait faire tarir la veine (on se souvient que c'est en 1808 que Méon augmente le recueil de Barbazan), prélude au triomphe de la pudibonderie bourgeoise[1], et à la fin du XIXe siècle le grand critique Brunetière louera la thèse de son ancien élève Bédier, tout en insistant sur le fait que l'on ne commencera à dire « des choses assez intéressantes » sur la littérature médiévale que « si l'on commence par poser résolument » qu'elle n'a « aucune valeur d'art[2] », allant même jusqu'à dire, en évoquant le sort des femmes dans les contes à rire médiévaux, qu'« une telle conception de la femme est le déshonneur d'une littérature[3] ». Le lecteur d'aujourd'hui aura beau jeu de remarquer que Brunetière reste aveugle au fait que la galanterie victorienne dont il est un pur représentant, n'est au fond pas plus favorable à l'émancipation féminine

1. Voir Jonathan Hofer, « Les fabliaux sous le Premier Empire : entre éditeurs et critiques », in *Le médiévisme érudit en France de la Révolution au Second Empire*, Genève, Droz, « Histoire des idées et critique littéraire », 2021, p. 47-68.

2. Ferdinand Brunetière, « Les fabliaux du Moyen Âge et l'origine des contes », *Revue des Deux Mondes*, XCIX, 1894, p. 189-213.

3. Cité par J. Bédier, *op. cit.*, p. 325.

que la misogynie étalée dans les fabliaux, laquelle laisse au moins les femmes tromper leurs maris en paix...

L'édition Montaiglon-Raynaud et le livre de Bédier redonnent une visibilité aux fabliaux dans les dernières années du XIXe siècle. Pourtant, entre Bédier et la nouvelle synthèse de Nykrog, en 1957, on ne relève en France qu'un seul travail d'importance sur le genre : le curieux article d'Edmond Faral sur « le fabliau latin » (1924) qui postule un lien entre la comédie latine du Moyen Âge et les contes à rire vernaculaires, alors que ce qui frappe plutôt le lecteur non prévenu c'est la quasi-absence de ressemblances (à quelques exceptions près, plus rares encore que les fabliaux dont on peut assurer une origine orientale) entre les contes français et la littérature latine de l'Antiquité et du Moyen Âge.

Le livre de Nykrog va être suivi, en 1960, par l'ouvrage déjà cité de Jean Rychner qui fait sien un mot que Mario Roques lui avait confié lors d'une conversation privée : « il n'y a pas *le* fabliau, il a *des* fabliaux »[1]. Quelques études paraissent en français à partir du milieu des années 1970, faveur qui culmine avec une première inscription des fabliaux au programme de l'agrégation en 1983, puis, de 1985 et 2014, c'est le silence à peu près total de la recherche française : à l'exception d'éditions et de traductions, plus aucun livre ne paraît dans notre langue sur les fabliaux, alors qu'Italiens et Anglo-Saxons étudient au contraire le genre assidûment. Dans les mêmes années, le NRCF est, significativement, publié non en France, mais aux Pays-Bas. Le préjugé brunetiérien aurait-il continué de sourdement travailler les érudits hexagonaux ? Toujours est-il que l'on constate depuis une dizaine d'années que la recherche francophone semble vouloir rattraper le temps perdu. Plusieurs projets émergent : autour des manuscrits, suite au volume collectif édité en 2014 par Olivier Collet, Fanny Maillet et Richard Trachsler ; autour d'un renouveau herméneutique avec le groupe réuni par Philippe Haugeard et Silvère Menegaldo ; autour d'un nouveau projet d'édition électronique grâce, enfin, à Corinne Pierreville. Et la nouvelle inscription des fabliaux aux programmes de l'agrégation et du CAPES semble bien être le signe tangible de ce renouveau.

1. J. Rychner, *La Narration des sentiments, des pensées et des discours dans quelques œuvres des XIIe et XIIIe siècles*, Genève, Droz, 1990, p. 8. Ce point de vue salubre rend justice à la diversité des textes, mais est peut-être tout de même un peu trop nominaliste. Que l'on ne s'étonne donc pas de le voir quelque peu relativisé dans les pages qui suivent.

II

Éléments constitutifs

1. Les personnages selon les trois états

La société médiévale étant structurée selon le schéma des trois « ordres » (*oratores, bellatotres, laboratores*: « ceux qui prient, ceux qui font la guerre, ceux qui travaillent »[1]), qui subsistera jusqu'à la Révolution française, c'est assez naturellement selon ce cadre que nous allons dresser l'inventaire des personnages types des fabliaux.

1.1. Le Clergé

Au sommet de la pyramide ecclésiastique, papes, cardinaux et archevêques sont totalement absents des fabliaux: on ne touche aux hauts dignitaires de l'Église. Les évêques ne sont évoqués que de loin en loin, à deux exceptions près. *L'Évêque qui bénit le con* (NRCF 68) présente un personnage d'évêque luxurieux qui réprimande un simple curé pour des péchés qu'il commet aussi bien qui lui: piégé par le curé qui le prend en flagrant délit de bénir un sexe féminin, il se montre bon joueur; quant au *Testament de l'âne*, il attribue à un évêque une âpreté au gain qui, généralement, est plutôt le fait des simples prêtres. Les abbés de monastères, pour leur part, sont rarement évoqués et ne jouent guère de rôle important dans les fabliaux. Face à des moines indisciplinés ou indignes, leurs rares représentants tendent à incarner une forme d'autorité morale qui nous conforte dans l'idée que les vices du clergé s'épanouissent préférentiellement dans les degrés inférieurs de la hiérarchie.

1. La première occurrence s'en lit, peu après l'an 1000, chez Adalbéron de Laon dans son *Poème au Roi Robert*, édité par Claude Carozzi, Les Belles Lettres, « Les Classiques de l'Histoire de France au Moyen Âge », 1979.

De fait, il suffit de descendre un peu plus bas pour que l'attitude envers les membres de l'Église change du tout au tout; on rencontre alors le personnage qui est sans doute le plus honni des fabliaux, à savoir le simple prêtre de paroisse. Type récurrent des contes à rire, celui-ci n'y a en effet presque jamais le beau rôle et cumule les vices avec une remarquable constance. Analysant son stéréotype, Daron Burrows a bien montré les codes régissant la peinture de ce personnage, bouc émissaire d'un ressentiment assez général contre un certain empiètement du spirituel dans l'ordre du temporel[1]. On rappellera en effet que le fabliau ne connaît pas vraiment le comique de caractère tel que l'illustrent par exemple les pièces de Molière. Le personnel fabliesque obéit plutôt à des types, en particulier sociaux ou professionnels. Or, de tous les membres du clergé, le prêtre de paroisse se trouve être le plus invasif: faisant par devoir la tournée de ses paroissiens, il a tôt fait d'apparaître comme l'intrus, celui qui se mêle de ce qui ne le regarde pas et que son célibat et son itinérance de porte-à-porte prédisposent à séduire les femmes au foyer. On notera en passant que dans la société laïcisée de la IIIe République, le stéréotype qu'il incarnait s'est déplacé sur un autre itinérant familier: le facteur. Nous retrouvons là, lié à la permanence de certains clichés, le mécanisme de la légende urbaine: dans les petits villages, les anciens vous raconteront encore volontiers que, « de leur temps », le facteur était l'homme à bonnes fortunes de la commune. Il serait cependant tout aussi naïf de croire tous ces racontars que de les nier en bloc; nous avons, de fait, dans un cas précis une confirmation médiévale de ce que le prêtre passait bien pour le Don Juan de sa communauté: dans son *Montaillou village occitan* (1975), ouvrage qui, malgré son intimidante rigueur universitaire, fut à sa parution un véritable best-seller, Emmanuel Le Roy Ladurie montre que l'abbé Clergues s'était taillé, autour de 1320, une solide réputation de chaud lapin dans le petit village pyrénéen dont l'historien a – grâce à d'inespérés procès-verbaux d'interrogatoires inquisitoriaux – minutieusement reconstitué la vie quotidienne[2].

Les prêtres luxurieux sont donc très nombreux dans les fabliaux: généralement, ils ne parviennent pas à leurs fins et lorsque les femmes font mine de leur céder c'est le plus souvent pour mieux les piéger, et leur réserver un sort particulièrement cruel: malmenés comme dans *Baillet le savetier ou Le Prêtre au lardier* (D V), mutilés ou menacés de l'être, comme dans *Le Prêtre crucifié* (D XI), *Le Prêtre teint* (D XII), ou *Connebert*, (NRCF 77 – il n'est pas indifférent que ces deux derniers textes soient du cynique Gautier le Leu), ils sont même parfois purement et simplement liquidés, comme dans *Le Pêcheur de Pont-sur-Seine* (NRCF 28),

1. Daron L. Burrows, *The Stereotype of the Priest in the Old French Fabliaux. Anticlercial Satire and Lay Identity*, Bern, Lang, 2005.

2. Voir en particulier les témoignages édifiants recueillis dans le chapitre IX, « La libido des Clergues », in Emmanuel Le Roy Ladurie, *Montaillou, village occitan de 1294 à 1324*, Gallimard, « Bibliothèque des histoires », 1975, p. 220-241.

Le Prêtre et le Mouton (NRCF 87), *Estormi* ou *Le Moine sacristain*. Je reviendrai plus en détail sur ces textes à propos de la cruauté des fabliaux. Il arrive toutefois que certains prêtres aient de la chance et soient des amants heureux, en particulier dans *Le Vilain de Bailleul* (D I) et dans *Le Prêtre qui guettait*; mais ces deux textes présentent la particularité de mettre en scène des ruses jouant sur la crédulité de maris à qui on fait respectivement croire, au premier qu'il est mort, au second que le spectacle qu'il a vu de ses yeux (sa femme et le curé faisant l'amour) n'est qu'une illusion : dans ces deux cas, il était en effet de toute nécessité que l'amant soit un professionnel du surnaturel, capable d'accréditer des « vérités alternatives » parfaitement contre-intuitives.

Mais la luxure n'est pas le seul péché dont se rendent coupables les prêtres dans les fabliaux ; plusieurs sont également des modèles d'avarice : dans *Le Prêtre et le Chevalier* (NRCF 103) et dans *Le Boucher d'Abbeville*, ils font payer très cher une hospitalité qu'ils rechignent de toute façon à accorder. Dans les deux cas, heureusement, leur attitude sordide se retourne contre eux. Dans *Le Prêtre et le Chevalier*, un chevalier revenu appauvri d'un tournoi où il a eu le dessous (type « d'époque », qui apparaît également dans un épisode de *Trubert*) est obligé de payer au prêtre qui l'héberge le moindre service qui lui est rendu. Le chevalier décide alors de jouer la surenchère : exigeant tour à tour de jouir de la fille, de la concubine et finalement du prêtre lui-même, il se fait exonérer de paiement suite à l'abomination que représente la dernière demande. Notons en passant que ce fabliau n'est plus de ceux qui font beaucoup rire aujourd'hui : les exigences sexuelles du chevalier nous apparaissent cyniques, et la dernière demande, qui touche à l'homosexualité, montre bien où passe la limite de l'acceptable pour le lecteur médiéval ; alors que le viol est encore présenté comme plaisant, la sodomie ne fait plus rire du tout. Dans *Le Boucher d'Abbeville*, le déroulement de l'action est moins sordide, car la servante et la concubine du prêtre consentent volontiers à accorder leurs faveurs au héros et la tromperie par laquelle celui-ci berne le prêtre (lui vendre la peau de son propre mouton) n'a rien de sexuel. Au demeurant, si c'est d'abord l'avarice qui est stigmatisée dans ces textes, on aura noté qu'ils mettent tous deux en scène une concubine du prêtre, preuve que la luxure n'est que rarement oubliée dans la peinture des prêtres vicieux.

Les moines ont la même réputation peu flatteuse que les prêtres, mais sont singulièrement peu nombreux dans nos textes : c'est que le monde clos du monastère n'inspire guère les auteurs de fabliaux qui privilégient la peinture des interactions sociales plutôt que les aventures en vase clos. Il faudra attendre Boccace, au XIVe siècle, pour que le monastère devienne vraiment le cadre de récits grivois. Significativement, les quelques moines que l'on voit dans les fabliaux sont généralement sortis de leur cadre habituel et n'offrent que peu de caractéristiques les distinguant des prêtres. Tout au plus pourra-t-on estimer que le statut « hors sol » du héros du *Moine sacristain* rend les tribulations de son cadavre, que personne ne semble reconnaître, plus crédibles que s'il était le curé du village. On a par ailleurs pu s'étonner que les moines mendiants (Dominicains et Franciscains), qui vivent parmi les laïcs, soient encore moins nombreux que les moines réguliers dans les fabliaux. À cela, on peut cependant donner deux raisons : d'une part, leur prolifération dans la société occidentale n'est pas antérieure aux années 1230, époque à laquelle le répertoire des fabliaux est déjà bien constitué ; d'autre part, et surtout, ces personnages ont très vite été l'objet de polémiques attisées par la concurrence qu'ils faisaient aux maîtres séculiers de l'Université et par leur non-respect des règles de pauvreté édictées en particulier par saint François. Ce n'est ainsi pas un hasard si le fabliau le plus virulent contre les Franciscains, *Frère Denise*, est signé de Rutebeuf, auteur plus réputé pour ses textes satiriques que pour ses fabliaux. C'est assez dire que la moquerie envers le stéréotype ne doit pas être confondue avec la satire, dont les tenants et aboutissants revêtent toujours peu ou prou une dimension politique ; or, l'*ethos* du fabliau n'est pas la polémique, mais le jeu sur des catégories et des vices qu'il affecte de considérer comme intemporels. La montée en puissance de la satire à la fin du XIIIe siècle pourrait ainsi bien donner raison à la formule de Bédier (que le grand médiéviste feignait de trouver paradoxale), selon qui « la satire a tué le fabliau[1] ».

Enfin, tout en bas de l'échelle religieuse figure le clerc, personnage qui a un pied dans le monde laïc et l'autre dans le monde de l'Église. À une époque où l'accès à l'écriture et au savoir (et donc au pouvoir) nécessite l'entrée dans le corps ecclésiastique, on comprend que ces jeunes gens n'aient pas forcément eu un goût particulier pour la piété et la dévotion, et qu'ils aient bien mérité l'appréciation de Joseph Bédier qui voyait joliment en eux « les jeunes premiers des fabliaux[2] ». Le clerc a en effet sur les autres hommes d'Église l'avantage qu'il peut se marier et sur les laïcs le privilège de relever de la justice ecclésiastique, moins expéditive que celle qui s'exerce sur les simples roturiers. Cependant, tout le XIIIe siècle verra se durcir la législation à l'égard du clerc : il ne lui sera plus permis de se remarier après veuvage, ce qui, à une époque où la mort des femmes en couches était fréquente, revenait à le condamner à la continence à plus ou moins brève échéance : Adam de la Halle évoquera longuement cette polémique en 1274 dans son *Jeu de la Feuillée*. Il se pourrait d'ailleurs que l'on soit là face à la principale raison de la montée en puissance de la littérature misogyne à partir de la fin du XIIIe siècle. On me rétorquera que la misogynie est patente dans nombre de fabliaux, mais il s'agit généralement là d'une misogynie que l'on pourrait dire structurelle, relativement dépourvue d'acrimonie ou de ressentiment, et ce d'autant plus que, comme on le verra plus loin, les femmes sortent presque toujours gagnantes des intrigues des

1. J. Bédier, *op. cit.*, p. 430.

2. J. Bédier, *op. cit.*, p. 393.

fabliaux : la misogynie s'adresse à leur caractère libidineux et à leur malice, mais ne donne guère lieu, comme dans les pamphlets qui s'égrèneront dans les derniers siècles du Moyen Âge, à une condamnation acerbe du mariage et à un rabaissement systématique du statut des femmes.

Le clerc est donc dans les fabliaux un joyeux compagnon, et dans bien des cas on en vient à oublier qu'il appartient à l'état ecclésiastique. Il est par excellence l'oisif, l'ancêtre du personnage que la farce, au XVe siècle, appellera le « badin », l'homme qui « passe par là » et se retrouve comme par hasard au cœur des situations les plus favorables à son besoin de nouveauté et de divertissement immédiat ; il est le joueur de bons tours à qui rien ne pèse, se rapprochant ainsi du personnage du *trickster* sur lequel on se penchera plus loin. C'est un clerc qui s'amuse aux dépens des trois aveugles de Compiègne, ce sont des clercs qui séduisent la femme et la fille du meunier dans *Gombert et les deux clercs* (D II), et c'est encore un clerc qui suborne la bourgeoise d'Orléans, du fabliau éponyme. Errant, ou selon la terminologie de l'époque *vagant*, vivante incarnation de la « mobilité universitaire » si vantée aujourd'hui, mais qui ne fut peut-être jamais si bien réalisée qu'au Moyen Âge, le clerc est par là même le frère du jongleur (ce sont des clercs qui ont écrit les joyeux poèmes des *Carmina Burana*), et il était naturel que les auteurs de fabliaux se reconnaissent dans ces personnages dont ils ont si souvent croisé la route quand ils n'étaient pas eux-mêmes de leur confrérie.

1.2. La Noblesse

Les nobles, sans y être majoritaires, sont relativement nombreux dans les fabliaux. Mais ici encore s'observe la distinction entre les hautes sphères et les échelons plus humbles déjà observée à propos du Clergé : les rois et les grands barons en sont quasiment absents. Seuls trois fabliaux évoquent des personnages vraiment puissants : *La Malle Honte* dont le jeu de mots qui la fonde (et sur lequel nous reviendrons) nécessite de mettre en scène un roi – en l'occurrence le roi d'Angleterre, moins dommageable du côté français – afin que soit invoqué le crime de lèse-majesté, *Le Vilain Mire*, qui se déroule en partie à la cour d'un roi mal défini, et *Trubert*, où apparaissent un duc de Bourgogne dont le nom de Garnier est inconnu des annales de ce duché et dont le héros fait son souffre-douleur préféré, ainsi qu'un roi nommé Golias (nom dérivé de celui du géant Goliath mais qui renvoie en même temps au nom de ces joyeux drilles de clercs errants que sont les goliards), personnage évidemment de pure fantaisie et qui se révèle d'ailleurs un envahisseur. On expliquera le choix d'un duc de Bourgogne par le fait que le trublion hors normes qu'est Trubert avait besoin d'une tête-de-Turc à la hauteur de ses capacités de nuisance, dans un récit qui à bien des égards excède la quotidienneté plus familière qui sert généralement de cadre aux fabliaux. On citera également le *Dit du Roi d'Angleterre et du jongleur d'Ely*, retenu par tous les anciens répertoires de fabliaux, mais rejeté par le NRCF, qui en l'occurrence a peut-être bien fait, car il s'agit là d'un dialogue plus que d'un récit. Pour Howard Bloch, ce texte représente cependant une mise en abyme exemplaire du genre fabliesque, dans la mesure où les trois questions que le roi pose au jongleur (« Qui es-tu ? », « D'où viens-tu ? », « Où vas-tu ? ») sont précisément celles qu'il serait légitime de poser aux fabliaux eux-mêmes[1].

Les simples chevaliers, au contraire des représentants de la haute noblesse, sont très présents dans les fabliaux, même si les récits qui les mettent en scène ne figurent pas forcément parmi les plus populaires du genre. De fait, ce n'est sans doute pas sans une intention de réhabilitation quelque peu provocatrice que Jean-Luc Leclanche a organisé ses deux anthologies de fabliaux, *Chevalerie et grivoiserie* et *Le Chevalier paillard*[2], autour de la classe chevaleresque, car la majorité des autres anthologies ne plébiscite guère ces personnages ; ainsi l'anthologie Dufournet, beaucoup plus axée sur les prêtres, n'en fait-elle apparaître aucun (sauf dans *Les Tresses* qui est un cas particulier), donnant au lecteur l'impression un peu fallacieuse que le monde courtois est complètement ignoré du fabliau. Certes, cours et châteaux ne fournissent souvent qu'un décor assez banalisé aux contes qui s'y déroulent, et les nobles y sont parfois réduits à des utilités : les héros de *Guillaume au faucon* et du *Fouteur* ne sont ainsi nobles ni l'un ni l'autre, mais ils évoluent en milieu curial pour y trouver leurs proies : des jeunes filles ingénues et de bonnes mœurs qu'ils prennent un plaisir particulier à dévergonder. Le personnage éponyme du *Chevalier qui fit parler les cons* (NRCF 15) est, pour sa part, bien noble, mais le don qu'il a reçu des fées ne sert que le but parfaitement grivois d'obtenir les faveurs des dames ainsi compromises. D'autres fabliaux mettent en scène ce que l'on pourrait appeler une forme de lutte des classes, avec le clergé comme dans le texte déjà évoqué du *Prêtre et du Chevalier*, ou, plus souvent, avec la paysannerie comme dans *Bérenger au long cul*, où la femme, noble, d'un paysan qui ne rêve que d'être fait chevalier ridiculise celui-ci et finit par se prendre un amant appartenant comme elle à la noblesse.

Dans certains cas, l'appartenance ou non des personnages à la noblesse peut même apparaître secondaire, voire optionnelle : ainsi les deux versions des *Tresses* se distinguent-elles essentiellement par le fait que dans un cas le couple appartient à la petite noblesse (c'est la version éditée par Dufournet) et dans l'autre à la bourgeoisie. Ce choix détermine certes un certain nombre de changements de détails – finement analysés par Jean Rychner pour illustrer le clivage social qui a probablement guidé la rédaction des deux versions – ; mais fondamentalement la trame du récit ne s'en trouve guère altérée.

1. Ralph Howard Bloch, « Le Mantel mautaillé des fabliaux », *Poétique*, 54 (1983), p. 181-198.

2. Respectivement : Champion, « Textes et traductions des classiques français du Moyen Âge », 2001 et Actes Sud, « Babel », 2008.

1.3. Le Tiers État

Cette appellation, qui n'est guère usitée au Moyen Âge, bien que les États généraux se soient réunis durant cette période bien plus souvent qu'à l'époque moderne, recouvre un nombre considérable de statuts sociaux distincts, dont les représentants forment incontestablement le gros des personnages de fabliaux : bourgeois, marchands, artisans, paysans, il est bien rare qu'un fabliau ne mette pas en scène l'un au moins de ces personnages types.

Contrairement à ce que l'on observera au XVe siècle dans la farce, juristes, médecins et étudiants ne sont guère nombreux dans les fabliaux : les premiers en sont même complètement absents, les médecins ne sont guère représentés que par des imposteurs (en particulier Trubert et le héros du *Vilain mire*), et les étudiants sont, comme on l'a vu, plus généralement désignés comme des clercs ayant mieux à faire que d'étaler leur savoir livresque. De fait, le monde du fabliau n'a rien d'intellectuel ; nos textes mettent représentent avant tout les habitants de la ville ou de la campagne dans ce qu'ils ont de plus quotidien : les mots « bourgeois » ou « vilain » suffisent presque toujours à caractériser ces personnages volontiers interchangeables et que les milieux dans lesquels ils évoluent caractérisent mieux que leur fonction. Boivin, qui « monte en ville » pour faire ses affaires, se révèle parfaitement à l'aise dans l'usage des codes urbains, et Trubert, qui, au départ, a tout du paysan inculte, commence aussi ses aventures par un marchandage, il est vrai moins concluant, dans le bourg le plus proche. Le boucher d'Abbeville va d'une ville à l'autre pour ses affaires et s'arrête pour la nuit dans une localité dont la topographie n'a rien pour le surprendre. En revanche, le très bref fabliau du *Vilain ânier* est entièrement construit sur l'incompatibilité des modes de vie de la ville et de la campagne : on y voit un paysan qui arrive pour la première fois en ville et qui s'évanouit dans la rue aux épices dont les effluves lui sont insupportables ; il suffit heureusement de lui faire respirer une poignée de fumier pour qu'il reprenne des couleurs. La morale de ce récit est aussi simple que réactionnaire : « Nul ne doit se dénaturer » !

Texte plus atypique, *L'enfant de neige* (ou *L'Enfant qui fut remis au soleil*, NRCF 48) met en scène un marchand qui effectue des voyages lointains à propos desquels le monde des villes n'est guère évoqué ; de fait, ces longues distances sont nécessaires à l'intrigue, de même que son ambitus temporel exceptionnellement étendu : il se trouve ainsi qu'à un de ses retours le marchand découvre que sa femme a eu un fils né, aux dires de l'épouse, d'un flocon de neige tombé sur sa langue. Guère dupe, le mari trompé attend que l'enfant soit grand pour l'emmener avec lui et le vendre en Orient : il racontera à la mère que son enfant de neige a malheureusement fondu au soleil. Fabliau par la forme et par l'esprit de répartie qu'il manifeste, ce récit ne l'est déjà plus tout à fait par le cadre spatio-temporel élargi qu'il déploie et par le tragique latent qui le sous-tend. Le vaste horizon qu'il nécessite annonce les contes de Boccace, et ce n'est pas un hasard si plusieurs versions étrangères de cette histoire fleuriront à la fin du Moyen Âge.

Nulle surprise, par ailleurs, à ce que le monde des petits artisans soit largement représenté dans les fabliaux : le mari du *Prêtre au lardier* nous est présenté comme un savetier, les forgerons se retrouvent dans *Le Forgeron de Creil* (NRCF 42) et dans *Connebert* (NRCF 77), les teinturiers, qui sont en même temps sculpteurs de crucifix, dans *Trubert*, ainsi que dans *Le Prêtre teint* et sa variante du *Prêtre crucifié*. On s'arrêtera ici plus en détail sur le meunier, présent dans *Gombert*, dans *Le Meunier et les deux clercs* (NRCF 80) et dans *Le Meunier d'Arleux* (NRCF 110), et que l'on retrouvera dans le conte du Régisseur des *Contes de Canterbury* de Geoffrey Chaucer. De même que l'on a vu plus haut que le stéréotype du prêtre s'était déplacé à l'époque moderne sur celui du facteur, qu'il nous soit permis de gloser un glissement du même type à partir du meunier, lequel est au Moyen Âge le spécialiste d'une technologie de pointe qui (du moins dans l'imaginaire populaire) lui permet de gruger facilement ses clients, trait que Jean Bodel escamote dans *Gombert* mais sur lequel insiste en revanche l'auteur du *Meunier et les deux clercs*. Ajoutons que son entreprise est souvent située en périphérie, qu'on fait la queue pour bénéficier de ses services et que la prostitution fleurit volontiers à proximité de son lieu de travail. Or, au XXe siècle, toutes ces caractéristiques ont été déplacées, sans changer d'axiologie, sur… le garagiste ![1]

Les personnages qui restent en milieu rural, de leur côté, sont généralement moins bien traités que ceux qui ont commerce avec la ville, et voient volontiers souligné leur côté fruste. En outre, ils sont souvent présentés comme étant sous la coupe de leur femme : quoique paysan enrichi, et donc presque bourgeois, le héros de *Bérenger au long cul* est bien maltraité par son épouse ; et ce sont les femmes qui ont le dernier mot dans la dispute conjugale du *Pré tondu*, de *La Crotte* (NRCF 57) ou des *Quatre Souhaits de Saint Martin*. Plusieurs maris cocus sont par ailleurs explicitement présentés jusque dans les titres des fabliaux qui les mettent en scène comme des paysans : ainsi du *Vilain de Bailleul*, du *Vilain qui n'était pas maître de sa maison*, du *Vilain qui vit un autre homme avec sa femme* (ces deux derniers textes ont été retenus par Nykrog mais pas par le NRCF) ou du *Fol Vilain* (NRCF 106).

Un trait intéressant des personnages roturiers des fabliaux est leur proximité avec les animaux : le boucher d'Abbeville subtilise un mouton du prêtre pour l'offrir à son hôte comme s'il était sien ; Trubert va vendre une génisse et repart avec une chèvre, qu'il fait peinturlurer comme une bête de cirque ; Boivin de Provins (D XIV) fait miroiter devant la maquerelle Mabile la vente de deux bœufs, qu'il n'a certes pas, mais dont l'affabulation lui est indispensable. Le chien Estula (D VIII) qui est si proche de ses maîtres que ceux-ci finissent par croire qu'il peut parler,

1. Plus récemment, c'est l'informaticien qui semble avoir hérité d'une partie de ces préjugés…

Brunain la vache du prêtre (D III) qui est ramenée chez le paysan par la vache dont celui-ci avait fait don au curé, les Perdrix (D IX) qui sont l'occasion d'un pique-nique mouvementé, le loup que le paysan soupçonneux prend au piège en même temps que le prêtre qui convoitait sa femme et la servante complice de cette dernière (D VII) ou les deux chevaux (NRCF 50) que se disputent un paysan et un moine sont au cœur des intrigues des fabliaux éponymes. Et même si, lorsqu'il est question de héron, de grue ou d'écureuil, on ne voit pas toujours la queue de l'animal, la présence réelle ou métaphorique des bêtes témoigne de l'intimité de l'homme médiéval avec celles-ci, qui possèdent d'ailleurs souvent des noms propres, et nous persuade que la doctrine chrétienne affirmant la prééminence de l'homme sur l'animal n'empêche pas une compréhension des bêtes sans doute plus profonde que le respect un peu distancé qu'on leur témoigne aujourd'hui. On connaît les fameux procès intentés à la fin du Moyen Âge à des animaux, témoignant que ceux-ci pouvaient alors être sujet de droit, et *Le Testament de l'âne* nous persuade que, comme le dira Tartuffe, « il est avec le ciel des accommodements » : il suffit en l'occurrence au prêtre qui encourt les foudres de l'évêque pour avoir enterré son âne en terre consacrée – c'est-à-dire de l'avoir considéré comme un humain –, de prétendre que l'âne a institué comme légataire l'évêque lui-même pour que ce dernier ne trouve plus rien à redire à cet enterrement équivoque.

On conclura cette revue des états de la société par l'évocation, en guise de morale, d'un petit texte que le NRCF n'a pas retenu (sans doute parce que son aspect narratif est trop minimal), mais qui exemplifie avec toute la clarté requise le statut des trois ordres dans la littérature comique du Moyen Âge. Il s'agit du dit *Des chevaliers, des clercs et des vilains*, dont le résumé n'appelle pas de longs commentaires[1] ; on y voit en effet successivement ces trois groupes de personnages se délasser dans un pré charmant, avatar du *locus amoenus* cher à Ernst Robert Curtius : les chevaliers y paradent, les clercs y font l'amour et les paysans ne trouvent rien de mieux… que d'y faire leurs besoins !

2. Le comique

2.1. Comique de mots

Les jeux de mots ne sont pas très nombreux dans les fabliaux. De fait, l'on peut estimer que l'essor du calembour en français est surtout le fait du XVe et, plus encore, du XVIe siècle, véritable âge d'or des jeux de mots et de lettres, avant que le classicisme ne vienne mettre de l'ordre dans ces excès de langage.

1. On en trouvera une édition dans l'anthologie de Jean Batany, *Français médiéval*, Bordas, 1972, p. 207-208.

Quelques-uns de nos textes jouent toutefois sur des expressions à double sens ou sur des confusions de mots, et il est intéressant d'y constater que la confiance dans le langage n'est, au XIIIe siècle, jamais ébranlée sans inquiétude.

Il y a d'abord les emplois métaphoriques tels que l'utilisation du mot « écureuil » pour insinuer le sexe masculin, dans *L'Écureuil* (NRCF 58), ou dans *Trubert*, ou celui de « souriceau » qui désigne le sexe féminin dans un fabliau (*La Souricette des étoupes*, NRCF 66) où la fuite d'une souris est prise pour la disparition du pucelage d'une jeune fille. Mais l'équivoque ici est moins dans le langage que dans le jeu sur la naïveté féminine, sujet auquel nous aurons l'occasion de revenir.

On trouve aussi des mots pris dans plusieurs acceptions. Dans *Le Prêtre qui eut une mère par la force* (NRCF 41), un paysan comprend mal le mot « suspendre » et croit qu'on va pendre un prêtre, alors qu'il ne s'agit que de le révoquer ; dans *Brunain la vache du prêtre*, Dieu est qualifié de « bon doubleur », et il se trouve effectivement que la vache du prêtre va venir doubler le cheptel du paysan ; dans *La Vieille qui oignit la paume du chevalier* (NRCF 72), enfin, l'héroïne croit vraiment qu'il faut littéralement « graisser la patte » de l'homme de haute naissance dont elle cherche à obtenir un avantage. Plus subtilement, et dans une axiologie plus proche de la littérature moralisante, *La Bourse pleine de sens* (NRCF 8) joue sur l'ingénuité du marchand qui croit qu'il parviendra à trouver une bourse littéralement pleine, non d'argent, mais de sagesse.

Cas plus difficile à évaluer, Nykrog pensait[1] qu'il pouvait y avoir des ambiguïtés sur *vis* (« visage »), *vif* et *vit* (« pénis ») dans les fabliaux de *L'Anneau* (où un personnage « lava ses meins et son vis ») et de *L'Écureuil* (où le prétendu animal est dit être « toz vis », c'est-à-dire « bien vivant ») ; mais il est bien connu que l'on voit dans une langue qui n'est pas la nôtre plus de jeux de sonorités et d'équivoques que n'en distinguent consciemment les locuteurs natifs. En l'occurrence, un médiéviste comme Roger Dragonetti (dont on ne s'est pas privé de critiquer la propension à multiplier les jeux de mots lacaniens) a fait valoir que l'esprit médiéval était particulièrement sensible aux rapprochements entre mots, par une fascination « étymologique » fondée théologiquement et théorisée au VIIe siècle par Isidore de Séville dans ses *Étymologies*. Mais était-elle appliquée aussi systématiquement qu'il le pensait aux textes vernaculaires ? Le doute reste permis.

En fin de compte, trois jeux de mots vraiment certains se lisent dans les fabliaux, tous trois semblant bien revêtir une valeur transgressive. Dans *Estula*, deux voleurs s'approchent d'une ferme, mais au moment où le paysan appelle son chien, qui porte le nom improbable d'Estula, l'un des voleurs croit que son camarade l'apostrophe (« es-tu là ? ») et répond « oui ! ». Le paysan, croyant que son chien a acquis la parole, est si étonné qu'il fait venir un prêtre pour exorciser l'animal, si

1. P. Nykrog, *op. cit.*, p. 212.

bien que tout ce remue-ménage met les voleurs en fuite. Dans *La Malle Honte*, un personnage au nom encore plus improbable de Honte lègue sa malle au roi d'Angleterre et le messager venu apporter « la malle (de Monsieur) Honte » (beau cas de « cas régime absolu », sans préposition) se fait évidemment mal accueillir par ceux qui croient qu'il a lancé une malédiction (« la *male* [mauvaise] honte »). Dans *Les Trois Anglais et l'anel*, enfin, on joue sur la confusion entre *agnel* (« agneau ») et *ânel* (« ânon ») à la faveur d'une prononciation à l'anglaise, qui fait elle-même miroiter, mais sans l'expliciter le mot *anel* qui signifie « anneau » et qui peut être considéré comme le symbole de l'« alliance » entre la matérialité des mots et leur signification. De quoi est-il question dans ces trois fabliaux ? De la différence entre l'homme et l'animal, du crime de lèse-majesté et du brouillage linguistique induit par une langue étrangère, toutes questions assez déstabilisantes qui tendent à accréditer l'idée que le jeu de mots naît, au Moyen Âge d'une certaine angoisse associée aux limites du langage.

2.2. Comique de mouvements

Certains fabliaux possèdent une alacrité qui évoque irrésistiblement le cinéma muet. À cet égard, *Les Perdrix* est sans doute un des sommets du genre, mais les rebondissements de ce fabliau d'à peine 150 vers sont aussi, et peut-être d'abord, un trajet à travers le langage. La disparition des deux perdrix que la femme a mangées par pure gourmandise en attendant son mari qui tardait trop, donne en effet tour à tour lieu à trois explications fallacieuses : la femme les prétend d'abord volées par le chat, puis, lorsque le mari refuse la première explication, elle les dit mises de côté, puis, enfin, dérobées par un prêtre libidineux. Le mari poursuit alors ce dernier de son grand couteau en proférant des menaces faisant croire au curé que le mari en veut à ses testicules. Les deux volatiles disparus ont ainsi fini, de métamorphose en métamorphose, par se muer en attribut sexuel, ce que, désir pour désir, elles n'étaient au fond pas si loin de constituer dès le départ.

Dans *Haimet et Barat*, ce sont les tribulations d'un jambon qui nous sont contées : les deux voleurs dont les noms apparaissent dans le titre le disputent à leur ancien complice Travers devenu honnête et finissent par le déguster avec celui-ci et sa femme. Ici encore la matérialité de l'objet s'avère moins importante que les jeux qui le font passer d'une main dans une autre. On comprend mieux, dans ces conditions, le succès des histoires de cadavres encombrants dans les intrigues fabliesques : corps sans âmes et donc réduits à un pur statut d'objets, les corps trimbalés deviennent le simple support d'une irrésistible propension à faire circuler sans but des « marchandises » dont la valeur d'échange se réduit à un simple jeu de permutations.

On en arrive ainsi à des récits dans lesquels il n'y a rien d'autre à échanger que des places dans l'espace qui instituent un véritable ballet entre un nombre limité de personnages : *Gombert et les deux clercs* (comme son double du *Meunier et les deux clercs*) met ainsi en scène une cascade de quiproquos à travers lesquels l'expression galvaudée de « nuit du Moyen Âge » retrouve une pertinence, puisqu'il faut de toute nécessité, pour trouver ce récit vraisemblable, qu'un noir de poix recouvre toutes les allées et venues des personnages d'un lit à l'autre : les deux clercs qui dorment chez Gombert vont en effet profiter de ce que la chambre est meublée de trois lits et d'un berceau. Comme ce dernier, situé à côté du lit des époux, sert de point de repère pour ne pas se tromper de couche, il suffira de le déplacer pour brouiller les trajets des personnages qui s'absentent tour à tour, soit pour aller faire pipi, soit pour profiter des faveurs de l'une des deux femmes (l'épouse et la fille de Gombert), l'ironie voulant que le mari dérouté se retrouve finalement dans le lit des clercs avec celui qui vient de besogner sa femme, et qui a la mauvaise idée de se vanter de sa bonne fortune en croyant s'adresser à son compagnon, lequel est en réalité, à ce moment précis, couché avec la fille. La course-poursuite qui s'ensuit ne déparerait pas un film de Charlot[1]. Encore dans *Gombert et les deux clercs* un simulacre d'échange est-il mis en scène grâce à l'anneau (encore un !) de la poêle, dont l'un des clercs fait présent à la fille du meunier comme s'il s'agissait d'une bague de fiançailles. Mais *Boivin de Provins* montre bien qu'il n'est pas nécessaire d'avoir quelque chose (même d'une valeur dérisoire) à échanger pour faire tourner la machine narrative : c'est en effet en faisant semblant d'être riche, puis en accusant faussement la prostituée qui lui a accordé ses faveurs de lui avoir volé sa bourse (nouvel objet à double sens !), que Boivin parvient non seulement à sortir du bordel sans payer, mais à provoquer entre mère maquerelle, souteneurs et employées, une gigantesque bagarre qui n'est ici encore, pas sans rappeler les batailles de tartes à la crème qui terminent les films de Mack Sennett ou de Laurel et Hardy. Moins spectaculaire, *Les Trois Aveugles de Compiègne* joue sur le même principe : c'est l'inexistence même de la pièce prétendument donnée par le clerc qui mène à la dispute entre les aveugles.

Décrire les fabliaux comme des textes mettant en œuvre les instincts humains les plus matériels (manger, boire, paresser, faire l'amour) n'est évidemment pas faux, mais plus encore que la satisfaction de ces besoins, ce que semblent tout particulièrement rechercher sinon les personnages, du moins les auteurs de nos récits, c'est le plaisir de contempler le bon fonctionnement de ces machines parfaitement rodées que sont leurs narrations. Plaisir du mouvement pour le mouvement, que le tempo souvent effréné de l'action transforme en ballets virevoltants où plus rien ne pèse et

1. L'analogie entre intrigues de fabliaux et films burlesques américains n'a d'ailleurs pas échappé à Pasolini qui, dans son adaptation cinématographique des *Contes de Canterbury*, s'est amusé à habiller l'un de ses personnages d'une façon faisant clairement référence au vagabond de Charlie Chaplin.

où le lecteur n'a pas plus tôt commencé sa lecture qu'il en approche déjà le terme. Les mots s'échangent comme les choses et les signes l'emportent sur les réalités qu'ils désignent. Comme le disait Howard Bloch, le « scandale des fabliaux », c'est d'abord « le scandale de leur propre production[1] ».

2.3. Comique de situation

À l'opposé de ces courses incessantes, ou plutôt en contrepoint à leur fugacité, les fabliaux mettent volontiers en scène des objets dont la présence massive joue un rôle à la fois stabilisateur et mystifiant dans leur économie. C'est le bahut dans lequel sont enfermés, pour y mourir étouffés les personnages éponymes des *Trois Bossus ménestrels* (et dont Philippe Ménard supputait les dimensions les plus probables pour faire une lecture en clé « réaliste » de ce fabliau); c'est le lardier (auquel on substituerait peut-être aujourd'hui un frigo[2]) du *Prêtre au lardier*, dont le rythme sautillant de la versification atypique souligne les déplacements successifs du meuble; c'est aussi le coffre du *Vilain au Buffet* (NRCF 52), où le mari est enfermé comme dans un cercueil; c'est le tonneau rempli de plumes dans lequel se serrent le prêtre, le prévôt, et le forestier piégés par Ysabeau et sa servante dans *Constant du Hamel*; c'est encore le cuvier du fabliau du même nom (NRCF 44), objet dont s'inspirera également, au XVe siècle, une farce célèbre de titre identique. De fait, ce lien avec la farce n'est pas fortuit. Exhibant sur les tréteaux les situations que les fabliaux ne faisaient qu'évoquer narrativement, la farce fera une grande consommation de ces objets encombrants qui matérialisent les ruses, les stratagèmes et la malice de ses acteurs.

Comique de situation parce que les personnages placés dans ces grands meubles, comme Orgon caché sous la table dans le *Tartuffe* de Molière, participent de l'action tout en n'y participant pas: le paysan du *Vilain au buffet* se voit privé de la capacité de voir ce qui se passe autour de lui par le fait de son prétendu décès, tout comme son homologue du *Prêtre qui guettait* est dépossédé de sa vision par l'affirmation péremptoire du prêtre qui le persuade que les choses ne sont pas ce qu'elles sont. En l'occurrence, c'est le trou dans la porte, et par conséquent la porte elle-même qui fait office de médiatrice ou plutôt de modificatrice de réalité, comme le dit d'ailleurs le dernier vers où il est affirmé que la ruse du prêtre a marché parce que *l'uis fut tieus* (« la porte était telle[3] »).

1. « The scandal of the comic tale is not that which traditionally is associated with 'l'esprit gaulois'. Their disreputableness is [...] that they expose so insistently the scandal of their own production » (Ralph Howard Bloch, *The Scandal of the Fabliaux*, Chicago / London, The University of Chicago Press, 1986 p. 35).

2. Notons que ce terme de *lardier*, que le *Trésor de la langue française* glose comme « garde-manger », en renvoyant à notre fabliau, est absent du Littré comme des dictionnaires modernes les plus courants.

3. À moins que les trois jambages *du* ui ne doivent plutôt se lire *ju*, ce qui signifierait plutôt que le *jus* (« jeu ») avait bien fonctionné.

Les boutiques et ateliers d'artisans donnent également lieu à une utilisation spectaculaire d'objets emblématiques et peu maniables : ainsi de l'enclume du forgeron dans *Connebert* où seront cloués les testicules du prêtre paillard, ou les croix du marchand de crucifix dans *Le Prêtre teint* et *Le Prêtre crucifié*, ainsi que les cuves de ces artisans qui sont en même temps teinturiers, et qui nous rappellent la grande cuve de teinture jaune où se plongera Renart dans la branche 1 de son *Roman*, afin de se déguiser.

On observera d'ailleurs ici en passant que, à part dans *Trubert*, le déguisement n'est pas un ressort très usité du fabliau, sans doute parce que les personnages, n'étant pas récurrents, ne sortent de l'anonymat que pour y rentrer rapidement. Citons tout de même *Frère Denise* de Rutebeuf, où le moine paillard déguise sa maîtresse en jeune novice pour pouvoir voyager avec elle.

3. Les femmes

Les personnages féminins que l'on rencontre dans les fabliaux peuvent se répartir selon trois catégories : les jeunes filles (plus ou moins) ingénues ; les épouses, généralement malignes et pleines de ressources, auxquelles on peut associer les veuves ; enfin les professionnelles du sexe : entremetteuses et prostituées, personnages quelque peu marginaux et qui, quoique moins nombreuses que les représentantes des deux premières catégories, offrent souvent des profils particulièrement marqués dans les fabliaux.

3.1. Ingénues

Commençons par les jeunes filles vierges, qui ne sont généralement telles, dans notre corpus, que pour rapidement perdre cette caractéristique, selon des modalités qui font toutefois apparaître qu'il y a des gradations dans l'ingénuité. Si aucun fabliau n'a l'impudeur de mettre froidement en scène des jeunes filles entreprenantes et explicitement impatientes de découvrir les joies du sexe, on remarquera toutefois que la fille du meunier, dans *Gombert et les deux clercs*, n'oppose guère de résistance au jeune homme qui va nuitamment coucher avec elle et que l'héroïne de *La Demoiselle qui songeait*, dont on reparlera à propos des modalités du songe, cesse assez vite de se plaindre de l'effronté qui a profité de son sommeil pour la dépuceler. Les cas les plus caractéristiques restent toutefois ceux des jeunes filles que des séducteurs sans scrupules parviennent à plier à leurs vœux par le moyen de stratagèmes qui détournent l'attention de leurs victimes en faisant mine de leur proposer des jeux innocents dont le caractère sexuel leur échappe. Ainsi Trubert, travesti en femme, aura-t-il l'occasion de créer une joyeuse pagaille dans le gynécée du comte Garnier. Boccace dans le *Décaméron* tirera un grand parti de ce genre d'intrigues, en particulièrement lorsqu'un de ses personnages proposera à un paysan de métamorphoser momentanément son épouse en bête de somme en lui rajoutant, en guise de touche finale… une queue (10e conte de la 9e journée), ou lorsque, dans un conte particulièrement célèbre, un moine tablera sur la piété de sa proie pour lui enseigner comment « remettre le diable en enfer » (10e conte de la 3e journée), métaphore qui se passe de commentaire et qui est d'ailleurs devenue proverbiale en italien.

Grues, faucons, écureuils, souriceaux et autres lapins peuplent les fabliaux. C'est, de fait, tout un bestiaire qui est mobilisé pour tromper la bonne foi de jeunes filles qui ont pour seul tort de prendre au pied de la lettre des désignations dont leur séducteur (et leur lecteur !) comprennent parfaitement l'ambivalence. Mais la surprise ne dure qu'un temps. Dans tous ces cas, la jeune fille séduite finit rapidement par se découvrir, comme on l'a dit, un goût marqué pour le nouveau jeu qu'on lui a enseigné, occasion pour les narrateurs de rappeler, ou de sous-entendre, que les femmes sont toujours sexuellement insatiables par nature, vieille rengaine misogyne dont on sait qu'elle n'a pas totalement disparu de la mentalité de certains mâles. Si la rhétorique courtoise habille d'un respect tout rhétorique les sentiments que les hommes professent envers leur dame, il appartient précisément aux fabliaux de montrer que ce n'est là qu'un mensonge idéaliste qui voile une réalité beaucoup plus crue. Certes, à première vue, la femme ne sort pas grandie des contes à rire : si l'on n'y trouve pas de longs discours pour dénoncer leur lubricité (ce qui sera par contre le cas de la satire misogyne à partir du XIVe siècle), on n'y rencontre pas davantage de jeune fille protestant en connaissance de cause, sinon par des expressions de pudeur convenue, contre les entreprises d'un homme. Nous sommes encore loin de *La Belle dame sans mercy* d'Alain Chartier qui, vers 1425, mettra en scène une femme qui, bien décidée à ne pas se laisser émouvoir par le soupirant qui prétend qu'elle l'a provoqué par ses regards, entreprendra frontalement de déjouer l'hypocrisie masculine. Dans les fabliaux, la « nature féminine » est un donné, mais elle a ses compensations, que les femmes expérimentées savent mettre à profit pour se montrer, bien souvent, supérieures à leurs partenaires masculins.

3.2. Épouses, veuves et concubines

On ne s'étonnera donc pas que les épouses que mettent en scène les fabliaux ne soient qu'assez rarement présentées comme des ménagères raisonnables et dépourvues de fantasmes. Au vrai, ce type de personnage n'a que peu d'intérêt dans les contes à rire, et on comprend que la dénonciation de la prétendue insatiabilité féminine ouvre un filon que les conteurs s'empressent d'exploiter pour ajouter du piment à leurs narrations. Ainsi lorsque des femmes refusent les avances de prêtres lubriques, cette réserve en dit sans doute plus sur la dévalorisation du personnage du prêtre que sur la vertu féminine proprement dite. Il y a certes des fabliaux avec des personnages féminins dont la problématique sexuelle est absente, mais les femmes qu'on y rencontre ont alors d'autres défauts, en particulier celui d'être *tenceuses* (« querelleuses ») et *jangleresses* (« bavardes »). Dans *Le Pré tondu* (fabliau que presque tous les répertoires incluent dans leur liste, à la curieuse exception du NRCF), une femme veut absolument persuader son mari qu'un pré devant lequel ils passent n'a pas été fauché mais tondu. Le mari finit par couper la langue de sa femme pour la faire taire, mais, privée de la parole, celle-ci se met alors à mimer de ses doigts l'action de manier des ciseaux pour signifier qu'elle n'a pas abjuré son idée. *Dame Joenne* et *L'Homme qui avoit femme tencheresse* (textes retenus par le seul Nykrog) présentent des variantes de ce motif.

Quand il est question de sexe, on peut certes trouver des contes, comme *Les quatre Souhaits de saint Martin*, où la femme reporte ses envies sur son mari : le premier souhait consiste en effet à demander que son époux soit couvert de membres virils (ce à quoi le mari répond d'ailleurs aussitôt en demandant que sa femme soit couverte de vagins). Cependant, la plupart du temps, dans les fabliaux, les femmes sont présentées comme ayant un amant en titre ou cédant volontiers à des séducteurs de passage. Un cadeau bien choisi suffit généralement à faire plier les femmes les plus apparemment honnêtes. Dans *Le Boucher d'Abbeville*, la concubine du prêtre (catégorie souvent représentée dans les fabliaux) est vite appâtée par la peau du bélier, et la servante, pour le même trophée, est tout aussi prompte à satisfaire la requête du héros.

Dans *Bérenger au long cul*, la femme semble ne se décider à prendre un amant qu'une fois constatée la lâcheté et la faiblesse de son mari, mais en réalité cette issue est prévisible dès le début, car la mésalliance de la fille de bonne famille avec le parvenu ne pouvait guère mener à un autre dénouement. Le plus souvent, d'ailleurs, les conteurs ne perdent pas leur temps à expliquer pourquoi les femmes trompent leurs époux. Nykrog comptabilise 36 fabliaux (donc près du quart de son corpus) mettant en scène une relation triangulaire femme-mari-amant ; parmi ceux-ci, 24 sont favorables à l'amant et 12 au mari, ces derniers illustrant presque tous le cas où l'amant est un prêtre. Mais il est aussi, on l'a vu, quelques fabliaux où le prêtre amant s'en sort bien, car son statut lui permet de jouer plus facilement sur la crédulité du mari.

Quelques fabliaux mettent en scène des veuves qui, généralement, sont nostalgiques du temps où elles pouvaient pratiquer la sexualité. Dans *La Veuve*, par exemple (texte absent du NRCF, mais que l'on trouvera dans l'anthologie de Straub et Rossi), le personnage éponyme est en quête éperdue de mâles prêts à assouvir sa libido et n'hésite pas montrer le spectacle de sa frustration. Quant au fabliau de *Celle qui se fit foutre sur la tombe de son mari*, il se révèle l'une de très rares adaptations directes d'un conte latin de l'Antiquité, à savoir celui, raconté par Pétrone dans le *Satyricon*, de *La Matrone d'Éphèse* : une femme qui veille sur la tombe de son mari qui vient de mourir est séduite par un soldat qui doit veiller sur le cadavre d'un voleur pendu, afin que le corps de celui-ci ne soit pas subtilisé par ses anciens complices. Naturellement, le corps est volé pendant que le soldat et la jeune veuve s'adonnent à leurs plaisirs, et on devine la chute du conte : c'est le cadavre du mari qui remplacera celui du voleur sur le gibet, afin que le soldat ne soit pas puni pour sa négligence. La veuve des fabliaux n'est donc jamais une femme résignée mais au contraire une femme qui cherche sans cesse à dépasser sa condition de viduité en allant au-devant de nouvelles aventures.

3.3. Professionnelles

Enfin, un petit nombre de fabliaux met en scène des entremetteuses et des prostituées, qui se situent généralement, pour leur part, au-dessus des soucis sexuels personnels, tout en observant et en entretenant ceux des autres.

On peut classer les fabliaux à prostituées en deux catégories : *Boivin de Provins*, *Richeut* et *Des putains et des débauchés* (NRCF 64) se situent véritablement dans le monde des maisons closes, tandis que *Le Prêtre et Alison* (NRCF 91), *La Bourse pleine de sens* (NRCF 8), *Les Braies du Cordelier* et *Une seule femme qui avec son con servait cent chevaliers* (NRCF 109) mettent en scène des prostituées détachées, si l'on ose dire, de leur milieu naturel. Par ailleurs, seuls les fabliaux d'*Aubérée* et du *Prêtre teint* font voir des entremetteuses. Nykrog et Corinne Pierreville se sont interrogés sur la rareté de ce dernier personnage, la seconde suggérant que le fabliau très élaboré et étendu (il totalise 653 vers) d'*Aubérée* avait épuisé les potentialités du personnage ; elle remarque que les deux personnages présentent de ressemblances : elles sont toutes deux des femmes âgées et d'expérience, mais, alors que Hersent (l'entremetteuse du *Prêtre teint*) n'est qu'une « vieille débauchée aux manœuvres grossières[1] », dont l'action est d'ailleurs un échec (le prêtre qui a eu recours à ses services n'aura pas à s'en féliciter), Aubérée est au contraire une femme extraordinairement rusée qui multiplie les intrigues et amasse des gains considérables. Jean de Meun s'inspirera probablement d'elle lorsqu'il mettra en scène, dans la seconde partie du *Roman de la Rose*, autour de 1270, le personnage de la Vieille dont l'immense discours misogyne s'étendra sur plus de 2000 vers.

Bien que ne tenant pas à proprement parler un bordel, Aubérée peut être rapprochée de Richeut qui, dans son rôle de mère maquerelle, se montre également d'une finesse et d'une malice rares. *Richeut*, que Bédier considérait comme le plus

1. Corinne Pierreville, « l'entremetteuse des fabliaux, un singulier personnage », in *Entremetteurs et entremetteuses dans la littérature de l'Antiquité à nos jours*, Lyon, CEDIC, 2006, p. 119-130.

ancien des contes à rire français[1], s'avère quelque peu atypique, par sa versification (il est écrit en tercets « coués » dont le troisième vers est plus court), par sa longueur (c'est avec ses 1 315 vers le plus long fabliau après *Trubert*) et par le fait que l'on connaît un fragment d'un *Moniage Richeut* (où la protagoniste aurait fait semblant de se faire nonne), qui nous fait soupçonner l'existence d'un cycle de Richeut, qui ne fut sans doute pas aussi fourni que celui de Renart, mais qui aurait placé l'héroïne en position de personnage récurrent dans plusieurs textes, dans une logique inconnue des autres fabliaux. *Richeut* est d'ailleurs constitué de deux épisodes distincts, dans un ambitus temporel qui est plutôt celui du roman. Tous ces traits ont dissuadé les éditeurs du NRCF d'inclure *Richeut* dans leur corpus. C'est pourtant un texte dont le ton, l'humour et la morale sont indéniablement fabliesques et qu'il nous paraît important d'évoquer ici. Dans le premier épisode, Richeut, enceinte, parvient à faire endosser la paternité de l'enfant à trois personnages qui garantiront ainsi le financement de son éducation. Dans la deuxième partie, le fils, qui est appelé Samson, a grandi et est devenu un sacripant digne de sa mère. Celle-ci, cependant parvient à lui jouer un bon tour en s'aidant d'une de ses employées pour le circonvenir.

Comme *Richeut*, *Boivin de Provins* nous fait voir la vie du bordel de l'intérieur, mais cette fois-ci dans une aventure ramassée et d'un seul tenant. Toute la hiérarchie de la maison close, avec la mère maquerelle Mabille, les *houliers* (souteneurs) et les filles s'y déploie comme en une véritable réplique de cour féodale. Tout ce beau monde semble parfaitement solidaire, mais dès que la pute[2] Ysane est soupçonnée d'avoir gardé pour elle l'argent que Boivin ne lui a précisément pas donné, cette belle unanimité de façade se lézarde et dégénère en une bagarre générale pour le plus grand amusement de ceux qui, de l'autre côté de la rue, assistent à ce spectacle. Les fabliaux ne sont que rarement moraux, mais, en l'occurrence, l'auteur de Boivin de Provins (qui est, comme on l'a vu, le double de son héros) nous fait tout de même comprendre que les associations de gens louches ne sauraient avoir la solidité des alliances entre gens honnêtes. Le tout étant de savoir si les gens honnêtes existent vraiment…

1. Une allusion à Toulouse, convoitée par un « roi Henri » (v. 990) lui faisait identifier ce dernier à Henry II Plantagenêt et dater le texte de 1159. Mais l'indice paraît bien maigre et la critique actuelle tend plutôt à rajeunir le fabliau d'une trentaine d'années, ce qui en fait toujours l'un des représentants les plus archaïques du genre.

2. Je me permets d'utiliser ce terme, car il est d'un usage parfaitement courant au Moyen Âge, n'étant que la forme sujet du mot dont *putain* est la forme régime.

III

Thèmes

1. Modalités de la ruse

1.1. Le *trickster*

Personnage universel, le joueur de bons tours est honoré dans toutes les cultures. Volontiers appelé « fripon divin » par les anthropologues qui soulignent son rôle de trouble-fête, mais parfois aussi de régulateur (en tant que bouc émissaire), dans de nombreuses mythologies, il est appelé *trickster* en anglais, *briccone* en italien, *Schelm* en allemand ; mais la langue française a échoué à lui trouver un nom qui fasse l'unanimité : le mot *décepteur* étant ressenti comme artificiel, pour ne pas dire jargonnant, c'est en fin de compte le terme de *trickster* qui est aujourd'hui le plus utilisé dans la recherche francophone.

Les *tricksters* abondent dans la littérature médiévale : le plus célèbre est sans doute Renart, mais Trubert, le pirate Wistasse le Moine, le proto-Robin des Bois Fouke Fitzwarin en présentent d'autres exemples en domaine français. En langue allemande, on peut au moins citer le Prêtre Amis, héros d'un roman à tiroirs du Stricker (XIIIe siècle)[1] et Till l'Espiègle dont les aventures n'apparaissent qu'à la Renaissance, et qui connaîtra, comme Renart, une gloire européenne. On trouve même un *trickster* dans la littérature latine médiévale : Unibos, dont les farces remontent au XIe siècle et qui, sous ses dehors de paysan mal dégrossi, se révèle un redoutable chevalier d'industrie. Ces mêmes caractéristiques se retrouvent chez Trubert, seul personnage de fabliau véritablement assimilable *stricto sensu* à un

1. Voir Le Stricker, *Amis le Prêtre (Der Pfaffe Amis). Roman du XIIIe siècle*, traduit du moyen-haut-allemand et présenté par A. Corbellari et Marianne Derron Corbellari, Amiens : Presses du « Centre d'études médiévales », Université de Picardie – Jules Verne, « Médiévales », 37, 2005 (diffusion Droz).

trickster, dans la mesure où pour mériter cette appellation le fripon doit montrer sa capacité à multiplier les tours pendables. De fait, le fabliau de *Trubert*, dont on a déjà évoqué les ambiguïtés (il est de loin le plus long des fabliaux, et son auteur, dans le prologue, insiste sur le fait, pourtant non canonique, qu'un fabliau devait être une réunion de fables), enchaîne au moins cinq histoires qui pourraient, à première vue, être indépendantes. En réalité, la gradation des aventures est très soigneusement dosée. On nous présente d'abord Trubert comme un frère du naïf Perceval : élevé par une veuve dans la forêt de Pontarlier, il se rend en ville pour vendre une génisse et se débrouille de prime abord fort mal, puisqu'il échange sa vache contre un chèvre de bien moindre valeur. Faisant ensuite peindre sa chèvre de couleurs criardes, il parvient à la vendre à la fois à la duchesse puis au duc Garnier de Bourgogne pour des prix en nature parfaitement orduriers (respectivement « un foutre », c'est-à-dire une copulation, et trois poils de cul). Il se déguise ensuite en charpentier pour piéger le duc dans la forêt et le battre comme plâtre après avoir reçu une avance substantielle sur le pavillon qu'il a promis de lui construire, puis en médecin afin de soigner les blessures qu'il a lui-même infligées au duc et pour une fois de plus l'embrener (cette fois-ci au sens propre). Le duc Garnier ayant été défié par le roi Golias, Trubert s'engage alors comme soldat et gagne la guerre presque sans coup férir. Enfin, c'est déguisé en femme, plus précisément en sa propre sœur, laquelle a réussi à prendre la tangente, alors que le duc avait organisé une expédition punitive pour capturer Trubert, que ce dernier paraît une dernière fois à la cour du duc Garnier : installé comme coq en pâte dans la chambre des dames, il dépucèle la fille du duc et est donné comme épouse au roi Golias à qui il joue encore un tour pendable avant que le texte ne s'interrompe brusquement sur cette ultime incarnation. On ne saurait entrer ici dans tous les détails de ce roman à tiroirs, encore enrichi d'épisodes adventices particulièrement cruels, tel celui où le neveu du duc, à qui Trubert a proposé d'échanger leurs habits, se fait pendre à la place du fripon. Un tel déchaînement de violences et de transgressions illustre parfaitement le caractère dénué de tout scrupule du *trickster*, personnage-caméléon jusqu'à l'invraisemblance qui a, de surcroît, trouvé des têtes de Turcs à sa mesure puisque le duc Garnier ne le reconnaît jamais, ou plus exactement le reconnaît toujours trop tard à travers ses multiples incarnations. De fait, Garnier et Trubert forment, comme le couple du maître et de l'esclave chez Hegel, un duo inséparable, qui nous montre bien que le *trickster* n'est rien sans la dupe providentielle dont il peut indéfiniment faire son souffre-douleur.

La maquerelle Richeut, dont on a vu qu'elle semble avoir été l'héroïne de plusieurs contes, quoiqu'un seul nous ait été conservé intégralement, pourrait figurer, dans le corpus fabliesque, le pendant féminin de Trubert : une sorte de *tricksterin*, dont la capacité de nuisance reste cependant loin d'égaler celle du sauvage de la forêt de Pontarlier.

Quant aux autres fabliaux mettant en scène des bons tours, ils sont plutôt le fait de personnages que l'on pourrait appeler des fripons d'occasion. Alors que Trubert fait le mal par pur plaisir et se révèle comme un *trickster* ontologique, les autres malins de fabliaux semblent jouer sur les circonstances plutôt que d'exprimer une propension innée à nuire à autrui.

1.2. Le fripon d'occasion

Outre que, comme on l'a dit, les fabliaux ne racontent généralement qu'une anecdote, leurs héros ne sont jamais récurrents, et l'on peut toujours expliquer les bons tours qu'ils jouent par la pression des circonstances : momentanément dans le besoin, ils se résolvent – certes assez spontanément – à tromper leur prochain, mais ne se vantent pas forcément qu'ils pourraient continuer d'agir ainsi durant toute leur vie. Exemplaire à cet égard est *Le Boucher d'Abbeville* : revenant d'un voyage d'affaires dans une ville relativement éloignée, le héros se voit contraint de faire étape à mi-chemin. Il commence par frapper chez un prêtre qui lui ferme la porte au nez, et c'est seulement à ce moment-là qu'il imagine un stratagème lui permettant à la fois d'obtenir le gîte et de se venger de cet hôte inhospitalier. Volant et égorgeant un mouton issu d'un troupeau appartenant justement au prêtre, il se fait accueillir à bras ouverts par celui-ci (qui visiblement n'a pas reconnu l'homme qu'il avait éconduit quelques minutes auparavant !) : partageant avec lui le mouton, il se fait offrir un bon lit et, le lendemain, lorsque le prêtre est allé dire la messe, il fait successivement l'amour à la concubine et à la servante de son hôte en leur promettant la peau du mouton qu'il va ensuite revendre au prêtre lui-même. Ainsi le boucher s'est-il bien vengé et rien ne nous dit qu'il va récidiver dans l'escroquerie : pour peu que l'on soit honnête avec lui, on voit mal qu'il se mette à tromper son prochain par pur plaisir.

Le fabliau de *Boivin de Provins* est, il est vrai, plus ambigu sur ce point, puisque Boivin, après avoir escroqué tout le personnel de la Maison close, va raconter son aventure au prévôt de la ville ; il se pourrait ainsi que jouer des bons tours pour ensuite les raconter mène à une sorte d'engrenage qui ferait du fripon d'occasion un véritable *trickster*. Il faut, toutefois, encore souligner ici l'originalité de *Trubert* qui se passe dans un monde féodal quelque peu irréel tranchant avec l'ancrage beaucoup plus référentiel de la plupart des fabliaux. Le fait que le fabliau soit presque toujours rétif à la réutilisation des personnages, montre bien qu'il préfère nous raconter des anecdotes que l'on pourrait prendre pour des faits divers plutôt que de filer les aventures de héros dont l'ubiquité entamerait la crédibilité. Dans la mesure où le fripon d'occasion n'est – si l'on ose dire : comme chacun d'entre nous – ni un être foncièrement malhonnête ni un parangon de vertu, il peut être pour le lecteur une figure d'identification idéale. Le clerc qui joue une plaisanterie douteuse aux trois aveugles de Compiègne ne commet pas un bien grand péché, mais il illustre cette envie de (presque) tout un chacun de se conduire, juste une fois, comme le garnement qu'il a malheureusement cessé d'être en devenant adulte.

1.3. Ruses de femmes

Considérer que l'idéologie médiévale dresse toujours entre les sexes une barrière ontologique, c'est tomber dans le piège qu'elle nous tend elle-même. La preuve que tous les auteurs n'en sont pas dupes est qu'il existe des romans médiévaux, comme le roman de *Silence* d'Heldris de Cornouailles (fin du XIIIe siècle), qui réfléchissent de manière étonnamment moderne sur l'arbitraire des déterminations de genre. Certes, de prime abord, ce type de questionnement n'effleure pas les contes à rire, et de ce point de vue, il ne semble y avoir aucun fabliau pour rattraper les autres : leur discours explicite consiste toujours à nous dire que la ruse de la femme est foncièrement d'une autre nature que celle de l'homme, ou plus exactement qu'elle est l'expression même de la *nature*, et qu'elle et qu'elle est par là plus redoutable que le diable lui-même. Rutebeuf le dit très explicitement au début de *La Dame qui fit trois fois le tour de l'église* (D XVIII), en usant de termes pittoresques pour désigner les mensonges dont les femmes sont, selon lui, capables :

Qui fame voudroit decevoir,	À celui qui voudrait tromper une femme,
Je li faz bien apercevoir	je tiens à faire savoir
Qu'avant decevroit l'anemi,	qu'il serait plus facile de tromper l'Ennemi
Le deable a champ arami.	le diable, dans un combat singulier.
Cil qui fame veut justicier	Si l'on veut maîtriser une femme,
Chascun jor la puet combrisier,	on a beau la rouer de coups chaque jour
Et l'endemain rest toute saine	le lendemain elle se retrouve toute fraîche
Por resoufrir autretel paine.	pour subir un châtiment du même ordre.
Més quant fame a fol debonere,	Mais quand une femme a pour mari un sot débonnaire
Et ele a riens de lui afere,	et qu'elle a un problème avec lui,
Ele li dist tant de bellues,	elle lui raconte tant d'histoires,
De truffes et de fanfelues	de boniments et de fariboles
Qu'ele li fet a force entendre	qu'elle finit par lui faire croire
Que le ciel sera demain cendre :	que demain le ciel sera de cendres.
Issi gaaingne sa querele.	C'est ainsi qu'elle gagne la partie.

Que la ruse de l'homme soit culturelle, calculée dans ses moindres détails, un texte comme le long monologue de Boivin de Provins, qui compte minutieusement les écus qu'il ne possède pas, nous le démontre assez. Mais présenter la ruse de la femme comme toujours inspirée par l'instinct s'avère par trop réducteur : ce n'est pas parce que la fringale sexuelle de la femme nous est décrite comme naturelle que sa façon de triompher des hommes ne pourrait pas être elle aussi hautement réfléchie. Un fabliau comme *Les Trois Dames qui trouvèrent l'anneau* nous le montre bien : les trois protagonistes y décident en effet que l'anneau qu'elles ont découvert sur leur chemin lors d'une promenade appartiendra à celle qui saura berner son mari avec le plus d'efficacité. La première persuade son époux, après l'avoir saoulé, qu'il a fait le vœu d'être moine ; la seconde va une semaine chez son amant en prétextant qu'elle allait simplement faire rôtir des anguilles et en prenant la précaution de demander à un voisin de rôtir des anguilles : à son retour, elle persuade tout le voisinage que son mari qui l'a crue absente pendant une semaine est fou ; la troisième pousse le culot jusqu'à se faire demander en mariage par son amant auprès de son mari en se faisant passer pour sa propre nièce. Le lecteur/auditeur est finalement fait seul juge de savoir laquelle des trois mérite l'anneau, procédé narratif que l'on retrouve d'ailleurs dans *Le Boucher d'Abbeville*, où c'est également à son public que le narrateur demande qui du prêtre, de sa concubine et de sa servante est le plus digne de se voir attribuer la peau du mouton.

La grande différence entre les ruses des hommes et celles des femmes, c'est que les premières, même si elles s'accompagnent volontiers d'un gain sexuel secondaire, sont avant tout des ruses d'argent ou, si l'on ose dire, d'amour-propre, voire des farces relativement innocentes, alors que les ruses des femmes visent toujours en premier lieu la satisfaction érotique et la neutralisation du mari. L'héroïne de *Bérenger au long cul* ne se fait passer pour un chevalier que pour obtenir la paix dans son ménage et se donner les coudées franches pour coucher avec l'amant qu'elle s'est choisi. L'héroïne des *Tresses* ruse, de même, pour cacher son inconduite en détournant la jalousie de son époux. C'est peut-être d'ailleurs à elle que pensait Rutebeuf en évoquant ces femmes qui se retrouvent miraculeusement fraîches au lendemain d'un soir où leur mari les a battues : on voit d'ailleurs dans son fabliau le mari jaloux empoigner précisément sa femme par ses tresses. Mais il n'est en l'occurrence, dans le fabliau de ce nom, nul besoin d'invoquer un miracle, puisque ce n'est effectivement pas la femme adultère qui a été maltraitée la nuit précédente, mais, selon les versions, une comparse ou un cheval.

Les conséquences de l'adultère, quant à elles, ne sont que rarement évoquées, et on a vu que l'histoire de *L'Enfant de neige*, qui met en scène un bâtard que le mari n'entend pas assumer trop longtemps, était plutôt atypique. Dans *La Dame qui fit trois fois le tour de l'église*, l'héroïne dit être enceinte, et l'on soupçonne en effet l'amant prêtre d'être le père, mais le mari ne voit pas malice à cette nouvelle et, tout content d'être père, gobe sans difficulté le mensonge de sa femme qui prétend n'être sortie que pour se livrer au rituel compliqué de faire trois nuits de suite le tour de l'église pour être sûre d'avoir un garçon. De fait, les croyances les plus saugrenues peuvent être invoquées dans les fabliaux pour mystifier certains personnages et il serait pour le moins téméraire de croire, comme le trop sérieux érudit allemand Bruno Barth au début du XXe siècle, que l'alibi de l'héroïne des *Braies du Cordelier* prétendant que les pantalons de moines favorisaient la fécondité féminine refléterait une « superstition historiquement répandue[1] » ! Si les personnages des fabliaux sont parfois superstitieux, gageons que les conteurs – je reviendrai sur la question des croyances – ne le sont jamais.

2. Passions et obsessions

2.1. L'obscénité

De ce que les fabliaux mettent fréquemment en scène des histoires d'adultère volontiers scabreuses, on en déduit que la plupart d'entre eux sont obscènes, mais c'est là une inférence abusive, et il est toujours divertissant de relire la liste des fabliaux donnée par Bédier pour y constater que la littéralité de certains titres apparaissait décidément indicible aux érudits du pudibond XIXe siècle : *Le Jugement des cons* (NRCF 118) est devenu « Le Jugement » tout court ; *Le Pet au vilain* (NRCF 55), « L'Âme au vilain », *Le Chevalier qui fit parler les cons*, « Le Chevalier qui fit parler les muets » et *La Crotte* se cache sous l'appellation peu explicite de « Conte ». Le comble est atteint lorsque Bédier résume *Bérenger au long cul*, devenu simplement « Bérenger », en disant qu'à la fin l'héroïne dévoile « son nom de guerre, tel que l'indique le titre du fabliau[2] », ou plus exactement tel qu'il ne l'indique plus, ce qui rend le résumé parfaitement incompréhensible ! Six décennies après Bédier, Nykrog et Rychner oseront les titres originaux, mais continueront de se boucher le nez, Nykrog parlant de « la grivoiserie qui assaisonne – ou qui dépare – un si grand nombre de fabliaux[3] », et Rychner s'excusant « une fois pour toutes de l'obscénité des textes [qui ne lui] a pas paru digne de détourner d'eux l'attention[4] ».

Cependant, si la littérature courtoise et les fabliaux sont diamétralement opposés quant à leurs représentations de l'amour (idéalisé dans le premier cas, vu sous l'angle le plus crûment matérialiste dans le second), il ne s'ensuit pas que le langage par lequel il est exprimé soit toujours foncièrement différent. Le Moyen Âge ne connaît pas à un même degré que l'Antiquité ou l'époque classique la séparation entre un langage « élevé » et un langage « bas », et la plupart des octosyllabes de fabliaux pourraient figurer tels quels dans les romans de chevalerie[5]. Comme dans ces derniers, l'accomplissement de la relation amoureuse est volontiers exprimé par

1. Voir Bruno Barth, *Liebe und Ehe im altfranzösischen Fablel und in der mittelhochdeutschen Novelle*, Berlin, Palaestra, 97, 1910.

2. J. Bédier, *op. cit.*, p. 151.

3. P. Nykrog, *op. cit.*, p. 208.

4. J. Rychner, *op. cit.*, p. 7.

5. Nykrog en avait tiré argument pour systématiser sa vision du fabliau comme « burlesque courtois », mais c'était sans doute là confondre neutralité narrative et volonté parodique consciente.

des périphrases (certes de moins bon goût dans les fabliaux que dans les romans courtois; ainsi au vers 13 du *Prêtre au lardier*, on nous dit que le prêtre « fourbissait l'anneau » de la femme du savetier), mais seul un nombre relativement restreint de fabliaux utilise des mots et des tournures franchement obscènes pour décrire les scènes sexuelles sans détour. Les mots franchissant les bornes de la bienséance sont eux-mêmes peu variés et quand on aura cité *cul*, *coille* (couille), *vit* (sexe masculin), *con* (sexe féminin) et *foutre* (copuler), on en aura pratiquement fait le tour. Un passage du *Prêtre qui guettait* condense ainsi à peu près tout ce qu'on peut dire de plus cru en termes de scène de sexe:

jusqu'à la dame ne s'areste,	Il va tout droit à la dame, sans hésiter.
maintenant le prent par la teste,	Aussitôt il la prend par la tête
si l'a desous lui enversee,	en la renversant sous lui.
la roube li a souslevee,	Il a soulevé sa robe
si li a fest icele cose	et lui a fait cette chose
que femme aimme sor toute cose:	que la femme aime par-dessus tout:
le vit li a el con bouté,	il a poussé son membre dans le con,
puis a tant feru et hurté	puis a tant cogné et heurté
que il fist che que il queroit.	qu'il fit ce qu'il cherchait à faire[1].

L'affirmation topique du goût immodéré des femmes pour ce genre de jeu neutralise la violence de la scène qui, pour le lecteur moderne, évoque nettement l'idée d'un viol.

Quelques autres mots crus apparaissent occasionnellement, qu'il est d'ailleurs également possible de lire dans des textes plus courtois: ainsi de *landie*, qui désigne le clitoris; de fait, ce sont les chansons de geste (et non les fabliaux!) qui nous ont livré l'expression injurieuse *la landie ta mère!* (traduction « rhabillée » en français moderne: « ta mère en slip! »).

Pour revenir aux termes typiquement fabliesques, le mot *foutre* peut être décliné sur plusieurs modes: Garin écrit par exemple un fabliau intitulé *De celle qui fut foutue et défoutue pour une grue* (NRCF 30), dans laquelle le jeune séducteur dépucelle une jeune fille pour le prix d'une grue puis prétend réparer la chose en lui faisant une deuxième fois l'amour comme si le second passage annulait le premier, d'où le néologisme *défoutue*. Dans *Trubert*, le héros vend sa chèvre à la duchesse pour « un foutre et cinq sous » en utilisant la forme substantivée du verbe. Quelques vers plus loin, le mot « foutre » est remplacé dans la bouche indignée de la duchesse par le mot *croistre* (« *Amis du croistre vos taisiez* »: « Mon ami, ne

1. *Le prestre qui abevete*, in *Fabliaux érotiques*, édité et traduit par Luciano Rossi et Richard Straub, Le Livre de Poche, « Lettres gothiques », 1992, v. 53-61, p. 160-161. On aura remarqué que les traducteurs atténuent l'obscénité du vers 59, qu'il serait sans doute plus exact de rendre par: « il lui a fourré sa bite dans la chatte ».

parlez pas de coït »[1]), forme assez peu fréquente qui semble donc désigner l'acte sexuel de manière moins obscène.

Mais, encore une fois, le plus souvent, les conteurs utilisent des périphrases, des métaphores, ou tout simplement des litotes pour désigner l'acte sexuel. Dans *La Grue* et dans *Le Héron*, un jeune homme se propose d'offrir à une jeune fille un oiseau. On aura compris que cet oiseau c'est évidemment dans ses braies que le séducteur le cache. Un certain nombre de fabliaux joue par ailleurs sur la naïveté de femmes qui ne saisissent pas le sens second des désignations fallacieuses utilisées par leurs séducteurs : dans *La Souricette des étoupes*, une petite souris s'échappe à point nommé du paquet d'étoupe censé symboliser le sexe féminin pour accréditer l'idée que le pucelage de la fille a inopinément disparu ; dans *L'Écureuil*, le sexe masculin est assimilé à cet animal et dans *Trubert*, le héros, déguisé en femme et intégré dans le gynécée, présente à sa victime le petit « lapereau » qu'il cache sous sa robe. La désignation de l'animal est particulièrement bien trouvée quand on sait que le *connin* (petit lapin) est aussi un dénominatif courant du sexe féminin (« con ») et que certains linguistes fort sérieux ont pu rapprocher le mot argotique « pine » du mot « lapine », en soulignant l'échange des genres, la désignation masculine du sexe féminin (*le* con[nin]) ayant peut-être induit l'usage d'un mot féminin (*la* pine) pour désigner le sexe masculin.

2.2. La scatologie

Nettement distincte, mais solidaire, de l'obscénité sexuelle, en ce qu'elle tend identiquement à outrepasser les limites de la bienséance, la scatologie s'invite dans plusieurs fabliaux. Ici encore, il ne faut pas exagérer sa portée : moins d'une dizaine de textes de notre corpus s'y complaisent, et la plupart d'entre eux mettent en scène des *vilains* que leur familiarité avec les odeurs de la campagne prédispose à illustrer ce thème. On a déjà évoqué *Le Vilain ânier*, dont le héros ne se sent à l'aise qu'au milieu des odeurs de fumier. Dans *La Couille noire* (NRCF 46), un paysan que sa femme accuse d'avoir les testicules noirs met cette fois-ci les rieurs de son côté en disant que cela vient de ce que sa femme ne se lave jamais. C'est, soit dit en passant, le seul fabliau où sexualité et scatologie paraissent étroitement associées.

Dans *Le Pet au vilain*, de Rutebeuf, l'humour est un peu plus subtil : il y est question d'un vilain qui pète dans un sac en faisant croire au démon qui le harcèle pour l'emmener en enfer qu'il y a enfermé son âme. Mais, à l'ouverture du sac, l'enfer devient si irrespirable que les diables décident de ne plus jamais accueillir les vilains et que ceux-ci peuvent bien aller chanter pour l'éternité avec les grenouilles dans les marécages (image d'une sorte de *no man's land* dans lequel les paysans sont

1. *Trubert*, édité par Guy Raynaud de Lage et traduit par A. Corbellari, Genève, Droz, « Texte courant », 2018, v. 159, p. 48-49.

condamnés à « grenouiller » – c'est peut-être bien là l'origine de l'expression – pour l'éternité[1]). Ce fabliau dans lequel le vent de la flatulence est assimilé à celui de l'esprit peut être rapproché de l'histoire de *Gauteron et Marion* (NRCF 84), où l'on voit un jeune marié soupçonner son épouse de ne pas être vierge ; mais la femme, ayant lâché un pet durant la nuit de noces, parvient à faire croire à son mari que c'est tout simplement son pucelage qui vient de s'envoler.

La matière fécale peut aussi être un simple prétexte à bons tours. Dans *La Crotte*, un paysan et son épouse jouent au jeu des devinettes : la femme confond avec une andouille le membre que son mari lui fait tâter à l'aveugle, mais le paysan, en revanche, finit bien par reconnaître l'étron qui sa femme lui met dans la main, et remporte ainsi la partie, même s'il se trouve bien embarrassé de sa main embrenée. Dans *Jouglet* (NRCF 10), le jongleur éponyme enjoint par plaisanterie son ami Robin à manger des poires, censément aphrodisiaques, le jour de son mariage. Lors de sa nuit de noces, le jeune marié ne peut accomplir son devoir conjugal tant il est pris de coliques. Son épouse lui suggère alors de se venger sur le jongleur, et Robin de se soulager dans les habits de Jouglet, dans l'âtre où il ira se réchauffer, dans le seau où il voudra se nettoyer et même dans l'étui de la vielle du pauvre jongleur qui, le lendemain, se fera chasser de partout pour avoir répandu une telle infection. Enfin, dans *Trubert*, la scatologie intervient à deux reprises : d'abord lorsque le héros pète au milieu d'un banquet chez le duc de Bourgogne et accuse sa voisine de table (« gag » qui, quoique peu relevé, circule toujours dans la culture orale populaire, et qui nous prouve en passant que, contrairement à une idée reçue, péter à table était déjà très mal vu au XIIIe siècle) ; ensuite lorsque, pour soigner le duc qu'il a lui-même malmené, Trubert, déguisé en médecin, fait passer une crotte de chien pour un onguent et empuantit tout le palais.

Dans tous ces exemples, la matière fécale est présentée comme franchement répugnante et ne fait en aucun cas l'objet d'une apologie. Si l'on peut bien imaginer que la délicatesse olfactive n'était pas poussée au Moyen Âge jusqu'à l'obsession moderne de la désodorisation, les fabliaux montrent cependant que cette époque était loin d'être indifférente aux odeurs et avait à cœur de distinguer ce qui était agréable au nez de ce qui l'était moins. Symbole de la grossièreté de ceux qui ne s'en formalisent pas et de la malice perverse de ceux qui en usent pour semer la confusion autour d'eux, le pet et l'excrément étaient déjà les repoussoirs de la sensibilité courtoise. On peut cependant fournir ici un contre-exemple médiéval : *Audigier*, qui, datant sans doute de la fin du XIIe siècle, est formellement une chanson de geste et thématiquement une parodie de roman arthurien. Dans ce récit véritablement inclassable de 512 vers, le héros vit dans « un pays mou où l'on

1. Sur le symbolisme des grenouilles, voir Pierre Lévêque, *Les Grenouilles dans l'Antiquité. Cultes et mythes des grenouilles en Grèce et ailleurs*, De Fallois, 1999.

est dans la merde jusqu'au cou[1] », où l'on reçoit des crottes en guise de cadeaux et où c'est en la voyant déféquer qu'Audigier tombe amoureux de celle qui sera son épouse. Une telle fascination positive, sadienne avant la lettre, pour l'excrément est sans équivalent dans les fabliaux, qui ont pourtant été écrits à la même époque qu'*Audigier*.

2.3. La cruauté

Aussi porté que l'on puisse être à vouloir atténuer les noirceurs du Moyen Âge, nul ne saurait aller jusqu'à peindre cette époque comme une ère de douceur séraphique. Même durant les périodes les plus prospères, le spectre de la pénurie hantait les consciences et déterminait bien des comportements : le *Roman de Renart*, exactement contemporain des fabliaux et qui s'est épanoui lors des siècles les plus heureux du Moyen Âge, n'a pas été pour rien défini comme une « épopée de la faim[2] », dans laquelle une violence nue régit souvent les rapports entre les personnages. Dans les fabliaux, la cruauté tourne plus volontiers au comique, comme si les auteurs, ayant pris leur parti de l'inéluctabilité de la violence, avaient admis que « mieux valait en rire ». En l'occurrence, cette propension n'a rien à voir avec le refus de l'idéalisme courtois par les fabliaux, car les genres les plus nobles, et en particulier la chanson de geste, montrent une identique fascination pour les scènes violentes et cruelles : Vivien tenant ses boyaux dans les mains, Roland faisant sortir sa cervelle par ses oreilles en soufflant dans son olifant, mutilations en tous genres subies et perpétrées par les chevaliers arthuriens (avec une mention spéciale pour le sadisme étalé dans le *Perlesvaus*) nous montrent bien qu'une certaine idée de ce que l'on appelle aujourd'hui le « gore » était fort appréciée des meilleures classes de la société. Les scènes sanglantes des fabliaux ne résultent cependant guère de l'affrontement chevaleresque, mais plutôt d'une certaine forme de haine de classe : Trubert prend ainsi un plaisir évident à martyriser le duc Garnier, à faire pendre à sa place, après un supplice atroce et véritablement christique, l'innocent neveu du duc, et même à mutiler une vieille femme qui ne lui avait rien fait pour présenter ses parties génitales comme la tête du roi Golias ; mais, encore une fois, ce texte s'avère atypique, car, dans leur immense majorité, les victimes privilégiées des pires sévices infligés dans les fabliaux sont des personnages que l'on n'est pas tenté de prendre en pitié, et en particulier les prêtres. Deux fabliaux très proches (*Le Prêtre teint* et *Le Prêtre crucifié*) mettent ainsi en scène un prêtre qui cherche à séduire la femme d'un sculpteur de crucifix. Le mari étant revenu inopinément, le prêtre, qui est dans le plus simple appareil, croit pouvoir passer inaperçu en se fondant dans le décor, c'est-à-dire en s'installant dans la posture du Christ sur un crucifix

1. *Audigier*, v. 3-4, in *L'Épopée pour rire*, édité par Alain Corbellari, Champion, « Champion classiques », 2017, p. 202.

2. Jacques Le Goff, *La Civilisation de l'Occident médiéval*, Arthaud, « Les grandes civilisations », 1984, p. 263.

vide. Mais le mari n'est pas dupe et, faisant mine de constater un défaut de sa sculpture (défaut que Jean-Jacques Rousseau eût volontiers appelé un « dangereux supplément »), il entreprend d'améliorer son œuvre d'un bon coup de ciseau. Dans *Le Prêtre crucifié*, la mutilation est réellement perpétrée ; mais dans la narration beaucoup plus subtile et développée du *Prêtre teint*, l'ecclésiastique, par ailleurs peinturluré de la façon la plus grotesque, parvient à prendre la fuite en sauvant son sexe malencontreusement érigé. Certains exégètes ont subtilement tenté d'interpréter d'un point de vue théologique le scandale d'un Christ en érection ; ce crucifié trop vivant viendrait ainsi compléter le tableau des audaces anti-religieuses que les fabliaux ne sauraient exprimer que dans le feu d'une action loufoque, mais qui n'en reflètent peut-être pas moins le fond d'une pensée nihiliste n'osant évidemment pas se déclarer comme telle. Nous reviendrons plus loin sur Trubert qui, en ne s'émouvant guère de l'immobilité d'un vrai crucifix, nous délivre un message encore plus explicitement blasphématoire.

Dans *Connebert* de Gautier le Leu, il n'y a pas de sous-entendu christique, mais la mutilation génitale est bel et bien réalisée. Le forgeron qui a surpris un prêtre avec sa femme cloue les testicules de l'homme d'église à une enclume et met le feu son atelier en laissant au prêtre un couteau qu'il aura loisir ou non d'utiliser selon qu'il choisit de sacrifier sa vie ou sa virilité[1] : le prêtre, si l'on ose dire, fera le bon choix. Le Prêtre et le loup se conclut également par l'émasculation du prêtre[2]. Quant au *Pêcheur de Pont-sur-Seine*, il illustre, pour sa part les suites d'une de ces scènes de castration ; on y voit en effet un brave paysan amateur de pêche à la ligne sortir de l'eau un pénis : il s'avère que c'est, une fois encore, celui d'un prêtre lubrique récemment puni, et – miracle !? – ce membre est encore si rigide (signe de la monstruosité libidinale de l'homme d'Église) que le pêcheur s'empresse d'aller voir sa femme et tente de l'impressionner en lui faisant croire que ce membre est le sien. Le fabliau des *Trois Dames qui trouvent un vit* (NRCF 96) pousse ce même motif jusqu'au comble du grotesque, voire de l'absurde : s'il n'est pas dit à qui appartenait le membre, le fait que celui-ci soit présenté à l'abbesse du couvent voisin comme le verrou de la porte de l'abbaye, et, plus encore, que l'abbesse confisque la précieuse trouvaille nous montre bien que c'est encore et toujours l'état ecclésiastique qui est dans le collimateur du narrateur. Enfin, les cadavres qui traversent les fabliaux appartiennent aussi majoritairement, on l'a déjà vu, à des prêtres, que ce soit dans les quatre versions du *Moine sacristain*, dans *Le Prêtre et le mouton*, où l'homme d'Église est envoyé *ad patres* par un bélier peu commode, ou dans *Estormi* et son double des *Quatre Prêtres* (NRCF 85) ; seul *Les Trois Bossus ménestrels* échappe

1. Les amateurs de films post-apocalyptiques auront peut-être reconnu là un motif repris dans l'épisode final du premier volet de *Mad Max*, où le dernier motard, menotté à une voiture en feu, a encore la ressource de se scier la main s'il veut s'en sortir vivant.

2. Comme me le signale Jean-Marie Fritz, il est en effet à craindre que le mot *esboursser* (v. 21), que Dufournet traduit par « rançonner », se réfère en réalité à un autre type de bourse…

à cette règle en faisant mourir quatre bossus qui n'entretiennent aucun rapport avec le clergé.

On pourrait mentionner d'autres scènes fabliesques montrant que la rudesse des personnages les uns envers les autres, en particulier dans les scènes de femmes ou de maris battus[1], n'émeut pas grand monde et que les bagarres, dont les fabliaux ne sont pas avares sont, comme dans le village d'Astérix, aussi homériques que foncièrement dénuées de conséquence. Miroir d'une société où la violence semble banalisée, le fabliau semble en même temps anticiper l'esthétique du dessin animé, où l'on sait que les personnages réduits en miettes pulvérisés ou découpés en rondelles rebondissent toujours, plus en forme que jamais, dans les secondes qui suivent leur accident. Ainsi, ce qui nous apparaît aujourd'hui comme l'irréalisme d'une violence hyperbolique nous permet-il de fermer opportunément les yeux sur ce qu'une société capable de tels excès recèle de foncièrement oppressant et déstabilisant.

3. D'un matérialisme sceptique

3.1. Les rêves

Les rêves ne sont pas très nombreux dans les fabliaux, mais leur utilisation est toujours significative. En effet, la *doxa* majoritaire, dans la littérature médiévale, veut que les rêves soient des manifestations de l'au-delà et que, par là, ils nous révèlent l'avenir. La rime topique « songe/mensonge » n'est ainsi rappelée, au début du *Roman de la Rose*, récit allégorique affectant la forme d'un songe-cadre dont il est affirmé qu'il s'est avéré, qu'à seule fin d'être récusée. Se basant sur une typologie héritée de l'auteur latin tardif Macrobe, le Moyen Âge différencie certes divers types de songes, mais les « songes vains » n'intéressent pas la littérature de style élevé (chansons de geste, romans, vies de saints), et c'est précisément l'originalité du fabliau (ainsi que du *Roman de Renart*, qui ne contient en tout et pour tout que deux récits de rêve) que de tourner en dérision l'idée du songe prémonitoire en montrant que les rêves ne renvoient jamais qu'à nos désirs et à nos fantasmes. On serait tenté de dire que cette conception anticipe la vision matérialiste de Freud, mais il est sans doute plus juste de dire que l'idée freudienne du rêve comme « réalisation d'un désir » ne fait au fond que réactiver une idée très ancienne qu'une conception plus noble et ésotérique du songe n'est jamais parvenue à éradiquer complètement. Au demeurant, les désirs réalisés par le rêve, dans les fabliaux, sont bien souvent si évidents qu'ils ne nécessitent guère la mobilisation de tout l'attirail psychanalytique pour

1. Et même tout simplement dans les scènes de sexe comme celle, citée plus haut, du *Prêtre qui guettait*.

être expliqués ; à cet égard, rien ne ressemble moins aux interprétations tortueuses où Freud se complaît que l'exposé transparent de certains songes fabliesques : dans le *Songe des vits*[1] (NRCF 70), une femme rêve qu'elle va au marché et qu'elle y trouve des sexes masculins à foison ; dans *Le Moine* (NRCF 125), c'est l'inverse : un moine rêve qu'il achète des organes féminins ; à un moment, croyant saisir un sexe, il met la main dans un buisson d'épines et se réveille en sursaut : une peur ancestrale du « vagin denté » pourrait bien s'exprimer ici.

Mais il est des fabliaux plus retors. Dans *La Demoiselle qui songeait*, une jeune fille, en petite tenue dans un jardin, rêve qu'elle fait l'amour avec un beau jeune homme. À ce moment, un jouvenceau passe dans le jardin et profite de ce que la jeune fille est endormie pour se mettre à la besogner. La jeune fille se réveille alors et se plaint du sans-gêne du jeune homme ; mais celui-ci lui explique qu'il a agi pour son bien, ce que la jeune fille peut difficilement nier puisque son rêve est précisément… devenu réalité ! Bien sûr, on ne peut faire fi de ce qu'à nos yeux de modernes il s'agit d'un viol et que toute l'affabulation tend à dédouaner cyniquement le violeur. La leçon médiévale est cependant un peu différente : quoique empreinte de misogynie, puisqu'elle joue sur le cliché machiste voulant que les femmes « ne rêvent que de cela », elle vise surtout à tourner en dérision le topos sérieux du rêve prémonitoire, puisque ce qualificatif est ici à la fois indubitable et parfaitement fallacieux, personne ne pouvant prendre au sérieux l'idée qu'une puissance surnaturelle avait prévu qu'un jeune homme avérerait le rêve de la jeune fille.

Plus intéressant encore, les fabliaux mettent volontiers en scène une différence, cette fois-ci dénuée de misogynie et tout à l'honneur des femmes, entre une vision masculine et une vision féminine du songe : les hommes sont ainsi volontiers présentés comme adhérant superstitieusement à la conception idéaliste du songe prémonitoire, alors que les femmes se montrent adeptes de la conception matérialiste que plébiscitent les auteurs de fabliaux. Ainsi, dans *La Veuve*, il suffit au personnage éponyme de raconter qu'elle a rêvé qu'elle a rencontré un homme pour qu'aussitôt tous les mâles d'alentour se précipitent pour avérer le songe supposé. Dans *Les Tresses*, la femme qui a réussi habilement à éviter le mauvais traitement qu'a voulu lui infliger son mari en le détournant sur des personnages de substitution, apaise facilement son époux en lui disant qu'il a rêvé de l'avoir mutilée. Prisonnier de l'alternative du rêve vrai (prémonitoire) et du rêve faux (insignifiant), le mari optera pour la seconde catégorie et oubliera ce qui s'est passé cette nuit, sans se demander si, comme la femme le sait bien, le rêve ne pourrait pas renvoyer à des désirs inassouvis.

1. Le titre original est *Le Sohait desvez*, et les exégètes ne se sont pas mis d'accord pour savoir s'il y était question d'un souhait « contrarié » (*desvez*) ou « concernant les vits » (*des vez*).

Les songes insérés dans les fabliaux nous répètent donc tous la même antienne : il n'est qu'une sorte de rêve et la divinité n'a rien à voir avec ce qu'ils nous racontent. Ici encore, c'est la conception matérialiste de l'existence et de ses déterminations qui triomphe.

3.2. Les revenants

Le même scepticisme face au surnaturel se manifeste dans les fabliaux qui mettent en scène le thème du revenant.

Dans *Les Trois Dames de Paris*, les trois bourgeoises ivres mortes enterrées à la hâte au Cimetière des Innocents parviennent sans trop de mal, lorsqu'elles se réveillent le lendemain, à s'extirper du charnier où on les a jetées. Elles se mettent alors à parcourir la ville, couvertes de terre et dégoulinantes de vinasse, au grand effroi des passants qui les prennent pour des mortes-vivantes, comme quoi il n'a pas fallu attendre de connaître les cultes africains pour raconter des histoires de zombies ! Évidemment, il n'y a rien de surnaturel dans ce réveil des trois dames, et l'auteur, Watriquet de Couvins, s'amuse de la peur qu'elles provoquent en mettant les rieurs de son côté. Or, pour que rieurs il y ait eu, il n'en faut pas moins postuler que la réaction d'effroi superstitieuse avait toutes les chances d'être elle aussi largement partagée.

Dans *Le Moine sacristain* et ses diverses variantes, un moine libidineux est tué par un mari jaloux, mais son cadavre connaît une série de tribulations : égaré, volé, transbahuté et finalement installé sur un cheval au galop, il sème la terreur sur son passage comme un véritable cavalier de l'Apocalypse : ici encore la littérature fantastique de l'époque romantique saura tirer parti de ce thème (que l'on songe à la ballade de *Lénore* de Burger ou à la nouvelle *Sleepy Hollow* de Washington Irving, qui raconte l'histoire d'un cavalier sans tête). On notera que l'histoire du *Moine sacristain* a un parallèle dans les *Mille et une nuits* où un bossu musicien, invité chez un couple, s'étouffe avec une arête de poisson : son corps est alors transporté de maison en maison et tous ceux qui le découvrent, croyant tour à tour avoir tué le pauvre musicien par un geste maladroit, trouvent un moyen de le faire disparaître. Mais en réalité, et contrairement à ce que l'on voit dans le fabliau où l'on est bel et bien face à un cadavre, le bossu n'est pas mort et l'histoire se termine par son retour à la conscience, grâce à un habile médecin qui lui retire de la gorge l'arête de poisson, au grand soulagement de tous les personnages successivement accusés à tort de son meurtre.

Ce qui est curieux, et qui serait susceptible de mettre dans l'embarras des chercheurs qui seraient, encore aujourd'hui tentés, de se livrer au petit jeu un peu démodé de la recherche de l'origine des contes, c'est qu'il existe parmi les fabliaux un conte des *Trois Bossus ménestrels* qui mêle les caractéristiques du *Moine sacristain* et du conte arabe. Comme dans ce dernier, il s'agit de bossus musiciens et comme dans *Le Moine sacristain*, il s'agit de se débarrasser des cadavres. En l'occurrence, ceux-ci ne sont pas perdus de vue par la responsable de leur mort, une femme qui avait invité les bossus et les avait cachés dans un bahut trop étroit où ils s'étaient étouffés ; mais le problème était leur nombre : comment persuader le portefaix chargé de les jeter à la rivière de faire trois allers-retours ? La femme s'en tire en confiant au portefaix le premier, puis en prétendant deux fois de suite, au moment où il vient lui annoncer que sa mission est accomplie, que le cadavre est revenu. Le sel de l'histoire réside en ce que le mari de la femme est également bossu et qu'il vient malheureusement à passer près de la rivière alors que le portefaix vient d'y jeter le troisième cadavre. Croyant celui-ci revenu une fois de plus, il noie le mari aussi sec, ce dont l'épouse ne se trouvera point trop mécontente.

Une autre version de la même histoire, le fabliau d'*Estormi*, remplace les bossus par des prêtres et confie au mari lui-même (qui n'a aucune difformité spéciale) le soin de se débarrasser des corps, à l'aide du même stratagème consistant à prétendre que le mort est revenu deux fois ; et c'est donc un quatrième prêtre, bien vivant, qui avait le malheur de passer par là par hasard, qui aura le triste honneur de subir le même sort que ses trois collègues.

Gaston Paris pensait que la version avec les bossus était originale, car le motif du mari éliminé dans la foulée lui semblait faire davantage sens en reliant le motif de la femme insatisfaite à celui des morts récalcitrants. Il attribuait ainsi à une « transmission orale imparfaite[1] » la version avec les prêtres, mais, outre que l'on ne réfléchit plus aujourd'hui en termes de dégénérescence narrative, mais plutôt de renouvellement, l'argument peut être retourné : il existe en effet une version caucasienne de cette histoire, recueillie par Georges Dumézil en 1937 dans ses *Contes lazes*, où les trois victimes sont trois hauts fonctionnaires et où le mari n'est pas plus lésé que dans *Estormi*, et on pourrait faire valoir que l'anticléricalisme appuyé de cette dernière version peut se prévaloir d'une solide tradition.

En définitive, ce que veulent nous faire comprendre toutes ces histoires de « cadavres encombrants », dont les multiples réécritures nous prouvent le succès, c'est – nouvelle leçon foncièrement matérialiste – premièrement que quand on est mort c'est pour longtemps, deuxièmement que les revenants n'existent pas et, troisièmement, que tous ceux qui y croient sont des imbéciles.

1. Gaston Paris, compte rendu du livre d'Alfred Pillet sur *Les trois bossus ménestrels*, *Romania* 31 (1902), p. 136-144, ici p. 141.

3.3. Le complot des prêtres

Rêves et revenants ne figurent donc dans les fabliaux que pour nier l'intervention du surnaturel dans notre vie quotidienne. Il y a certes quelques fabliaux qui font intervenir le merveilleux, mais celui-ci y est uniquement prétexte à grivoiserie et ne doit donc évidemment pas être pris à la lettre. Dans *Le Chevalier qui fit parler les cons*, un chevalier reçoit de trois fées le don de faire parler les organes génitaux des femmes, don qui se révèle bien pratique pour pratiquer le chantage et forcer les résistances féminines : Diderot, dans *Les Bijoux indiscrets*, s'en inspirera en en modifiant quelque peu la donnée centrale pour la rendre présentable dans son siècle de bienséance. Dans *L'Anneau qui faisait les vits grands et raides* (NRCF 99), l'objet décrit dans le titre est bien sûr un anneau magique. Enfin, dans *Les Quatre Souhaits de saint Martin*, le saint qui multiplie les organes génitaux du mari puis ceux de la femme, si bien que le couple doit utiliser le troisième souhait à faire disparaître ces sexes trop ostentatoires et le quatrième à rétablir le seul et unique qu'ils possédaient chacun, est, de la même manière, l'agent d'une farce obscène parfaitement incompatible avec l'*ethos* chrétien du miracle.

On ne prendra pas davantage pour des contes édifiants les quelques fabliaux qui se déroulent dans l'au-delà. Dans *Le Vilain qui conquit le Paradis en plaidant* (NRCF 39), un paysan parvient, par sa faconde, à forcer les portes du Paradis. Dans *Saint-Pierre et le Jongleur* (NRCF 3), le gardien des portes du Ciel joue aux dés et gagne les âmes des damnés au détriment d'un jongleur, à qui les démons avaient imprudemment confié leurs pensionnaires un jour où ils étaient de sortie : trouvant, à leur retour, l'Enfer vide, les diables décident qu'ils n'accueilleront désormais plus de jongleur ; conclusion parallèle à celle du *Pet au vilain*, où, comme on l'a vu, les vilains étaient exonérés de l'Enfer en raison de la puanteur supposée de leur âme. Contrairement à la fameuse scène de la chantefable d'*Aucassin et Nicolette*, où le jeune héros fait l'éloge de l'Enfer comme d'un endroit bien plus désirable que le Paradis, car on y rencontre des gens plus drôles, plus riches et plus intéressants que les miséreux qui mendient devant les églises (lesquels vont évidemment tous au Paradis), on ne trouve pas d'explicite inversion des valeurs dans les fabliaux évoquant l'autre monde, mais plutôt des balades souriantes dans les lieux de l'au-delà, essentiellement destinées à appuyer une certaines vision des états de la société : les jongleurs sont ainsi vus comme des joueurs invétérés qui ne méritent pas pour autant les peines éternelles, et les vilains se retrouvent tour à tour récompensés pour leur malice ou rejetés dans une sorte de purgatoire qui ne dit pas son nom.

Autant dire que la religion et ses mystères ne sont guère considérées, dans les fabliaux, que comme une vaste farce ; de même que les croyances populaires sont systématiquement raillées, les explications superstitieuses données à certains comportements ne servent, comme on l'a vu, qu'à dissimuler des ruses parfaitement grossières. Quant aux hommes d'Église, même lorsqu'ils ne sont pas odieux, ils ne sont jamais montrés comme se livrant à des activités qui font honneur à leur état, et l'on peut revenir sur l'un des plus représentatifs d'entre eux, le héros du *Prêtre qui guettait*, pour constater que celui-ci pourrait bien nous fournir la clé de ce que les fabliaux les plus audacieux pensent de la religion et de ses représentants les plus autorisés. Tout le fabliau joue en effet sur l'idée que la réalité pourrait ne pas être ce que l'on croit ou plus exactement ce que l'on voit : prétendant avoir vu les époux faire l'amour alors qu'ils étaient simplement en train de manger, le prêtre persuade le mari que si celui-ci le voit faire l'amour avec sa femme, ce spectacle n'est pas plus fiable que celui que lui-même lui avait précédemment décrit. Pourquoi le paysan croit-il le prêtre ? Parce que celui-ci est un professionnel du surnaturel, censé avoir un accès direct aux mystères de la foi et, surtout, connaître le monde *tel qu'il est* et non *tel qu'il paraît*, d'où la nécessité, comme on l'a rappelé plus haut, de donner pour une fois le beau rôle au prêtre. Mais le texte va plus loin, car la morale du *Prêtre qui guettait* s'avère, d'un point de vue religieux, assez vertigineuse : en utilisant le proverbe *Maint fol paist Dieu* (c'est-à-dire « Dieu fait vivre plus d'un insensé »), le narrateur se souvient probablement que le fou, selon la Bible, est précisément celui qui affirme que Dieu n'existe pas[1]. Doit-on dès lors comprendre que le paysan mystifié, puisqu'il est traité de « fou », nous démontre par là même que Dieu n'existe pas ? Ce qui est sûr, c'est qu'il y a bien dans *Le Prêtre qui guettait* (comme dans *Le Vilain de Bailleul* où le prêtre parvient à persuader le mari cocu qu'il est mort) une dénonciation anticipant sur ce que les philosophes anticléricaux du Siècle des Lumières appelleront le « complot des prêtres ». Sans évidemment lui prêter l'ampleur que lui conférera un siècle rationaliste, la leçon du fabliau est sans équivoque : non seulement les prêtres ne remplissent pas les missions que le christianisme leur fixe, mais ils savent à l'occasion utiliser leur prestige pour abuser cyniquement de la crédulité de leurs victimes. L'auteur du fabliau – et tous ses collègues sont, sur ce point, d'accord avec lui – entend donc bien nous montrer que *le monde est bien tel qu'il paraît*, sans double-fond et réductible à ce que nos sens nous en disent. Le fabliau illustre donc le triomphe du matérialisme dans son double sens métaphysique (le monde n'est que matière) et vulgaire (tout ce qui compte dans la vie est la nourriture, le sexe et l'argent), concept moins ambigu que celui de « réalisme » auquel on a trop souvent associé les fabliaux en confondant la peinture de la quotidienneté avec une notion qui peut tout aussi bien en désigner l'exact contraire. La plus idéaliste des philosophies, celle de Platon, n'est-elle pas couramment désignée comme le « réalisme platonicien » ? De fait, le réel n'est jamais que ce que l'on veut bien qu'il soit, car on sait que pour les idéalistes et les illuminés « la vérité est ailleurs ». Or, pour les auteurs de fabliaux, qui célèbrent les vertus de la « bonne vie », il ne fait pas de doute que la réalité est palpable, ici et maintenant, ce qui apparaît peut-être évident en des temps matérialistes comme les

1. *Dixit insipiens in corde suo: Non est Deus* (« L'insensé dit en son cœur : Dieu n'existe pas », Psaume 52, 1).

nôtres, mais qui n'en demande pas moins à être précisé, surtout pour une époque réputée spirituelle comme le Moyen Âge.

Pour clore ce chapitre, j'emprunterai au fabliau de *Trubert* une réplique du héros qui montre que, formellement imprononçable au Moyen Âge, l'affirmation « Dieu n'existe pas » peut bel et bien être déduite de certains épisodes fabliesques. Au début du récit, le héros s'est montré sous ses dehors de naïf, mais n'a pas encore dévoilé la face maligne de sa personnalité. Avisant un crucifix chez le teinturier à qui il veut faire peindre sa chèvre, Trubert ne semble pas comprendre que c'est une sculpture et demande ce que cet homme a bien pu faire pour mériter pareil supplice. Aux personnes présentes qui lui demandent, stupéfaites, s'il sait bien ce qu'il a devant les yeux, notre *trickster* en herbe répond imperturbable : « Je vois bien que c'est un homme mort » (v. 91 : *Bien voi que c'est un home mort*). Comment mieux dire que par cette phrase pré-nietzschéenne, que le dogme de la Résurrection n'est qu'un mythe lénifiant ?

Conclusion

On espère avoir fait entrevoir ici la richesse des fabliaux qui ont égayé les auditeurs français de la fin du XIIe au début du XIVe siècle. Égayé, mais aussi bousculé, peut-être choqué, et très certainement interpellé. C'est que, sous leurs dehors de simples histoires drôles, les fabliaux dressent un panorama très complet de la société, de ses vices, de ses peurs et de ses attentes. Leur postérité a été immense et, même s'ils ne représentent eux-mêmes qu'une étape dans l'histoire millénaire du conte à rire, ils ont inspiré pratiquement toute la littérature comique qui les a suivis dans la tradition occidentale. Moins raffinés que les contes italiens de la Renaissance qui leur ont succédé, ils n'ont souvent pas moins d'efficacité, et leur crudité même peut parfois nous les faire préférer à des œuvres postérieures dont l'artifice ou la préciosité menace de trop émousser l'efficacité humoristique. Leur succès public et critique, du XVIIIe siècle à aujourd'hui, a su rendre hommage à leur diversité, et il n'est sans doute pas exagéré de dire que la variété des angles de vue sous lesquels on a pu les analyser en fait le corpus médiéval sur lequel les écoles les plus opposées ont trouvé le plus à dire : les folkloristes n'ont pas encore épuisé tous les rapprochements que l'on pouvait faire entre les fabliaux et les contes parallèles du monde entier ; la philologie a trouvé dans l'examen de leurs manuscrits et de leurs variantes un terrain d'étude privilégié ; l'anthropologie a pu y reconnaître à l'état presque brut des comportements qui nous en apprennent beaucoup sur la violence fondamentale des pulsions humaines ; la psychanalyse s'est régalée des fantasmes qu'ils dévoilaient ; l'analyse structurale du récit s'est exercée avec prédilection sur leurs narrations brèves et exemplairement articulées ; la sémiotique a su apprécier la circulation des objets, réels ou symboliques, qui s'y donnait cours ; l'analyse sociologique a décortiqué les types et les stéréotypes qu'ils illustraient pour mettre en coupe réglée les classes de la société médiévale ; la nouvelle histoire y a décelé des traits de mentalités et des petits faits vrais qui nous mettent de plain-pied avec les hommes et les femmes du Moyen Âge ; la critique de genre, enfin, a su faire son miel des représentations ambiguës et contrastées de la femme (et aussi de l'homme) qu'ils nous offraient, loin des discours de surface unilatéralement misogynes qui semblent les sous-tendre. Gageons que toutes ces voix critiques restent encore loin d'avoir tout dit sur ces contes que l'on peut tout aussi bien savourer sans arrière-pensée pour le pur plaisir de passer un bon moment avec ces auteurs décidément de bonne compagnie qu'étaient les jongleurs du Moyen Âge. Comme celui d'Aristophane, de Rabelais, de Molière, d'Alphonse Allais, de Céline ou de Goscinny, le rire qu'ils provoquent a encore de beaux jours devant lui.

Sujets de dissertation

1. Commentez ce jugement de Georges Duby : « Les Fabliaux ne décrivent pas ce que la vie aurait dû être ni même ce qu'elle était vraiment. Mais ils empruntent à la vie les éléments d'une intrigue simplette et d'un décor, l'un et l'autre ajustés à la 'mentalité' des dominants de la société féodale. » (Préface à Marie-Thérèse Lorcin, *Façons de sentir et de penser : les fabliaux français*, Champion, 1979, p. VI.) Cette vision vous semble-t-elle rendre justice aux fabliaux que vous avez lu ?
2. Discutez l'axiologie qui sous-tend cette citation de Dominique Boutet : « Le fabliau représente un monde antinomique du monde idéal et social organisé, policé, reposant sur une hiérarchie de valeurs, dans la mesure seulement où il est un genre ludique, et donc où son monde est frappé d'irréalité. » (*Les fabliaux*, PUF, « Études littéraires », 1985, p. 121.)
3. Selon Rosanna Brusegan, « le réalisme des fabliaux n'émane pas de la description de la vie quotidienne, mais du sentiment que cette réalité suscite : un sentiment de peur se dégage de la réalité hostile à laquelle seul le rire parvient à soustraire la pesanteur ». (Préface aux *Fabliaux*, U.G.E., « Bibliothèque médiévale », 1994, p. 24). Commentez cette remarque qui semble mettre à mal le concept même de « réalisme ».

Bibliographie sélective

[N.B. : Le lieu d'édition n'est pas précisé quand il est à Paris.]

1. Autres Éditions

Noomen Willem et Van den Boogard Nico (éds), *Nouveau recueil complet des fabliaux (NRCF)*, Assen, Van Gorcum, t. I, 1983 ; t. II, 1984 ; t. III, 1986 ; t. IV, 1988 ; t. V, 1990 ; t. VI, 1991 ; t. VII, 1993 ; t. VIII, 1994 ; t. IX, 1996 ; t. X, 1998.

Rossi, Luciano et Straub, Richard (éds et trad.), *Fabliaux érotiques*, Le Livre de Poche, « Lettres gothiques », 1992.

2. Livres

Bédier, Joseph, *Les Fabliaux*, Champion, 1894.

Bloch, Ralph Howard, *The Scandal of the Fabliaux*, Chicago / London, The University of Chicago Press, 1986.

Boutet, Dominique, *Les Fabliaux*, PUF, « Études littéraires », 1985.

Cobby, Anne, *The old french Fabliaux : an analytical Bibliography*, Woodbridge, Tamesis, 2009.

Collet, Olivier, Maillet, Fanny et Trachsler, Richard (éds), *L'Étude des fabliaux après le* Nouveau recueil complet des fabliaux, Classiques Garnier, 2014

Corbellari, Alain, *Des fabliaux et des hommes. Narration brève et matérialisme au Moyen Âge*, Genève, Droz, « Publications romanes et françaises », 264, 2015

Levy, Brian, J, *The Comic Text : Patterns and Images in the Old French Fabliaux*, Amsterdam, Rodopi, « Faux Titre », 2000.

Ménard, Philippe, *Les Fabliaux, contes à rires du Moyen Âge*, PUF, 1983.

Muscatine, Charles, *The Old French Fabliaux*, New Haven / London, Yale University Press, 1986.

Nykrog, Per, *Les Fabliaux*, Copenhague et Genève, Droz, 1957 ; 2e éd., Genève, Droz, 1973.

Rychner, Jean, *Contribution à l'étude des Fabliaux. Variantes remaniements dégradations*, Neuchâtel, Faculté des Lettres, Genève, Droz, 1960 (2 vol.).

Schenk, Mary Jane Stearns, *The Fabliaux : Tales of Wit and Deception*, Amsterdam / Philadelphia : Johns Benjamins Publishing Company, 1987.

3. Articles

Aubailly, Jean-Claude, « Le Fabliau et les sources inconscientes du rire médiéval », *Cahiers de civilisation médiévale*, 30 (1987), p. 105-117.

Bonafin, Massimo, « La Parodia e il briccone divino. Modelli letterari e modelli antropologici del Trubert di Douin de Lavesne », *L'immagine riflessa. Rivista di sociologia dei testi*, 5 (1982), p. 237-272

Huchet, Jean-Charles, « De la perversion en littérature », *Poétique*, 71 (1987), p. 271-290.

Noomen, Willem, « Qu'est-ce qu'un fabliau ? », *Actes du XIVe Congrès de linguistique et philologie romanes, 1974,* Naples, Macchiaroli, Amsterdam : Benjamins, 1981, t. V, p. 421-432.

Rossi, Luciano, « Observations sur l'origine et la signification du mot *flabel* », *Romania*, 117 (1998), p. 342-362.

Scheidegger, Jean, « Le Sexe du Crucifix. Littérarité, art et théologie dans *Le Prêtre teint* et *Le Prêtre crucifié* », *Reinardus*, 7 (1994), p. 143-159.

Suomela-Härmä, Elina, « *Le Roman de Renart* et les fabliaux », in *Et c'est la fin pour quoi sommes ensemble. Hommage à Jean Dufournet*, Champion, 1993, t. III, p. 1319-1331.

Jean de Léry
Histoire d'un voyage faict en la terre du Brésil

par Lisa Pochmalicki

L'édition de référence du concours est :

Jean de Léry, *Histoire d'un voyage faict en la terre du Brésil*, texte établi, présenté et annoté par Frank Lestringant, précédé d'un entretien avec Claude Lévi-Strauss, Paris, Le Livre de poche, « Bibliothèque Classique », n° 707, 1994.

Lorsque nous citons le texte, nous indiquons les références entre parenthèses (chapitre, puis page).

I

Entre France et Amérique : contexte historique, genèse éditoriale

1. La présence française en Amérique au XVIe siècle

1.1. L'attrait commercial des nouveaux horizons

Au XVIe siècle, la France prend du retard dans l'exploration et la conquête du monde dominées par les puissances ibériques. Les principales entreprises de navigation autour du globe sont le fait des Portugais (Bartolomeu Dias double le cap de Bonne-Espérance en 1488, Vasco de Gama atteint Calicut en 1498) et des Espagnols (Christophe Colomb aborde l'île de Guanahani en 1492). En mai 1493, la bulle *Inter Cætera* émise par le pape Alexandre VI réserve à la Couronne de Castille les terres occidentales à explorer au-delà d'une ligne située à 100 lieues (418 km) à l'ouest des Açores et du Cap-Vert. Un an plus tard, en juin 1494, cette ligne est repoussée à 370 lieues (1 770 km) par le traité de Tordesillas qui définit le partage des nouveaux territoires entre l'Espagne et le Portugal et qui place ainsi le Brésil sous souveraineté portugaise. Dans les premiers temps de la période dite des « Grandes Découvertes », la France est donc écartée de cette dynamique d'exploration du Nouveau Monde.

De nombreux Français participent, néanmoins, à des traversées océaniques au sein d'entreprises commerciales privées. Plusieurs navires sont armés depuis des ports normands en direction du Brésil qui suscite l'intérêt de commerçants et de pirates, parfois autorisés par le roi, à la recherche du *pau brasil* ou « bois brésil ». D'une couleur de braise, très utile pour la teinture des étoffes, ce bois a progressivement donné son nom à la *Terra de Vera Cruz*, officiellement découverte en 1500 par le navigateur portugais Pedro Álvares Cabral. Ce nouveau baptême, fondé sur une homologie entre une ressource recherchée et son lieu de récolte, révèle sans détour l'enjeu commercial que représente le Brésil dès le début du XVIe siècle.

Trois ans après la découverte de Cabral, Binot Paulmier de Gonneville part en juin 1503 du port de Honfleur sur son navire *l'Espoir* conduit par deux pilotes portugais Sebastião Moura et Diogo Couto. Au cours de cette première expédition française au Brésil dont nous ayons conservé la trace, Gonneville et ses compagnons séjournent pendant six mois, de janvier à juillet 1504, aux environs du Santa Catarina. La visée initiale de ce voyage reste aujourd'hui encore incertaine[1] : s'agissait-il des Indes orientales et de ses épices ? du Brésil et de son bois rouge ? *L'Espoir* semble s'être égaré après avoir essuyé une violente tempête et avoir trouvé refuge le long des côtes méridionales du Brésil. Les six mois nécessaires à la réparation du navire ont permis à l'équipage de commercer avec les Indiens de l'ethnie des Carijos. Au terme de leur séjour, les Normands prennent le chemin du retour et emmènent Essomericq, le fils du chef Carijo, afin qu'il devienne instruit dans les arts de la civilisation. Essomericq s'installe à Honfleur et épouse une parente de Gonneville, dont il hérite du nom et d'une partie des biens. Il est ainsi le premier Indien brésilien à venir en France, bientôt suivi par d'autres tout au long du XVIe siècle. L'expédition de Gonneville inaugure la présence française au Brésil et les échanges qui s'établissent entre les voyageurs et les ethnies locales. Ce voyage riche en péripéties connaît pourtant un écho limité au XVIe siècle. Ce n'est qu'en 1663 que la relation de Gonneville fait l'objet d'une première édition fragmentaire réalisée par Jean Paulmier de Courtonne qui se déclare être un descendant d'Essomericq.

C'est sous le règne de François Ier que la France développe une politique d'exploration plus ambitieuse. La formule est restée célèbre – « le soleil luit pour moi comme pour les autres, aurait un jour protesté le roi devant un ambassadeur de Charles Quint. Je voudrais bien voir la clause du testament d'Adam qui m'exclut du partage du monde ». En 1524, les frères Giovanni et Girolamo di Verrazzano entreprennent une navigation sur des navires armés par Jean Ango, sous le patronage de François Ier, pour trouver un passage vers l'Orient et l'océan Pacifique à travers l'Amérique du Nord, symétrique du passage récemment trouvé au sud du continent par Magellan (1519-1522). Les deux frères traversent l'Atlantique à quatre reprises jusqu'en 1529, ils explorent l'embouchure de l'Hudson et longent le littoral américain jusqu'au sud de Terre-Neuve. Leurs échecs successifs finissent par mettre en valeur une autre destination : le Brésil. Afin de défrayer les investisseurs de ces traversées, les navires se détournent, en effet, vers cette région pour

1. Perrone-Moisés, Leyla, *Le Voyage de Gonneville (1503-1505) & la découverte de la Normandie par les Indiens du Brésil*, Chandeigne, 1995. Sur les expéditions françaises au Brésil au XVIe siècle, voir Laurent Vidal, « La présence française dans le Brésil colonial au XVIe siècle », *Cahiers des Amériques latines*, 34, 2000, p. 17-38. Pour une introduction au contexte historique général, on pourra consulter Carmen Bernand et Serge Gruzinski, *Histoire du Nouveau Monde. Vol. 2. Les Métissages (1550-1640)*, Fayard, 1993, chap. XIII, « Le tropique des péchés », p. 405-443.

rapporter des cargaisons de bois brésil, notamment lors des deux derniers voyages de 1527 et 1529. Parallèlement aux navigations des frères Verrazzano, d'autres marins français fréquentent l'Atlantique sud et les côtes brésiliennes, comme Jean et Raoul Parmentier qui voyagent au service de l'armateur dieppois Jean Ango. S'il est difficile de donner une estimation précise du nombre de navires français partis en direction du Brésil dans la première moitié du XVIe siècle, plusieurs dizaines semblent prendre le large chaque année. Notons également que cette intense activité maritime concerne toutes les régions littorales françaises et qu'elle permet aux équipages de nouer des relations commerciales avec les populations brésiliennes.

Durant ce siècle, les expériences maritimes françaises au long cours se multiplient, mais peu d'expéditions donnent lieu à des installations pérennes. La quête d'un passage vers la Chine par le nord de l'Amérique est reprise par Jacques Cartier. En 1534, François Ier délivre une charge royale au Malouin qui aborde la même année l'embouchure du Saint-Laurent, baptise les territoires explorés et prend possession de la « Nouvelle France ». Lors de son deuxième voyage, en 1535, Cartier remonte le Saint-Laurent jusqu'à une éminence qu'il nomme Mont Royal (la future Montréal). Un troisième voyage est encouragé par François Ier en 1541. Confrontée à l'hostilité des populations locales et à des tensions entre Cartier et le seigneur de Roberval, nommé vice-roi du Canada, cette première tentative coloniale se solde sur un échec. Une décennie plus tard, sous le règne de Henri II, une nouvelle colonie voit le jour au Brésil, dans la baie de Rio. Il s'agit de la « France Antarctique » fondée par Nicolas Durand de Villegagnon en 1555 et anéantie par les Portugais en 1560. Bien qu'éphémère, cette expérience a donné lieu à un vaste corpus littéraire, notamment représenté par les œuvres d'André Thevet et de Jean de Léry, dont la richesse tient autant à sa valeur documentaire qu'à l'imaginaire et aux réflexions qu'il a suscités. Avant d'examiner les singularités de cette France Antarctique, il faut également signaler une troisième tentative d'établissement colonial, en Floride cette fois. Face à l'échec au Brésil, l'amiral Gaspard de Coligny s'est ensuite tourné vers un territoire reconnu par les Espagnols, mais très vite abandonné par eux, pour y établir une colonie réformée. La première expédition en Floride est dirigée par le corsaire protestant Jean Ribault, accompagné de René de Laudonnière et parti avec son équipage du Havre en février 1562. Au cours de leur mission, est édifié Charlesfort, en l'honneur du jeune roi Charles IX, sur l'actuelle Parris Island. À leur retour, en juillet 1562, ils retrouvent une France plongée dans la guerre civile – la première guerre de Religion vient d'éclater. Exilé, puis emprisonné un temps en Angleterre, Ribault ne peut se joindre à la deuxième expédition de Floride conduite par Laudonnière en 1564 ; il n'est envoyé qu'un an plus tard par Gaspard de Coligny avec six navires. Cette colonie, traversée par des mutineries et des affrontements violents, s'achève, en septembre 1565, massacrée par une escadre espagnole chargée d'éradiquer toute implantation protestante en Amérique du Nord.

1.2. La France Antarctique (1555-1560)

En 1554, le roi Henri II accorde à l'amiral de France Gaspard de Coligny, qui, à cette date, n'a pas encore fait profession de sa foi réformée, l'établissement d'une colonie française au Brésil. En plus de concurrencer les puissances ibériques, ce projet entend aussi écarter la menace de guerre civile qui pèse sur la France. Nicolas Durand de Villegagnon, tenté par les idées réformées mais resté catholique, est choisi pour commander l'expédition. Né à Provins en 1510, ce gentilhomme et soldat, Chevalier de Malte et vice-amiral de Bretagne, s'était illustré en participant à l'enlèvement de Marie Stuart. Il est le premier à avoir, dès 1553, plaidé auprès de Gaspard de Coligny un établissement colonial au Brésil. Malgré la protection royale accordée à cette expédition au Nouveau Monde, la préparation du départ est laborieuse. Villegagnon peine à recruter des volontaires et doit faire appel au roi afin qu'il lui accorde des condamnés des prisons de Paris et Rouen. Les six cents hommes embarqués sont, pour l'essentiel, des miséreux et des marginaux.

Deux grands navires quittent le port de Dieppe le 14 août 1555 et sont pilotés par le protestant Nicolas Barré, qui meurt dix ans plus tard, lors de l'échec de la colonie française en Floride. Après quatre mois de navigation, le 10 novembre, ils font une première escale au Cabo Frio, où ils sont reçus par des Indiens qui organisent un « cahouinage » en leur honneur. Quelques jours plus tard, le Pain de Sucre, que les Normands appellent Pot de Beurre, est en vue. Villegagnon et ses hommes jettent l'ancre dans la baie de Rio de Janeiro, ou de Guanabara. Ils s'établissent non pas en terre ferme, mais sur l'île Serigipe (aujourd'hui appelée Villegagnon) où ils construisent le Fort Coligny, avec l'aide des Normands installés sur la côte.

Les tensions se multiplient rapidement au sein de la colonie. Villegagnon s'aliène les tribus Tamoio, appartenant au groupe des Tupinambas et traditionnellement alliées des Français, mais frappées par une épidémie soudaine et inexpliquée après l'arrivée des navires. Il impose, par ailleurs, une stricte discipline à l'équipage : travaux forcés pour mettre à l'abri le fort, interdiction de tout commerce sexuel avec les Indiennes. Une révolte éclate et plusieurs hommes rejoignent les tribus indiennes en terre ferme. Dans un premier temps, ces conflits n'empêchent pas la poursuite du projet colonial. Située non loin du goulet d'entrée de l'immense baie de Rio, l'île Coligny jouit d'une position permettant de contrôler l'accès au golfe. Le fort construit par les colons, bien vite remparé de « boulevards » de terre et fortifié de palissades, n'est, toutefois, pas une enclave coupée du reste du Brésil. Villegagnon en fait le « maillon principal » d'un réseau de petits établissements le long de la côte, de Cabo Frio jusqu'à São Vicente, assurant un commerce régulier avec les populations locales[1]. Imitée des Portugais, cette stratégie d'emprise ponctuelle permet d'assujettir l'espace étranger sans le posséder réellement : « Macaé, Cabo Frio, Guanabara et son île Coligny, *alias* Villegaignon, autant de positions-clefs égrenées en chapelet en bordure du continent, et qui permettent de tenir tout un pays[2] ».

Confronté aux assauts répétés de tribus indiennes et aux abandons successifs d'une grande partie de ses hommes, qui préfèrent la douceur d'une vie continentale parmi les populations autochtones à la rigueur laborieuse imposée sur l'île, Villegagnon se voit contraint de demander de nouveaux renforts. Il fait notamment appel à Jean Calvin, son ancien condisciple de la faculté de droit d'Orléans, et lui demande d'envoyer depuis Genève une nouvelle expédition de colons à la moralité plus solide. Adressée au grand réformateur, une lettre est expédiée au mois de janvier ou février 1556 (on en a, néanmoins, perdu la trace depuis le XVIe siècle). Elle est envoyée lors de l'expédition partie du Brésil avec à son bord Bois-le-Comte, le neveu de Villegagnon, et André Thevet, cordelier, futur cosmographe du roi et auteur des *Singularités de la France Antarctique* (1557), auquel Jean de Léry ne cesse de répondre dans son récit. Le premier chapitre de l'*Histoire d'un voyage faict en la terre du Bresil* fait, d'ailleurs, explicitement allusion à cette requête destinée à Calvin : « quand ses navires furent chargées et prestes de revenir en France, [Villegagnon] escrivit et envoya dans l'une d'icelles expressément homme à Geneve, requerant l'Eglise et les Ministres dudit lieu de luy ayder et le secourir autant qu'il leur seroit possible en ceste sienne tant saincte entreprinse » (I, 108-109). Dans les lignes qui suivent, Léry évoque la visée spirituelle du voyage de ministres genevois au Brésil. Il s'agira d'abord de « mieux reformer [Villegagnon] et ses gens », puis d'« attirer les sauvages à la cognoissance de leur salut » (I, 109). Le premier enjeu de la mission n'est donc pas la conversion des Indiens, mais bien l'instruction religieuse et morale des colons.

Seuls quatorze « Genevois » se portent volontaires « pour aller trouver Villegagnon, à fin d'annoncer l'Evangile en l'Amerique » (I, 110). Léry dresse la liste de ces hommes, qu'il présente comme plus courageux que les autres (I, 111). Il s'agit, pour la plupart, de Français exilés de fraîche date à Genève. Dix d'entre eux sont artisans et possèdent de précieuses compétences manuelles en plus d'une sincère foi réformée. Un proche de Gaspard de Coligny, Philippe de Corguilleray, seigneur du Pont, est choisi pour mener cette compagnie calviniste au Brésil, tandis que deux pasteurs, Pierre Richer et Guillaume Chartier, sont chargés d'assurer la direction spirituelle de l'expédition. On compte, enfin, Jean de Léry, dont on ne sait s'il était réfugié à Genève comme cordonnier ou s'il y avait déjà commencé

1. Frank Lestringant, *L'Expérience huguenote au Nouveau Monde (XVIe siècle)*, Genève, Droz, notamment p. 46-47.
2. *Ibid.*, p. 47.

ses études de théologie qui, à son retour en Europe, le mèneront au ministère. Tous quittent le port de Honfleur en novembre 1556 au milieu d'une foule d'anonymes qui comprend, comme l'indique Léry, six jeunes garçons destinés au rôle de truchement (d'interprète) et cinq jeunes filles rapidement épousées au Brésil.

Lorsqu'ils débarquent le 7 mars 1557 sur l'île Coligny, ils sont accueillis par Villegagnon, « roi d'Amerique ». Un conflit émerge bientôt entre lui et les nouveaux arrivants, sur la question de l'Eucharistie. Le jour de la Pentecôte 1557, un débat sur la Présence réelle fait éclater la rupture. Estimant que le pain et le vin enferment réellement le corps et le sang du Christ, Villegagnon refuse de se rallier à la conception symboliste du sacrement défendue par le ministre Pierre Richer. Cette discorde a une profondeur d'autant plus symbolique qu'elle a lieu au cœur du monde cannibale. La messe anthropophage des catholiques entre en écho avec d'authentiques actes de cannibalisme qui se déroulent en arrière-plan.

La colonie éclate après cette querelle. En révolte contre Villegagnon, les calvinistes sont contraints au bout de quelques mois de quitter le fort et de se réfugier en terre ferme, au sein des tribus anthropophages. Plusieurs retournent en Europe, d'autres sont convertis de force au catholicisme et trois d'entre eux sont exécutés. Le 15 mars 1560, le Fort Coligny tombe aux mains des Portugais, dirigés par le général Mem de Sá, alors que Villegagnon est de retour en France pour essayer de sauver sa colonie. Cette date marque la fin de l'aventure coloniale française au Brésil, alors que les guerres de Religion s'ouvrent en France.

La présence française dans la baie de Rio ne dure donc que cinq années. La France Antarctique n'en est pas moins une expérience coloniale d'importance dans l'histoire de la colonisation, comme dans celle de la mission. Cette brève aventure a aussi l'intérêt de refléter un moment charnière dans l'histoire de France, de l'apogée du règne de Henri II aux premiers troubles annonçant les guerres de Religion. Plusieurs auteurs font, en effet, du Brésil un miroir souvent fidèle de la France, et ils illustrent ainsi l'influence de cette colonie sur la culture littéraire et aristocratique de la Renaissance.

Parmi les pièces liminaires qui introduisent les *Singularités de la France Antarctique* de Thevet, se trouve une ode encomiastique d'Étienne Jodelle. Après avoir loué le voyageur Thevet, dont les exploits rappellent ceux d'Ulysse ou de Jason, Jodelle dresse un parallèle inattendu entre le Brésil et la France Arctique, celle de l'ancien monde :

> Car qui voudrait un peu blâmer
> Le pays qu'il nous faut aimer,
> Il trouverait la France Arctique
> Avoir plus de monstres, je crois,
> Et plus de barbarie en soi
> Que n'a pas ta France Antarctique.

Ces barbares marchent tout nus,
Et nous, nous marchons inconnus,
Fardés, masqués[1] [...].

La terre des cannibales n'est donc pas une France des Antipodes, mais un monde qui n'a rien à envier à la cruauté et à la barbarie des Français. Jodelle emploie ici le procédé de la « révolution sociologique » défini par Roger Caillois dans ses travaux sur Montesquieu. Ce regard détourné porté sur la société où l'on vit connaît une importante fortune littéraire dès le XVIe siècle, notamment chez Léry et Montaigne. Ces vers semblent annoncer la description du corps des Indiens tupinamba au chapitre VIII de l'*Histoire d'un voyage* qui précise en ouverture : « les sauvages de l'Amerique [...] n'estans point plus grands, plus gros, ou plus petits de stature que nous sommes en l'Europe, n'ont le corps ny monstrueux ny prodigieux à nostre esgard » (VIII, 211). Pour Jodelle, comme pour Léry, l'Indien nu et anthropophage est porteur d'une leçon morale aisément lisible par le lecteur. Ainsi allégorisé, l'Indien est moins représenté pour lui-même que signifiant pour autrui. On trouve ici en germe le mythe du Bon Sauvage.

Un autre poète de la Pléiade évoque les terres brésiliennes à travers le prisme, cette fois, du mythe ovidien de l'âge d'or. Dans la « Complainte contre Fortune » publiée en 1559 et dédiée à Odet de Coligny, le frère cadet de l'amiral à l'origine de la France Antarctique, Ronsard rêve de rejoindre les rives du Brésil pour échapper aux malheurs rencontrés à la cour[2]. Dès le milieu du XVIe siècle, les horizons brésiliens hantent ainsi durablement l'imaginaire français et européen et ils se trouvent parfois associés à des motifs hérités de traditions antiques. Lorsqu'ils partent pour le Nouveau Monde, les voyageurs ont eux aussi l'esprit pétri de représentations qui peuvent tendre vers le légendaire. Dans l'*Histoire d'un voyage*, Léry dialogue régulièrement avec l'imaginaire de ses lecteurs.

2. Jean de Léry, historien de la France Antarctique

2.1. Vie de Jean de Léry

Léry a une vingtaine d'années lorsqu'il s'embarque pour le Brésil au sein de la mission genevoise envoyée par Calvin à Villegagnon, le chef de l'éphémère « France Antarctique ». Né en 1534 en Bourgogne, dans le village de La Margelle,

1. André Thevet, *Le Brésil d'André Thevet. Les Singularités de la France Antarctique (1557)*, éd. F. Lestringant, Chandeigne, 2011, « Étienne Jodelle seigneur du Limodin, à M. Thevet, *Ode* », p. 414. Pour un commentaire de cette pièce poétique et la riche bibliographie qu'elle a suscitée, voir F. Lestringant, *Le Huguenot et le Sauvage. L'Amérique et la controverse coloniale en France, au temps des guerres de Religion*, Klincksieck, 1990, p. 30-31.

2. Pierre de Ronsard, *Œuvres complètes X*, éd. Paul Laumonier, Paris, Klincksieck, 1992, p. 33.

il est d'abord cordonnier. Léry n'a rien donc de l'explorateur parti en quête de terres inexplorées, ni du colonisateur cherchant à occuper et exploiter un territoire étranger, rien encore du marin venu négocier quelques cargaisons de bois brésil. Son voyage vers les rivages brésiliens est, à l'image de sa vie, marqué par sa conversion précoce à la Réforme.

Des premières années de Léry, nous savons peu de choses. Dans son étude biographique, Géralde Nakam lui suppose une bonne culture gréco-latine, celle du jeune homme issu de la bourgeoisie ou de la petite noblesse[1]. Néanmoins, Léry semble rapidement délaisser cette culture antique au profit des textes bibliques et des ouvrages de doctrine, comme l'indiquent les sources qu'il privilégie dans ses œuvres. Sa foi réformée le conduit à quitter sa Bourgogne natale pour Genève, où il est réfugié depuis peu lors de son départ pour l'Amérique en 1556. Léry évoque brièvement les raisons qui l'ont poussé à se rendre au Brésil au début de l'*Histoire d'un voyage*: « tant pour la bonne volonté que Dieu m'avoit donnée dès lors de servir à sa gloire, que curieux de voir ce monde nouveau, fus de la partie » (I, 111-112). De cette formule assez vague, ressort l'idée que la vocation religieuse lui sert de guide et se mêle à l'ordinaire curiosité.

De son embarquement à Honfleur en novembre 1556 à son arrivée en Bretagne le 26 mai 1558, Léry passe dix-huit mois hors d'Europe. Ses traversées de l'Atlantique durent plusieurs mois et celle du retour, ponctuée de péripéties – querelles, avaries, interminable famine – fait l'objet d'un long récit inspiré qui mêle de nombreuses pointes d'humour au ton du désespéré (XXI-XXII). Arrivé dans la baie de Rio le 7 mars 1557, Léry séjourne dix mois au Brésil et passe les huit premiers sur l'île Coligny. Ce n'est qu'en octobre 1557 que Villegagnon expulse les réformés de l'île et les contraint à s'installer en terre ferme. Pendant deux mois, Léry trouve ainsi refuge avec ses compagnons au lieu-dit « la Briqueterie » et poursuit son enquête sur le monde tupinamba. Son observation des Indiens est, en effet, favorisée par cette vie en terre ferme placée sous le signe de l'harmonie retrouvée:

> Comme de là nous allions, venions, frequentions, mangions et beuvions parmi les sauvages (lesquels sans comparaison nous furent plus humains que celuy lequel, sans luy avoir meffait, ne nous peut souffrir avec luy), aussi eux, de leur part, nous apportans des vivres et autres choses dont nous avions affaire, nous y venoyent souvent visiter. (VI, 196)

Léry se passionne pour les mœurs des Indiens cannibales à l'indéniable hospitalité. Son séjour heureux dans l'Éden perdu ne peut que contraster avec son retour jalonné d'une série d'épreuves.

1. Jean de Léry, *Au lendemain de la Saint-Barthélemy. Guerre civile et famine. Histoire mémorable du Siège de Sancerre (1573) de Jean de Léry*, éd. Géralde Nakam, Éditions Anthropos, 1975, p. 13.

En « Caïn de l'Amerique » (XXII, 549), Villegagnon fait supplicier et noyer trois Genevois, Pierre Bourdon, Jean du Bordel et Matthieu Verneuil. Ceux-ci avaient préféré rejoindre l'île Coligny plutôt que prendre la mer sur « Le Jacques », le navire normand rapatriant Léry et les autres huguenots le 4 janvier 1558. C'est ensuite la famine qui s'abat sur l'équipage forcé de trouver des expédients, dont Léry devra tragiquement se souvenir au cours de son existence. Après l'ancrage du navire en mai 1558 dans l'estuaire du Blavet, Léry et quelques autres rescapés entrent enfin en convalescence à Hennebont et Nantes pendant plusieurs semaines.

Rentré à Genève pour y terminer ses études, Léry rédige une notice intitulée « La persécution des fidèles en terre d'Amérique » qui sera publiée en deux articles disjoints dans l'*Histoire des Martyrs* de Jean Crespin (1564). L'un détaille ses dix mois passés dans la France Antarctique de Villegagnon, tandis que l'autre évoque l'exécution par noyade des trois réformés, rapportée d'après des témoins oculaires puisque Léry n'y a pas assisté[1]. La rédaction de ces textes parus dans le martyrologe réformé apparaît engagée au service de la cause protestante. Ce même engagement se manifeste dans l'*Histoire d'un voyage*, notamment dans la préface dans laquelle Léry se veut comme un martyr qui témoigne de sa foi par sa vie.

Moins d'un an après son retour du Brésil, le 28 mai 1559, il épouse Jannaz ou Jeanne Rachel, veuve de fraîche date d'un hôtelier, Otto Chautemps, qui avait été exécuté le 4 avril précédent pour blasphème. Pendant plusieurs mois, il cherche à obtenir l'autorisation d'exercer la profession d'aubergiste, mais le Conseil lui ordonne de reprendre son métier de cordonnier et motive son refus par la « mauvaise vie » passée de sa femme[2]. Le couple obtient néanmoins la permission de quitter Genève pour la France.

Léry devient alors pasteur et prêche l'Évangile, dès le mois d'avril 1562, à Belleville-sur-Saône. Ni la chronologie, ni les détails de sa vocation pastorale ne sont aujourd'hui connus. Elle est à comprendre, signale F. Lestringant, au regard de la période de tolérance qui s'ouvre avec l'Édit de janvier 1562[3]. Pendant les quelques semaines précédant le massacre de Wassy et la prise d'armes de Condé, qui mettent un terme à tout espoir de concorde, la prédication protestante se déploie de manière soudaine et éclatante. Léry appartient sans doute à la nuée de pasteurs envoyés depuis Genève pour répandre la Parole dans les églises françaises. On le retrouve le 6 décembre 1564 à Nevers, puis en 1569 à La Charité-sur-Loire. C'est dans cette ville que le surprend la Saint-Barthélemy en août 1572. Léry doit alors se réfugier à

1. Jean Crespin, *Histoire des Martyrs persécutez et mis à mort pour la vérité de l'Évangile, depuis le temps des Apostres jusques à présent*, Genève, 1564. Voir également F. Lestringant, « Calvinistes et cannibales. Les Écrits protestants sur le Brésil français (1555-1560) », *Bulletin de la Société de l'Histoire du Protestantisme Français (1903-2015)*, 1980, vol. 126, p. 9-26.

2. Lestringant 1990, p. 70.

3. *Ibid.*, p. 71.

Sancerre et quitter La Charité-sur-Loire, où les huguenots sont massacrés et dont s'emparent les troupes de Claude de La Châtre, gouverneur du Berry.

Sancerre accueille de nombreux réfugiés réformés qui fuient les violences, mais les vivres viennent rapidement à manquer. Assiégée de janvier à août 1573, la ville devient le théâtre de combats successifs et d'une terrible famine. D'autres pasteurs y ont également trouvé refuge, dont Lambert Daneau et Matthieu Béroald, père de l'écrivain Béroalde de Verville et maître d'Agrippa d'Aubigné. À l'occasion du siège, Léry se lie avec ces deux théologiens, dotés d'une culture humaniste beaucoup plus vaste que la sienne. Lambert Daneau composera en 1577 un sonnet adressé au voyageur et placé à l'ouverture de l'*Histoire d'un voyage*, dès sa première édition (51). L'influence exercée par Matthieu Béroald sur Léry est, semble-t-il, plus significative. Quelques mois après la reddition des assiégés, en 1574, Léry publie une chronique intitulée l'*Histoire mémorable de la ville de Sancerre*. Cet ouvrage, dans lequel il témoigne du siège en « une sorte de reportage engagé[1] », est, selon l'hypothèse de Géralde Nakam, structuré suivant une analogie avec la *Guerre des Juifs* de Flavius Josèphe. La forme et la signification de son texte s'inspirent de ce récit du siège de Jérusalem par Titus en 69-70 apr. J.-C., conçu comme une préfiguration de celui de Sancerre. Léry, alors pasteur depuis moins de dix années, connaissait sans doute mal l'œuvre du chroniqueur antique, mais il a pu la lire grâce à Matthieu Béroald qui avait avec lui les *Œuvres* de Josèphe. Ouvrage de polémique et de controverse, la *Guerre des Juifs* offre à Léry un parallèle éloquent : le combat des juifs contre les Romains apparaît comme l'archétype de celui mené par les huguenots. Ainsi, « l'histoire, comme le note Géralde Nakam, en se répétant, met en relief la ligne directrice qui, du passé au présent, relie ce monde à la divinité, et le malheur à l'espérance[2] ».

À Sancerre, Léry devient un auteur. Grâce à son témoignage personnel, il dessine une aventure collective, celle du destin huguenot. L'*Histoire mémorable de la ville de Sancerre* est diffusée dans l'Europe entière et traduite en allemand et en néerlandais dès 1575, puis en latin l'année suivante. Ce succès semble annoncer celui de l'*Histoire d'un voyage* à venir. Sa volonté de témoigner au nom de la communauté est aussi justifiée par le rôle qu'il a joué au cours des négociations avant la reddition de Sancerre. Léry a, en effet, servi d'intermédiaire entre les réfugiés dans la ville et les assiégeants, sans obtenir de véritables résultats. Porte-parole de son camp lors des pourparlers avec les catholiques, il fait un pas vers l'ennemi. Ce geste en rappelle un autre, qu'il raconte à la fin de l'*Histoire d'un voyage*. Avant son retour en France, Léry hésite lui aussi à retourner sur l'île Coligny, mais une main tendue l'incite à rester sur « Le Jacques », abandonnant ainsi ses compagnons à leur funeste

1. *Histoire mémorable du Siège de Sancerre (1573) de Jean de Léry*, éd. cit., p. 118. Le parallèle entre la *Guerre des Juifs* et l'*Histoire mémorable de Sancerre* est analysé p. 136-138 et p. 164-170.

2. *Ibid.*, p. 136.

sort (XXI, 510-511). Si ce moment d'élection est expliqué par le récit qu'il fera *a posteriori* des exactions commises par Villegagnon, sa posture d'intermédiaire à Sancerre mérite également un essai apologétique : l'*Histoire mémorable de la ville de Sancerre.*

Que ce soit l'écriture du témoignage, le récit engagé pour la cause réformée, la dimension apologétique, ou encore la mise en scène d'une élection, plusieurs parallèles, on le voit, peuvent être tissés entre les deux « histoires » de Léry. Avant d'examiner plus en détail son récit de voyage au Brésil, signalons encore un écho saisissant entre ces deux livres, ou plutôt entre les choses observées par l'auteur. L'horreur du siège de Sancerre culmine lorsqu'est découvert, le 21 juillet, un acte d'anthropophagie. Voici comment Léry évoque l'atrocité de cette scène, renvoyant tout d'abord au texte biblique :

> Mais, ô Dieu eternel ! voicy encores le comble de toute misere et du jugement de Dieu. Car comme il proteste en sa Loy qu'il reduira ceux qui n'obeiront à ses Commandemens en tel estat, que durant le siege il fera que les meres mangeront leurs enfans : les enfermez dans Sancerre (combien qu'ils fussent assaillis, non à cause de leur pechez, ains, pour sa querelle et pour le tesmoignage de sa parole) n'ayans pas bien faict leur profit de la cognoissance qu'il leur avoit baillée, ny assez profité sous ses autres verges, et chastimens, et quoy que ç'en soit par le bon vouloir de Dieu, ont veu commettre ce crime prodigieux, barbare et inhumain, perpetré dans l'enclos de leurs murailles. Car le vingt unieme de Juillet il fut descouvert et averé qu'un vigneron, nommé Simon Potard, Eugene sa femme, et une vieille femme qui se tenoit avec eux nommée Philippes de la Feüille, autrement l'Emerie, avoyent mangé la teste, la cervelle, le foye et la fressure d'une leur fille aagée d'environ trois ans, morte toutesfois de faim et en langueur[1].

Ce passage figure au sein du dixième chapitre de l'*Histoire mémorable du Siège de Sancerre*, qui porte sur le phénomène de la faim et ses différentes manifestations. La scène anthropophage constitue l'ultime étape d'une progression inexorable vers l'horreur. Suppliciés par la famine, hommes et femmes en sont réduits à goûter à diverses matières animales, jusqu'aux cuirs et aux parchemins, à se nourrir d'herbes, même de la toxique ciguë, puis à se tourner vers les excréments. Dans ce catalogue des différents pis-aller, Léry ne peut contenir son effroi à la vue de la chair humaine mangée. Les lignes suivantes offrent une succession de détails macabres dont l'exactitude donne toute sa force au témoignage. Ce tableau de cannibalisme sancerrois fait également ressurgir le souvenir du Brésil, souvenir qui, de manière inattendue, accentue la distance entre l'anthropophagie tupinamba et celle des réformés assiégés :

1. *Ibid.*, chap. X, p. 290-291.

> Ce qui ne fust pas sans grand estonnement et frayeur de tous ceux qui l'entendirent. Et certes m'estant acheminé prés le lieu de leur demeurance, et ayant veu l'os, et le test de la teste de ceste pauvre fille, curé, et rongé, et les oreilles mangées, ayant veu aussi la langue cuite, espesse d'un doigt, qu'ils estoyent prests à manger, quand ils furent surpris : les deux cuisses, jambes et pieds dans une chaudiere avec vinaigre, espices et sel, prests à cuire et mettre sur le feu : les deux espaules, bras et mains tenans ensemble, avec la poitrine fendue et ouverte, apareillez aussi pour manger, je fus si effroyé et esperdu, que toutes mes entrailles en furent esmeues. Car combien que j'aye demeuré dix mois entre les Sauvages Ameriquains en la terre du Brésil, leur ayant veu souvent manger de la chair humaine, [...] si n'en ay-je jamais eu telle terreur que j'eus frayeur de voir ce piteux spectacle, lequel n'avoit encores (comme je croy) jamais esté veu en ville assiegée en nostre France[1].

L'épisode sancerrois est aussi mentionné dans l'*Histoire d'un voyage* (XXII, 533, 535-536). Ce « *leitmotiv* de la famine conduisant au cannibalisme[2] » fait partie des thèmes récurrents de l'œuvre de Léry. Grâce à Sancerre, l'auteur est sans doute amené à reconsidérer l'acte anthropophage et à le comparer à l'infini inventaire des cruautés humaines. Les différentes éditions de son récit au Brésil, dont la première paraît en 1578 à Genève, témoignent, au fil des additions, de cette réflexion.

2.2. L'*Histoire d'un voyage* ou les aventures d'un livre

Contrairement à l'*Histoire mémorable de la ville de Sancerre* parue un an après le siège, le témoignage de Léry sur le Brésil est imprimé longtemps après son voyage. Vingt ans séparent son retour en France (1558) de la première édition (1578). Pendant ces longues années, sa plume redonne vie à ses souvenirs en Amérique et la nostalgie qui teinte certaines pages de l'*Histoire d'un voyage* peut sans doute être attribuée à cet écart temporel. Dans sa préface, Léry explique les raisons de ce silence : le manuscrit lui a « tousjours eschappé des mains » (62). Plusieurs fois séparé de son auteur, le livre connaît une série de péripéties dignes d'un roman d'aventures. En voici les principales étapes.

Dès son retour en Europe, Léry raconte de vive voix, ou « de bouche » (62) dirait-il, ce qu'il a pu observer en Amérique à ses amis et à ceux désireux de connaître cette contrée lointaine. Il ne compte pas sur sa seule mémoire, mais s'aide des notes qu'il a prises lors de son voyage et écrites « d'ancre de Bresil » (61). C'est avec une encre rouge, couleur de sang, que Léry consigne au vif la première ébauche de l'*Histoire d'un voyage*. Affichant clairement la couleur de son origine, cette encre de Brésil matérialise l'expédition et atteste la crédibilité à accorder aux propos rapportés.

1. *Ibid.*, p. 291.

2. Lestringant 1990, p. 81.

Préparée à partir de la sève du *pau brasil*, elle se fait aussi métonymie d'une autre réalité brésilienne : la boucherie cannibale.

En 1563, Léry s'attelle à la rédaction d'un premier manuscrit sur l'instigation de certains de ses amis jugeant le récit intéressant. Il retravaille ses notes et ses souvenirs pour proposer un texte « plus au long et par ordre » (62). Mais, passant de main en main, ce livre se perd. Léry retrouve alors les « brouillars » (62), ou brouillons, qu'il avait laissés chez un copiste et rédige une deuxième version incomplète. Impossible, en effet, pour lui de retrouver le chapitre XX, le colloque français-tupi, qui n'est pas uniquement de sa main, mais écrit avec l'aide d'un truchement. Surpris par la violence de la Saint-Barthélemy à La Charité-sur-Loire, Léry doit abandonner ses livres et ses papiers pour se réfugier à Sancerre. Le manuscrit est à nouveau perdu. Quelques années plus tard, en 1576, Léry finit par retrouver son premier livre et il le donne, enfin, à publier. Il reste assez évasif sur les circonstances de cette réunion entre l'auteur et son texte. Est-ce le fruit du hasard ou un véritable miracle ? L'explication est peut-être à chercher du côté de la narration.

La préface de l'*Histoire d'un voyage* présente les aventures des manuscrits comme parfaitement véridiques et admissibles. Selon l'hypothèse de Marie-Christine Gomez-Géraud, ce bref exposé semble pourtant relever de la fable[1]. À la lumière de la production littéraire de la Renaissance, ce « récit du voyage des manuscrits[2] » s'apparente à un lieu commun de l'édition qui consiste à retrouver son livre ou celui d'un ami dans des circonstances accidentelles ou fictives. Pourquoi une telle fiction dans le livre de Léry ? Trois explications peuvent être proposées.

La première renvoie au parallèle que l'auteur établit entre sa destinée et celle de son livre. Dans le dernier chapitre de l'*Histoire d'un voyage*, Léry échappe de peu à la mort et frôle l'engloutissement par les flots. Raconter sa survie lui permet de révéler son élection ou, comme l'écrit F. Lestringant, « Léry écrit le mythe de sa vocation personnelle[3] ». Le livre suit un parcours similaire. Par deux fois perdu, il a lui aussi échappé de peu à l'oubli et à l'ensevelissement. Ainsi retrouvé, l'ouvrage jouit d'une élection et se doit d'être offert au public pour « venir en lumiere » (62) et faire éclater la vérité.

À cette manifestation de la Providence, s'ajoute une deuxième explication liée au rapport de l'auteur à son œuvre. Elle révèle l'inquiétude de l'écrivain laissant son manuscrit à l'éditeur et perdant ainsi le contrôle parfait de son texte. En d'autres

1. Marie-Christine Gomez-Géraud, « Jean de Léry : des parcours aventureux des manuscrits aux destinées du livre », *D'Encre de Brésil. Jean de Léry écrivain*, textes réunis par F. Lestringant et M.-C. Gomez-Géraud, Orléans, Paradigme, 1999, p. 65-78.

2. *Ibid.*, p. 68.

3. Frank Lestringant, « Calvinistes et cannibales. Les Écrits protestants sur le Brésil français (1555-1560) », art. cit., p. 12.

termes, à travers cette fiction du livre égaré, « se trouve traduit et manifesté l'éparpillement symbolique que permet l'imprimerie[1] ».

Une dernière raison, plus contextuelle, justifie cette petite fable, comme la publication d'un récit rétrospectif, vingt ans après le voyage au Brésil. Léry déclare, dans la préface, vouloir répondre aux fausses affirmations d'André Thevet. Il signale, non sans verve, que son livre des *Singularités de la France Antarctique* est « singulièrement farci de mensonges » (63). Ce texte, publié en 1557 sous l'unique nom de Thevet, est en réalité le fruit d'une collaboration. Tombé malade dès son arrivée au Brésil, le voyageur a séjourné à peine dix semaines sur l'île Coligny avant de repartir le 31 janvier 1556. Lorsque Thevet rentre en France, ses notes sont trop abondantes pour avoir été réunies par lui seul. Ses informations ethnographiques semblent, en effet, avoir été rassemblées par d'autres, notamment auprès de truchements familiers du terrain brésilien. Thevet ne fait pas imprimer ce recueil de données tel quel, mais le donne à son éditeur Maurice de la Porte et au scribe et étudiant en médecine Mathurin Héret. Tous trois mettent au propre et ordonne le texte, bientôt augmenté de nombreuses références antiques et de parallèles entre monde ancien et monde sauvage, suggérés par Héret.

C'est pourtant un autre ouvrage du même Thevet qui décide Léry à formuler une réponse. En 1560, après avoir été affranchi de son ordre monastique en janvier 1559, Thevet devient cosmographe du roi. Dans les années qui suivent, il prépare, avec l'aide silencieuse de scribes, une somme cosmographique, vaste compilation des savoirs sur toutes les parties du monde, qui réunit de très nombreuses sources, des textes antiques aux témoignages récents. Imprimée en 1575, sa *Cosmographie universelle* contient une cinquantaine de feuillets sur la France Antarctique. Thevet exprime de multiples accusations contre les ministres calvinistes envoyés de Genève et écrit, par exemple :

> [...] y avoit eu quelque sedition entre les François, advenuë par la division & partialitez de quatre Ministres de la religion nouvelle, que Calvin y avoit envoyez pour planter sa sanglante Évangile, le principal desquels estoit un Ministre seditieux nommé Richer [...]. Ces gentils predicans ne taschans qu'à s'enrichir, & attraper ce qu'ils pouvoient, feirent des ligues & menees secretes, qui furent causes que quelques uns des nostres furent par eux tuez. Mais partie de ces seditieux estans prins furent executez, & leurs corps donnez pour pasture aux poissons : les autres se sauverent[2].

C'est donc pour répondre à « l'envie [que Thevet] a euë de mesdire et detracter des Ministres » (63), que Léry fait publier l'*Histoire d'un voyage*. Il ajoute même :

1. Gomez-Géraud 1999, p. 72.

2. André Thevet, *La Cosmographie universelle d'André Thevet*, tome 2, Guillaume Chaudière, 1575, 908v°-909r°; sur le Brésil, voir livres xxi-xxii, f. 903 r°-1000 r°.

« à fin, di-je, de repousser ces impostures de Thevet, j'ay esté comme contraint de mettre en lumiere tout le discours de nostre voyage » (63). Heureusement retrouvé en 1576, soit un an après la publication de la *Cosmographie universelle*, le livre se doit de rétablir la vérité en faisant entendre le témoignage de son auteur.

Le récit de Léry connaît un succès immédiat. Il est réédité cinq fois entre 1578 et 1611, mais aussi traduit dans plusieurs langues, en allemand, en néerlandais, et surtout en latin. Les différentes éditions imprimées du vivant de Léry font de son œuvre un véritable *work in progress*, puisque le pasteur ne cesse d'amplifier son texte. Un peu à la manière de Montaigne, lecteur de l'*Histoire d'un voyage* dans son essai « Des Cannibales », Léry procède par « allongeails » ; il ajoute sans jamais retrancher. Cette méthode n'est, toutefois, pas dictée par la même visée que celle de Montaigne. Pour Léry, supprimer reviendrait à renier son propre texte, un geste inconcevable pour un auteur qui n'écrit que la vérité[1]. Avant d'entrer dans le détail de ces cinq éditions, en voici la chronologie établie par F. Lestringant[2] :

- A. 1578 : première Edition. [Genève], « Pour Antoine Chuppin » ; 24 f. + 424 p. + table ; 5 gravures sur bois.
- B. 1580 : « seconde Edition ». « A Geneve. Pour Antoine Chuppin » ; 22 f. + 382 p. + table ; 8 gravures, dont une répétée.
- C. 1585 : « troisieme Edition ». [Genève], « Pour Antoine Chuppin » ; 34 f. + 427 p. (manque la table dans l'exemplaire de l'Arsenal) ; 8 gravures, dont une répétée.
- B'. 1594 : fausse « troisieme Edition ». [Genève], « Pour les heritiers d'Eustache Vignon » ; 22 f. + 382 p. + table ; 8 gravures, dont une répétée.
- D. 1599-1600 : « quatrieme Edition. Dediee a Madame la Princesse d'Orange ». [Genève], « Pour les heritiers d'Eustache Vignon » ; 36 f. + 478 p. + table ; 8 gravures.
- E. 1611 : « cinquieme édition. Dediee a Madame la Princesse d'Orange. A Geneve, pour Jean Vignon » ; 40 f. + 489 p. + table ; 8 gravures.

Remarquons, tout d'abord, le profond ancrage genevois et réformé de ces cinq éditions imprimées par Antoine Chuppin, puis par Jean Vignon, l'héritier d'Eustache Vignon. Le texte établi par F. Lestringant dans l'édition au programme est celui de 1580, noté B[3]. Comme l'indique la page de titre, cette deuxième édition a été « revue, corrigée et bien augmentée, [...] tant de figures, qu'autres choses

1. Gomez-Géraud 1999, p. 75.

2. Frank Lestringant, « L'Excursion brésilienne : note sur les trois premières éditions de l'*Histoire d'un voyage* de Jean de Léry (1578-1585) », *D'Encre de Brésil*, *op. cit.*, p. 38. Voir également la note d'établissement du texte dans l'édition au programme (p. 41-43).

3. Le riche appareil de notes permet de prendre la mesure des additions successives, tandis que l'appendice I (571-595) reproduit le long chapitre additionnel qui prolonge le chapitre XV de l'*Histoire d'un voyage*.

notables sur le sujet de l'auteur » (45). Ces ajouts sont tout autant de nouveaux détails ethnologiques que des remarques prolongeant la polémique engagée contre André Thevet. Il ne faut pas se fier ici à la diminution du nombre de pages entre A et B. Celle-ci s'explique par l'usage d'une typographie resserrée. En revanche, l'accroissement observé à partir de B est signifiant et on peut noter que c'est entre B et C que le texte augmente le plus (12 feuillets liminaires et 45 pages). L'émission de 1594 (B') a été réalisée à l'insu de Léry, à la seule initiative de l'éditeur qui a reproduit le texte de la deuxième édition déguisé en une fausse troisième édition. L'auteur évoque cette intervention éditoriale malencontreuse dans son avertissement de 1599 (appendice II, 597).

Au cours de ces cinq éditions successives, Léry infléchit sa méthode d'écriture et son dessein. À l'origine, le texte se présente comme un recueil de « choses vues », comme le témoignage d'un historien, terme sur lequel nous reviendrons. L'auteur explicite sa visée dans les toutes premières pages de son récit : « mon intention et mon sujet sera en ceste histoire, de seulement déclarer ce que j'ay pratiqué, veu, ouy et observé tant sur mer, allant et retournant, que parmi les sauvages Ameriquains, entre lesquels j'ay frequenté et demeuré environ un an. » (I, 105-106). À mesure que le livre s'amplifie, une métamorphose s'opère et relègue l'expérience brésilienne au second plan. Semé de « plusieurs belles fleurs cueillies çà et là » (appendice II, 597 et 600), comme Léry le reconnaît dans ses avertissements de 1599 et de 1611, l'ouvrage s'oriente de plus en plus vers la compilation. Il est complété par différentes autorités, notamment par d'autres récits de voyageurs en Amérique – Hans Staden, prisonnier pendant neuf moins des Tupinamba anthropophages, Nicolas Le Challeux, rescapé du massacre de la colonie française en Floride, dont le texte a été revu par Urbain Chauveton, ou encore Thomas Hariot, membre de la colonie britannique installée à Roanoke en Virginie –, mais aussi des textes sur l'Afrique de Jean Léon et Ludovico di Varthema. La liste s'allonge encore dans la toute dernière édition du vivant de Léry et révèle ainsi le nouvel objectif du livre. Il ne s'agit plus de témoigner avec nostalgie de son expérience brésilienne, mais de rassembler les savoirs sur le monde pour intégrer l'Indien tupinamba dans le théâtre général des peuples. Le livre de voyage apparaît comme l'espace capable de réunir la Création tout entière et permet de déployer la « conférence » des histoires[1]. Cette évolution affecte tout autant le genre de l'*Histoire d'un voyage* que les autorités, qui lui confèrent son caractère authentique et véridique.

1. Frank Lestringant, *Jean de Léry ou l'invention du sauvage. Essai sur l'*Histoire d'un voyage faict en la terre du Bresil, Classiques Garnier, [1999] 2016, en particulier p. 47-59.

II

Le Brésil de Jean de Léry

1. « L'œil écrit » (F. Hartog) : Jean de Léry, témoin du monde brésilien

1.1. « De veuë et d'experience »

Devançant les critiques de ses lecteurs ou de ses adversaires, Léry justifie, dès la préface, son recours répété à des marques d'énonciation :

> Si quelqu'un, di-je, trouve mauvais que, quand ci-apres je parleray de la façon de faire des sauvages (comme si je me voulais faire valoir), j'use si souvent de ceste façon de parler, Je vis, je me trouvay, cela m'advint, et choses semblables, je respon, qu'outre [...] que ce sont matieres de mon propre sujet, qu'encores, comme on-dit, est-ce cela parlé de science, c'est-à-dire de veuë et d'experience. (98)

Loin d'être un signe de vanité, cette présence affichée de l'auteur dans son texte est à lire comme une marque de vérité. Léry réaffirme ici sa qualité de témoin oculaire et annonce sa méthode d'écriture fondée sur l'autopsie. Comme l'a montré François Hartog, les discours sur l'ailleurs et l'altérité sont, depuis l'Antiquité, accrédités par l'œil du voyageur[1]. Des philosophes ioniens à Aristote, tous s'accordent pour considérer la vue comme un moyen de connaissance bien supérieur à l'ouïe. Celui qui a vu est porteur d'un discours vrai et authentique. « L'œil ou plutôt l'autopsie, comme la définit F. Hartog : il s'agit en effet de l'œil comme marque d'énonciation, d'un "j'ai vu" comme intervention du narrateur dans son récit, pour faire preuve[2]. »

Après les premiers historiens antiques, Hérodote et Thucydide, les voyageurs européens ne cessent d'attester leurs récits en déclarant leur qualité de témoin

1. François Hartog, *Le Miroir d'Hérodote. Essai sur la représentation de l'autre*, Paris, Gallimard, [1980] 2001, sur cette affirmation de Léry, voir en particulier p. 399-400.

2. *Ibid.*, p. 396.

oculaire. Le texte de Marco Polo affirme la valeur de l'autopsie dès son ouverture. Il commence par rappeler les régions évoquées par le voyageur – « vous y trouverez les grandes merveilles de la Grande Arménie, de la Perse, des Tartares, de l'Inde et de bien d'autres pays » –, puis le narrateur signale que « notre livre vous contera méthodiquement merveilles que messire Marco Polo, savant et illustre citoyen de Venise, raconte pour les avoirs vues »[1]. Cette précision fait coïncider les espaces vus et les espaces décrits, l'œil et la parole, tous deux déterminés par le même ordre.

Selon F. Hartog, Léry pratique lui aussi l'autopsie, mais introduit une autre adéquation entre la chose observée et la chose racontée. Dans sa préface, il indique présenter la somme des « choses notables par [lui] observées en [s]on voyage » (61-62). L'adéquation porte ainsi sur le notable et l'observable. Le voyageur note ce qu'il observe et observe ce qu'il note. Cet infléchissement renseigne sur la structure de l'*Histoire d'un voyage*. En dehors des chapitres liminaires et conclusifs qui portent sur les traversées, le reste de l'œuvre ne suit pas une logique spatiale. Contrairement à d'autres récits de voyage, celui de Marco Polo par exemple, organisés en fonction des espaces fréquentés et décrits, celui de Léry est ordonné suivant des catégories explicites (naturalistes ou ethnologiques).

L'autopsie explique le titre du livre, *Histoire d'un voyage faict en la terre du Brésil*. Comme le rappelle F. Hartog, citant Benveniste, l'historien, ou l'*hístōr*, est le témoin, en tant qu'il sait, mais d'abord en tant qu'il a vu. En ce sens, Léry représente ces topographes qui font une « narration particuliere des endroits où ils ont esté », et que Montaigne oppose aux cosmographes qui « pour avoir cet avantage sur nous d'avoir veu la Palestine, [...] veulent jouir de ce privilege de nous conter nouvelles de tout le demeurant du monde »[2]. Cette distinction entre le récit de voyage et la cosmographie, ou les autres formes de compilation, façonne la littérature géographique de la Renaissance.

S'il est un « genre sans loi[3] », sans règles, ni contraintes déterminées *a priori*, le récit de voyage présente malgré tout des marques et des constantes qui lui sont propres. Sa singularité s'affirme d'abord par le voyage, c'est-à-dire un déplacement réel dans l'espace, pendant une certaine durée, qui précède nécessairement le récit lui-même : « le syntagme *récit-de-voyage*, écrit Roland Le Huenen, pose de façon nécessaire une relation d'antécédence et de tutelle entre ses termes, entre le texte et son objet[4] ». L'expérience est la condition préalable au texte, mais après avoir vu, le voyageur se doit de faire voir et faire savoir. La question de la vue sature la

1. Marco Polo, *La Description du monde*, éd. Pierre-Yves Badel, Paris, Le Livre de Poche, 1998, p. 51.

2. Michel de Montaigne, *Essais I*, éd. Emmanuel Naya, Delphine Reguig-Naya et Alexandre Tarrête, Paris, Gallimard, 2009, p. 396.

3. Roland Le Huenen, « Qu'est-ce qu'un récit de voyage ? », *Littérales*, n° 7, 1990, p. 14.

4. *Ibid.*, p. 16.

relation de voyage ; le regard permet de déchiffrer le monde nouveau ou inconnu, tandis que la description a pour fonction de le restituer et de le faire connaître. Cette primauté du visuel constitue la matrice du récit de voyage et lui impose ses limites mêmes. Restreint aux observations recueillies pendant le déplacement, le champ de vision est volontairement partiel. L'enquête se contente d'une expérience singulière, manifestée par l'usage de la première personne.

Parallèlement à ce genre de la littérature géographique aux normes instables, mais pratiqué de l'Antiquité à nos jours, un autre mode d'écriture du monde se développe à la Renaissance : la cosmographie. Abandonnée après le XVIe siècle, cette forme de littérature descriptive se donne l'ambition de réunir l'ensemble des savoirs sur la sphère. Traités astronomiques, textes et légendes antiques, mappemondes et cartes chorographiques, mais aussi récits de voyage forment un socle de sources éclectiques exploitées par des voyageurs ou des géographes en chambre pour produire une information, cette fois, globale et universelle. Le savoir cosmographique met à l'honneur la connaissance livresque et les documents de seconde main, au détriment de la seule observation directe.

Léry ne manque pas de rappeler cette distinction fondamentale dans le champ géographique entre récit de voyage et cosmographie. Dans ses déclarations de principes qui concluent la préface de l'*Histoire d'un voyage*, il définit sans détour son écriture de topographe qui ne traite « non pas de toute l'Amerique en general, mais seulement de l'endroit où [il a] demeuré environ un an : assavoir sous le tropique de Capricorne entre les sauvages nommez *Touoüpinambaoults* » (98). La cible est claire ici. Après n'avoir séjourné au Brésil que dix semaines, Thevet écrit lui sur toute l'Amérique en général et enrichit sans retenue ses quelques observations de témoignages de seconde main. Bien avant sa *Cosmographie Universelle*, son livre sur le continent américain suivait déjà cette logique de compilation. Il suffit de se reporter à la table des matières de ses *Singularités de la France Antarctique* pour voir que ses chapitres sur le Brésil sont complétés par d'autres sur toutes les Indes Occidentales : Pérou, Cuba, Nouvelle-Espagne, Floride, Canada... Comme le note Michel Jeanneret dans son étude comparée de ces deux voyageurs, « l'un s'attache à des faits spécifiques et suffisants – il amorce le discours scientifique moderne –, l'autre glisse du singulier à l'universel – et représente, en géographie, un syncrétisme encore vivace parmi les humanistes[1] ».

1.2. Description sommaire des chapitres de l'*Histoire d'un voyage*

L'autopsie pratiquée par Léry dicte l'ordre de son discours, comme la structure de l'*Histoire d'un voyage*. Intéressons-nous pour le moment à la structure d'ensemble

1. Michel Jeanneret, « Léry et Thevet : comment parler d'un monde nouveau ? », *Mélanges à la mémoire de Franco Simone*, Genève, Slatkine, 1983, t. IV, p. 59-72 (repris dans *D'Encre de Brésil*, *op. cit.*, p. 112).

de son ouvrage. On distingue généralement, à partir des travaux de Réal Ouellet, deux pôles complémentaires vers lesquels tend le récit de voyage : l'inventaire et l'aventure[1]. F. Lestringant examine la combinaison de ces deux composantes dans le corpus des voyageurs au Brésil. Il montre, notamment, la manière dont Léry les investit par rapport à Thevet. L'*Histoire d'un voyage* et les *Singularités de la France Antarctique* conjuguent en des proportions inverses ces deux éléments du récit d'itinéraire : « l'aventure enveloppe l'inventaire, lui donnant sens et dynamisme, mais de façon très lâche chez Thevet, de manière beaucoup plus nécessaire et récurrente chez Léry[2] ».

À l'échelle du livre, l'aventure se déroule dans les premiers et les derniers chapitres (I-VII et XXI-XXII), tandis que le catalogue des réalités brésiliennes forme le cœur de l'*Histoire d'un voyage* (VIII-XX). Deux formes littéraires se rejoignent : le récit du voyage et la description du paysage naturel et humain. La première suit la chronologie des évènements vécus par Léry et ses compagnons, c'est-à-dire par un sujet. La seconde expose des objets répartis dans un espace qui n'est pas défini par des indications géographiques, mais par une classification méthodique du vivant[3].

Toutefois, une lecture plus rapprochée révèle que ces deux composantes se mêlent sous la plume de Léry qui introduit souvent des digressions plus ou moins longues. Ainsi, dans son exposé naturaliste, le voyageur intercale des anecdotes qui peuvent être plaisantes ou susciter la réflexion du lecteur. Dans le chapitre XII, un bref récit interrompt l'inventaire des animaux marins et rapporte un échange entre Léry et un « Ameriquain » ayant un jour pêché un poisson « qui avoit semblablement forme humaine » (XII, 301). Au chapitre X, un autre micro-récit retient l'attention du lecteur. Égarés dans la forêt, Léry et deux autres Français rencontrent un lézard monstrueux aux yeux étincelants qui s'arrête « tout court pour [les] regarder » (X, 268-269). Comme le montre Frédéric Tinguely, cette anecdote reproduit les codes du roman de chevalerie ou du conte de fées et réussit à dynamiser la description du lézard et la scène la plus statique qui soit[4]. Après un quart d'heure de lorgnade appuyée, le lézard finit, en effet, par se sauver. Et Léry de conclure : « j'ay pensé depuis, suyvant l'opinion de ceux qui disent que le lezard se delecte à la face de l'homme, que cestuy-là avoit prins aussi grand plaisir de nous regarder que nous avions eu peur à le contempler » (X, 269). Une véritable aventure intellectuelle s'immisce donc dans l'inventaire animalier. Ces exemples invitent à observer les

1. Réal Ouellet, « Le Discours fragmenté de la relation de voyage en Nouvelle-France », *Saggi e Ricerche di Letteratura francese*, vol. XXV, 1986, p. 175-200.

2. Lestringant 2016, p. 87.

3. Michel de Certeau, « Ethno-graphie. L'oralité ou l'espace de l'autre : Léry », *L'Écriture de l'histoire*, Gallimard, 1975, chap. V, p. 245-283.

4. Frédéric Tinguely, « Le lézard et le nourrisson », *Le voyageur aux mille tours. Les ruses de l'écriture du monde à la Renaissance*, Honoré Champion, 2014, p. 154-168.

transitions ménagées par l'auteur entre récit et description. Voici malgré tout une esquisse de la structure d'ensemble de l'œuvre, inspirée de l'étude de F. Lestringant[1].

Le voyage vers le Brésil (I-VII)

- Les motifs du voyage (I)
- Le récit de la navigation (II-V)
- L'arrivée au Fort Coligny : les tensions entre Villegagnon et les calvinistes (VI-VII)

Une histoire naturelle du Brésil (VIII-XIII)

- Le portrait de l'Indien : une nudité paradoxale (VIII)
- L'alimentation indienne : manioc et cahouin (IX)
- Les animaux suivant leur milieu : terre, air, eau (X-XII)
- La flore brésilienne (XIII)

La description ethnologique : l'Indien ou le philosophe nu (XIV-XX)

- L'histoire morale du Brésil : guerre, cannibalisme, religion (XIV-XVI)
- Du berceau à la tombe (XVII-XIX)
- Le colloque tupi-français (XX)

La traversée vers la France : récit d'une élection (XXI-XXII)

Léry organise son récit selon une structure limpide, parfaitement soignée. Le reportage s'ordonne autour de catégories bien définies, elles-mêmes subdivisées en chapitres. Une remarque s'impose sur l'entrée dans le catalogue du Brésil. Le chapitre VIII dessine un portrait en pied de l'Indien et fonctionne comme un préambule. Il signale que l'inventaire du monde brésilien est construit suivant une perspective téléologique. Les éléments naturels sont, en effet, décrits en fonction de leur utilité ou de leur nocivité pour l'homme. C'est pourquoi le chapitre suivant traite de la farine de manioc et du cahouin, des aliments et de la boisson produits par les Tupinamba. Transformés par l'ingéniosité humaine, les racines et les végétaux en question sont humanisés et intègrent la sphère de la culture[2]. Viennent ensuite les animaux comestibles, dont les Indiens se nourrissent, puis la flore, les légumes et les fruits. À l'autre extrémité, le tableau de la vie indienne se clôt sur une scène de conversation entre un Français et deux Indiens tupi. Des colloques polyglottes enrichissent régulièrement les écrits français sur le Brésil, mais cet échange fictif apparaît problématique. Relevée par F. Lestringant dans son édition, une certaine ambiguïté plane sur l'auteur de ce chapitre, que Léry dit avoir établi avec l'aide d'un truchement (XIX, 479). La voix française renvoie tantôt au voyageur, désigné par son nom indien – *Léry-oussou*, une grosse huître (XX, 480) –, tantôt à l'interprète

1. Lestringant 2016, en particulier p. 87-227.
2. *Ibid.*, p. 91.

venu de Normandie. Ce dialogue semble occuper une place à part dans l'*Histoire d'un voyage*, que ce soit du point de vue de l'énonciation ou du mode adopté pour représenter les Indiens. S'il fait presque office d'appendice, on ne pourra le traiter comme tel pour étudier le récit. Comme l'a montré M.-C. Gomez-Géraud, ce chapitre fournit de précieux indices pour interpréter l'ensemble de l'œuvre, nous y reviendrons[1].

Dans le livre, l'ordre linéaire de l'expérience se mêle au quadrillage du monde brésilien. Par l'écriture, l'hétérogénéité de l'inconnu est ainsi mise en ordre et révèle l'unité profonde de l'univers et du genre humain.

2. L'inventaire de la faune américaine

2.1. Un exposé méthodique

Léry consacre trois chapitres à la faune américaine qu'il organise selon une répartition raisonnée. Dans les chapitres X à XII, il procède à une énumération des différents animaux suivant leur milieu, c'est-à-dire les trois éléments où ils habitent : la terre (X), l'air (XI) et l'eau (XII). Il reproduit ainsi la classification traditionnelle de l'histoire naturelle, proposée pendant tout le Moyen Âge et à la Renaissance, qui distingue animaux terrestres, volatiles et marins. À l'image de Pierre Belon ou Conrad Gesner, tous deux auteurs de célèbres traités zoologiques, Léry applique une conception héritée de la Bible. Comme l'explique le texte de la Genèse (1:20-25), les oiseaux et les animaux aquatiques sont créés le cinquième jour et emplissent l'air et l'eau, tandis que les espèces terrestres sont produites le sixième jour à partir de la terre. Dès lors, le récit biblique introduit « des ruptures ontologiques fortes, signale Laurent Pinon, entre les animaux qui volent, ceux qui nagent, et les "bestes" qui vivent sur terre[2] ». Cette perspective explique la distribution déterminée par Léry qui peut, aujourd'hui, nous paraître déroutante. Dans l'*Histoire d'un voyage*, il ne faudra pas s'étonner de trouver les reptiles aux côtés des mammifères terrestres, les chauves-souris réunies aux oiseaux, insectes et autre « vermine », ou encore les mollusques et les cétacés rangés avec les poissons.

À ce premier critère fondamental de classification s'en ajoute un deuxième. Au sein de chaque inventaire des animaux en fonction de leur élément – de leur milieu –, Léry organise le catalogue suivant leur rapport de proximité à l'homme. L'exposé s'ouvre naturellement avec les animaux terrestres, puis s'intéresse aux

1. Gomez-Géraud, « Un colloque chez les Tououpinambaoults : mise en scène d'une dépossession », *D'Encre de Brésil*, *op. cit.*, p. 147-162.

2. Laurent Pinon, *Livres de zoologie de la Renaissance, une anthologie (1450-1700)*, Klincksieck, 1995, p. 36 (cité par Lestringant 2016, p. 89).

oiseaux et autres animaux volants, puisque depuis l'Antiquité – notamment chez Platon et Ovide –, l'homme est représenté comme le seul de tous les animaux à avoir la face tournée vers le ciel. Il se referme sur les espèces marines, car l'eau est considérée comme inférieure à l'air, selon la hiérarchie des éléments. Une explication se trouve aussi dans le livre de la Genèse (2:19-20) : Adam donne un nom aux oiseaux et aux animaux terrestres, mais il ne nomme pas les poissons. Comme le note F. Tinguely, « si la langue adamique, celle de l'adéquation totale entre les mots et les choses, ne possède pas de termes pour désigner les différentes espèces marines, c'est donc que celles-ci n'ont pas d'identité propre et n'existent que par rapport aux espèces peuplant le ciel et la terre[1] ». Nous reviendrons plus loin sur cette question et les interprétations qu'elle peut susciter.

Il faut encore signaler les autres principes qui sous-tendent l'organisation de ces pages naturalistes. L'un d'entre eux renvoie à la notion d'utilité pour l'homme que nous avons mentionnée auparavant. Celle-ci explique que le manioc et le cahouin soient décrits au chapitre IX, entre le portrait de l'Indien (VIII) et l'énumération des animaux terrestres (X), mais elle oriente aussi le catalogue des espèces au sein des différents chapitres. Ainsi, l'inventaire débute toujours par les animaux comestibles et se termine sur les indigestes ou les toxiques. Léry proclame sa méthode sans détour dès les premières lignes du chapitre X : « pour donc descrire les bestes sauvages de leur pays, lesquelles quant au genre sont nommées par eux *Soó*, je commenceray par celles qui sont bonnes à manger » (X, 257). Il la répète au début des deux chapitres suivants. Le onzième propose, à cet égard, un parcours particulièrement explicite depuis les « oiseaux [...] qui sont bons à manger » (XI, 276) jusqu'aux crabes qui eux « ne sont gueres bons à manger » (XI, 295). Enfin, un dernier principe organise le catalogue zoologique. Il s'agit de la taille, un critère qui se combine à celui d'utilité. Léry commence par les animaux les plus grands, comme c'est le cas dans le chapitre X, avec le tapir, qui est « presque de la grandeur, grosseur et forme d'une vache » (X, 257).

L'inventaire de la faune américaine ne se réduit donc pas à une énumération pêle-mêle des espèces les plus remarquables. Léry prend soin de décrire ces animaux, qui ne sont en rien « semblable aux nostres » (X, 257), selon différentes perspectives raisonnées qui se combinent les unes aux autres. L'apparente bigarrure de ces pages semble davantage liée à l'écriture elle-même qui déploie une esthétique de la *varietas*, de la diversité des styles et des registres. Le voyageur intercale, nous l'avons vu plus haut, différents micro-récits qui permettent de dramatiser et dynamiser ces chapitres relevant de l'histoire naturelle. Or les descriptions font elles aussi l'objet d'un remarquable travail rhétorique pour répondre à l'un des défis posés par l'écriture du voyage : la représentation de l'inconnu.

1. Frédéric Tinguely, « Jean de Léry et les vestiges de la pensée analogique », *Bibliothèque d'Humanisme et Renaissance*, LVII, 1995, p. 31 (repris dans *D'Encre de Brésil*, *op. cit.*).

2.2. La description des espèces inconnues

Tapiroussou, Seouassou, Taiassou, Tatou, Jacaré, Jan-ou-are, Hay... Voici certaines des espèces que l'on rencontre sous la plume du voyageur. Ces termes aux consonances inouïes provoquent une indéniable curiosité chez le lecteur, mais n'offrent qu'un pâle reflet de la faune que Léry et ses compagnons prennent plaisir à contempler. À la vue d'un petit mammifère inconnu en Europe, l'auteur précise, en effet : « les sauvages nous apporterent un de ces *Coati*, lequel à cause de la nouvelleté fut autant admiré d'un chacun de nous que vous pouvez penser » (X, 275). Léry regarde, le lecteur ne peut qu'imaginer. L'un des enjeux du texte viatique est de faire voir l'ailleurs, de le transposer par la représentation. Or, dans l'*Histoire d'un voyage*, l'auteur souligne les limites de l'écriture pour dessiner et transmettre le monde brésilien. Il exprime son regret de n'avoir aucun portrait des animaux du Nouveau Monde : « j'ay souvent prié un nommé Jean Gardien, de nostre compagnie, expert en l'art de pourtraiture de contrefaire tant cestuy-là [le coati] que beaucoup d'autres, non seulement rares, mais aussi du tout incognus par deçà, à quoy neantmoins à mon bien grand regret, il ne se voulut jamais adonner » (X, 275).

L'une des difficultés qui se présente au discours zoologique est de réussir à faire entrer l'animal dans un univers de savoir partagé afin de permettre au lecteur de l'appréhender. Cette question se pose de manière accrue à la Renaissance pour tous les voyageurs qui observent des espèces inédites. Elle n'est, cependant, pas nouvelle. Depuis l'Antiquité, plusieurs descriptions exploitent des ressorts rhétoriques permettant de pallier ce défaut de l'écriture et de représenter le jamais vu. L'opération communément pratiquée consiste à « diviser la réalité nouvelle en sous-unités susceptibles d'être plus facilement neutralisées au moyen de comparants familiers[1] ». À partir de ce double geste de fragmentation et de comparaison, F. Tinguely montre comment Léry s'approprie une technique descriptive dont l'héritage remonte à Hérodote. Dans son *Enquête*, l'historien emploie ce procédé devenu classique pour décrire l'hippopotame :

> Les hippopotames sont sacrés dans le nome de Paprémis, mais ils ne le sont pas dans le reste de l'Égypte. Voici les caractéristiques de cet animal : c'est un quadrupède qui a le pied fourchu, les sabots du bœuf, un museau camus, la crinière du cheval, des dents saillantes, la queue et le hennissement du cheval et la taille des bœufs les plus gros. Son cuir est si épais que, lorsqu'il est sec, on en fait des hampes de javelines[2].

1. Tinguely 2014, « Les métamorphoses du tapir », p. 97-110, pour la citation p. 97 (texte initialement publié sous le titre « Jean de Léry et les métamorphoses du tapir », *Littératures*, 41, 1999, p. 33-45).

2. Hérodote, *L'Enquête*, II, 71, dans Hérodote-Thucydide, *Œuvres complètes*, éd. A. Barguet et D. Roussel, Gallimard, « Bibliothèque de la Pléiade », 1964, p. 170, cité par Tinguely 2014, p. 97-98.

La description glose l'étymologie du référent. Le nom de cet animal, on le sait, est le produit d'une contraction entre « cheval » (*hippos*) et « fleuve » (*potamos*). Chez Hérodote, plusieurs caractéristiques rattachent l'hippopotame à son très lointain cousin équestre (crinière, queue, hennissement). Mais l'historien lui ajoute d'autres traits qui le rapprochent du bœuf (sabots, taille) ou le distinguent des animaux familiers (museau, dents, cuir). Cette accumulation d'éléments disparates et hétéroclites empruntés à des espèces de « par-deçà », pour parler comme Léry, produit un ensemble dont on peine à voir l'unité et qui tend vers le monstrueux. F. Hartog précise, en effet, que « le monstre, c'est toujours un assemblage d'éléments connus, et il convient même que chacun des éléments soit connu pour que leur assemblage soit au total monstrueux[1] ». Cette technique, qui arrache l'objet décrit de son environnement pour le décomposer en détails connus du lecteur, ne doit pas être considérée comme excessivement naïve ou archaïque. Elle correspond, d'une part, à une opération rigoureuse de transposition dans un cadre de référence partagé. Elle connaît, d'autre part, une longue histoire, qui n'est toujours pas éteinte à ce jour[2].

C'est à la Renaissance que cette opération donne lieu à des développements sans précédent, notamment dans les récits de voyage en Amérique. Chez Léry, elle anime les pages de description zoologique. Le sagouin est ainsi comparé à l'écureuil et au lion, le paresseux devient lui une étonnante mosaïque composée de caractéristiques du barbet, de la guenon, de la truie, du mouton noir, ou encore de l'ours. Une espèce se distingue au sein de la nature américaine luxuriante : il s'agit du tapir, ou *tapiroussou*, qui cristallise les enjeux de cette fragmentation analogique et peut apparaître comme l'emblème de la faune américaine[3].

L'*Histoire d'un voyage* est loin d'offrir la première description de cet animal, le plus grand mammifère de l'Amérique tropicale. Avant Léry, plusieurs auteurs d'ouvrages sur l'Amérique le représentent, comme Pierre Martyr d'Anghiera, qui exprime toute son admiration pour cette espèce hors du commun, ou Gonzalo Fernández de Oviedo, qui met en valeur la singularité irréductible du monde américain. Thevet est le premier auteur français à décrire le *tapihire* dans les *Singularités de la France Antarctique*. Comme les voyageurs qui lui succèdent, il connaît les représentations données par Pierre Martyr ou Oviedo et inscrit sa propre description dans le champ délimité par ces auteurs attachés à la Couronne d'Espagne. Voici le portrait qu'il en propose :

> Il se trouve davantage en l'Amérique grande quantité de ces bêtes qu'ils nomment *tapihire*, désirées et recommandables pour leur difformité. Aussi les

1. Hartog [1980] 2001, p. 381.

2. Réal Ouellet indique que ce procédé est, par exemple, toujours employé par George Lucas pour décrire les créatures de la *Guerre des étoiles* (Ouellet, « Sauvages d'Amérique et discours hétérologique », *Études littéraires*, 22 (2), 1989, p. 111).

3. Tinguely 2014.

sauvages les poursuivent à la chasse, non seulement pour la chair qui en est très bonne, mais aussi pour les peaux, dont ces sauvages font boucliers, desquels ils usent en guerre. Et est la peau de ceste bête si forte qu'à grande difficulté un trait d'arbalète la pourra percer. Ils les prennent ainsi que le cerf et le sanglier, dont nous avons parlé naguère. Ces bêtes sont de la grandeur d'un grand âne, mais le col plus gros, et la tête comme celle d'un taureau d'un an; les dents tranchantes et aiguës; toutefois elle n'est dangereuse. Quand on la pourchasse, elle ne fait autre résistance que la fuite, cherchant lieu propre à se cacher, courant plus légèrement que le cerf. Elle n'a point de queue, sinon bien peu, de la longueur de trois ou quatre doigts, laquelle est sans poil, comme celle de l'*agoutin*. Et de telles bêtes sans queue se trouve grande multitude par-delà. Elle a le pied fourchu, avec une corne fort longue, autant presque devant comme derrière. Son poil est rougeâtre comme celui d'aucunes mules ou vaches de par-deçà : et voilà pourquoi les chrétiens qui sont par-delà, nomment telles bêtes vaches, non différentes d'autre chose à une vache, hormis qu'elle ne porte point de cornes; et à la vérité, elle me semble participer autant de l'âne que de la vache, car il se trouve peu de bêtes d'espèces diverses, qui se ressemblent entièrement sans quelque grande différence[1].

La comparaison entre cette description du tapir et celle qu'en donne Léry (X, 256-258) révèle d'emblée de nombreuses similitudes. La faune représentée dans l'*Histoire d'un voyage* fait déjà l'objet d'une tradition descriptive fondée sur le procédé de fragmentation analogique. Dès lors, le voyageur ne se trouve pas face à une réalité parfaitement inconnue de lui. Un imaginaire et un savoir transmis par d'autres textes, voire par des récits de vive voix, enrichissent son regard. Son portrait du tapir n'a donc rien d'inédit, mais constitue plutôt un passage obligé du discours américaniste. La singularité de Léry tient à sa façon de s'approprier cette intertextualité et à élever cette description zoologique au point d'en faire le support d'une réflexion sur le semblable et le dissemblable, sur les rapports entre le par-deçà et le par-delà.

Si Léry s'inspire de Thevet ici, il ne peut se contenter de recopier son texte, dont il a dénoncé avec véhémence les erreurs. Il lui emprunte le rapprochement du tapir avec l'âne et la vache, la remarque d'ordre général sur l'absence de queue parmi les espèces américaines et un certain nombre de syntagmes (« poil rougeastre », « dents [...] trenchantes et aiguës », « ne portant point de cornes »). Au-delà de ces similitudes, Léry remanie son modèle en appliquant une « dialectique du semblable et du dissemblable[2] » beaucoup plus modérée. Celle-ci se manifeste à travers son emploi récurrent de l'adverbe « presque », son recours à des comparatifs de supériorité ou encore sa réduction du nombre de comparants. En définitive, Léry insiste

1. Thevet, *Les Singularités de la France Antarctique*, éd. cit., p. 256-257. L'*agoutin* n'est autre que l'*agouti* mentionné auparavant par Thevet et aussi évoqué par Léry (X, 262).

2. Tinguely 2014, p. 106.

sur le fait qu'aucune de ces analogies ne permet de se rendre compte de la réalité étrangère. Comme le note F. Tinguely, cette impossibilité de faire voir le tapir, de l'intégrer dans un fonds de connaissance commun, est symbolisée par l'évocation de l'épisode de famine en mer[1].

Racontée dans le dernier chapitre du livre, cette épreuve lors du retour en France vient confirmer l'élection divine du voyageur, mais soumet l'équipage à d'interminables tourments. Tous les stocks du navire s'épuisent progressivement et les hommes sont contraints de se nourrir des « Guenons, Perroquets, et autres animaux que nous apportions de ce pays-là » (X, 258). Même les boucliers tupis, fabriqués à partir de cuir de tapir, sont engloutis en route. On notera, d'ailleurs, que le souvenir de ces ronds de peaux grillés sur les charbons ressurgit dans l'esprit de Léry lors de la famine de Sancerre. Il les évoque dans le catalogue des expédients trouvés par les assiégés pour lutter contre la faim :

> Au retour d'un Voyage que je feis en la terre du Bresil dite Amerique, en l'an 1558, ayans demeurez et branslez cinq mois sur mer sans mettre pied à terre, et durant la famine que nous eusmes d'un mois, nous fusmes contraincts de manger des rondaches de cuir sec, faites de la peau d'un animal gros comme un taureau d'un an que les Sauvages appelent *Tapiroussou*, mais nous les mettions seulement rostir sur les charbons par petits morceaux: et ne peusmes trouver l'invention de les amollir comme nous avons faict les peaux seiches à Sancerre[2].

Cette irruption des « rondaches » en cuir de tapir au milieu des guerres civiles montre à quel point Léry tisse des liens, dans sa mythologie personnelle, entre la famine en mer et celle de Sancerre, également rapportées à la famine endurée par les juifs pendant le siège de Jérusalem assaillie par Titus. Mais retournons au Brésil.

Dévorées par l'équipage, ces rondelles de *tapiroussou* n'atteignent jamais les rives françaises. Cette impossibilité de leur faire franchir l'Océan figure la difficulté de faire voir l'animal, en chair et en os ou bien par l'écriture. Chez Léry, le tapir ne peut être arraché au par-delà, à son environnement brésilien. En ce sens, il manifeste la distance entre ancien et nouveau monde : « les êtres sauvages répètent en eux la scission qui partage l'univers[3] ». Le procédé de fragmentation analogique produit même l'image de cette scission, puisqu'ainsi représenté l'animal étranger offre « un tableau tapissé d'innombrables miroirs brisés où se reflète la même cassure (moitié ceci, moitié cela[4]) ».

1. *Ibid.*, p. 107.
2. *Histoire mémorable du Siège de Sancerre (1573) de Jean de Léry*, éd. cit., p. 284.
3. Certeau 1975, p. 258.
4. *Ibid.*

Cette lecture de Michel de Certeau peut, toutefois, être nuancée, comme le suggère F. Tinguely[1]. Léry ne décrit pas seulement le tapir, il le rebaptise à partir des comparants exploités dans son portrait. Contrairement aux auteurs sur l'Amérique qui l'ont précédé, il forge le qualificatif d'« Asne-vasche » (X, 260) pour le désigner. Cet acte de nomination peut surprendre : Léry connaît le nom tupi du tapir et vient de mettre en valeur son irréductible singularité. En produisant un « hybride descriptif » (F. Lestringant, note 2, 257), il semble neutraliser la dissemblance qu'il avait pourtant accentuée. Le syntagme « Asne-vasche » rappelle d'autres néologismes animaliers, à l'image du fameux *camelopardalis*, plus communément nommé girafe. Ce geste se justifie par le contexte théologico-scientifique de la Renaissance. Léry, comme ses contemporains, lit le monde à travers les Écritures et cherche à concilier ses observations avec la tradition biblique. Cette perspective s'applique aussi à l'évocation d'animaux inconnus dans le Nouveau Monde. Afin d'expliquer leur existence, on postule l'apparition de différentes hybridations postérieures au Déluge entre des espèces qui avaient été réunies dans l'Arche. Inconnu à l'époque de Noé, le tapir pourrait néanmoins résulter d'un croisement ultérieur entre un âne et une vache. Une telle hypothèse n'a rien de curieux, ni de fantaisiste au XVIe siècle, alors que les individus monstrueux et les espèces prodigieuses suscitent un vif intérêt. Devenu un « Asne-vasche », le tapir perd toute singularité radicale, mais permet de manifester l'universalité des Écritures. Cette métamorphose confirme ainsi l'unité de la Création jusque dans le territoire américain[2].

Les pages zoologiques, et plus largement naturalistes, de l'*Histoire d'un voyage* sont donc orientées par une méthode claire et une curiosité pour la faune et la flore américaine. Dans cet Éden perdu, tous les regards sont, malgré tout, tournés vers les hommes et les femmes tupi.

3. Des Cannibales

3.1. Corps indiens

L'*Histoire d'un voyage* – « bréviaire de l'ethnologue » dit Claude Lévi-Strauss –, ouvre l'inventaire du Brésil sur le corps de l'Indien. Le chapitre VIII propose une galerie hétéroclite de portraits figurant hommes, femmes et enfants brésiliens. Il ne s'agit pas de la première rencontre à proprement dit avec le peuple cannibale. Celle-ci a déjà eu lieu dans le chapitre V, le premier à traiter de la « terre du Bresil », dans lequel Léry joue avec les attentes de son lecteur et ouvre son séjour brésilien sur

1. Tinguely 2014, p. 109.

2. *Ibid.*

un sentiment de désillusion. Arrivé près des côtes américaines, l'équipage éprouve une joie profonde à la vue de la Terre promise, atteinte après quatre mois d'errance en mer, qui ne manquent pas de rappeler l'exode de quarante ans des Hébreux et les quarante jours de Jésus dans le désert. Cette joie doit pourtant être contenue car les Français sont immédiatement accueillis par les Margajas, alliés des Portugais, « et par consequent tellement ennemi[s] des François, que s'ils nous eussent tenus à leur advantage, nous n'eussions payé autre rançon, sinon qu'apres nous avoir assommez et mis en pieces, nous leur eussions servi de nourriture » (V, 147). Le premier contact introduit donc l'horrible menace « d'estre prins et *Boucanez*, c'est à dire rostis » (V, 148). En d'autres termes, cette nation est déjà marquée par la corruption, celle apportée par notre civilisation, mais aussi celle inhérente à leur propre nature[1]. Ce lieu paradisiaque est peuplé par une humanité déchue.

Une fois cette désillusion inaugurale affichée, Léry invite son lecteur à suivre un cheminement parallèle. Cette scène de première rencontre concentre toutes les idées reçues sur le Nouveau Monde. Le paysage a tout de l'Eden perdu, « les forests, bois, et herbes de ceste contrée là aussi verdoyantes que sont celles de nostre France és mois de May et de Juin » (V, 147). Le troc, qui a lieu dans cet éternel printemps, renvoie à un épisode traditionnel du récit viatique. En plus d'être cannibales, ces habitants sont « aussi entierement nuds, que quand ils sortirent du ventre de leur meres » (V, 149). Plusieurs éléments nuancent, dans le même temps, la dimension topique de la scène. Léry ajoute que hommes et femmes ne sont pas seulement nus, mais sont peints et noircis par tout le corps. Il présente également les différences qui séparent les tribus indiennes en évoquant les Waitaka (*Ouetacas*), beaucoup plus belliqueux et hostiles aux Européens que les Margajas. Il établit ainsi plusieurs parallèles entre le par-deçà et le par-delà, entre réalités indiennes et réalités européennes, qui s'expriment nettement dans les pages ethnographiques consacrées aux Tupinamba, alliés des Français.

L'exposition des corps indiens détaillée dans le chapitre VIII est redoublée par l'ajout d'une gravure. Léry fait insérer quelques représentations iconographiques dans l'*Histoire d'un voyage* à la manière de scènes de vie indienne. Contrairement aux ouvrages de Thevet, dont il plagie certaines illustrations, celui de Léry ne comporte aucune carte. Son iconographie se compose principalement de portraits de nus, de figures en plan rapproché de couples ou de groupes : « toute la place est prise par le corps érotisé de l'Indien[2] ». L'image qui représente la famille Tupinamba à l'ananas (VIII, 213) montre le syncrétisme introduit par le graveur. Cette mise en scène indique que l'unité de la base de la société tupinamba est le modèle familial à l'européenne. L'homme, muni d'un arc et de flèches, est représenté dans sa

1. Josiane Rieu, « Le sujet à la marge : pratique de l'inhumanité chez Jean de Léry », *Loxias*, 23, 2009.

2. Lestringant 2016, p. 77.

qualité de guerrier et de chasseur, mais aussi de père. La femme, retirée au second plan, est définie par sa fonction maternelle. Cette proximité avec l'imagerie européenne est à peine atténuée par les quelques touches d'exotisme introduites dans la gravure : le hamac à l'arrière-plan, l'ananas et les fruits de l'arbre « choyne » au premier plan, qui sont des détails empruntés à Thevet. Enfin, cette illustration rappelle la statuaire antique, notamment dans la posture du guerrier tupi. Cette image oscille donc entre proximité et éloignement avec les codes traditionnels. Elle resserre le regard sur des individus, un couple et son enfant singularisés du groupe. Cette perspective renvoie à la visée plus générale de l'*Histoire d'un voyage*. Léry ne cherche pas à civiliser, ni même à convertir l'Indien, mais recherche plutôt une vie en harmonie, un partage de ses coutumes.

Hommes, femmes et enfants se trouvent décrits selon une organisation, elle aussi, méthodique. Le regard se déploie du haut vers le bas à la manière des descriptions physiques dans la poésie de la Renaissance. Le chapitre VIII s'ouvre sur un certain nombre de généralités avant de se particulariser et de proposer un « défilé de mode » indienne et naturiste, où chaque modèle exhibe ses ornements peinturés ou emplumassés[1]. Le ton général du propos s'affiche clairement dès les premières lignes : le discours ethnographique s'inverse en une leçon éthique et rapporte les réalités du par-delà à celles du par-deçà. Construit suivant différentes structures d'analogie, le portrait initial exhibe son caractère rhétorique. Léry commence par annuler toute différence entre nouveau et ancien monde. Les « sauvages de l'Amerique [...] n'estans point plus grands, plus gros, ou plus petits de stature que nous sommes en l'Europe, n'ont le corps ny monstrueux, ny prodigieux à nostre esgard » (VIII, 211). Ce premier constat va sans doute à l'encontre des attentes du lecteur friand de créatures monstrueuses et barbares. Ensuite, le voyageur creuse l'écart entre Indiens et Européens en introduisant différents degrés de comparaison : « bien sont-ils plus forts, plus robustes et replets, plus dispos, moins sujets à maladie : et même il n'y a presque point de boiteux, de borgnes, contrefaits, ni maleficiéz entre eux ». Il réintroduit ainsi l'altérité initialement nuancée en évoquant le mythe de la fontaine de Jouvence. Cette légende n'est pas à prendre au sens propre, mais elle accuse la différence entre Européens et Brésiliens. Contrairement à ceux de par-deçà, les Indiens ne sont pas soumis aux mêmes passions corruptrices qui nous raccourcissent la vie et peuvent donc jouir d'une longévité admirable. Voici mis en place le paradoxe exprimé à la fin du chapitre vers lequel tend toute la démonstration et le défilé des parures indiennes :

> Mais ce que j'ay dit de ces sauvages est, pour monstrer qu'en les condamnans si austerement, de ce que sans nulle vergongne ils vont ainsi le corps entierement

1. *Ibid.*, p. 112.

descouvert, nous excedans en l'autre extremité, c'est-à-dire en nos boubances, superfluitez et exces en habits, ne sommes gueres plus louables. (VIII, 236)

En calviniste, Léry ne peut que condamner austèrement la nudité des Brésiliens, et peut-être davantage encore celle des Brésiliennes. « Cest animal se delecte si fort en ceste nudité » écrit-il au sujet des femmes, qui sont « du tout obstinées de ne vouloir s'habiller en façon que ce fust » (VIII, 232). Ce mode de vie naturiste aurait pu être le signe d'une innocence primitive, d'un état antérieur à la Chute, mais leur absence de honte est plutôt la marque de leur corruption (voir Gn 3:10-11). Pourtant, M. de Certeau révèle la vision ambivalente que Léry développe sur ces femmes[1]. De jour, lors de leurs bains quotidiens, leur nudité rappelle celle de Vénus sortie des eaux dans le tableau de Botticelli :

> Vray est que pour pretexte de [...] demeurer tousjours nues, nous allegant leur coustume, qui est qu'à toutes les fontaines et rivieres claires qu'elles rencontrent, s'accroupissans sur le bord, ou se mettans dedans, elles jettent avec les deux mains de l'eau sur leur teste, et se lavent et plongent ainsi tout le corps comme cannes, tel jour sera plus de douze fois, elles disoyent que ce leur serait trop de peine de se despouiller si souvent. (VIII, 232)

Léry ne s'arrête pas à ce fascinant spectacle des ondines américaines. À la nuit tombée, sur l'île Coligny, les prisonnières de guerre, que les Français font travailler comme esclaves, retirent les vêtements qu'elles portent de force : « il falloit que pour leur plaisir et avant que se coucher elles se pourmenassent toutes nues parmi nostre isle » (VIII, 232). Objets de fascination et de menace, ces Vénus du Nouveau Monde se métamorphosent en « sorcières dansant et criant de nuit, ivres de plaisir et dévoreuses d'enfants[2] ».

Le théâtre des corps indiens met en scène l'oscillation constante, chez Léry, entre l'enchantement et la crainte. Néanmoins, le chapitre VIII ne traite pas que du pouvoir de fascination des habitants de par-delà. Une deuxième tension, spatiale cette fois, est introduite entre ancien et nouveau monde. Après avoir dénoncé la nature démoniaque des femmes américaines, le voyageur s'attaque à une autre cible. « Beaucoup moins attrayante qu'on ne cuideroit » (VIII, 234), la nudité ordinaire des femmes se révèlent être moins dangereuse que les excès vestimentaires des coquettes de par-deçà :

> Je maintien que les attifets, fards, fausses perruques, cheveux tortillez, grands collets fraisez, vertugales, robbes sur robbes, et autres infinies bagatelles dont les femmes et filles de par-deçà se contrefont et n'ont jamais assez, sont sans comparaison, cause de plus de maux que n'est la nudité ordinaire des femmes sauvages. (VIII, 234)

1. Certeau 1975, p. 276 et suivantes.

2. *Ibid.*, p. 277.

L'énumération *ad nauseam* des atours dont se parent les Européennes déplace l'objet de la condamnation. À travers l'accumulation de vêtements, c'est la contrefaçon, l'artifice qui est dénoncé. L'excès d'ornement n'a rien à envier à la nudité débridée. Cette invitation à la modestie et à la pudeur introduit un troisième terme dans l'équation. La division entre le monde sauvage et le monde civilisé se complique d'une distinction entre réformés et catholiques. Ce changement de perspective est constant dans l'*Histoire d'un voyage*. Il montre aussi la fonction accordée à l'Indien. Au cours de la leçon, le nu brésilien est progressivement allégorisé et devient un être de papier commode pour dénoncer les travers du par-deçà. Cette « révolution sociologique », qui connaît une importante fortune dans les siècles suivants, illustre aussi la manière dont Léry invente le sauvage.

3.2. « L'obsession cannibale » (F. Lestringant)

Le mot « cannibale » trouve son origine dans le terme arawak *caniba*, qui semble être une altération de *cariba*, employé par les Indiens Carib des Antilles pour se désigner eux-mêmes en tant que « hardis ». Les Arawaks de Cuba donnent eux à ce terme une valeur péjorative pour nommer leurs ennemis, les Carib, et connoter la barbarie et la férocité. L'introduction du « cannibale » dans les langues européennes se fait dès la fin du XVe siècle, puisque Colomb l'emploie dans le journal de voyage de sa première traversée atlantique. Il note dès le 4 novembre 1492, soit quelques jours après son arrivée sur la côte nord de Cuba, que « plus au-delà [vers l'est], il y avait des hommes avec un seul œil et d'autres avec des museaux de chiens qui mangeaient les êtres humains[1] ». Dans cette première allusion, le mot n'apparaît pas encore, mais le navigateur évoque deux créatures bien connues depuis l'Antiquité. Monoculi – hommes à un seul œil – et cynocéphales font, en effet, partie de la cohorte traditionnelle des monstres exotiques transmise par Pline, Solin, saint Augustin, ou encore Isidore de Séville. Colomb a sans doute rapproché les indications données par les truchements au sujet de tribus voisines de son imaginaire géographique. Des hommes qui mangent des êtres humains ne peuvent être que ces cynocéphales mentionnés par toutes les autorités.

Le mot est retranscrit pour la première fois dans son journal de voyage à la date du 23 novembre 1492 pour désigner les habitants d'une terre aperçue au loin : « [les Indiens] disaient qu'elle était très grande, qu'on y rencontrait des gens qui avaient un œil sur le front et d'autres, appelés cannibales, dont ils manifestaient avoir grand-peur[2] ». Si ce terme finit par désigner les mangeurs d'hommes, sa signification apparaît fluctuante dans les premiers temps. En effet, les écrits de

1. Christophe Colomb, *La Découverte de l'Amérique. Écrits complets (1492-1505)*, trad. S. Estorach et M. Lequenne, La Découverte, [1979] 2015, p. 147-148.

2. *Ibid.*, p. 162.

Colomb montrent une certaine hésitation. Le terme *caniba* est parfois assimilé aux cynocéphales à partir d'une étymologie fantaisiste supposant que sa racine est *canis*, le chien. Un autre rapprochement est suggéré, tout aussi curieux que le précédent, entre le *caniba* et la seigneurie du grand Khan. Colomb, on s'en souvient, part en direction de l'Asie et ne semble pas avoir conscience de sa découverte d'un continent inconnu.

Quoi qu'il en soit, le navigateur ne rencontre ni hommes à têtes de chien, ni habitants du royaume du khan, et encore moins de véritables anthropophages lors de son premier voyage. En revanche, deux ans plus tard, au cours de sa deuxième expédition, les préparatifs d'un banquet cannibale, qui vient d'être abandonné, est découvert dans un village de Guadeloupe :

> On vit peu d'hommes et on en prit peu : ils s'enfuirent tous dans les bois, et à cause de l'épaisseur de ces derniers on ne put reprendre que des femmes, que j'envoie également à Vos Altesses [...]. Lesquelles me disaient qu'on les avait amenées d'autres îles, et à mon avis ils les tenaient en esclavage et pour concubines ; elles me disaient également avec des paroles et par signes qu'ils avaient mangé leurs maris, et à d'autres leurs fils et leurs frères et qu'ils les obligeaient à les manger elles-mêmes. Je trouvai aussi quelques jeunes hommes qui avaient été pris de même et à qui ils avaient coupé le membre [...]. Je trouvai dans leurs maisons des paniers et des grands coffres remplis d'os humains et des têtes accrochées dans chaque maison[1].

Reprise dans de nombreuses gravures et œuvres de la Renaissance, cette scène de cauchemar exerce une empreinte durable dans l'imaginaire européen. Ici, le cannibale a perdu sa tête de chien, mais son humanisation n'en est pas pour autant assurée. Ce tableau, d'une horreur absolue, prépare les descriptions de la barbarie indienne. Dès les premières décennies du XVIe siècle, le mot « cannibale » échappe à tout ancrage spatial pour désigner, au prix d'un glissement sémantique, l'anthropophage. C'est notamment le cas dans les récits en français, chez Thevet par exemple, qui observe les coutumes américaines du Brésil, et non des Antilles.

Dans l'*Histoire d'un voyage*, l'évocation du cannibalisme prend place au cœur des chapitres exposant l'histoire des mœurs brésiliennes. Elle apparaît au centre d'un triptyque (XIV-XVI) qui tisse un parcours de la guerre des Indiens à leur religion, en passant par l'épisode fondamental de l'anthropophagie rituelle[2]. Intitulé « Comment les Ameriquains traittent leurs prisonniers prins en guerre, et les ceremonies qu'ils observent tant à les tuer qu'à les manger », le chapitre XV est ainsi placé sous le signe de la guerre et de la violence. La succession s'ordonne de manière cohérente et chronologique. Après avoir traité de la guerre, Léry en

1. *Ibid.*, p. 311-312.
2. Lestringant 2016, p. 177.

vient à l'anthropophagie qui en est à la fois la conséquence et le but. La guerre des Tupinamba est, en effet, entièrement justifiée par la vengeance. Les guerriers ont pour mission de faire des prisonniers afin de les manger au cours de banquets solennels et ritualisés.

D'une densité remarquable, cette question cannibale présente, notamment dans le chapitre XV, plusieurs enjeux ethnologiques, réflexifs et polémiques. Pour mesurer toute la singularité de Léry, il pourra être utile de comparer sa représentation de l'anthropophagie à celle proposée dans les *Singularités de la France Antarctique*. Du récit de Thevet, Léry retient, en effet, des nombreuses informations d'ordre ethnographique et l'image indulgente, voire positive, du cannibalisme tupi. Néanmoins, il prolonge sa lecture en insistant sur la notion de vengeance et en faisant de l'acte cannibale un usage symbolique.

Le banquet anthropophage constitue l'une des scènes attendues du théâtre brésilien. Celle-ci n'en est pas moins problématique et invite à repousser les limites de la représentation acceptable. Léry en propose une peinture réaliste et minutieuse, mais s'attache principalement aux différents préparatifs. L'acte lui-même, c'est-à-dire l'ingestion de chair humaine, fait l'objet d'une remarquable ellipse. S'il est passé sous silence, c'est sans doute parce qu'il relève de l'insoutenable, voire de l'irreprésentable. Le voyageur décrit, en effet, tous les faits et gestes du prisonnier, il rapporte, surtout, ces paroles vengeresses, puis peint directement ses restes rôtissant sur le boucan. Cette omission permet aussi de détourner le regard vers l'analyse du rituel anthropophage, notamment sur les raisons qui le président.

Pour Léry, comme pour Thevet, le cannibalisme trouve sa cause dans la vengeance. Il n'est nullement question pour les Indiens tupi de manger de la chair humaine pour simplement s'en nourrir. Ce trait les distingue de leurs ennemis, les Waitaka (*Ouetacas*), présentés dans le chapitre V comme l'archétype du barbare, dont même la langue est incompréhensible :

> Ces diablotins d'*Ouetacas* demeurans invincibles en ceste petite contrée, et au surplus comme chiens et loups, mangeans la chair crue, mesme leur langage n'estant point entendu de leurs voisins, doyvent estre tenus et mis au rang des nations les plus barbabres, cruelles et redoutées qui se puissent trouver en toute l'Inde Occidentale et terre du Brésil. (V, 153)

Léry distingue entre « bon et mauvais cannibalisme[1] », entre les Tupinamba qui sont compris, et ne méritent pas d'être condamnés, et les Waitaka, qui ne savent se servir du boucan pour cuire leurs viandes et agissent comme des bêtes sauvages. Cette absence de cuisine finit par les apparenter aux vampires : leur anthropophagie est un acte uniquement alimentaire. L'opposition entre les Tupinamba et

1. Frank Lestringant, *Le Cannibale. Grandeur et décadence*, Genève, Droz, [1994] 2016, p. 128. Pour l'analyse de « l'obsession cannibale » chez Léry dont nous nous inspirons ici, voir p. 127-142.

les Waitaka, entre le cuit et le cru, duplique une distinction traditionnelle entre culture et nature, entre raison humaine et pulsion bestiale. Chez les Tupi, le rituel est représenté dans toute sa complexité. Leurs techniques culinaires sont même assez semblables à celles qui sont pratiquées en Europe. À l'inverse, le comportement des Waitaka relève d'une barbarie extrême et rappelle à la fois les figures légendaires de l'ogre ou du loup-garou et l'image du cannibale véhiculée depuis Colomb. Il faut toutefois signaler que certains Tupinamba font l'objet d'un regard moins clément de la part de Léry. Sa sévérité se lit dans l'évocation des vieilles femmes qui « appetent merveilleusement de manger de la chair humaine » et se délectent de la graisse ruisselante du pauvre prisonnier en train de rôtir (XV, 363-364). Celles-ci apparaissent, en effet, comme un double brésilien de la sorcière européenne.

Léry ne se contente pas de justifier le cannibalisme par la vengeance, il le traite également sur le mode de l'allégorisation. Pour lui, cette pratique signifie autre chose que le simple fait de manger de la chair humaine : la cruauté, le prêt usuraire, l'absence de charité. Ce glissement de sens se comprend au regard de l'interprétation que les théologiens calvinistes donnent de l'Eucharistie[1]. La lecture qu'ils proposent des paroles du Christ n'est pas littérale, elles doivent être entendues au sens figuré. « Quand Jésus a dit : "Ceci est mon corps ; ceci est mon sang", il invitait les disciples à comprendre : "Ceci signifie mon corps, mon sang…" », comme l'explique F. Lestringant[2]. La substance du pain et du vin n'est dès lors pas métamorphosée, ainsi que le soutient la croyance catholique. Centrale dans l'*Histoire d'un voyage*, la controverse eucharistique, rapportée au chapitre VI, met en scène les affrontements entre les deux camps. Villegagnon défend contre les calvinistes, qu'il a fait venir de Genève, le dogme de la Présence réelle du Christ : « ceci est mon corps : ceci est mon sang, ne se peuvent autrement prendre sinon que le corps et le sang de Jesus Christ y soyent contenus » (VI, 176). En réponse au matérialisme du « roi d'Amerique », Pierre Richer et Léry le renvoient immédiatement au rang des barbares Waitaka : « à la maniere des sauvages nommez *Ou-ëtacas*, dont j'ay parlé ci-devant, ils vouloyent mascher et avaler [la chair de Jesus Christ] toute crue » (VI, 177).

Léry applique ainsi la lecture rhétorique de l'Évangile et l'interprétation symbolique du dogme calviniste de l'Eucharistie au cannibalisme, comme à l'ensemble des phénomènes qu'il observe. Dans les temples réformés, les fidèles réunis se passent le pain et le vin, qui ne sont ni le corps, ni le sang, mais un signe. De la même manière, la chair du prisonnier du Brésil n'est pas une viande, mais elle aussi un signe. Dans cette perspective, l'horreur du cannibalisme est atténuée. Si

1. *Ibid.*, p. 131.

2. *Ibid.*

l'acte lui-même n'en devient pas pour autant acceptable, il est malgré tout possible de le comprendre. Ce raisonnement n'écarte pas l'anthropophagie du théâtre des horreurs et cruautés. Dans le mystère chrétien, il est aisé de réduire le pain azyme et le vin de messe à des signes. En revanche, dans le rituel cannibale, rien ne se substitue à la chair humaine : le signe se confond donc avec la chose.

Dans l'*Histoire d'un voyage*, le cannibalisme n'est pas purgé de sa portée violente, mais il est rapporté à d'autres actes, d'autres crimes qui sont commis chaque jour en Europe, puis dans le monde. Léry dresse un tableau des anthropophagies de l'ancien et du nouveau monde, qu'il augmente de manière substantielle au fil des éditions. À cet égard, on consultera le chapitre XV bis (appendice I, 571-595) pour mesurer les exemples qu'il choisit afin de figurer cette histoire universelle de la violence et qu'il emprunte à toutes les régions du globe. Prêt usuraire, guerres de religion, crimes commis par les colons... ce catalogue de la cruauté humaine finit par montrer l'universalité du cannibalisme.

Plusieurs épisodes vécus par Léry le confrontent à l'anthropophagie. C'est au Brésil qu'il en est le plus souvent témoin et qu'il craint même, non sans humour, d'en être victime (XVIII, 452-453). Les deux périodes de famines qu'il subit, lors de la traversée vers la France et à Sancerre, déplacent cet acte de l'Amérique vers l'Europe. Au sein du récit, le voyageur montre sa familiarisation progressive avec le cannibalisme, mais développe tout de même une conclusion extrêmement pessimiste. Le Brésil – terre pourtant si proche de l'Éden perdu – est un espace d'une violence extrême, comme l'est l'ancien monde. Frappé par l'horreur et la cruauté, ce territoire ne peut être assuré de son salut.

3.3. « Ce qu'on peut appeler Religion entre les sauvages de l'Amerique »

Le chapitre XVI clôt le triptyque consacré à l'histoire morale du Brésil. Guerre, cannibalisme et absence de religion constituent une « triple faute » et une « triple conséquence [...] de l'oubli de Dieu[1] ». La démonstration que Léry déploie, pour interroger les éventuels signes de religion chez les Tupinamba, invite à relire son premier portrait favorable des habitants du Brésil. Fondé sur une stratégie argumentative nettement exhibée, ce chapitre traite de l'Autre, de l'Indien suspecté d'athéisme, mais il enrichit aussi la dimension polémique de l'œuvre. Léry y fait entendre la voix du pasteur sévère et n'hésite pas à proférer des sentences qui tendent vers la malédiction. Son discours peut être décomposé en quatre temps successifs.

1/ Un long exorde polémique (XVI, 377-395). Léry part d'une maxime empruntée à Cicéron – « assavoir qu'il n'y a peuple si brutal, ny nation si barbare et sauvage, qui

1. Lestringant 2016, p. 178.

n'ait sentiment qu'il y a quelque Divinité » (XVI, 377-378) –, devenue un véritable lieu commun exploité par de nombreux voyageurs de la Renaissance, en particulier par Thevet. Il se propose de la discuter et de la réfuter par l'exemple des Indiens brésiliens. Avec cette prise de position, Léry se place sur le plan de la controverse. Il défend ainsi une position contraire à l'apologétique chrétienne fondée sur l'idée que l'humanité tout entière est religieuse et prête à recevoir la Révélation. Dans l'*Institution de la religion chrestienne*, Calvin lui-même démontre la conception universelle d'un Dieu en prenant l'exemple des témoignages païens[1]. Léry ouvre son propos sur une argumentation dynamique, qui interpelle le lecteur. La citation de Cicéron fonctionne à la manière d'une prolepse rhétorique : l'auteur présente l'argument d'autorité traditionnel opposé à la thèse qu'il défend pour la mettre en valeur et anticiper les objections. Ce procédé renvoie dos à dos le savoir livresque commun (Cicéron) et l'expérience personnelle (Léry). Le chapitre XVI est l'un de ceux qui fait le plus entendre le « je » du voyageur et atteste la valeur accordée à l'observation directe. La suite du texte repose également sur une forte dimension rhétorique. On pourra noter l'emploi récurrent de connecteurs logiques, la citation d'autorités concurrentes (Francisco López de Gómara), ou encore le travail de la cadence et du rythme phrastique. La pensée de Léry s'expose et s'amplifie sous les yeux du lecteur, comme dans ce segment structuré autour d'une kyrielle de négations :

> Ils [les Indiens du Brésil] ne confessent, ny n'adorent aucuns dieux celestes ny terrestres : et par consequent n'ayans aucun formulaire, ny lieu deputé pour s'assembler, à fin de faire quelque service ordinaire, ils ne prient par forme de religion, ny en public, ny en particulier chose quelle qu'elle soit. (XVI, 379)

Après avoir signalé que les Brésiliens n'ont pas de divinité, contrairement aux anciens païens, aux « idolatres d'aujourd'huy » (XVI, 379) et aux Indiens du Pérou, Léry assure, dans cette succession de négatives, qu'ils ne pratiquent pas la confession, n'adorent aucun dieu, n'ont aucun temple, ne connaissent pas la prière. Et il poursuit en disant qu'ils n'ont pas de récit de création, pas de calendrier, et surtout pas d'écriture. Voilà leur principal défaut : cette absence d'écriture les empêche nécessairement d'accéder aux Écritures. Nous reviendrons sur cet éloge de l'écriture, mais on peut remarquer que Léry exploite toute la polysémie du terme. Il s'agit à la fois de l'enregistrement de la pensée par l'écrit, qui assure une transmission à distance, et des Écritures, c'est-à-dire du message divin transmis par la Bible. Pour Léry, on ne peut connaître l'écriture sainte sans maîtriser l'écriture, et ce manque est d'autant plus problématique que pour le réformé la lecture des Écritures garantit la relation du croyant avec le Verbe de Dieu.

1. *Ibid.*, p. 121-122.

À la fin de l'exorde, le constat apparaît sans appel : les Indiens ne semblent pas avoir de religion. Il reste ainsi à interroger les causes de cette ignorance. Celle-ci ne peut avoir cours depuis l'origine. Une telle hypothèse reviendrait à mettre à mal l'idée de la Révélation universelle. Il serait plus probable que les Indiens l'aient reçue, mais qu'ils l'aient ensuite oubliée. Voici la question que Léry interroge dans la suite du chapitre : cet oubli est-il volontaire ou involontaire ? Il part donc en quête des vestiges de la Révélation et en trouve quelques signes, comme la croyance en l'immortalité de l'âme ou la crainte face au tonnerre. Une remarque s'impose sur ce deuxième vestige. La perception de ce phénomène ordinaire comme la manifestation du divin repose sur une conception qui remonte aux débuts de la tradition chrétienne : la théologie naturelle. Comme les Indiens, sans écriture, n'ont pas accès au livre, peut-être peuvent-ils lire la nature, ce grand livre du monde. Cette idée de la nature conçue comme la deuxième source de la Révélation, après la Bible, est largement partagée à la Renaissance et relayée dans un grand nombre d'ouvrages. Du Bartas la glose dans ses vers particulièrement inspirés du premier jour de la *Sepmaine* (v. 119-178). Montaigne recommande lui aussi la lecture du livre ouvert aux yeux de tous :

> Mais qui se présente, comme dans un tableau, cette grande image de notre mère nature en son entière majesté : qui lit en son visage, une si générale et constante variété : qui se remarque là-dedans, et non soi, mais tout un royaume, comme un trait d'une pointe très délicate : celui-là seul estime les choses selon leur juste grandeur. Ce grand monde, que les uns multiplient encore comme espèces sous un genre, c'est le miroir où il nous faut regarder pour nous connaître de bon biais. Somme, je veux que ce soit le livre de mon écolier[1].

Méditer sur les pages de la nature offertes à la lecture conduit à une leçon morale : l'adoration de Dieu et la prise de conscience par la créature de sa propre humilité. Le grand monde révèle ainsi l'Écriture sainte à ceux qui ne possèdent aucun savoir. Or les Indiens semblent incapables de lire ce livre de la nature, alors que leur environnement est si luxuriant. Faut-il voir dans leur ignorance la marque d'un aveuglement volontaire ? Pour répondre à cette question particulièrement pessimiste, Léry développe trois micro-récits, trois anecdotes didactiques.

2/ Premier récit : la danse chamanique des Caraïbes (XVI, 395-409). Cet épisode narratif, d'une dizaine de pages, est le plus long de l'*Histoire d'un voyage*. Léry, alors en compagnie de Jacques Rousseau et d'un truchement, se retrouve plongé au cœur d'un rituel dirigé par les Caraïbes ou chamanes. Finement agencé autour d'une répartition spatiale bien délimitée entre les espaces autorisés au regard et ceux qui lui sont interdits, ce récit devient l'histoire d'une transgression. Ce mode d'observation est fréquent dans le récit de voyage. On en trouve un exemple célèbre

1. Montaigne 2009, éd. cit., p. 330.

dans les *Navigations et pérégrinations orientales* de Nicolas de Nicolay (1567) qui décrit, bien sûr sans les avoir vus, les bains réservés aux femmes ottomanes. Léry transgresse un espace masculin où se réunissent les chamanes, richement parés, et les hommes de la tribu au cours d'une cérémonie rythmée de danses et de chants. « Nous les contemplasmes tout nostre saoul » (XVI, 401), écrit Léry, sans cacher le ravissement que lui procure cette scène. Ce plaisir peut surprendre de la part du calviniste qui associe le plus souvent la danse au « cahouinage », à l'ivrognerie, et aux postures lascives. Heureusement cette cérémonie se tient à l'écart des femmes et se trouve prémunie de tout risque de débordement sensuel. La fascination de Léry peut donc s'exercer sans retenue et même être transmise, à distance, au lecteur par le texte et par l'ajout de portées musicales transcrivant le chant tupi (appendice V, 610-611).

Cette scène chamanique fait également surgir l'indice d'une lointaine connaissance du Déluge universel dans la cosmologie indienne. Grâce à la traduction du truchement, Léry saisit des bribes de la chanson américaine :

> Au surplus, qu'ils avoyent entremeslé et fait mention en leurs chansons, que les eaux s'estans une fois tellement desbordées qu'elles couvrirent toute la terre, tous les hommes du monde, excepté leurs grands peres qui se sauverent sur les plus hauts arbres de leurs pays, furent noyez : lequel dernier poinct, qui est ce qu'ils tiennent entre eux plus approchant de l'Escriture saincte, je leur ay d'autres fois depuis ouy reiterer. (XVI, 405)

Ce mythe des origines rappelle la doctrine chrétienne. Néanmoins, sans écriture, il a pris progressivement des allures de fable (XVI, 405). Si ce récit fait office de vestige de la Révélation, sa transmission orale et fabuleuse le ramène du côté de la fiction et du mensonge. En cela, il se distingue, et même s'oppose, de l'Écriture sainte et véritable.

3/ Deuxième récit : le catéchisme au village d'Ocarentin (XVI, 410-417). Cette anecdote est l'occasion, pour Léry, d'évoquer l'action missionnaire et d'imputer l'échec de la France Antarctique à Villegagnon. Un vieillard apprend au voyageur que, dans des temps immémoriaux, leurs ancêtres tupi avaient reçu la visite d'un « *Mair*, c'est-à-dire François, ou estranger » (XVI, 412). Dans l'apologétique chrétienne, l'évangélisation des lointains, notamment de l'Orient, a été menée par saint Thomas. Léry pense pourtant reconnaître dans ce « Mair » un autre apôtre : Matthieu. L'échec de cette première tentative de conversion est le signe de la malédiction qui pèse sur les Indiens. En vertu du dogme calviniste de la double prédestination, Léry voit non seulement dans ce peuple l'image d'une humanité déchue, mais aussi d'une humanité condamnée de toute éternité[1]. Leur ignorance

1. Lestringant 2016, p. 123.

de la Révélation n'est, dès lors, pas imputable à leur seule responsabilité, mais découle de cette condamnation originelle.

4/ Troisième récit : psalmodie et contemplation de la nature (XVI, 417-419). Ce dernier souvenir raconte un épisode en terre ferme au cours duquel Léry est accompagné de deux Indiens *Toüpinenquins* et d'un couple *Oueanen*. La situation rapportée inverse celle du premier récit, de la cérémonie chamanique. Ici, ce sont les Brésiliens qui sont ravis d'entendre Léry psalmodier. Face au spectacle de la nature, le voyageur entame la récitation :

> Contemplant en icelle forest tant de divers arbres, herbes et fleurs verdoyantes et odoriférantes : ensemble oyant le chant d'une infinité d'oiseaux rossignollans parmi ce bois où lors le soleil se donnait, me voyant, di-je, comme convié à louër Dieu par toutes ces choses, ayant d'ailleurs le cœur gay, je me prins à chanter à haute voix le Pseaume 104. (XVI, 417)

Devant l'émotion ressentie par les Indiens, Léry, pasteur avant l'heure, commence à leur expliquer la doctrine chrétienne à partir du livre du monde. De ce récit, il tire une conclusion moins sévère que celles formulées au cours du chapitre. Il décèle chez ses auditeurs une compréhension des choses naturelles du monde qui l'amène à rattacher la sauvagerie à la nature.

Dans la conclusion du chapitre, le pessimisme des premières lignes ressurgit malgré tout : « c'est un peuple maudit et délaissé de Dieu » (XVI, 420), affirme-t-il. Considérés par Léry comme les descendants de Cham, les Indiens sont définitivement frappés par la malédiction. Mais de ce constat, formulé après une démonstration finement argumentée, l'auteur tire une leçon personnelle. L'observation de l'Indien déchu lui permet de prendre conscience de sa propre élection et le confirme dans sa foi. L'*Histoire d'un voyage* peut ainsi « être lue comme un récit de conversion, un récit à valeur exemplaire[1] ».

1. *Ibid.*, p. 124.

III

Interpréter l'*Histoire d'un voyage*

En dépit de la structure consciencieuse et de l'écriture soignée qu'adopte Léry, l'*Histoire d'un voyage* appelle de nombreuses interprétations, qui s'élaborent sur plusieurs plans. Les pages qui précèdent en ont examiné certaines qui méritent d'être prolongées. Nous ne proposons ici que quelques pistes afin d'introduire à la lecture de l'œuvre.

1. Le récit d'une élection

Nous l'avons déjà signalé ponctuellement: l'*Histoire d'un voyage* peut se lire comme le récit d'une élection. Il illustre celle de Léry, mais aussi celle des réformés, puisque cet ouvrage a une vocation exemplaire. En plus d'orienter l'itinéraire suggéré par l'auteur, cet aspect mêle différents enjeux littéraires, en particulier les dimensions autobiographique et militante. Pour envisager cette question de manière plus détaillée, les récits de traversées aller et retour sont particulièrement éclairants.

L'une des caractéristiques du voyage ancien est son caractère périlleux. Sur la mer, les équipages sont confrontés à divers tourments: piraterie, faim, soif, maladie, calme plat et tempête. Ce dernier danger, la tempête, apparaît comme un lieu commun du récit de voyage et connaît différents traitements littéraires. Les modèles de ce *topos* se trouvent déjà dans la littérature antique. Les épopées homérique et virgilienne raffermissent le caractère héroïque de leurs personnages en les soumettant aux flots déchaînés. La Bible et les Évangiles rapportent aussi des épisodes de tempête et leur donnent une dimension spirituelle. Quelques passages bibliques deviennent les modèles intertextuels de futures tempêtes littéraires, en particulier le livre de Jonas et le psaume 107. Bien connu de Léry grâce aux traductions de Clément Marot et Théodore de Bèze imprimées dans le *Psautier de Genève*, ce psaume contient les principaux éléments du récit de tempête. Aux éléments impétueux (vent, mer, vagues, ciel, abîme) répondent les réactions des voyageurs qui passent par des états successifs : détresse, perte de tout repère, peur de la mort, désespoir, appel à Dieu, espérance et soulagement.

Dans le récit de voyage, la tempête apparaît le plus souvent au début de l'œuvre. Elle permet d'interrompre la monotonie de la traversée océanique, généralement pauvre en évènements. Sa fonction est aussi liée au sens qu'elle accorde à la mission du voyageur. Placée à l'ouverture du texte, elle inaugure l'ensemble du périple. Dans l'*Histoire d'un voyage*, l'aventure s'ouvre et se referme sur les dangers de l'océan. Une première tempête surprend l'équipage au large de l'Angleterre quelques jours après leur départ de Honfleur. Tous les passagers, écrit Léry, « voyans la mer ainsi haulte et esmeuë, pensoyent à tous coups et à toutes minutes que les vagues [les] deussent faire couler en fond » (II, 115). La houle du large leur impose ainsi « l'épreuve pratique du texte biblique qui apparaît comme un cadre théorique de toute expérience humaine[1] ». Léry paraphrase le psaume 107 dans l'ensemble de l'épisode. Il lui emprunte certaines comparaisons, notamment celle des passagers « chancelans comme yvrongnes » (II, 118). Il emploie également des images frappantes pour représenter l'hostilité de la nature. Ainsi, le voyageur se dit « subsistant [...] au milieu d'un million de sepulchres » (II, 118). Cette métonymie révèle un double salut : celui de la collectivité qui a échappé à la tempête, qui survit après l'épreuve tragique, et celui individuel de Léry. Son expérience ne donne pas seulement lieu à une anecdote aventureuse, mais elle a une valeur de signe. Cette tempête inaugurale introduit des accents prophétiques dans l'ensemble de l'œuvre.

On pourra noter que dans un genre voisin du récit de voyage, dans celui de pèlerinage, la tempête a aussi une valeur annonciatrice. L'initiation aux dangers maritimes relève d'une imitation des épreuves du Christ : le voyageur vit la traversée comme la Passion et il en ressort autre, purifié des tentations et des passions de ce monde. Comme le remarque M.-C. Gomez-Géraud dans le récit de pèlerinage, le rapprochement entre les épreuves du voyage et le mystère pascal est parfois très explicite[2]. La tempête est ainsi l'image d'une des épreuves que le Christ a vécues pour la rédemption des péchés de l'humanité : mort symbolique, foi ébranlée, chair éprouvée.

Pour Léry, devenu pasteur réformé, il ne fait pas de doute qu'échapper à la tempête est un signe d'élection. À l'autre extrémité du livre, celle-ci est confirmée par un deuxième récit rapportant une litanie d'épreuves subies en mer qui culminent avec la famine. De nombreux échos peuvent être notés entre ces épisodes d'ouverture et de clôture. L'image du sépulcre revient hanter le texte (XXI, 511), tandis que le psaume 107 est de nouveau convoqué (XXII, 527). Dans les dernières pages, Léry se

1. Caroline Trotot, « "Au milieu d'un million de sépulchres". L'écriture comme salut chez Jean de Léry », *Travaux et recherches de l'UMLV*, 12, 2006, p. 68.

2. Marie-Christine Gomez-Géraud, *Le Crépuscule du Grand Voyage. Les récits de pèlerins à Jérusalem (1458-1612)*, Classiques Garnier, [1999] 2022.

fait exégète des épreuves qu'il traverse et qu'il considère comme autant de preuves de son élection et de celle du nouveau peuple de Dieu :

> Pour conclusion, puis, comme j'ay monstré en la presente histoire, que non seulement en general, mais aussi en particulier j'ay esté delivré de tant de sortes de dangers, voire de tant de gouffres de morts, ne puis-je pas bien dire, avec ceste saincte femme mere de Samuel, que j'ay experimenté que l'Eternel est celuy qui fait mourir et fait vivre ? (XXII, 550)

2. Une rhétorique de la différence

Chez Léry, comme chez les autres voyageurs, la comparaison est un procédé auquel il recourt fréquemment pour saisir l'objet nouveau ou inconnu. L'usage singulier qu'il en propose est, toutefois, marqué par une certaine ambiguïté. Si la comparaison peut apparaître comme un mode pratique d'appréhension de la réalité étrangère, il faut être attentif à la manière dont elle est employée et dont elle peut produire des discours apparemment contradictoires.

Elle sert, tout d'abord, le geste de fragmentation analogique opéré par Léry pour décrire la faune et la flore brésilienne. Analysée par F. Tinguely, une autre description animalière illustre les rapports d'analogie que Léry établit entre le par-deçà et le par-delà[1]. Il s'agit du poisson-volant, autrement nommé exocet, que le voyageur observe près de l'Équateur. Après avoir avoué qu'il prenait les récits de marins sur cette espèce insolite pour des fariboles, le voyageur révise son jugement sous l'effet de l'expérience :

> Nous commençasmes doncques [...] de voir sortir de la mer et s'eslever en l'air des grosses troupes de poissons volans hors de l'eau (ainsi que sur terre on voit les allouettes et estourneaux) [...]. Partant pour descrire ce poisson, selon que je l'ay considéré en une infinité que j'ay veus et tenus en allant et retournant en la terre du Bresil : il est de forme assez semblable au haren, toutesfois un peu plus long et plus rond, a des petits barbillons sous la gorge, les aisles comme celles d'une Chauvesouris et presques aussi longues que tout le corps : et est de fort bon goust et savoureux à manger. Au reste parce que je n'en ay point veu au deçà du Tropique de Cancer, j'ay opinion [...] qu'aimans la chaleur, et se tenans sous la zone Torride, ils n'outrepassent point d'une part ni d'autre du costé des Poles. (III, 127-128)

D'après ses observations, Léry précise que ces poissons ne se rencontrent qu'à proximité de la ligne équinoxiale. Cette localisation à la latitude qui sépare les deux hémisphères entre en parfaite cohérence avec les caractéristiques de l'exocet. Rattaché

1. Tinguely 1995.

à deux éléments, l'air et l'eau, le poisson-volant symbolise à merveille cet endroit où le monde se renverse. En parallèle, l'auteur suggère différentes analogies entre cette espèce et des animaux familiers : alouette, étourneau, hareng et chauve-souris. Ces comparants ne sont sans doute pas de la seule invention de Léry[1]. Ils renvoient plutôt à l'idée d'une chaîne entre les êtres présentant la Création comme le tableau d'une gradation continue entre les espèces. Néanmoins, pour que sa conception de la réversibilité du monde s'exprime clairement, le voyageur va plus loin. Quelques lignes après sa description du poisson-volant, un autre animal déroutant apparaît : l'oiseau marin. Léry développe des jeux de reflets entre ces deux espèces, à la fois inverses et complémentaires, « car ce couple d'animaux nous oblige en définitive à considérer l'océan comme un miroir sans fin, et la surface de l'eau comme un des axes de la réversibilité du monde[2] ».

Dès lors, l'Équateur est davantage qu'une projection cartographique dans l'*Histoire d'un voyage*. Léry donne à cette ligne imaginaire une réalité physique et signifiante. Celle-ci dresse un miroir entre France et France Antarctique, entre Europe et Amérique australe. Les ressemblances entre ces deux espaces deviennent explicites dès l'arrivée de Léry dans la baie de Rio. Appelée « Janeiro » en portugais et « Ganabara » en français, cette baie devient sous sa plume « Genevre » (V, 160). Cette altération orthographique provoque un évident rapprochement avec Genève et vise à faire du Brésil français un miroir de la ville réformée. Ces deux espaces sont même comparés de manière explicite (VII, 197). Cela révèle le rôle que Léry associe à la mission genevoise envoyée par Calvin : il conçoit le Fort Coligny comme une version australe de la cité calviniste et un refuge pour les réformés français.

De manière ponctuelle, Léry développe des structures analogiques qui visent à rapprocher le par-deçà et le par-delà à partir de la pliure formée par la ligne équinoxiale. Ce geste ne se vérifie, cependant, pas dans toute l'*Histoire d'un voyage*. Comme l'indique F. Tinguely, ces exemples montrent les « vestiges de la pensée analogique » qui demeurent dans l'œuvre. Il s'agit, en effet, de vestiges, car la méthode d'ensemble de Léry se distingue de l'*épistèmè* renaissante selon la définition qu'en a donnée Michel Foucault. L'archéologue des savoirs caractérise cette épistémologie fondée sur la ressemblance à partir de « quatre similitudes ».

> C'est elle qui a conduit pour une grande part l'exégèse et l'interprétation des textes : c'est elle qui a organisé le jeu des symboles, permis la connaissance des choses visibles et invisibles, guidé l'art de les représenter. Le monde s'enroulait sur-lui-même : la terre répétant le ciel, les visages se mirant dans les étoiles, et l'herbe enveloppant dans ses tiges les secrets qui servaient à l'homme. La peinture imitait l'espace. Et la représentation – qu'elle fût fête ou savoir – se

1. *Ibid.*, p. 28.

2. *Ibid.*, p. 30.

> donnait comme répétition : théâtre de la vie ou miroir du monde, c'était là le titre de tout langage, sa manière de s'annoncer et de formuler son droit à parler[1].

Dans son étude comparée de Thevet et Léry, M. Jeanneret a montré les différences épistémologiques qui les séparent[2]. Thevet transmet, certes, des connaissances acquises par l'expérience, mais exploite la méthode analogique afin de postuler l'universelle unité des choses et de perpétuer un savoir traditionnel. Léry, en revanche, adopte une démarche de rupture : « indépendante des systèmes préalables, affranchie des mécanismes de la ressemblance, elle participe d'une exigence scientifique nouvelle, qui cherche à capter l'identité propre des choses[3] ». Celle-ci se manifeste par l'attention constante qu'il porte à la différence. Les animaux sont entièrement dissemblables aux nôtres, la flore est dans sa quasi-totalité différente, les hommes vivent selon des lois et des coutumes autres. Cette vision que Léry porte sur le monde ne l'empêche pas de saisir les rapports entre ancien et nouveau monde. La réalité familière reste un point de repère, une référence nécessaire, pour percevoir l'altérité. Mais, « parler du monde, c'est recenser les différences et afficher des idées claires et distinctes[4] ». Dans l'*Histoire d'un voyage*, la nature n'est donc plus régie par la seule unité, elle n'est pas un grand Tout mystérieux, mais elle apparaît comme une collection d'objets qui se laissent comparer et ordonner, apprécier dans leur différence.

3. Une leçon d'écriture

Dans le chapitre XVI, Léry exploite la polysémie du terme « écriture », pris dans son acception matérielle et dans sa signification spirituelle, et amorce un éloge de l'écriture fondé sur une argumentation singulière. Traditionnellement, depuis Socrate, l'écriture est perçue comme possiblement trompeuse. Elle est vue comme un simulacre de la parole vivante et animée. Comme la peinture qui doit se contenter de représenter le réel sans se confondre avec lui, l'écriture représente le discours mais ne s'identifie pas à lui. Socrate critique l'écriture conçue comme une mémoire externe à l'âme qui conduit, en ce sens, à un dépérissement de la mémoire interne, vive, inscrite en chaque individu[5]. À plusieurs siècles d'écart, on retrouve chez Lévi-Strauss une conception de l'écriture également considérée comme un filtre, comme une médiation face au réel. Chez l'anthropologue, l'acte d'écrire empêche d'accéder à la transparence originelle et provoque un affaiblisse-

1. Michel Foucault, *Les Mots et les choses. Une archéologie des sciences humaines*, Gallimard, 1966, p. 32 et suivantes.
2. Jeanneret [1983] 1999.
3. *Ibid.*, p. 124.
4. *Ibid.*, p. 117.
5. Lestringant 2016, p. 126.

ment de la connaissance. En parallèle, l'écriture peut être critiquée en tant qu'elle est le support d'une hiérarchisation entre ceux qui la maîtrisent et ceux qui le maîtrisent pas. M. de Certeau le dit autrement : le pouvoir culturel de l'écriture dont les Occidentaux se créditent « est contresigné de l'absolu ; ce n'est pas seulement un fait, mais un droit, l'effet d'une élection, un héritage divin[1] ».

Léry défend une position différente. Il cherche à réfuter la thèse de Socrate : pour lui, l'écriture ne nuit pas à la mémoire, au contraire elle l'assure (XVI, 382). Mais il va plus loin. Le voyageur ne distingue pas la parole de l'écriture, en effet, pour lui, Verbe et Écriture sainte sont une même chose. En calviniste, il voit la Bible, non comme un simulacre, mais comme un livre qui parle au lecteur capable de le recevoir, comme une parole vivante.

C'est peut-être cette conception de l'écriture qui révèle le mieux l'ethnocentrisme de Léry. Celui-ci peut apparaître brutal, tant il est atténué par rapport à celui de ses contemporains dans l'ensemble de l'*Histoire d'un voyage*. Il développe une pensée de l'écriture strictement européenne. Sa réflexion ne laisse aucune place à des signes non alphabétiques. Cette vision justifie la rupture franche entre Indiens et Européens. Les premiers, sans écriture, ont perdu le souvenir de la Révélation et sont condamnés par une malédiction originelle. Les seconds, maîtres de cette « invention d'escrire » (XVI, 382), ont reçu un don singulier de Dieu, une bénédiction singulière. L'écriture favorise l'élaboration d'une hiérarchie entre les peuples. Celle-ci est sans doute moins justifiée, chez Léry, par des degrés de civilisation que par une distinction fondamentale entre élus et réprouvés, qui ne fait que manifester l'expression de la volonté divine : « le sauvage incarne l'homme selon la chair, le chrétien réformé l'homme selon l'esprit, racheté par la grâce et promis au salut éternel[2] ».

Le colloque français-tupi qui forme le chapitre XX peut être relu dans cette perspective. M.-C. Gomez-Géraud voit dans cette fiction « la mise en scène d'une dépossession[3] ». L'Indien est dessaisi de la parole tupi à mesure qu'elle est figée par l'écriture et recomposée en une grammaire permettant à d'autres, à ceux de par-deçà, de l'apprivoiser. Ce chapitre mime, en effet, un renoncement à un héritage ancestral, à une identité propre. L'étude de M.-C. Gomez-Géraud signale, toutefois, en clôture qu'une mise à l'écart parallèle semble s'opérer dans ce chapitre qui referme l'aventure brésilienne : « Léry abandonne lui aussi quelque chose du Brésil quand il consent à ce que l'expérience vécue devienne le fondement et la source d'un objet de savoir entrant en résonance avec les autres peuples de la terre[4] ». L'écriture de l'autre peut ainsi conduire à l'écriture de soi.

1. Certeau 1975, p. 253 (cité par Lestringant 2016, p. 124).

2. Lestringant 2016, p. 124.

3. Gomez-Géraud 1999, p. 147-162.

4. *Ibid.*, p. 162.

Sujets de dissertation

1. « L'*Histoire d'un voyage faict en la terre du Bresil* est le récit d'un témoin dédoublé, témoin intransigeant de la Parole d'une part, et en même temps, et contradictoirement, témoin amoureux d'un monde auquel il n'était pas préparé et au milieu duquel, l'espace d'à peine un an, il s'est trouvé de plain-pied, heureux, comblé. La réussite du livre tient à la tension jamais résolue entre ces deux points de vue. Jamais l'imprécateur et prophète ne l'emporte sur l'observateur, et l'ire de l'homme de Dieu passée, c'est le retour à la sérénité de la description complice et curieuse. »

   F. Lestringant, *Jean de Léry ou l'invention du sauvage. Essai sur l'*Histoire d'un voyage fait en la terre de Brésil, Champion, 2005, p. 172.

2. « Du moins se manifeste ainsi l'une des règles du système qui s'est constitué comme "occidental" et "moderne" : l'opération scripturaire, qui produit, préserve, cultive des "vérités" non périssables, s'articule sur une rumeur de paroles évanouies aussitôt qu'énoncées, donc perdues à jamais. Une "perte" irréparable est la trace de ces paroles dans les textes dont elles sont l'objet. C'est ainsi que semble s'*écrire* une relation à l'autre. »

   Michel de Certeau, *L'Écriture de l'histoire*, Gallimard, 1975, chap. V, « Ethnographie. L'oralité ou l'espace de l'autre : Léry », p. 249.

Bibliographie sélective

[N.B. : Le lieu d'édition n'est pas précisé quand il est à Paris.]

Nous ne précisons ici que quelques titres qui nous semblent utiles à une entrée dans l'*Histoire d'un voyage* de Léry dans le cadre de la préparation au concours. Pour une bibliographie plus détaillée, on pourra consulter celle constituée par Grégoire Holtz pour la SFDES : https ://sfdes.hypotheses.org/4316.

1. Récits de voyages et études sur la littérature viatique

Gomez-Géraud, Marie-Christine, *Écrire le voyage au XVIe siècle en France*, PUF, 2000.

Le Huenen, Roland, « Qu'est-ce qu'un récit de voyage ? », dans M.-C. Gomez-Géraud (dir.), *Les modèles du récit de voyage, Littérales*, n° 7, 1990.

Lestringant, Frank, *Le Huguenot et le Sauvage. L'Amérique et la controverse coloniale en France, au temps des guerres de Religion*, Genève, Droz, [1990] 2004.

—, *Le Cannibale. Grandeur et décadence*, Genève, Droz, [1994] 2016.

—, *L'Expérience huguenote au Nouveau Monde (XVIe siècle)*, Genève, Droz, 1996.

Staden, Hans, *Nus, féroces et anthropophages* [Marburg, 1557], trad. Henri Ternaux-Compans, éd. Marc Bouyer et Jean-Paul Duviols, Métailié, [1979] 1990.

Thevet, André, *Le Brésil d'André Thevet. Les Singularités de la France Antarctique (1557)*, éd. Frank Lestringant, Chandeigne, 2011.

Voyageurs de la Renaissance. Léon l'Africain, Christophe Colomb, Jean de Léry et les autres, édition de Grégoire Holtz, Jean-Claude Laborie et Frank Lestringant, Gallimard, coll. « Folio classique », 2019.

2. Études sur Léry et l'*Histoire d'un voyage*

Certeau, Michel de, *L'Écriture de l'histoire*, Gallimard, 1975, chap. V, « Ethno-graphie. L'oralité ou l'espace de l'autre : Léry », p. 245-283.

Gomez-Géraud, Marie-Christine, et Lestringant, Frank (dir.), *D'Encre de Brésil. Jean de Léry écrivain*, Orléans, Paradigme, 1999.

Hartog, François, *Le Miroir d'Hérodote. Essai sur la représentation de l'autre*, Gallimard, [1980] 2001.

Léry, Jean de, *Au lendemain de la Saint-Barthélemy. Guerre civile et famine. Histoire mémorable du Siège de Sancerre (1573) de Jean de Léry*, éd. Géralde Nakam, Éditions Anthropos, 1975.

Lévi-Strauss, Claude, *Tristes Tropiques*, Pocket, [1955] 1995, en particulier le chap. IX, « Guanabara ».

Lestringant, Frank, *Jean de Léry ou l'invention du sauvage. Essai sur l'*Histoire d'un voyage fait en la terre de Brésil, Champion, 2005.

Tinguely, Frédéric, *Le Voyageur aux mille tours. Les ruses de l'écriture du monde à la Renaissance*, Champion, 2014.

La Bruyère
Les Caractères

par Eric Tourrette

L'édition de référence du concours est :

Jean de La Bruyère, *Les Caractères,* Livres V à XI, de « De la Société et de la Conversation » à « De l'Homme » inclus, édition d'Emmanuel Bury, Paris, Le Livre de Poche, « Les Classiques de Poche », 1995.

Conformément à l'usage de la critique spécialisée, les références au texte donnent le numéro du chapitre (en chiffres romains) puis celui de la remarque (en chiffres arabes).

I

Vue d'ensemble sur *Les Caractères*

1. Parcours de La Bruyère

On ne prendra pas la peine ici de dresser en détail la biographie de La Bruyère : cela ferait double emploi avec l'Introduction d'Emmanuel Bury, qui livre déjà toutes les informations nécessaires (p. 9-13), et cela ne ferait que nous éloigner subrepticement de l'essentiel, qui doit toujours rester la teneur du texte considéré en lui-même. On peut en revanche rappeler quelques éléments précis qui semblent susceptibles d'expliquer tel ou tel aspect de l'œuvre.

La Bruyère est fondamentalement un bourgeois ; la généalogie nobiliaire qu'il revendique en son nom propre (XIV, 14) est bien entendu une plaisanterie que personne ne peut prendre au sérieux, et qui vise à tourner en dérision les prétentions exorbitantes de ceux qui, à l'instar de Monsieur Jourdain ou des animaux des *Fables*, aspirent à sortir de leur classe d'origine, où ils se sentent à l'étroit. Le ridicule sanctionne immanquablement de tels rêves de grandeur : la société d'Ancien Régime est strictement compartimentée, c'est l'ordre des choses auquel il faut se résigner. Comme bien d'autres écrivains majeurs de son temps, de Corneille à Perrault, en passant par Boileau, La Bruyère a suivi des études de droit qui devaient faire de lui un avocat, même s'il ne semble pas avoir voulu plaider ; il en a retiré en tout cas une connaissance intime du vocabulaire juridique, qu'il se plaît à parodier dans *Les Caractères* : « il est *incontestablement* déchu de son droit » (XIV, 50), « car *appert-il* mieux des dispositions des hommes » (XIV, 57), « des héritiers *ab intestat* » (XIV, 58)...

Rien ne semble donc prédisposer La Bruyère à fréquenter le sommet de la hiérarchie sociale, à observer sur le vif les mœurs des courtisans et des « Grands », et donc à rendre compte avec justesse de l'ensemble de la société de son temps. S'il en a néanmoins la possibilité, c'est, semble-t-il, grâce à l'intervention de Bossuet, dont il est ami, et qui joue de son influence pour le faire admettre, au titre de précepteur, chez ce personnage illustre qu'est Condé, dont le moraliste livre un portrait célèbre, aussi subtil qu'impartial (II, 32)[1]. Dès cet instant, les œillères sociales tombent, et le spectacle jusqu'alors dérobé des gens puissants s'offre aux observations narquoises de La Bruyère. Ce dernier devient ainsi, selon le mot éclairant de Marc Escola, un « formidable *passeur* d'espaces »[2], apte à parcourir toute la gamme des statuts sociaux et des décors matériels.

Autour de Bossuet, figure imposante s'il en est, se réunissent quelques amis qui forment un « petit concile »[3] : La Bruyère fréquente ainsi Fleury ou Fénelon, auquel pourtant il s'opposera fermement lors de la querelle du quiétisme. Le « petit concile » encourage les réflexions pédagogiques et politiques dont *Les Caractères* sont imprégnés, et dont *Les Aventures de Télémaque* se font aussi l'écho. Ainsi, La Bruyère considère que le roi est au service du peuple, tout comme un berger se dévoue corps et âme au bien-être de son troupeau (X, 29), et Fénelon confirme que « les rois ne règnent point pour leur propre gloire, mais pour le bien des peuples »[4]. L'influence du « petit concile » se traduit également par une conscience sociale particulièrement généreuse qui permet par exemple à La Bruyère de traiter les paysans avec respect et de s'indigner du sort qu'on leur réserve (XI, 128)[5], quand tant d'autres écrivains du Grand Siècle se gardent bien de parler d'eux et ne semblent même pas prendre conscience de leur existence. « Il y a des misères sur la terre qui saisissent le cœur », ajoute La Bruyère (VI, 47), sur un ton ému qui confirme qu'il est imprégné d'une « pensée sociale catholique ».

La Bruyère a de toute évidence reçu lui-même une éducation ample et solide ; sa traduction de Théophraste prouve qu'il est un humaniste au sens propre du terme, rompu aux subtilités des langues anciennes ; mais il est soucieux aussi de rester au contact de son temps, au lieu de se perdre dans une Antiquité lointaine, rebutante, absconse et même fantaisiste comme le fait Hermagoras, archétype du pédant invivable et ridicule, incapable même de distinguer entre l'histoire et la mythologie (V, 74). La Bruyère se dit capable de « calculer les distances de Saturne et de Jupiter » (VI, 12), en bon *philosophe* au sens classique du terme,

1. « On notera que ce portrait n'est placé ni au chapitre de la "Cour" ni au chapitre des "Grands", mais au chapitre du "Mérite personnel" ; et ce petit détail – me semble-t-il – en augmente encore la valeur élogieuse » (Michaut, Gustave, *La Bruyère*, Boivin, 1936, p. 33).

2. Escola, Marc, *La Bruyère*, Champion, 2001, t. II, p. 104 ; souligné par l'auteur.

3. Voir sur ce point Cuche, François-Xavier, *Une pensée sociale catholique : Fleury, La Bruyère, Fénelon*, Cerf, 1991.

4. Fénelon, *Les Aventures de Télémaque*, éd. Jacques Le Brun, Gallimard, coll. « Folio classique », 1995, p. 410. Sur les questions politiques dans *Les Caractères*, voir Tourrette, Éric, « La Bruyère et la "science des détails" », *Les Cahiers du GADGES*, n° 6, 2008, p. 353-372.

5. « Le portrait des paysans est sommaire, à peine ébauché » (Rosso, Corrado, *Virtù e critica della virtù nei moralisti francesi*, Turin, Edizioni di Filosofia, 1964, p. 71 ; nous traduisons). Mais « ce passage de La Bruyère correspond à la réalité » (Dotoli, Giovanni, « Du côté du peuple », *Il Prisma dei moralisti : Per il tricentenario di La Bruyère*, dir. B. Papàsogli et B. Piqué, Rome, Salerno, 1997, p. 318).

c'est-à-dire d'abord en homme de science ; de fait, il mêle aux traits plaisants de vraies données astronomiques dans la longue remarque XVI, 43 ; ailleurs, il parle avec tout autant de compétence d'agriculture (VII, 21), de fortifications (XI, 99) ou même de grammaire (XIV, 73)[1]. Il a encore le mérite, rare au XVIIe siècle, de lire et de goûter les vieux auteurs : il cite Marot et Rabelais (I, 43) et pastiche de façon crédible la langue du siècle précédent (VIII, 54)[2], que la *doxa* de son temps se plaît à juger « barbare ». Il est donc fondé à se gausser de ce bibliophile qui ne se soucie que de la reliure et néglige de lire les livres (XIII, 2)[3]. La Bruyère a par ailleurs lu de près Descartes, et revendique même explicitement la méthode cartésienne, qu'il entend appliquer aux questions morales (XII, 42).

Idéologiquement, La Bruyère est un partisan convaincu des Anciens, aux côtés de Boileau, Racine ou La Fontaine. Le parallèle entre Racine et Corneille (I, 54) le laisse déjà entrevoir en donnant subtilement la préférence à Racine, tout en saluant dûment les mérites propres du « Grand Corneille »[4]. Les attaques contre le *Mercure galant*, un périodique ostensiblement partisan des Modernes, que La Bruyère estime « immédiatement au-dessous de rien » (I, 46), vont nettement dans le même sens. Le discours de réception à l'Académie française et la préface qui l'accompagne confirmeront définitivement, sur un ton cinglant, les préférences de La Bruyère : Fontenelle, le neveu de Corneille, manque peut-être de s'étrangler... Mais la réplique des Modernes, facile et imparable, est toute prête : l'art de La Bruyère, par sa variété inépuisable et son sens du détail visuel, n'est-il pas objectivement supérieur à celui de Théophraste, de la même façon que La Fontaine a incomparablement plus d'agréments qu'Ésope ? Peut-on sérieusement penser le contraire, comme le voulaient, par humilité, les deux auteurs du Grand Siècle ? Tout en clamant son admiration pour son illustre prédécesseur, La Bruyère ne lui fait-il pas de l'ombre à son corps défendant ? Les œuvres propres des Anciens ne sont-elles pas finalement, par un piquant paradoxe, le meilleur argument des Modernes ?

Enfin, il peut sembler injuste ou réducteur de dire que La Bruyère « est l'homme d'un seul livre », comme l'explique l'introduction d'Emmanuel Bury (p. 9)[5]. C'est accorder peu de poids aux *Dialogues sur le quiétisme* qui sont parus à titre posthume

1. Sur cette dernière remarque, voir Tourrette, Éric, « La Bruyère grammairien », *Thélème*, n° 26, 2011, p. 285-309.

2. Voir Tourrette, Éric, « Plaisir du doute : Sur un pastiche de La Bruyère », *Les Supercheries littéraires et visuelles : La Tromperie dans la culture française*, dir. C. Emerson et M. Scott, Berne, Peter Lang, 2006, p. 299-310. Voir aussi, sur la remarque V, 30 : Bilous, Daniel, « Récrire l'intertexte : La Bruyère pasticheur de Montaigne », *Cahiers de littérature du XVIIe siècle*, n° 4, 1982, p. 101-120.

3. Voir Tourrette, Éric, « La bibliothèque du curieux selon La Bruyère », *Versants*, n° 53-54, 2007, p. 89-99.

4. Voir Margitic, Milorad R., « La Bruyère entre Corneille et Racine », *Cahiers de l'Association Internationale des Études Françaises*, n° 44, 1992, p. 307-321.

5. Cf. « La Bruyère n'a écrit qu'un seul livre » (Normand, Maxime, *Le Souffle de la sagesse : Sagesse biblique et littérature morale dans la seconde moitié du dix-septième siècle en France*, Cerf, 2018, p. 209).

en 1699, après avoir été (mal) complétés par un autre auteur de moindre talent[1]. Pour inachevés qu'ils soient, ces dialogues sont drôles, caustiques, féroces, ils citent amplement les livres controversés avec une efficacité persuasive certaine et constituent un sommet de la polémique religieuse au XVIIe siècle, aux côtés des incontournables *Provinciales*; on peut penser que le texte de La Bruyère soutient dignement la comparaison avec celui de Pascal, alors même qu'il est beaucoup moins connu[2]. Ce qui est vrai en revanche, c'est que le volume des *Caractères* a longuement occupé La Bruyère, au point que l'auteur et l'œuvre semblent désormais indissociables dans l'esprit du public cultivé. La Bruyère est objectivement l'homme de deux livres, mais un seul d'entre eux a été dûment consacré par la postérité.

2. Traduire, écrire, réécrire

Le volume qui paraît en 1688 ne s'intitule pas *Les Caractères*, mais *Les Caractères de Théophraste traduits du grec avec Les Caractères ou les mœurs de ce siècle*. Ce qui frappe d'emblée dans ce titre complet, c'est la position seconde, humble et effacée que revendique La Bruyère pour son œuvre personnelle : la préposition *avec* laisse entendre que ce ne serait qu'un accompagnement périphérique, l'essentiel étant la traduction de Théophraste[3]. De même, dans le « Discours sur Théophraste » qui sert de préface à la traduction, La Bruyère utilise les verbes *ajouter* (p. 71) et *joindre* (p. 72), confirmant ainsi le statut annexe de son entreprise personnelle. Ainsi la parole propre de l'écrivain, au lieu de s'élancer d'elle-même en toute confiance, fonde-t-elle sa légitimité en se rattachant étroitement à une parole antérieure chargée de prestige, avant de s'en détacher peu à peu, comme par un mouvement d'émancipation au regard de l'hypotexte[4], que ne peut que reproduire matériellement le sens linéaire de la lecture. La Bruyère trouve symboliquement sa voix et sa voie à partir de Théophraste. De même qu'un peintre forge son style par la copie des toiles de maîtres, de même cet exercice contraignant qu'est la traduction permet au moraliste de fourbir ses armes satiriques[5]. On songe inévitablement à la position tout aussi discrète que revendique La Fontaine : « Nous ne saurions aller plus avant que les Anciens : ils ne nous ont laissé pour notre part que la gloire de

1. La Bruyère, Jean de, *Dialogues posthumes sur le quiétisme*, éd. Richard Parish, Grenoble, Jérôme Millon, 2005.
2. Voir Tourrette, Éric, « Le discours quiétiste selon La Bruyère », *Les Cahiers du GADGES*, n° 7, 2009, p. 263-286.
3. Voir Tourrette, Éric, « La Bruyère au miroir », *L'École des lettres second cycle*, 2004-2005, n° 7, p. 57-66.
4. Sur cette notion, voir Genette, Gérard, *Palimpsestes : La Littérature au second degré*, Le Seuil, coll. « Points Essais », 1982.
5. Cf. la façon dont Antonin Artaud justifie sa traduction libre du *Moine* de Lewis : « Comme d'un peintre qui copierait le chef-d'œuvre d'un maître ancien, avec toutes les conséquences d'harmonies, de couleurs, d'images surajoutées et personnelles que sa vue lui peut suggérer » (Gallimard, coll. « Folio », 1966, p. 10).

les bien suivre[1] ». La Bruyère avoue néanmoins qu'il a « cru pouvoir se dispenser de suivre le projet de ce philosophe » (p. 71), au nom de l'agrément de la bigarrure : son apport personnel est incomparablement plus diversifié au plan formel que l'hypotexte grec, et un texte conduit « sans beaucoup de méthode » (p. 72) est assurément plus apte à séduire le lectorat des honnêtes gens. Il serait anachronique de croire qu'on ne peut s'épanouir dans la réécriture, l'adaptation ou la traduction, tout comme il serait naïf de considérer qu'une nouveauté radicale est possible en littérature. Le discours de réception à l'Académie française explique que La Fontaine est « toujours original, soit qu'il invente, soit qu'il traduise » (p. 626). « Mon imitation n'est point un esclavage », déclare de même La Fontaine[2]. Tout ce qu'écrit La Bruyère lui appartient en propre, même quand il transpose un original.

Pourtant, dès l'origine, les proportions respectives semblent inversées entre le prétendu centre du volume et la prétendue périphérie ; au fil des éditions, ce contraste s'accusera encore, au point que le texte de Théophraste, traduit par La Bruyère, occupera finalement peu de place dans le livre effectivement offert au public. Ce dernier est en effet demandeur d'observations sur le *hic et nunc* de l'énonciation, à en croire La Bruyère lui-même, qui semble déceler dans ce refus de l'éloignement une forme d'amour-propre ou une étroitesse d'esprit : « ceux qui reçoivent froidement tout ce qui appartient aux étrangers et aux anciens, et qui n'estiment que leurs mœurs » (p. 70-71). Le déterminant démonstratif, dans *les mœurs de ce siècle*, atteste que l'écrivain parle de ce que lui-même et son lecteur ont sous les yeux, fût-ce sous une forme vaguement transposée : détachées d'une Grèce intemporelle mais un peu abstraite, malgré le goût du « déguisement à l'antique »[3], les remarques du moraliste se font plus acerbes et plus piquantes. Elles puisent dans l'actualité immédiate et dans le spectacle effectif du réel des traits incisifs qui retiennent l'attention du lectorat tout en stimulant le jeu subtil et retors des lectures à clef.

La Bruyère, par ailleurs, n'est pas homme à se satisfaire d'un premier jet. Patiemment, obstinément, méticuleusement, il retouche ensuite son texte. Le travail de correction s'apparente alors à une longue entreprise d'expolition, comme s'il fallait toujours remodeler et parfaire la phrase, jusqu'à atteindre ce « point de perfection » dont La Bruyère est le chantre (I, 10) et en comparaison duquel tout semble fade. Si La Bruyère ne pousse pas le perfectionnisme stylistique aussi loin qu'un La Rochefoucauld, il fait incontestablement sien le fameux précepte de Boileau, définitoire d'une esthétique de l'insatisfaction permanente : « Vingt fois

1. La Fontaine, *Fables*, I, 15-16.

2. *Id.*, « À Mgr l'évêque de Soissons » ; *Œuvres complètes*, Le Seuil, coll. « L'Intégrale », 1965, p. 493.

3. Garapon, Robert, Les Caractères *de La Bruyère : La Bruyère au travail*, SEDES-CDU, 1978, p. 52. Ex. : « *Dorus* passe en litière par la voie *Appienne*, précédé de ses affranchis et de ses esclaves » (VI, 20).

sur le métier remettez votre ouvrage »[1]. Pas moins de neuf éditions s'échelonnent ainsi, de 1688 à 1696, pour répondre à la demande insatiable d'un lectorat sensible au parfum de scandale ou soucieux de progresser en sagesse. Si les trois premières éditions ne comportent que 420 remarques, ensuite le moraliste ne cessera d'en ajouter, jusqu'à atteindre le nombre final de 1120 remarques. La Bruyère décrit cet apport quantitatif en termes de « rondeur » (p. 119) ; au plan qualitatif, on note aussi que la proportion de portraits, au sein des remarques, semble augmenter régulièrement, comme si La Bruyère trouvait dans cette forme spécifique celle qui lui convient le mieux, en lui permettant de parler des abstractions morales sous une forme visuelle. Les remarques apparaissent en outre comme foncièrement instables, au même titre que l'homme qu'elles s'efforcent de « fixer » mais qui « change de mille et mille figures » (XIII, 19) : les modifications permanentes du détail du texte transposent en quelque sorte au plan génétique un trait constitutif du référent, perçu comme hyperboliquement mouvant[2]. Le texte se fait protéiforme parce que le réel ne cesse de se dérober. Certains ajustements ponctuels, pour ténus qu'ils puissent sembler, altèrent suggestivement la teneur du propos : ainsi, le chapitre X est d'abord intitulé « Du Souverain », puis « Du Souverain *et* de la République », enfin « Du Souverain *ou* de la République ». Le propos s'élargit ainsi de la figure centrale du monarque, isolée dans sa superbe, à d'autres types de régimes politiques, auxquels *Les Caractères* font parfois allusion (X, 1 ou XI, 57), avant que le moraliste ne réaffirme avec force que le roi et l'État sont indissociables, consubstantiels en quelque sorte, comme les deux faces d'une même médaille[3].

3. Naissance du triangle

La Bruyère entend « écrire des mœurs » sous la forme des « pièces détachées » (p. 71), comme si de multiples aperçus fugaces étaient plus à même de rendre compte avec justesse de ce référent infiniment complexe qu'est l'homme. Mais au moment où La Bruyère s'attelle à la rédaction des *Caractères*, « deux ouvrages de morale [...] sont dans les mains de tout le monde » (*ibid.*) et semblent susceptibles d'inhiber son entreprise propre. Les *Maximes* de La Rochefoucauld et les *Pensées* de Pascal sont les deux points de comparaison, familiers du public, qui permettent à La Bruyère de situer son projet. C'est donc par contraste que le moraliste définit

1. Boileau, *Art poétique*, I, v. 172.

2. Louis Van Delft parle de « la matière entre toutes ondoyante et fuyante des moralistes » (*Les Moralistes: Une apologie*, Gallimard, coll. « Folio Essais », 2008, p. 51).

3. On voit que Claire Badiou-Monferran est fondée à écrire que pour La Bruyère, « la puissance sémantique des conjonctions de coordination n'a d'égal que leur ténuité phonologique » (*Les Conjonctions de coordination ou « l'art de lier ses pensées » chez La Bruyère*, Champion, 2000, p. 51).

la « route » qu'il suit pour sa part (p. 72), comme s'il s'agissait de tracer un écart angulaire au regard de deux repères fixes, dont la connaissance est supposée acquise. La Bruyère estime que son propre ouvrage est « moins sublime » que les *Pensées* et « moins délicat » que les *Maximes* (*ibid.*). On ne peut comparer que ce qui est comparable : La Bruyère a donc conscience de former, avec ses deux prédécesseurs, un ensemble cohérent d'auteurs, que nous avons pris, depuis, l'habitude de qualifier de « moralistes ». Mais ce mot, désormais inévitable, est objectivement anachronique : il n'est « pas attesté une seule fois, au XVIIe siècle, chez ceux-là mêmes que nous sommes depuis toujours accoutumés à désigner de ce nom »[1]. Quoi qu'il en soit, ainsi se fonde un triangle qui pèse lourdement sur le discours critique : on ne peut étudier La Bruyère sans faire le lien, immédiatement, avec Pascal ou La Rochefoucauld. Tel essai spécialisé fait du triangle son sous-titre[2], et on le voit matérialisé de façon exemplaire dans le triple portrait qui illustre la couverture d'une anthologie célèbre[3]. Au regard de ces trois auteurs prestigieux, les autres moralistes du XVIIe siècle semblent plus effacés, ils ne s'imposent pas à l'esprit avec la même évidence.

On voit tout de suite ce que peuvent avoir de commun les trois moralistes majeurs : le pluriel des titres traduit grammaticalement une écriture discontinue qui semble intimement liée au genre de l'analyse morale. « C'est un fait que le moraliste a adopté un mode d'écrire assez original », explique Corrado Rosso. « Son discours s'exprime de façon discontinue, sa réflexion n'est pas suivie. Des espaces blancs éloignent les pensées l'une de l'autre[4] ». Ce peut être un choix stylistique délibéré (pour La Rochefoucauld) ou la conséquence d'un décès précoce (pour Pascal), mais ces deux situations bien distinctes pour la production du texte se confondent dans l'expérience de sa réception. D'où de fréquents désaveux, parfois très injustes : la « pièce détachée » se heurte à bien des réserves, on la soupçonne volontiers d'être facile, superficielle et purement ornementale, de former un simple mot d'esprit intrinsèquement dérisoire ou encore de traduire l'inconsistance d'une pensée qui se veut non systématique, aux antipodes des traités dogmatiques. « Ce n'est qu'un amas de pièces détachées », insinue perfidement le *Mercure galant* au sujet des *Caractères*, sur un ton évidemment revanchard, « qui ne peut faire connaître si celui qui les a faites aurait assez de génie et de lumières pour bien conduire un

1. Van Delft, Louis, *Le Moraliste classique : Essai de définition et de typologie*, Genève, Droz, 1982, p. 28.

2. Jaouën, Françoise, *De l'Art de plaire en petits morceaux : Pascal, La Rochefoucauld, La Bruyère*, Saint-Denis, Presses Universitaires de Vincennes, 1996.

3. *Moralistes du XVIIe siècle*, Robert Laffont, coll. « Bouquins », 1992.

4. Rosso, Corrado, « Prolégomènes à un portrait du moraliste », *La Morale des moralistes*, dir. J. Dagen, Champion, 1999, p. 16. Cf. « De toute évidence, le fragment n'est pas l'unique forme sur laquelle se porte le choix des moralistes classiques. Mais c'est, de loin, dans l'ordre de l'écriture, leur contribution la plus personnelle, la plus novatrice en même temps que la plus révélatrice » (Van Delft, Louis, *Les Spectateurs de la vie : Généalogie du regard moraliste* [2005], rééd. Hermann, 2013, p. 203) ; « Comment comprendre la connivence entre discours moral et discours discontinu à l'âge classique ? » (Escola 2001, t. II, p. 101)...

ouvrage qui serait suivi[1] ». La diatribe de Maurice Blanchot est du même ordre : « Joubert n'est ni Chamfort, ni Vauvenargues, ni La Rochefoucauld. Il ne fait pas des bons mots avec de courtes pensées. Il ne monnaye pas une philosophie[2] ». La naïveté de ces griefs laisse perplexe ; tous ceux qui ont prétendu faire des maximes à la manière de La Rochefoucauld ont pu vérifier, à leurs dépens, qu'il est bien plus difficile de faire court que de faire long.

En dépit des apparences, La Bruyère n'écrit pas de maximes, comme il le déclare explicitement dans la préface des *Caractères* (p. 120) : il s'en explique par une simple question de taille, les maximes se devant d'être « courtes et concises » alors que les remarques s'autorisent à se montrer « plus étendues » (*ibid.*). Mais cet aspect quantitatif n'épuise pas les différences formelles entre les deux genres que pratiquent respectivement La Rochefoucauld et La Bruyère : la remarque est plus souple, moins régulière, moins homogène, plus disparate et imprévisible que la maxime, et elle peut intégrer en son sein plusieurs alinéas distincts, alors que dans les *Maximes* tout retour à la ligne indique un changement d'unité textuelle, sans l'ombre d'une hiérarchie. On trouve de tout dans le volume de La Bruyère, du dialogue comique (XI, 35) à la nouvelle édifiante (III, 81), quand celui de La Rochefoucauld cultive délibérément le ton monocorde du constat désabusé.

La Bruyère n'écrit pas non plus de « fragments » à la manière de Pascal, puisqu'il réserve ce nom, en toute transparence, à une seule remarque, qui frappe d'emblée par une entrée en matière abrupte, lacunaire, « coupé[e] de son origine énonciative »[3], où les anaphoriques sont étrangement privés de sources identifiables : « … Il disait que l'esprit dans cette belle personne était un diamant bien mis en œuvre […] » (XII, 28). Une seule parcelle d'un vaste ensemble, dérobé pour l'essentiel, affleure ainsi ; le procédé est saisissant, mais isolé au sein du volume. Pour caractériser le genre des remarques, on ne parlera donc ni de « formes brèves » (appellation anachronique), ni de « fragments » (appellation inexacte), même si Louis Van Delft estime que « les deux appellations ont leur légitimité »[4] : la seule désignation

1. Cité par Morillot, Paul, *La Bruyère*, Hachette, 1904, p. 104.

2. Blanchot, Maurice, *Le Livre à venir* [1959], Gallimard, coll. « Folio Essais », 1986, p. 72. Cf. « c'est la forme aphoristique qui fait difficulté : difficulté qui tient à ce que l'on ne prend pas cette forme *assez au sérieux* aujourd'hui » (Nietzsche, Friedrich, *Éléments pour la généalogie de la morale*, trad. fr., éd. Patrick Wotling, Librairie Générale Française / Le Livre de Poche, 2000, p. 61 ; souligné par l'auteur) ; « le dégoût où plonge la forme littéraire du fragment, l'irritation ou le rejet que cette forme suscite » (Quignard, Pascal, *Une gêne technique à l'égard des fragments*, Montpellier, Fata Morgana, 1986, p. 25)… Sur cette hostilité collective aux « pièces détachées », voir Rosso, Corrado, *Procès à La Rochefoucauld et à la maxime*, Pise, Goliardica, 1986.

3. Escola 2001, t. I, p. 416. Cf. « Quel rapport entre l'emportement de l'esquisse et la ciselure d'un camée ? » (Mourlet, Michel, « La Bruyère d'un siècle à l'autre », *Célébration de La Bruyère*, Valmonde-Trédaniel, 1996, p. 11) ; « *Les Caractères* ne relèvent pas à proprement parler de l'écriture fragmentaire » (Leplatre, Olivier, *Les Caractères*, Bordas, coll. « L'Œuvre au clair », 2004, p. 39)… Il est donc difficile de suivre Pascal Quignard : « [La Bruyère] passe pour être le premier à avoir composé de façon systématique un livre sous forme fragmentaire » (Quignard 1986, p. 14).

4. Van Delft 2013, p. 215.

générique qu'autorise La Bruyère lui-même est celle de « pièces détachées » (p. 71), à la manière du livre des Proverbes intégré à la Bible[1].

Les ressemblances sont pourtant fortes entre les entreprises respectives de La Bruyère, Pascal et La Rochefoucauld, même si chacune garde ses spécificités, même si on ne peut les superposer tout à fait. Le rejet du stoïcisme, au nom de la révélation chrétienne, est par exemple un point de rencontre majeur. La Bruyère y voit un « jeu d'esprit » abstrait et dérisoire, qui « feint » de triompher des maux de l'existence, et qui ne promeut jamais qu'un « fantôme de vertu » au lieu de contribuer réellement à améliorer les mœurs (XI, 3). La Rochefoucauld soulignait avec vigueur l'impuissance du stoïcisme à apaiser les hommes face à la nécessité de mourir ; en dehors de l'espérance chrétienne d'une seconde vie, le prétendu mépris de la mort dont se targuent Sénèque ou Épictète n'est qu'une mascarade ou, au mieux, la résignation à l'inévitable : « La nécessité de mourir faisait toute la constance des philosophes[2] ». Quant à Pascal, il estimait en substance que le stoïcisme livre une image foncièrement incomplète de l'homme, puisqu'il exalte sa grandeur sans voir sa misère, échouant ainsi à expliquer les « contrariétés » qui le minent : « Ce que les stoïques proposent est si difficile et si vain[3] ». Si les trois moralistes majeurs ne mettent pas en évidence les mêmes faiblesses intrinsèques du stoïcisme, ils ont en commun d'y voir l'exaltation d'une fausse vertu, étant entendu que les seules vraies vertus sont spécifiquement chrétiennes.

Par contraste avec la monotonie de l'approche abstraite, définitionnelle ou purement comportementale de Théophraste, La Bruyère affirme qu'il veut explorer « les replis du cœur » (p. 72), dont La Rochefoucauld aspirait précisément à « faire l'anatomie »[4] ; cette formule, il est vrai, traverse tout le discours moral du XVIIe siècle, et ne constitue en rien l'apanage de La Rochefoucauld[5]. Tout le chapitre IV des *Caractères*, qui étudie avec subtilité les rapports complexes entre l'amour et l'amitié, fait songer aux *Maximes*, et de nombreuses autres ressemblances ponctuelles, éparses au fil du volume, manifestent l'influence sourde de l'intertexte rupificaldien. « Quelque différence qui paraisse entre les fortunes, il y a néanmoins une certaine compensation de biens et de maux qui les rend égales », explique La

1. Voir Tourrette, Éric, « Les pierres des *Maximes* », *Texte-île, Île-texte*, dir. J. Isolery, Pétra, 2015, p. 267-290.

2. La Rochefoucauld, maxime 504.

3. Pascal, *Pensées*, éd. Michel Le Guern [1977], Gallimard, coll. « Folio classique », 2004, fr. 134.

4. La Rochefoucauld, lettre au Père Thomas Esprit ; *Maximes*, éd. Jean Rohou, Librairie Générale Française / Le Livre de Poche, 1991, p. 309.

5. Cf. par ex. « si l'on voyait ce qui est caché dans les replis du cœur, on trouverait dans celui des plus sages et des plus pieux des sentiments bien plus surprenants » (Esprit, Jacques, *La Fausseté des vertus humaines* [1678], Aubier, 1996, p. 146) ; « quiconque voudra bien développer les secrets replis de son propre cœur » (Nicole, Pierre, *Essais de morale*, éd. Laurent Thirouin, PUF, 1999, p. 364)… Sur cette formule, voir Tourrette, Éric, « La Rochefoucauld : l'épée, la plume, la sonde », *Il Confronto letterario*, n° 65, 2016, p. 21-35.

Rochefoucauld[1] ; « on demande si en comparant ensemble les différentes conditions des hommes, [...] on n'y remarquerait pas [...] une espèce de compensation de bien et de mal, qui établirait entre elles l'égalité », confirme La Bruyère (IX, 5). « On aime mieux dire du mal de soi-même que de n'en point parler », observe La Rochefoucauld[2] ; « un homme vain trouve son compte à dire du bien ou du mal de soi », répond La Bruyère (XI, 67). « Nous n'avouons de petits défauts que pour persuader que nous n'en avons pas de grands », suggère La Rochefoucauld[3] ; « les hommes [...] n'avouent d'eux-mêmes que de petits défauts, et encore ceux qui supposent en leurs personnes de beaux talents », précise La Bruyère (XI, 68). Il serait aisé de prolonger la collecte : manifestement, La Bruyère est intimement nourri de la lecture de son prédécesseur, au point d'en reproduire plus d'une fois, consciemment ou non, les analyses et les conclusions.

On peut tenir le même raisonnement au sujet des *Pensées*, dont le souvenir imprègne en profondeur le chapitre XVI des *Caractères* : La Bruyère y reprend par le menu les principaux arguments de l'apologétique pascalienne, comme le caractère intuitif de la foi authentique, que ne peut transmettre le raisonnement (XVI, 15), la nécessité de parier sur l'existence de Dieu (XVI, 35), la définition de l'âme par l'aptitude à penser (XVI, 41) ou l'évocation vertigineuse des deux infinis (XVI, 43-44). En dehors même de ce chapitre quasi mimétique, on trouve çà et là dans *Les Caractères* d'évidentes réminiscences pascaliennes, comme « il est plus dur d'appréhender [la mort] que de la sentir » (XI, 36) ou « tout notre mal vient de ne pouvoir être seuls » (XI, 99). Pour Pascal, on le sait, « la mort est plus aisée à supporter sans y penser que la pensée de la mort sans péril »[4], et « tout le malheur des hommes vient d'une seule chose, qui est de ne savoir pas demeurer en repos dans une chambre »[5].

Si la dette de La Bruyère à l'égard de ses deux éminents prédécesseurs est donc incontestable – et assumée en toute transparence –, cela ne signifie évidemment pas qu'il ne fasse que glaner et réagencer des extraits de leurs œuvres. *Les Caractères* ne sont pas la somme ou la synthèse des *Maximes* et des *Pensées*, ils apportent à bien des égards un éclairage inédit, des vues neuves et un ton unique. Dans la remarque VIII, 80, La Bruyère distingue même explicitement entre ce qui a déjà été dit par Pascal et ce qu'il ajoute de son propre chef[6]. La prise en compte du triangle

1. La Rochefoucauld, maxime 52.
2. *Id.*, maxime 138.
3. *Id.*, maxime 327.
4. Pascal, *Pensées*, fr. 128.
5. *Ibid.*, fr. 126.
6. Voir Biason, Maria Teresa, « Je le dirais s'il n'avait été dit », B. Papàsogli et B. Piqué dir. 1997, p. 255-275.

que fonde La Bruyère en personne est nécessaire à l'interprétation des *Caractères*, mais elle ne saurait l'épuiser.

4. Trois difficultés initiales

L'entreprise de La Bruyère, pour autorisée qu'elle soit par les hypotextes, antiques et modernes, ne va pourtant pas de soi. Trois obstacles majeurs, au moins, se dressent sur la « route » qu'a choisie le moraliste, et semblent de prime abord susceptibles d'inhiber son élan créateur.

Le premier obstacle est la conscience, toujours douloureuse pour un écrivain, que « tout est dit » (I, 1). Ce constat initial résonne comme un aveu d'impuissance : à quoi bon prendre la plume si l'on ne peut jamais que répéter ce qui a déjà été écrit ? L'œuvre nouvelle n'est-elle pas condamnée à apparaître comme redondante, et donc superfétatoire ? La Bruyère n'est-il pas lui-même un Ménippe en puissance, qui « ne parle pas » et « ne sent pas » mais se contente de « répét[er] des sentiments et des discours » (II, 40)[1] ? La question est grave et essentielle ; il serait naïf, pour un écrivain, de prétendre élaborer une œuvre radicalement inédite, mais il serait vain de ne rien apporter de neuf[2]. L'existence même des *Caractères* atteste pourtant que La Bruyère a trouvé une réponse et qu'il est parvenu à vaincre cette inhibition première : la formule liminaire des remarques peut aussi se lire comme une prétérition. L'issue ne consiste pas, selon La Bruyère, à oublier les modèles, mais à se les approprier pleinement pour en tirer une œuvre authentiquement personnelle[3] : « je l'ai dit comme mien », explique-t-il avec subtilité, « ne puis-je pas penser après eux une chose vraie, et que d'autres encore penseront après moi ? » (I, 69) L'étape propre des *Caractères* s'inscrit donc dans une longue continuité, qui est celle de la sagesse universelle, et qui suppose un amont tout en annonçant un aval : ce qui était vrai autrefois reste vrai en soi, surtout si l'on admet que la nature de l'homme est fondamentalement fixe. La parole individuelle de La Bruyère se nourrit d'autres paroles sans pour autant y perdre sa substance ; il a conscience de ne pas parler seul mais ne sombre pas dans le psittacisme. La Fontaine tient le même langage :

1. Sur cette remarque, voir Tourrette, Éric, « Les plumes de Ménippe », *Watteau au confluent des arts* [CD-ROM], dir. C. Barbafieri et Ch. Rauseo, Valenciennes, Presses Universitaires de Valenciennes, 2009, p. 457-470.
2. Voir Tourrette, Éric, *Maîtriser la dissertation littéraire générale*, Ellipses, 2018, sujet n° 15.
3. « Comprendre un texte du passé (ou le réécrire), c'est se l'approprier, autrement dit transformer un bien étranger en quelque chose qui est uniquement à soi » (Force, Pierre, « Différence temporelle, différence culturelle et style dans *Les Caractères* de La Bruyère », *XVII*e *siècle*, n° 258, 2013, p. 39).

« Tâchant de rendre mien cet air d'antiquité »[1]. L'argument était déjà formulé par Sénèque : « Tout ce qui a été bien dit par quelqu'un est à moi[2] ».

Une autre difficulté, qui n'est pas propre à La Bruyère mais semble constitutive de l'analyse morale en général, tient au caractère incorrigible des hommes. « On ne doit parler, on ne doit écrire que pour l'instruction », explique la préface des *Caractères* (p. 118) ; mais l'entreprise n'est-elle pas vouée à l'échec si l'on constate que les hommes s'obstinent dans leurs erreurs, sans jamais vouloir entendre raison ? À quoi bon parler si c'est pour ne jamais être entendu ? L'analyse morale, à cet égard, est-elle utile, ou même simplement possible ? La Bruyère n'évoque la possibilité, pour ses lecteurs, « d'être corrigés », que pour ajouter aussitôt, sur un ton désabusé : « c'est un événement qu'on ne voit point » (XII, 67). Est-ce bien la peine d'écrire *Les Caractères* dans ces conditions ? De fait, le moraliste ne manque pas une occasion de décrire un comportement répétitif, voire obsessionnel, chez certains de ses personnages, qui ne font que ressasser indéfiniment les mêmes gestes et attitudes : le portrait d'Hérille (XII, 64) s'ouvre sur la formule « *Hérille* [...] veut citer » et se referme sur les mêmes mots, suggérant ainsi, par cette figure que les rhéteurs appellent *antépiphore*, que le personnage est enfermé, sans retour, dans un ressassement cyclique[3]. De même, le polyptote verbal étend indéfiniment dans le temps la réduplication du même procès fondamental : « il a voulu, il veut, et il voudra gouverner les Grands » (IX, 15). Et le suffixe agentif *-eur* signale l'adoption d'un comportement à ce point systématique qu'il en vient à définir la personne : « une chose vous manque, Acis, à vous et à vos semblables les diseurs de *phœbus* » (V, 7)[4]. Plus généralement, « d'autres hommes [...] vont jouer dans une même pièce les mêmes rôles » (VIII, 99), dans un éternel recommencement où les individus sont des variables, mais où la structure narrative est invariante. Les Théobaldes contre qui La Bruyère peste, dans la préface du discours de réception à l'Académie française, apparaissent, à plus forte raison, comme incorrigibles : ils se gardent bien, dans leurs interprétations malveillantes, « de faire servir à la correction de leurs mœurs les divers traits qui sont semés dans un ouvrage » (p. 614), autant dire qu'ils n'en tirent aucun profit effectif, si l'on admet que le but fondamental des *Caractères* est « le changement de mœurs et la réformation de ceux qui lisent » (p. 118). Mais l'entreprise du moraliste, inefficace peut-être, reste déontologiquement nécessaire : « les hommes [...] seraient peut-être pires, s'ils venaient à manquer de censeurs ou de critiques » (p. 117). Le constat est ferme et modeste tout à la fois : La

1. La Fontaine, « À Mgr l'évêque de Soissons » ; 1965, p. 493.

2. Sénèque, *Lettres à Lucilius*, II, 16 ; éd. Marie-Ange Jourdan-Gueyer, GF-Flammarion, 2017, p. 102-103.

3. Cf. au sujet de Ménalque (XI, 7) : « [la remarque] ne perm[et] pas au personnage de changer ou de se développer » (Gray, Floyd, *La Bruyère amateur de caractères*, Nizet, 1986, p. 136).

4. Sur cette remarque, voir Tourrette, Éric, « Du diseur de phébus au XVIIe siècle », *Exotérisme(s) : Études sur les ressorts de la clarté*, dir. P. Hummel, Philologicum, 2010, p. 161-174.

Bruyère estime avoir un devoir à accomplir, même si cela implique de se heurter à des lecteurs obtus et peu coopératifs ; si, parmi des milliers de lecteurs, il n'y en a qu'un seul qui accepte, au sortir du livre, d'amender son mode de vie, n'est-ce pas là, en soi, une victoire suffisante ?

Reste la troisième difficulté, spécifiquement liée cette fois aux remarques de La Bruyère, et plus particulièrement aux nombreux portraits qu'on y trouve : très vite fleurissent les clefs, toutes plus charmantes et fragiles les unes que les autres. Selon un protocole de lecture naïf, étroitement référentiel, et peu soucieux de littérarité ou de plaisir du texte, on s'efforce de déceler dans tel personnage imaginaire le portrait crypté de telle personne réelle : n'est-ce pas Benserade qui est désigné sous le nom de Théobalde (V, 66) ? La Bruyère lui même, il est vrai, semble cautionner jusqu'à un certain point cette pratique quand il écrit : « j'ai emprunté [du public] la matière de cet ouvrage » (p. 117). Ne peut-on y lire une invitation implicite à chercher les modèles des portraits ? Et certaines correspondances sautent aux yeux comme des évidences : qui peut sérieusement douter qu'Æmile (II, 32) soit un nom de fantaisie pour désigner Condé, ou que l'homme anonyme qui « fait parler les animaux, les arbres, les pierres, tout ce qui ne parle point » (XII, 56) fasse référence à La Fontaine ? Mais si la *clef* prétend livrer, à tort ou à raison, une interprétation délibérément visée par l'auteur, l'*application* n'en appelle qu'à l'imagination du lecteur et s'autorise une liberté totale au regard des intentions supposées de l'auteur[1]. Lire ainsi le texte des *Caractères*, c'est cumuler les malentendus. Un personnage peut être fait, synthétiquement, de traits prélevés sur de multiples originaux, au lieu de viser un individu spécifique : l'unité de Ménalque (XI, 7) éclate ainsi en un « recueil de faits » constitutivement pluriel et hétéroclite[2], et ailleurs l'antonomase qui consiste à observer que « le monde est plein d'Euthyphrons » (V, 214) fond l'individu dans une masse indifférenciée. Le personnage peut aussi « appart[enir], quant au résultat écrit, à l'imaginaire »[3], et même basculer définitivement dans la fantaisie pure, dépourvue de toute vraisemblance, comme ce Cliton qui est mort mais qui menace de « reven[ir] au monde [...] pour manger » (XI, 122) ou ce Diphile qui « gazouille » et « perche » dans ses rêves, à force d'aimer les oiseaux (XIII, 2)[4]. « Voyons dans Hermippe [XIV, 64] l'exemple du personnage impossible,

1. Voir le n° 54 (2005) de la revue *Littératures classiques*, intitulé *Lectures à clés*, et coordonné par Mathilde Bombart et Marc Escola.

2. « Ce n'est qu'une énumération amorphe d'incidents comiques autant que révélateurs, catalogue plutôt que récit », observe Michael Riffaterre (« L'effet de vrai : La Bruyère à l'eau-forte », *Biblio 17*, n° 44, 1989, p. 13) ; cf. « le tout, la totalité organique, nous fait défaut » (Escola 2001, t. I, p. 332).

3. Gray 1986, p. 148.

4. Il « perche dans son imaginaire », note joliment Olivier Leplatre (« La Bruyère ou le livre de curiosités », *Papers on French seventeenth century literature*, n° 48, 1998, p. 63).

si ce n'est dans les réseaux de l'écriture », ajoute Floyd Gray[1]. De telles rêveries avec le langage, jubilatoires en elles-mêmes, sont manifestement irréductibles à un référent précisément identifié.

La Bruyère n'a cessé de pester contre cette pratique, qu'il pressentait dès l'origine et qui ne s'est que trop confirmée : « je crois pouvoir protester contre [...] toute fausse application », explique-t-il dans la préface des *Caractères* (p. 118). La préface du discours de réception est plus précise et incisive encore : La Bruyère a beau jeu de signaler les contradictions flagrantes entre les « insolentes listes » (p. 616) qui circulent, ou de faire observer qu'elles nomment souvent des personnes qu'il ne peut pas connaître personnellement. Les clefs, de fait, signalent un échec du projet moral, d'où l'indignation de l'auteur : si le lecteur s'empresse de reconnaître autrui dans la peinture qu'on lui offre, c'est surtout par crainte de se reconnaître lui-même, par refus de comprendre que c'est en réalité un miroir qu'on lui tend. Autant dire qu'il ne se sentira pas directement concerné et ne songera nullement à se corriger : il ne parviendra pas à déceler, dans ces multiples *il* qui défilent sous ses yeux, un *vous* déguisé, par énallage de personne en quelque sorte. C'est réduire la morale à la satire, c'est oublier l'épigraphe du volume : *admonere voluimus, non mordere* (p. 115). Mais inversement, les clefs ne sont-elles pas la preuve ultime de la justesse du portrait dressé par le moraliste, ne signalent-elles pas, à leur manière, le triomphe de son art ? Si l'on reconnaît tant de personnes dans le portrait, n'est-ce pas le signe que le coup de pinceau est intrinsèquement juste ? Malgré son humilité coutumière, La Bruyère semble exulter quand il en prend conscience : « il faut que mes peintures expriment bien l'homme en général, puisqu'elles ressemblent à tant de particuliers » (p. 616)[2]. La Bruyère peut légitimement se réjouir qu'on fasse des applications des *Caractères* en les transposant librement dans n'importe quel contexte, il a tout à y gagner ; le drame est selon lui qu'on présente ces applications comme des clefs, autrement dit qu'on laisse entendre que lui-même vise une cible déterminée.

Sans leur accorder plus de crédibilité qu'elles n'en ont, on n'écartera pas pour autant les clefs du champ d'étude : qu'on le veuille ou non, elles sont une partie essentielle de la réception de La Bruyère par ses contemporains, dont il faut bien tenir compte, tant il est vrai que bien lire un auteur, c'est d'abord prendre acte de la façon dont il a été lu par le passé. Considérer les clefs comme « une ridicule et

1. Gray 1986, p. 119. Cf. au sujet de Ménippe (II, 40) : « cet être hybride, métaphorique, créé ou recréé par l'invention de son auteur » (Bergez, Daniel, « Étude d'un portrait de La Bruyère : Ménippe », *L'Information littéraire*, 1988, n° 2, p. 15). Cf. aussi ce constat plus large : « *Les Caractères* basculent dans cet univers de pure fantaisie, irréel et insolite, dont le seul espace est l'écriture, comme en apesanteur de plume » (Dandrey, Patrick, « Des *Fables* aux *Caractères* : Parallèle entre deux poétiques de l'écriture morale », B. Papàsogli et B. Piqué dir. 1997, p. 269).

2. Cf. l'abbé de Bellegarde : « Les Noms qu'on a citez dans cet Ouvrage, n'ont point de sujet réel ; les vices qu'on y a attaquez, sont des foibles de l'humanité, qui conviennent à tous les hommes en général ; mais qui ne tombent sur qui que ce soit en particulier » (*Reflexions sur le ridicule, et sur les moyens de l'éviter*, 2e éd., Jean Guignard, 1697, « Avertissement » non paginé).

odieuse superfluité[1] » semble donc excessif. On peut aussi considérer, avec Marc Escola, que « tourner la clé, c'est ouvrir la porte d'une bibliothèque »[2] : loin de restreindre la portée du texte, la clef en indique des prolongements intertextuels, en incitant le lecteur à se plonger dans tel ou tel témoignage complémentaire, par exemple à puiser des éléments de comparaison ponctuels dans les *Lettres* de Mme de Sévigné. Si la clef stimule et prolonge l'acte de lecture, au lieu d'y mettre un terme rapide et caricatural, elle n'est pas une mauvaise chose en soi : il convient simplement d'en faire usage avec prudence, modération et esprit critique.

5. Le plan des *Caractères*

À en croire le « Discours sur Théophraste », La Bruyère tente, dans *Les Caractères*, d'« examin[er l'homme] indifféremment, sans beaucoup de méthode » (p. 72). C'est laisser entendre qu'une certaine disparate, dans l'organisation du volume, est non seulement acceptée, mais même cultivée. Car les honnêtes gens qui constituent le lectorat privilégié n'aiment guère les pesanteurs des traités en règle, structurés de façon rigide au nom de la cohérence d'un « système » qu'on s'efforce de bâtir. On sait depuis le discours d'Henri de La Chapelle-Bessé qui accompagnait l'édition originale des *Maximes* que « ce désordre [...] a ses grâces »[3] : on peut y déceler en filigrane l'influence des conversations délibérément décousues et imprévisibles dont on se délecte alors dans les salons. « L'écrivain imite les caprices d'une conversation, avec ses sauts, ses interruptions, ses retours et ses rappels au sujet », explique par exemple Robert Garapon au sujet des *Caractères*[4]. Toute la poétique des « pièces détachées » repose précisément sur un idéal de légèreté et de souplesse qui constitue l'exact contraire des ouvrages dogmatiques, toujours soupçonnés d'être pédants et fastidieux à lire[5]. La Bruyère met donc en œuvre une stratégie de séduction efficace en prenant soin de varier et d'alterner constamment les formes au fil du volume, et en bondissant constamment d'une unité textuelle à une autre, sans trop se soucier

1. Auger, L.-S., *Moralistes français*, Firmin Didot, 1841, p. 232.

2. Escola 2001, t. II, p. 398. Cf. « L'étude des clefs [...] nous fait faire à travers la société du temps une exploration amusante et instructive » (Richard, Pierre, *La Bruyère et ses* Caractères *: Essai biographique et critique*, nouvelle éd., Nizet, 1965, p. 95).

3. La Rochefoucauld 1991, p. 275. Cf. « il y a vne certaine confusion qui a ses charmes » (Vaugelas, *Remarques sur la langue françoise* [1647], éd. Jeanne Streicher, Droz, 1934 ; préface, XII).

4. Garapon 1978, p. 131. La Rochefoucauld évoquait déjà le charme de la souplesse et de l'imprévisible : « on doit entrer indifféremment sur tous les sujets agréables qui se présentent, et ne faire jamais voir qu'on veut entraîner la conversation sur ce qu'on a envie de dire » (*Réflexions diverses*, IV ; 1991, p. 209).

5. Ex. : « On a mieux aimé traiter cette matière par pensées détachées, que de faire de longs Chapitres, ou des Traitez complets, qui eussent peut-être été plus ennuïeux & moins utiles » (Bellegarde 1697, « Avertissement » non paginé).

de nouer des liens étroits entre les remarques ainsi juxtaposées. « Parfois il emmêle les choses à dessein, il a des incohérences voulues », estime Paul Morillot[1].

Tout n'est pourtant pas décousu, et l'on peut déceler çà et là des séries cohérentes de remarques, unifiées au plan génétique par une « *solidarité* de destin »[2], ce qui est un critère moins flou ou moins subjectif que la simple considération des thèmes traités : toutes les remarques sur l'enfance sont ainsi soigneusement réunies dans le même chapitre, où elles semblent constituer un bloc homogène (XI, 50-59)[3]. L'anadiplose peut aussi suggérer une certaine continuité d'une remarque à la suivante, sans pour autant affecter l'autonomie grammaticale des unités textuelles : le mot *favori* sert ainsi de pivot central aux deux remarques X, 17-18. Les remarques, manifestement, ne sont ni placées de façon absolument rigoureuse, ni jetées au hasard au sein d'un chapitre : elles témoignent plutôt d'une disparate partielle et calculée[4].

Peut-on en dire autant à l'échelle du volume, saisi globalement ? Existe-t-il un plan des *Caractères* ? La Bruyère répond par l'affirmative dans la préface du discours de réception : il explique que les chapitres I à XV sont « des préparations au seizième et dernier chapitre, où l'athéisme est attaqué, et peut-être confondu » (p. 613). Il souligne ainsi le point de fuite apologétique du volume : tout serait orienté en direction d'un but unique, qui serait de lutter contre l'impiété et d'encourager la foi, un peu à la manière des *Pensées*. Mais le « Discours sur Théophraste » ne tient pas du tout le même discours, et affirme au contraire que si Pascal veut « rendre l'homme chrétien », La Bruyère, pour sa part, aspire simplement à « rendre l'homme raisonnable », ce qui constitue selon lui une autre « route » (p. 71-72). On est par ailleurs frappé par la disproportion interne des deux étapes ainsi distinguées : La Bruyère ne sous-estime-t-il pas l'ampleur du propos des premiers chapitres, et ne surestime-t-il pas l'importance du dernier ? « Quel immense vestibule, pour quel étroit monument ! » ironise à bon droit Paul Morillot[5]. Que le chapitre « Des Esprits forts » soit essentiel dans l'esprit de l'auteur, c'est incontestable : la position finale l'indique assez[6]. Mais qu'on puisse réduire l'ensemble des autres chapitres

1. Morillot 1904, p. 109.

2. Escola 2001, t. II, p. 55.

3. Voir Tourrette, Éric, « L'enfant dans *Les Caractères* de La Bruyère », *XVIIe siècle*, n° 244, 2009, p. 511-521.

4. La position d'André Maurois est donc excessive : « sous chaque titre il jette un peu au hasard des réflexions qui bien souvent pourraient se trouver sous un autre » (*De La Bruyère à Proust : Lecture, mon doux plaisir*, Fayard, 1964, p. 28).

5. Morillot 1904, p. 105.

6. On ne saurait suivre Jules Lemaître quand il affirme, en 1885 : « Chrétien, certes, La Bruyère l'était, quoique le chapitre postiche "Des Esprits forts" ait bien l'air d'une précaution pour faire passer le reste » (*Célébration de La Bruyère*, *op. cit.*, p. 194). Jacques Truchet écrit au contraire : « aussi était-il naturel qu'il réservât pour la fin, comme étant les plus graves et comme commandant toutes les autres, les fautes contre la foi » (« Place et signification du chapitre "De la Chaire" dans *Les Caractères* de La Bruyère », *L'Information littéraire*, 1965, n° 3, p. 94). C'est aussi la position de Pierre Laubriet : « le dernier chapitre, en précisant les choses, vient bien clore un livre où affleuraient sans cesse la morale et l'esprit chrétiens » (« À propos des *Caractères* : ordre ou fantaisie ? », *Revue d'histoire littéraire de la France*, 1967, n° 3, p. 517).

au simple statut d'introduction à celui-ci, c'est peu vraisemblable, et cela ne rend pas pleinement justice à la finesse des analyses qu'y livre le moraliste.

Là encore, on peut faire jouer les tendances inverses, mais étroitement mêlées, de la disparate et de la continuité. Ce n'est sans doute pas un hasard si le volume s'ouvre sur un chapitre de réflexions métalittéraires (I), comme si l'écrivain s'interrogeait sur la légitimité de sa propre parole avant de lui laisser libre cours[1]. Des prestiges de l'art littéraire à la question plus large du « Mérite personnel » (II), il n'y a qu'un pas. Du discours sur les femmes (III) au discours sur l'amour (IV) se manifeste une manière de glissement métonymique, relativement cohérent, mais ensuite le passage aux réflexions sur la civilité (V) peut sembler abrupt ou inconséquent. L'obsession de l'argent (VI) rend les gens invivables, selon un contraste calculé avec le chapitre précédent. Une série cohérente de chapitres balaie les diverses classes sociales, projetées de façon transparente sur les segmentations de l'espace matériel[2], selon un mouvement ascendant et centripète, qui conduit de la bourgeoisie (VII) à la noblesse (VIII), puis à l'aristocratie (IX) et enfin au roi (X). Une autre série de chapitres traite de questions générales d'anthropologie (XI-XIII) avant d'assumer un titre ouvertement hétéroclite (XIV). Enfin, le volume se referme sur deux chapitres à teneur religieuse, centrés respectivement sur les principes de l'éloquence sacrée (XV) et les dangers de l'athéisme (XVI).

Les critiques ont longuement débattu de cette organisation, ils ont tenté d'en dégager – ou d'en imaginer – la logique interne. Certains contestent l'existence même d'un plan digne de ce nom : « Ce n'est pas ici le lieu d'examiner en détail le plan des *Caractères*. Point n'est besoin de longues analyses pour noter qu'il est peu ferme, agencé de façon passablement cavalière[3] ». Il y aurait là, non pas une facilité d'écriture, mais une nécessité interne, imposée par l'objet d'étude : « c'est toujours pour décrire au plus près l'homme que l'on retrouve, avec la forme du fragment, cette composition désinvolte, ce désordre du plan »[4]. Est-il pourtant cohérent de considérer que La Bruyère, formé à l'éloquence du barreau et attentif à l'éloquence de la chaire, se désintéresse à ce point des questions de *dispositio* ? N'a-t-il pas pu lire

1. « Ce chapitre est le premier, comme si toute réflexion sur l'homme devait d'abord fonder en principe la parole qui la porte » (Barthes, Roland, *Essais critiques*, Le Seuil, coll. « Points Essais », 1964, p. 243).

2. « À bien des égards, toutes choses, dans *Les Caractères*, sont pensées, ou du moins décrites à travers des catégories spatiales : l'opposition de la richesse à la misère, ou la hiérarchie des conditions » (Cuche 1991, p. 59, n. 25). Louis Van Delft décèle donc une activité de « cartographe » dans le jeu des chapitres (*La Bruyère moraliste : Quatre études sur* Les Caractères, Genève, Droz, 1971, p. 57).

3. Van Delft 1982, p. 257. Cf. ce commentaire sceptique et narquois : « Ces efforts de reconstruction rappellent un peu les tours de force des virtuoses, à qui l'on jette des rimes et qui en tirent sur-le-champ un poème assez cohérent en apparence » (Michaut 1936, p. 122). Alfred Rébelliau est plus radical : « La vérité est qu'il n'y a point de plan dans *Les Caractères*, point de lien, point d'unité, et qu'il ne pouvait pas y en avoir, vu la façon dont l'ouvrage fut composé » (« Notice littéraire » ; La Bruyère, *Œuvres*, éd. Gustave Servois [1865-1882], Hachette, coll. « Les Grands Écrivains de la France », 1912, t. I, p. CCXLV).

4. Van Delft 1982, p. 260.

dans les *Pensées* : « qu'on ne dise pas que je n'ai rien dit de nouveau, la disposition des matières est nouvelle »[1] ? L'opinion la plus courante, ou la mieux fondée, considère que le livre de La Bruyère regroupe « deux grands mouvements qui convergent chacun vers un sommet »[2], ou encore « deux points saillants, en quelque sorte le comble et la conclusion : l'éloge du souverain, la défense de la foi »[3]. Le mouvement ascendant serait double, il conduirait d'abord jusqu'à la figure suprême du roi (I-X), puis jusqu'au sommet indépassable qu'est Dieu (XI-XVI). Tous les chapitres, d'une façon ou d'une autre, pointeraient implicitement la direction de ces deux pôles majeurs et complémentaires : soumission au pouvoir temporel, soumission à la surnature. D'où, inévitablement, une relativisation du prestige propre du roi, qui semble hyperboliquement imposant dans la première étape des *Caractères*, mais se voit réduit à peu de chose au regard du point d'aboutissement qu'est la divinité même. La remarque où La Bruyère note que « ce peuple paraît adorer le Prince, et le Prince adorer Dieu » (VIII, 74) peut alors faire figure de mise en abyme de l'ensemble du volume.

6. L'esprit de discernement

Selon la première édition du *Dictionnaire de l'Académie française* (1694)[4], le *discernement* est à la fois la « distinction que l'on fait d'une chose d'avec une autre » et « la faculté de bien distinguer les choses & d'en juger sainement ». Ce qu'on appelle alors « l'esprit de discernement » serait donc une tournure d'esprit fondamentalement analytique, qui s'applique en permanence à segmenter, séparer, dissocier les référents, comme si l'on ne pouvait émettre une évaluation juste des choses que par contraste. On voit immédiatement le lien avec la démarche de La Bruyère, et même des moralistes en général : « Bref, la tendance d'esprit de La Bruyère est profondément dualiste. Son univers est antagonique[5] ». N'est-ce pas l'attitude propre des moralistes que d'établir des distinctions, tranchées ou subtiles, spectaculaires ou inattendues[6] ? Mais l'analyse morale ne risque-t-elle

1. Pascal, *Pensées*, fr. 590.

2. Landry, Jean-Pierre, *Jean de La Bruyère (1645-1696)*, Lyon, Lugd, 1996, p. 30.

3. Lugli, Vittorio, *La Bruyère*, Gênes, Emiliano degli Orfini, 1935, p. 118 ; nous traduisons. Cf. encore : « comme deux vagues successives après le prélude du premier chapitre » (Bouvier, Michel, *La Morale classique*, Champion, 1999, p. 622).

4. Consultable en ligne : http://artfl-project.uchicago.edu/node/17

5. Van Delft 1971, p. 60.

6. « Le principe de discernement hante littéralement l'univers des *Caractères* » (Badiou-Monferran 2000, p. 436). Voir sur ce point Tourrette, Éric, *Les Formes brèves de la description morale : Quatrains, maximes, remarques*, Champion, 2008.

pas, alors, de basculer dans une forme de préciosité[1] ? Ici, La Bruyère dénigre ouvertement la pratique mondaine des « questions d'amour » dont se délectaient les précieuses[2] : « une sorte de conversation fade et puérile, qui roulait toute sur des questions frivoles qui avaient relation au cœur » (V, 68). Là, il semble bien s'y adonner lui-même : « Une femme inconstante est celle qui n'aime plus : une légère celle qui déjà en aime un autre : une volage celle qui ne sait si elle aime et ce qu'elle aime : une indifférente celle qui n'aime rien » (III, 24).

Il est clair en tout cas que le mot *discernement* jalonne les remarques de La Bruyère, comme une préoccupation permanente ou un idéal qu'on ne perd jamais de vue. Ce n'est pas un hasard si le langage du moraliste se fait alors obstinément privatif: parler du discernement, c'est d'abord constater, empiriquement, son absence chez la plupart des hommes, c'est explorer amèrement une lacune quasi universelle. Ce que le moraliste revendique, en observateur avisé qu'il est, peu d'hommes, semble-t-il, en sont capables : « sans nul discernement des personnes qui les écoutent » (VIII, 84), « il a [...] une honnêteté impérieuse et qu'il emploie sans discernement » (IX, 50), « continuez [...] d'employer cette ironie comme les sots sans le moindre discernement » (XII, 20)... Ailleurs, le discernement apparaît comme une pure virtualité, envisagée par l'esprit plutôt qu'observée dans les faits : le souverain idéal, que La Bruyère saisit dans toute son abstraction sans le superposer exactement à la personne réelle de Louis XIV[3], se caractériserait par « le discernement des esprits, des talents et des complexions pour la distribution des postes et des emplois » (X, 35). Ailleurs encore, le moraliste insiste simplement sur la rareté du référent, sans aller jusqu'à le nier : « il n'y a qu'un très petit nombre de connaisseurs qui discerne » (XII, 27), « après l'esprit de discernement, ce qu'il y a au monde de plus rare, ce sont les diamants et les perles » (XII, 57).

La mise en œuvre concrète, par La Bruyère, de cet esprit de discernement, prend donc la forme d'une série de distinctions et de typologies : tout se passe comme si l'analyse morale consistait d'abord à classer le réel. Ainsi chaque genre se voit subdivisé en espèces minutieusement identifiées, avec l'acuité ou la précision d'un naturaliste. Le présentatif *il y a* signale souvent l'entreprise, en la présentant (fallacieusement) comme neutre et purement constative, comme si le moraliste ne faisait

1. Ce parallèle est souvent fait : « l'œuvre qu'avaient déjà commencée les Précieuses, La Bruyère l'a poursuivie avec un souci remarquable » (Michaut 1936, p. 188) ; « un pas de plus, et c'est la préciosité [...] la vérité oblige à dire que La Bruyère a plusieurs fois franchi ce pas » (Garapon, Robert, « Introduction », La Bruyère, *Les Caractères*, Classiques Garnier, 1962, p. XXI) ; « de la littérature précieuse, il a hérité le goût du classement » (Patron, Sylvie, « La Bruyère : sur le chapitre "Du Cœur" », *XVII*e *siècle*, n° 175, 1992, p. 235)...

2. Pour des exemples de « questions d'amour », voir *Moralistes du XVII*e *siècle, op. cit.*, p. 50-51.

3. « Il s'agit ici de l'idée de souverain, non de son incarnation exacte, les hyperboles ont un effet déréalisant » (Ronzeaud, Pierre, « De la politique dans *Les Caractères* de La Bruyère », *L'Information littéraire*, 1991, n° 2, p. 26, n. 26). Cf. « c'est *l'idée du souverain*, le type parfait, qu'il construit » (Soler, Patrice, *Moralistes du XVII*e *siècle, op. cit.*, p. 1197) ; « un portrait du monarque idéal dont on ne sait pas exactement s'il ressemble à Louis XIV ou s'il est ce que le moraliste voudrait lui voir incarner » (Leplatre 2004, p. 46)...

qu'enregistrer l'ordre des choses : « il y a parler bien, parler aisément, parler juste, parler à propos » (V, 23). On reconnaît la *paradiastole*, figure qui consiste selon Georges Molinié « en ce que, dans le discours, est établi un système de nuancements, ou de distinctions précisantes, en général développé sur des parallélismes de la phrase »[1]. La Bruyère peut aussi explorer l'ample spectre sémantique d'un mot, en établir finement la polysémie à la manière d'un lexicographe, écornant au passage les hiérarchies admises et relativisant les grandeurs d'ici-bas : « il y a le peuple qui est opposé aux grands, c'est la populace ou la multitude ; il y a le peuple qui est opposé aux sages, aux habiles et aux vertueux, ce sont les Grands comme les petits » (IX, 53). C'est souvent sur une distinction première que se fonde le jugement explicite, comme s'il fallait classer avant d'évaluer : « il y a faire bien, et faire selon leur goût ; le dernier est préférable » (V, 34), « il y a pour arriver aux dignités ce qu'on appelle la grande voie, ou le chemin battu ; il y a le chemin détourné ou de traverse, qui est le plus court » (VIII, 49)... De même encore, la méthode cartésienne que tente d'appliquer La Bruyère dans le chapitre « Des Jugements » le conduit à dégager des nuances subtiles entre des mots qui semblent de prime abord synonymes, par exemple une différence de degré insoupçonnée de l'usager moyen : « le fat lasse, ennuie, dégoûte, rebute : l'impertinent rebute, aigrit, irrite, offense » (XII, 46). Il rejoint sur ce point la réflexion métalinguistique des « remarqueurs », qui se complaisent à établir des nuances d'autant plus éclairantes qu'elles sont plus ténues : « *incendie* se dit proprement d'vn feu qui a esté mis à dessein, & *embrasement* conuient mieux au feu qui a esté mis par cas fortuit »[2]. Parfois aussi, ce sont des mots morphologiquement apparentés qui se voient finement dissociés : ainsi, le mot *docteur* désigne un simple titre, lisible dans la tenue extérieure[3], et qui n'engage pas la vertu de la personne, alors qu'un *homme docte* se reconnaît à son comportement sage et studieux (II, 28). La Bruyère peut encore situer les concepts analogues les uns par rapport aux autres, dans une saisie proprement spatiale ou géométrique de la langue, comme si définir consistait surtout à localiser : « l'honnête homme tient le milieu entre l'habile homme et l'homme de bien » (XII, 55). Plus généralement, il pratique volontiers le parallèle contrastif, il aime accuser les traits par la technique du contrepoint : on songe à la comparaison entre Corneille et Racine (I, 54), au fameux diptyque que forment Giton et Phédon (VI, 83), à la confrontation de la « personne à la mode » et de la « personne de mérite » (XIII, 8) ou encore à la diatribe contre « les libertins et les hypocrites » (XVI, 26), autant de textes doubles qui s'opposent parfois terme à terme.

1. Molinié, Georges, *Dictionnaire de rhétorique*, Librairie Générale Française / Le Livre de Poche, 1992, p. 240.

2. Vaugelas 1934, p. 127. Sur ce parallèle, voir Tourrette, Éric, « Moralistes et remarqueurs », *Studi francesi*, n° 175, 2015, p. 22-34.

3. Voir Tourrette, Éric, « La Bruyère lecteur des étoffes », *Sociopoétique du textile à l'âge classique: Du vêtement et de sa représentation à la poétique du texte*, dir. C. Barbafieri et A. Montandon, Hermann, 2015, p. 83-98.

Partout se dévoile, fondamentalement, la même démarche : dissocier les référents pour mieux les voir. Partout aussi se manifeste une aptitude exceptionnelle à saisir des réalités ténues ou infimes : « Il n'y a rien de si délié, de si simple et de si imperceptible, où il n'entre des manières qui nous décèlent » (II, 37). Les liens avec La Rochefoucauld sont ici particulièrement étroits : « Le jugement n'est que la grandeur de la lumière de l'esprit ; cette lumière pénètre le fond des choses ; elle y remarque tout ce qu'il faut remarquer et aperçoit celles qui semblent imperceptibles[1] ».

7. Un monde étrange

Le monde qui se déploie sous les yeux du moraliste est explicitement présenté comme une image exacte du nôtre : « le ridicule qui est quelque part, il faut l'y voir » (I, 68). Et pourtant, le lecteur, en se promenant dans *Les Caractères*, peut souvent avoir l'impression d'être confronté à un réel à ce point altéré – au nom du plaisir – qu'il en devient méconnaissable. Les personnages qui défilent ne sont-ils pas autant de monstres de foire, à la fois obstinément proches de nous et irréductiblement dissemblables, et aptes par là à captiver le regard tout en suscitant un certain malaise ? L'idéal éthique d'un juste milieu, fuyant les « extrémités », que revendique parfois La Bruyère (VI, 47 ou XVI, 49) ne doit pas faire illusion sur la technique de l'analyse morale : car la réalité du monde est loin, en elle-même, d'être modérée ou raisonnable, aussi ne peut-on la capter de façon crédible que par la surenchère. La galerie d'êtres grotesques, grimaçants et difformes que nous offre La Bruyère amplifie ainsi la mesquinerie des hommes jusqu'à stimuler conjointement, au même degré, le sourire et le malaise : « L'œuvre presque tout entière est marquée au coin de l'exagération, de la déformation, du grossissement[2] ». Et mêler sourdement la répulsion à la fascination fait immanquablement surgir le modèle imaginaire de la foire, parfois explicitement nommé (XIII, 6) : « Petite encyclopédie de la difformité morale, cette œuvre n'est pas foncièrement étrangère au monde grimaçant de la foire[3] ». Tout le monde connaît des gens orgueilleux, malpropres et impolis ; mais qui a jamais vu ce Gnathon à la folie vertigineuse, qui « rachèterait volontiers [sa mort] de l'extinction du genre humain » (XI, 121) ? Cette *mâchoire* envahissante, monstrueuse, est-elle encore humaine ? Peut-on vraiment se reconnaître, ou reconnaître son prochain, dans ces traits distendus, comme filtrés par un miroir déformant ? Mais n'est-ce pas précisément cette altérité que nous goûtons

1. La Rochefoucauld, maxime 97.

2. Van Delft, Louis, « La Bruyère et le burlesque », *Cahiers de l'Association Internationale des Études Françaises*, n° 44, 1992, p. 296.

3. Roukhomovsky, Bernard, *L'Esthétique de La Bruyère*, SEDES, 1997, p. 45.

chez le personnage ? Le portrait ne se fait-il pas finalement plus juste en prenant ses distances au regard du sujet représenté ?

Le premier trait de l'univers des *Caractères*, et peut-être le plus frappant, est donc sa profonde étrangeté. La Bruyère promène autour de lui un regard perplexe et sélectif, qui retient tout ce qui semble incongru dans le spectacle du monde. Le constat de la bizarrerie des choses et des usages est un *leitmotiv* lancinant, qui en appelle à une prise de conscience : « si la bizarrerie et la vanité ne sont pas les causes de l'injustice » (XII, 80), « une telle mode, [...] toute bizarre qu'elle est » (XIII, 12), « quelle idée plus bizarre » (XIV, 21), « cet usage bizarre et dénué de fondement » (XIV, 24)... Le synonyme *étrange* est aussi utilisé, de façon certes plus sporadique : « un si étrange commerce » (XI, 131), « il est étrange qu'il ait fallu une loi pour régler son extérieur » (XIV, 47)... Dans les deux cas, le comportement décrit se saisit par contraste avec une norme supposée partagée, si l'on en croit les définitions purement privatives du *Dictionnaire de l'Académie française*, en 1694 : « extraordinaire & hors de l'usage commun » pour *bizarre*, « qui n'est pas dans l'ordre & dans l'usage commun » pour *estrange*. De telles notations disent une extériorité ou une exclusion, tel un écart angulaire, irréductiblement coupable, au regard d'un point de référence sain. Les comportements déroutants que décrit La Bruyère prennent donc le contre-pied de la raison ou de la civilité, ils sont proprement *énormes*, comme inassimilables ; serions-nous entourés de monstres, à notre insu ? Quoi qu'il en soit, le degré d'étrangeté du monde tend à le rendre opaque, comme si sa logique interne se dérobait, et le moraliste ne peut que constater l'invasion d'énigmes compactes : « une telle coutume [...] bizarre et incompréhensible » (VII, 19), « il y a dans le monde [...] quelque chose de plus incompréhensible » (XII, 56), « des choses [...] étonnantes et incompréhensibles » (XIV, 16)... L'aspect composite des référents peut aussi faire songer aux figures grotesques qu'aiment les peintres doués d'imagination : « un composé bizarre, ou un grotesque » (XII, 26). L'œuvre de Rabelais, constitutivement hétérogène et définitivement énigmatique, peut alors apparaître comme l'emblème spectaculaire d'une réalité décousue : « c'est un monstrueux assemblage d'une morale fine et ingénieuse et d'une sale corruption » (I, 43).

La manifestation stylistique de cette étrangeté du réel est la démultiplication des paradoxes[1], qui logent une contradiction interne au cœur de la phrase, pour laisser entendre que les choses elles-mêmes manquent de cohérence : « Nous cherchons notre bonheur hors de nous-mêmes, et dans l'opinion des hommes que nous connaissons flatteurs, peu sincères, sans équité, pleins d'envie, de caprices et de préventions : quelle bizarrerie ! » (XI, 76) La proposition principale et la proposition relative devraient, en bonne logique, s'exclure mutuellement ; leur combi-

1. Voir Gallard, Pierre-Yves, *Paradoxes et style paradoxal : L'Âge des moralistes*, Classiques Garnier, 2019.

naison déroutante souligne spectaculairement l'inconséquence d'une pensée ou d'un comportement. Ainsi, une cause peut engendrer l'inverse de l'effet attendu : « Un autre plus jeune enlève ses espérances, et obtient le poste qu'on ne refuse à ce malheureux, que parce qu'il l'a trop mérité » (IX, 7). Le choix du connecteur ne peut qu'intriguer le lecteur : La Bruyère place à dessein un *parce que* là où la logique semblerait devoir imposer un *bien que*. De même, les antithèses lexicales creusent ostensiblement l'écart entre la raison et les faits : « le duel [...] a attaché de l'honneur et de la gloire à une action folle et extravagante » (XIII, 3). De même encore, deux propositions objectivement antinomiques peuvent être néanmoins réunies, posées conjointement contre toute attente ; elles sont alors parfois articulées par un *et* qui prend, de ce fait, une valeur nettement adversative : « l'on espère de vieillir et l'on craint la vieillesse » (XI, 41). La suite de la remarque livre toutefois la clef de l'énigme ; le vieillissement prolonge pour l'heure la vie mais la vieillesse annonce déjà, par métonymie, la mort : « l'on aime la vie et l'on fuit la mort », autrement dit ce qui semblait de prime abord absurde est finalement conforme à la nature. Les phrases de La Bruyère surprennent le lecteur parce que le moraliste est lui-même surpris par ce qu'il observe. La logique et la morale sont dévoyées du même mouvement dans l'attitude des hommes.

C'est dire aussi que la réalité décrite semble souvent inverser diamétralement l'ordre des choses qu'on attendrait spontanément. Le monde des *Caractères* est un monde à l'envers, comme un reflet de miroir qui permute la gauche et la droite, ou comme un chiasme qui redistribue les mêmes référents en retournant leur disposition comme un gant[1]. Les priorités sont scandaleusement gauchies, ce qui devrait être superflu devient essentiel et ce qui devrait être essentiel devient superflu : « une tenue d'états, ou les chambres assemblées pour une affaire très capitale, n'offrent point aux yeux rien de si grave et de si sérieux, qu'une table de gens qui jouent » (VI, 72) ; « ceux qui nuisent à la réputation, ou à la fortune des autres plutôt que de perdre un bon mot » (VIII, 80) ; « les hommes agissent mollement dans les choses qui sont de leur devoir, pendant qu'ils se font [...] une vanité de s'empresser pour celles qui leur sont étrangères » (XI, 139)... Les hommes sont-ils à ce point aveugles aux hiérarchies ? On croirait qu'ils se complaisent dans l'erreur de jugement qui flatte leurs vices. De même encore, ils se soucient peu qu'un homme ait de la vertu, mais ils s'enthousiasment outre mesure pour celui qui sait vider son verre d'une traite (XIII, 6) ; et la quantité d'or qu'on possède pèse beaucoup plus que la « naissance » ou les « talents » (XIV, 40) ! Au sein de la phrase, les compléments des verbes semblent s'échanger librement, dans une disparate qui bouscule plaisamment les combinaisons lexicales usuelles : « ils pourront un jour négliger leurs devoirs,

1. La formule « monde à l'envers » est déjà utilisée par Doris Kirsch au sujet de la cour (*La Bruyère ou le style cruel*, Montréal, Presses de l'Université de Montréal, 1977, p. 35) et par Jules Brody dans une perspective plus générale (*Du style à la pensée : Trois études sur* Les Caractères *de La Bruyère*, Lexington, French Forum, 1980, p. 64).

mais […] ils n'oublieront rien pour leurs plaisirs » (XI, 55), « les hommes comptent presque pour rien toutes les vertus du cœur, et idolâtrent les talents du corps et de l'esprit » (XI, 84)… Même les choses sacrées ne le sont plus, et la prédication se fait cabotinage : « le discours chrétien est devenu un spectacle » (XV, 1).

Certains personnages incarnent à merveille cette tendance globale, ils semblent donner corps au principe du chiasme qui organise sourdement toutes ces charges satiriques. On songe à Straton, qui « dit ridiculement des choses vraies, et follement des choses sensées et raisonnables » (XII, 56). On songe aussi et surtout à Ménalque, le plus connu peut-être des personnages de La Bruyère, le moins unifié aussi (XI, 7). Sa vie entière consiste à inverser l'ordre des choses normal : il avale les dés et lance son verre d'eau sur le plateau de jeu, ou bien il permute les lettres qu'il adresse respectivement à un duc et pair et à son fermier. Il a l'art de placer les objets au mauvais endroit, par exemple quand il serre son chien dans son armoire et s'étonne lui-même du « prodige » d'un meuble d'où sortent des aboiements. Ménalque est hyperboliquement maladroit mais obstinément sympathique. Ses intentions sont bonnes, sa politesse incontestable, et pourtant il accumule les impairs piquants en société car il semble toujours en décalage au regard du *hic et nunc* des circonstances : « La Bruyère s'est plu à mettre en scène le défaut d'impertinence »[1]. Ménalque flotte au-dessus des choses, c'est un être léger et lunaire, détaché des pressions du réel pour notre plus grand bonheur ; son inconséquence constitutive lui assure une drôlerie permanente. On pourrait tout particulièrement lui appliquer ce mot plus général de Louis Van Delft : « [La Bruyère] va au-delà de la caricature, force encore davantage le trait, pousse jusqu'au clownesque[2] ».

8. Un monde en désordre

La composition des *Caractères* en différents chapitres et l'esprit de discernement omniprésent dans les analyses témoignent de la même aspiration fondamentale à l'ordre. Le rêve du moraliste, semble-t-il, serait que chaque référent reste à sa place attitrée ; dans *Les Caractères*, l'espace est segmenté, et l'on y distingue des zones théoriquement étanches : « il adopte d'entrée de jeu un cadre fait d'une infinité de clôtures »[3]. Mais les déplacements d'une catégorie à l'autre perturbent l'ordonnance du système. Aussi le mélange des essences et l'hybridation des espaces se voient-ils systématiquement désavoués. On peut sans doute élargir le constat de

1. Badiou-Monferran 2000, p. 464. Gilbert Romeyer-Dherbey est du même avis : « Ménalque fait très bien et avec prestesse tout ce qu'il fait, mais ses actions sont toujours décalées par rapport à leur destination naturelle : il vit dans le présent un autre temps » (« Temps et contretemps chez La Bruyère », *Revue d'histoire littéraire de la France*, 1984, n° 3, p. 367).

2. Van Delft, Louis, « La Bruyère et le burlesque », art. cit., p. 297.

3. Van Delft 1971, p. 58.

Jean-Pierre Landry : « pour La Bruyère, la religion et le siècle doivent exister dans des territoires séparés et le premier scandale consiste en une sorte de transgression des frontières, en une confusion des domaines »[1].

Ainsi, les classes sociales sont en principe réparties entre la ville (VII) et la cour (VIII). Quoi de plus incongru que de rendre poreuse cette séparation ? Là où nous parlerions volontiers, aujourd'hui, d'ascension sociale, La Bruyère perçoit surtout des germes de désordre qui conduisent vite au ridicule, comme si le réel refusait de se plier aux cases abstraites où l'on entend le cantonner. Bien avant Proust, La Bruyère dénonce ainsi, comme un mélange des genres, le snobisme, au sens le plus étroitement étymologique du terme : l'attitude de personnes *sine nobilitate* qui se comportent comme si elles étaient nobles. Les petits-maîtres de la cour sont déjà ridicules par eux-mêmes, mais les jeunes magistrats qui singent leurs manières le sont plus encore, car ils y ajoutent l'artifice et la mascarade, explique La Bruyère (VII, 7) ; c'est que ces personnes s'écartent, géométriquement en quelque sorte, de la place qui leur revient : « affectant [...] un caractère éloigné de celui qu'ils ont à soutenir ». De même, La Bruyère n'a pas de mots assez durs pour « certains particuliers » qui « se moulent sur les princes pour leur garde-robe et pour leur équipage » (VII, 11), pour la ville qui ne fait que « contrefaire » la cour dont elle est le « singe » (VII, 15), pour les « femmes de la Ville » qui ne sont, par « affectation », qu'« une mauvaise imitation de celles de la Cour » (VII, 16)... Ne pas assumer ce qu'on est traduit de l'orgueil, de la présomption, de l'imprudence aussi : le rire du public a tôt fait de briser de telles prétentions. La Bruyère se souvient sans doute ici des personnages de Molière ou de La Fontaine, qui prétendent obstinément être quelqu'un d'autre mais qui se voient immanquablement démasqués : rien ne sert, pour un âne, d'endosser la défroque du lion, ou pour un geai de se parer des plumes du paon, car nul ne peut modifier sa nature profonde. La noblesse elle-même est-elle autre chose qu'un simulacre, dans une société où tout repose sur l'apparence ? Se réduit-elle à l'ajout d'une particule à son nom ? La métamorphose sociale, illusoire et dérisoire, ne change que le pourtour, sans altérer la réalité des personnes : « Quelques autres se couchent roturiers et se lèvent nobles » (XIV, 1). Affleure ici une ironie discrète et piquante ; on songe à Boileau, autre vigoureux pourfendeur d'une noblesse dévoyée qui n'est plus qu'un titre extérieur, au lieu de garantir la vertu intrinsèque de l'individu : « Chacun pour ses vertus n'offrit plus que des noms »[2]. Partout on se déguise, partout on se prétend situé plus haut sur l'échelle sociale qu'on n'est objectivement : « un grand seigneur affecte la principauté » (XIV, 7). Quant à Pamphile, il « veut être grand » mais n'accède qu'à une

1. Landry, Jean-Pierre, « La Bruyère et les prédicateurs », *Papers on French seventeenth century literature*, n° 48, 1998, p. 33.
2. Boileau, *Satires*, V, v. 96. Cf. Molière : « je regarde bien moins au nom qu'on signe qu'aux actions qu'on fait » (*Dom Juan*, IV, 4).

supercherie dont personne n'est dupe : « il est d'après un Grand » (IX, 50). Masques, contrefaçons, simulacres, tel est bien l'univers des *Caractères*.

La séparation entre les sexes s'avère tout aussi fragile que les clivages sociaux dans le monde des *Caractères*. Combien d'androgynes déroutants, de chiasmes biologiques, de femmes viriles et d'hommes efféminés s'y offrent au regard ! Contrairement aux idées reçues, on sait déjà, au XVIIe siècle, que le sexe est en grande partie un fait de culture, qui relève de l'acquis et de la construction sociale : « Le tempérament et l'éducation font toute la différence qui se remarque entre les deux sexes[1] ». La Bruyère lui-même en convient : « si la science et la sagesse se trouvent unies en un même sujet, je ne m'informe plus du sexe, j'admire » (III, 49). Mais quand les traits culturellement associés à l'un des sexes glissent librement à l'autre, ce mélange – qui peut, aujourd'hui, nous séduire – indispose ou effarouche cet amateur d'ordre et de clarté qu'est fondamentalement La Bruyère. Zénobie soutient « virilement » une guerre (VI, 78), mais son goût du luxe la condamne par avance, et les femmes joueuses ou ambitieuses « n'ont de leur sexe que les habits » (III, 52). Inversement, Théognis « sort paré comme une femme » (IX, 48), Timon est « semblable à une femme » (XI, 155), et La Bruyère se prend même à imaginer « un jeune abbé [...] avec des mouches et du rouge » (XIV, 16), qui oublierait aussi bien la coupure entre le profane et le sacré que le clivage entre les sexes[2]. Les genres grammaticaux permutent alors étrangement, ils affichent leur discordance avec le sexe des référents : « il est la femme et elle le mari » (III, 76). Hermagoras se demande encore, au sujet de Sémiramis, si « la mère avait une voix mâle comme son fils, ou le fils une voix efféminée comme sa mère » (V, 74), sans pouvoir trancher cette grave question. Le point culminant de cette confusion des sexes est sans conteste le portrait d'Iphis (XIII, 14), qui utilise une « pâte de senteur » pour préserver sa « main douce » et qui semble se mouvoir d'un chapitre à l'autre, comme s'il refusait, là encore, de rester à sa place : « aussi ne l'ai-je pas mis dans le chapitre des femmes ». Il n'a de son sexe que les habits : « il porte des chausses et un chapeau », autrement dit, dans un monde où les repères les plus élémentaires s'effritent, le sexe se réduit à peu près à une tenue codifiée. Un comportement ridicule, semble-t-il, est d'abord *déplacé*, à tous les sens du terme : « là encore, personne n'est à sa place », note Paul Morillot[3].

Aussi l'un des torts majeurs des personnages est-il de « sortir de leur caractère », comme dit plus d'une fois La Bruyère, c'est-à-dire de ne pas rester confinés à la position qui leur revient légitimement, de se hasarder hors de leur domaine

1. Christine de Suède, *Maximes*, éd. Chantal Thomas, Rivages Poches, 2016, p. 74. Cf. Bellegarde : « il n'y a de difference entre l'esprit de l'homme & celui de la femme, que celle qu'y met l'éducation » (*Lettres curieuses de littérature & de morale* [1702], 3e éd., La Haye, Guillaume de Voys, 1720, p. 148).

2. Ce trait satirique est repris par Lesage : « une dame française [...] étudiait dans un miroir de nouveaux airs de visage, pour les essayer sur un jeune abbé qui paraissait à la portière de sa chambre avec des mouches et du rouge » (*Le Diable boiteux*, éd. Béatrice Didier, GF-Flammarion, 2004, p. 38).

3. Morillot 1904, p. 150.

propre, au risque de jurer avec le décor. Ainsi, Télèphe, qui « se jette hors de sa sphère », a pour seul caractère « de ne savoir pas se renfermer dans celui qui lui est propre » (XI, 141) ; il incarne en quelque sorte l'extravagance, aux antipodes de celui qui s'accommode de sa nature et en tire toutes les conséquences : « Soyez plutôt maçon, si c'est votre talent »[1]. Un autre personnage, au lieu d'apprendre à se connaître lui-même, « sort hardiment des limites de son génie » (XII, 63). Quant au fat, s'il pouvait « craindre de mal parler, il sortirait de son caractère » (XII, 51), c'est-à-dire qu'il cesserait d'être fat, d'être définissable par ce trait, autrement dit il progresserait sur la voie de la sagesse : mais il s'agit ici d'une pure virtualité et non d'un constat effectif. On voit la prégnance, dans de telles notations, de l'imaginaire spatial. L'abbé de Bellegarde, qui s'inspire ouvertement de La Bruyère, parvient aux mêmes conclusions : « On se rend toujours ridicule, quand on veut sortir de son caractere[2] ». Aspirer à l'ailleurs, c'est aussi aspirer à l'autre : sortir de soi, c'est se travestir. Mais le « caractère » qu'on prétend sien ne peut que bâiller sur la réalité d'une personne à laquelle il ne convient pas : « La différence d'un homme qui se revêt d'un caractère étranger, à lui-même quand il rentre dans le sien, est celle d'un masque à un visage » (XI, 140). D'où le net contraste avec l'organisation parfaite des astres dans l'univers, où la main de Dieu se manifeste : « tous au contraire sont en leur place, demeurent dans l'ordre qui leur est prescrit, suivent la route qui leur est marquée » (XVI, 43). Malgré leur infinie complexité, les orbites sont réglées comme du papier à musique alors que les hommes, dans leur mode de vie, ne cessent de semer le désordre, incapables qu'ils sont d'accepter le sort qui leur convient comme la personnalité qu'ils possèdent.

1. Boileau, *Art poétique*, IV, v. 26.

2. Bellegarde 1697, p. 381.

II

L'anthropologie des *Caractères*

1. Le réseau des images

Un moraliste, par définition, se donne pour objet d'étude le plus étrange, le plus complexe ou le plus insaisissable des êtres : l'homme. Une *anthropologie*, au sens très général de « conception de l'homme », se dégage donc nécessairement des *Caractères*, et pour la capter il convient d'être sensible aussi bien aux images qu'exploite La Bruyère qu'à ses déclarations explicites : décrire l'homme avec justesse, c'est d'abord et paradoxalement le rêver.

Or, le réseau des images se charge, dans *Les Caractères*, de curieuses résurgences baroques. En 1688, l'époque des poètes baroques peut sembler bien lointaine, et pourtant leurs rêveries n'ont pas été éradiquées par l'essor du classicisme : elles se font simplement plus discrètes, mais affleurent encore sporadiquement. C'est que les moralistes classiques, tout comme les poètes du début du XVIIe siècle, sont intimement nourris de la lecture de l'Ecclésiaste, inépuisable réservoir d'images et de méditations sur la vanité[1]. La Bruyère a bien conscience de la fugacité de la vie humaine : « [un monde] où l'on séjourne peu, et dont l'on doit sortir pour n'y plus rentrer » (XVI, 31). De fait, à bien y regarder, une hantise de la mort traverse le volume, qui paraît par ailleurs si vivant et si truculent[2]. On ne peut qu'être frappé de la fréquence des remarques qui s'achèvent formellement sur la mention de la mort du personnage, faisant ainsi coïncider suggestivement la clôture d'une parole et l'abolition d'un référent ; la combinaison régulière avec la conjonction *et* accentue l'impression d'achèvement d'un parcours : « et il est mort de saisissement » (VI, 79), « et il meurt ainsi après avoir vécu » (VII, 12), « et meurent

1. Voir Normand 2018.

2. Voir Tourrette, Éric, notice « La Bruyère », *Dictionnaire de la mort*, dir. Ph. Di Folco, Larousse, 2010, p. 604-605.

dans le doute » (VIII, 22), « et il mourra demain » (XI, 124)... Quels que soient les personnages, tous s'acheminent vers le même horizon funèbre, dont le retour lancinant a quelque chose d'implacable. La mort est le nord vers lequel pointent ces diverses remarques, dont la concision symbolise la brièveté du temps qui nous est accordé ici-bas.

On peut comprendre alors le recours aux images codifiées de la fragilité : « les hommes n'y ont pas plus d'attention qu'à une fleur qui se fane, ou à une feuille qui tombe » (XVI, 18). Pierre Mathieu ne dit pas autre chose : « Cette vie est un arbre, & les fruicts sont les hommes, / L'un tombe de soy-mesme, & l'autre est abbatu, / Il se dépoüille en fin des fueilles & des pommes, / Avec le mesme temps qui l'en a revestu[1] ». Et au sein du « petit concile », Fénelon tient le même discours : « Ainsi les hommes passent comme les fleurs, qui s'épanouissent le matin, et qui le soir sont flétries et foulées aux pieds[2] ». Hyperboliquement vaine, la mode s'apparente par ailleurs au bleuet « qui naît et qui tombe presque dans le même instant » (XIII, 8), caricaturant ainsi la concentration temporelle, voire l'abolition de la durée, qui nous est imposée : « On meurt le mesme iour que l'on commence à naistre, / On s'oblige au naufrage entrant en ce bateau : / Naître & mourir n'est qu'un, l'estre n'est qu'un non-estre, / Il n'y a qu'un soûpir de la table au tombeau[3] ». Le réel, loin de se figer, est donc en état de mouvance permanente, et l'enchaînement absurde des modes éphémères ne fait que renouveler les surfaces : « une mode a à peine détruit une autre mode, qu'elle est abolie par une plus nouvelle, qui cède elle-même à celle qui la suit, et qui ne sera pas la dernière » (XIII, 15). La subordination inverse et l'enchaînement des propositions relatives calquent ici, syntaxiquement, cette agitation sans fin. On en dirait autant des bulles qui se forment à la surface de l'eau par temps de pluie : « L'une plus, l'autre moins s'entretient dessus l'onde, / L'une cy, l'autre là, paroist & disparoist ; / Le nombre incessamment en accroist & décroist, / Et tout retourne en rien ; de mesme fait le monde[4] ». Aussi l'instant qui s'écoule est-il irréversiblement perdu, ce qui relativise nécessairement les grandeurs d'ici-bas et incite à méditer sur les seules vérités éternelles : « il y a de légères et frivoles circonstances du temps qui ne sont point stables, et que j'appelle des modes, la grandeur, la faveur, les richesses, la puissance, l'autorité, l'indépendance, le plaisir, les joies, la superfluité » (XIII, 31). De telles notations évoquent encore les productions des poètes baroques, qui voient systématiquement dans la fleur l'emblème par excellence de la fugacité[5] : « Beauté, faveur, chevance, & plaisir,

1. Mathieu, Pierre, *Tablettes ou quatrains de la vie et de la mort* ; *Quatrains moraux : XVI*e *et XVII*e *siècles*, éd. Éric Tourrette, Grenoble, Jérôme Millon, 2008, p. 159.

2. Fénelon 1995, p. 320.

3. Mathieu, Pierre, *op. cit.*, p. 184.

4. Guichard, Claude, *Quatrains de la vanité du monde* ; *ibid.*, p. 117.

5. Voir Tourrette 2018, sujet n° 4.

& liesse / Sont les plus belles fleurs du parterre mondain; / Mais le tige en esclot du iour au lendemain, / Laideur, mespris, disette, & regret, & tristesse[1] ». Voir l'homme tel qu'il est, c'est d'abord prendre acte de cette brièveté de toute chose ici-bas, de la même façon qu'on contemple une vanité picturale avant de se tourner vers la permanence divine.

L'image de la navigation, qui assimile l'homme à un voyageur ballotté par les flots et constamment en danger, traverse plusieurs remarques des *Caractères*[2]. La vie, semble-t-il, n'est que tempêtes déchaînées ou bonaces trompeuses, et il n'est pas rare qu'on fasse naufrage, par ironie du sort, en arrivant au port. La faveur tourne comme les vents, et ceux qui semblent avancer à grande erre sont loin d'être hors de danger : « l'on voit des hommes que le vent de la faveur pousse d'abord à pleines voiles » (XII, 61). De même, Eustrate, « dans sa nacelle », subit de plein fouet une violente tempête que rien ne laissait présager, et finit par disparaître dans les flots (XIII, 9). L'image peut aussi se faire plus discrète : « je le tiens échoué [...], ce n'est pas ainsi qu'on prend le vent, et que l'on arrive au délicieux port de la fortune » (XII, 67). Là encore, c'est l'idée de fragilité ou de vulnérabilité qui domine dans de telles représentations : l'homme semble peu de chose au regard des forces qui se déchaînent autour de lui. On songe au mot terrible et fameux de Pascal : « Oui, mais il faut parier. Cela n'est pas volontaire, vous êtes embarqué[3] ». On songe surtout, de nouveau, aux rêveries lancinantes des poètes baroques : « Qui plus hault, qui plus bas dans la mondaine barque, / Qui pis, qui mieux placé, qui ioyeux, qui chagrin ; / Tous font mesme voyage, & descendent en fin / Esgalement traictez au grand lac de la Parque[4] ». *Les Caractères* déploient donc un univers symbolique, leur décor verse volontiers dans l'allégorie transparente, par-delà les pointes satiriques immédiates. On pourrait faire le même parallèle pour l'assimilation de la vie à un sommeil (XI, 47) ou de la cour à une partie d'échecs (VIII, 64) : La Bruyère exploite ici une gamme d'images traditionnelles, presque de clichés, qu'il a soin toutefois de raviver et de personnaliser par sa plume unique.

Plus concrètement, La Bruyère assimile souvent les hommes à autant de machines inertes. Quelque chose d'essentiel se joue sans doute dans ces réifications récurrentes : « ce style est lié au sens profond de l'œuvre dans la mesure où il traduit une vision de l'homme qui, à force de vivre dans un monde d'objets, finit par le devenir lui-même »[5]. Le passage de la fonction sujet à la fonction complément

1. Guichard, Claude, *op. cit.*, p. 140.
2. Plus généralement, Louis Van Delft estime que l'*homo viator* fait partie des « quatre thèmes majeurs » de l'analyse morale (Van Delft 2008, p. 167).
3. Pascal, *Pensées*, fr. 397.
4. Guichard, Claude, *op. cit.*, p. 127.
5. Kirsch 1977, p. 106. Cf. « L'objet ne demeurera pas toujours l'amorce du personnage : le personnage lui-même se transformera en cet objet » (Mouton, Jean, *Les Intermittences du regard chez l'écrivain*, Desclée de Brouwer, 1973, p. 50).

traduit syntaxiquement la passivité du rôle dévolu aux personnages mécaniques ou déshumanisés : « le sot est *Automate*, il est machine, il est ressort, le poids l'emporte, le fait mouvoir, le fait tourner et toujours, et dans le même sens » (XI, 142). Le mot *machine* fait songer à Descartes comme à Pascal ; le pantin dérisoire[1], loin de maîtriser son propre sort, est ici contraint de suivre un mouvement cyclique, absurde, perpétuel, sans espoir, à l'instar d'un Sisyphe ; la polysyndète souligne le caractère régulier et monotone du procès. De même, l'aiguille de la montre, poussée par des ressorts invisibles, revient inévitablement à son point de départ, ce qui symbolise les déconvenues de la vie de cour (VIII, 65) ; on peut y voir un « avatar actualisé de la vieille roue de la fortune »[2], au même titre que ces « machines » qui, comme sur le théâtre, hissent les courtisans très haut avant de les faire brutalement chuter (VIII, 32).

Si l'homme perd de sa superbe en se voyant assimilé à une simple machine, il est tout aussi humilié par les rapprochements permanents avec les bêtes. « La Bruyère [...] fait dans ses *Caractères* un usage modéré et généralement négatif de la métaphore animale », estime Maxime Normand[3]. Mais le relevé montre que cet emploi n'a rien de « modéré » : l'image de la bête se fait plutôt envahissante au plan quantitatif, et elle frappe par sa diversité au plan qualitatif. C'est en réalité toute une ménagerie que convoque La Bruyère pour symboliser tel ou tel trait psychologique tout en entretenant un climat burlesque, à la manière d'un fabuliste : dans *Les Caractères*, on croise des poissons (III, 5), des insectes (V, 3), des ours (VI, 12), des singes (VIII, 12), des caméléons (X, 12), des bœufs (XI, 142), des renards (XII, 118)... L'univers de la foire, une nouvelle fois, affleure. Mais surtout, une grille d'équivalences conventionnelles, héritées d'Ésope et relayées par les formules proverbiales, est ainsi mise à contribution : « il faut apprendre [aux enfants] ce que c'est qu'un lion, un renard, ainsi du reste ; et pourquoi l'on compare quelquefois un homme à ce renard ou à ce lion »[4]. La bête est donc un truchement commode et transparent pour parler de l'homme. Même la préface du discours de réception maintient le procédé, non sans férocité satirique : La Bruyère s'y emporte contre « de vieux corbeaux » (p. 112), faisant ainsi allusion aux parents et amis de feu le Grand Corneille, par un calembour qui n'est sans doute pas du meilleur goût. Parfois aussi, un mot fait discrètement image sans que l'animal concerné soit explicitement nommé : « un essaim de gens de livrées » (VII, 9), « attelés tous deux au char de la fortune » (VIII, 19), « la table est pour lui un râtelier » (XI, 121)... Inversement,

1. Cette image traverse le discours critique : « poses de poupées mécaniques » (Mouton 1973, p. 41), « [les personnages] font souvent figure de pantins, de purs phénomènes » (Brody 1980, p. 21), « tant de pantins que peint La Bruyère » (Van Delft, Louis, *Littérature et anthropologie : Nature humaine et caractère à l'âge classique*, PUF, 1993, p. 145)...

2. Cuche 1991, p. 60.

3. Normand 2018, p. 262.

4. La Fontaine, préface des *Fables* ; 1965, p. 63. Voir Tourrette 2018, sujet n° 6.

la célèbre remarque XI, 128, au lieu de rabaisser les hommes au rang des bêtes, hisse d'apparents « animaux farouches » à la dignité des personnes humaines[1] ; sur l'échelle de la Création, le mouvement ascendant prend le contre-pied du discours global des *Caractères*, à la manière d'un chiasme : « quand ils se lèvent sur leurs pieds, ils montrent une face humaine ». Cette remarque apporte comme une touche d'espoir à un paysage sombre.

2. L'homme contradictoire

On sait quelle importance Pascal accordait à la question des « contrariétés » que recèle la nature humaine et que seule la religion, selon lui, peut expliquer. Pour La Bruyère aussi, l'homme est double, oxymorique, miné par d'irréductibles contradictions internes que le moraliste, perplexe, ne peut que constater ; le mot *contrariété* apparaît même en toutes lettres dans *Les Caractères* (XII, 91). Ainsi, Théodas (XII, 56) est un « prodige » car il est tour à tour « facile, doux, complaisant, traitable » et « violent, colère, fougueux, capricieux ». La Bruyère en vient même à douter de l'unicité de cet être, qui semble affecté de personnalités multiples : « ce sont en lui comme deux âmes qui ne se connaissent point ». Parfois, l'opacité du réel oppose à l'« herméneutique du comportement[2] » que promeut La Bruyère une fin de non-recevoir ; Straton est à ce point contradictoire qu'il en devient illisible ou impénétrable : « caractère équivoque, mêlé, enveloppé ; une énigme, une question presque indécise » (VIII, 96). Plus généralement, il semble que les jugements ou comportements des hommes soient pétris de contradictions insoupçonnées, que décèlent spectaculairement les paradoxes au sein des remarques. Ainsi, on méprise les comédiens tout en les admirant : « On pense d'eux comme les Romains, on vit avec eux comme les Grecs » (XII, 15). Le moraliste demande ici un peu de cohérence, il dénigre à bon droit l'inconséquence de ses contemporains : « Il me semble qu'il faudrait ou fermer les théâtres, ou prononcer moins sévèrement sur l'état des comédiens » (XIV, 21).

La palinodie qui se loge parfois dans le texte des *Caractères* n'est donc pas une négligence de la part de La Bruyère mais au contraire la marque d'une parfaite adéquation avec un objet d'étude qui est lui-même antinomique. La remarque XII, 93 est particulièrement éclairante à cet égard : La Bruyère y affirme successivement que « la disgrâce éteint les haines et les jalousies » et que « rien n'est bien d'un

1. On se gardera de suivre François Bluche quand il affirme : « j'y vois plus de mépris que de pitié » (*Au Temps de Louis XIV*, Hachette, 1994, p. 268). Émile Faguet est ici meilleur lecteur : « son article sur les paysans est plein d'une compassion profonde » (*Dix-septième siècle : Études et portraits littéraires*, Boivin, s.d. [1886], p. 487). Alexandre Vinet est du même avis : « ce portrait, fût-il un peu exagéré, atteste chez l'auteur ce sentiment général d'humanité » (*Moralistes des seizième et dix-septième siècles*, Lausanne, Payot, 1962, p. 203).

2. Escola 2001, t. I, p. 240.

homme disgrâcié », autrement dit la même cause produit des effets diamétralement opposés. La juxtaposition brutale d'opinions incompatibles ne peut qu'intriguer le lecteur. Or, loin d'estomper le contraste, La Bruyère le souligne explicitement, car il est selon lui situé dans le modèle, et non attribuable au peintre : « Je me contredis, il est vrai ; accusez-en les hommes, dont je ne fais que rapporter les jugements ; je ne dis pas de différents hommes, je dis les mêmes qui jugent si différemment ». La Bruyère ne parlait donc pas en son nom propre au début de la remarque, il ne faisait que reproduire tels quels des discours qu'il ne cautionne pas ; en somme, il « peint [les hommes] tels qu'ils sont » à la manière de Racine (I, 54), sans chercher à arrondir les angles, à embellir le portrait ou à euphémiser le propos. La Rochefoucauld n'est pas loin : « On est quelquefois aussi différent de soi-même que des autres[1] ». La Bruyère tient presque le même langage : « Quelques hommes dans le cours de leur vie sont si différents d'eux-mêmes par le cœur et par l'esprit, qu'on est sûr de se méprendre, si l'on en juge seulement par ce qui a paru d'eux dans leur première jeunesse » (XI, 99). La doctrine médicale des humeurs permet, dans une certaine mesure, de théoriser cette mouvance des êtres : « ces changements si soudains de l'homme viennent de ce que quatre humeurs différentes règnent en lui, et lui communiquent leurs qualités successivement »[2]. La Bruyère pense lui aussi que l'humeur « n'est pas toujours fixe » (I, 17).

L'homme est donc contradictoire par son incapacité à rester identique à lui-même dans le temps. Son essence même est inconstante, elle n'est faite que de mouvance et d'instabilité : « l'unique caractéristique constante des caractères humains est justement – ironie suprême – l'absence de permanence »[3]. C'est dire que la rêverie prégnante sur la métamorphose des hommes retrouve, là encore, les obsessions des poètes baroques : « ce qui fascine le baroque, ce sont les états intermédiaires et les phénomènes transitoires »[4]. « Le ministre ou le plénipotentiaire est un caméléon, est un Protée », estime La Bruyère (X, 12)[5]. C'est certes un cas limite, les tâches diplomatiques à accomplir exigeant une bonne part de duplicité ou de dissimulation. Mais Claude Guichard élargit le propos à l'ensemble de l'humanité : « Le monde n'est iamais d'une face arrestee : / Ore triste, or' ioyeux, or'il fasche or'il plaist, / L'homme imite le monde : & d'un pareil effect / L'homme au monde, & le

1. La Rochefoucauld, maxime 135.

2. Esprit 1996, p. 95. Pour La Rochefoucauld aussi, l'âme est en mouvement permanent : « les humeurs du corps [...] roulent ensemble et exercent successivement un empire secret en nous » (maxime 297).

3. Rosso 1964, p. 57 ; nous traduisons.

4. Gibert, Bertrand, *Le Baroque littéraire français*, Armand Colin, 1997, p. 145. Cf. « tant de motifs et de personnages pittoresques, avec tout ce qu'ils offrent d'indéterminé, de changeant, de bizarre, d'ouvert aux métamorphoses » (Raymond, Marcel, *Baroque et renaissance poétique* [1955], José Corti, 1985, p. 53).

5. Cf. « l'amour-propre donne à l'homme cette pente à se déguiser et à prendre autant de figures que le Protée des fables » (Esprit 1996, p. 506).

monde à l'homme est un Protee[1] ». Ou encore : « Un homme ne se peut treuver deux fois le mesme : / Il ne fait que changer ; le vain Cameleon, / Et le poulpe ne sont changeans au parangon, / Eux changent par obiect, & l'homme par soy-mesme[2] ». On songe forcément aux analyses de Jean Rousset : « Protée, c'est l'homme qui ne vit que dans la mesure où il se transforme ; toujours mobile, et voué à se fuir pour exister, il s'arrache continuellement à lui-même ; son occupation est de se quitter »[3]. La Bruyère pense lui aussi que rien n'est plus fluctuant ou protéiforme que l'être humain, en dehors même des sphères de la diplomatie : « on devrait seulement admirer l'inconstance et la légèreté des hommes, qui attachent successivement les agréments et la bienséance à des choses tout opposées » (XIII, 12). Le moraliste s'applique volontiers à saisir, à travers les verbes, l'évolution des hommes au fil des âges de la vie : « avec [la raison] croissent les passions et les vices » (XI, 52). Rien, semble-t-il, n'est figé dans le marbre, et surtout pas les opinions ou les jugements critiques : « l'on ne pense pas toujours constamment d'un même sujet » (XII, 2), « le public a varié sur son sujet » (XII, 13), « il ne faut pas vingt années accomplies pour voir changer les hommes d'opinion » (XII, 94)... Les affects des hommes ne cessent de s'altérer au point de devenir imprévisibles : « rien n'est plus inégal et moins suivi, que ce qui se passe en si peu de temps dans leur cœur et dans leur esprit » (XI, 133). De même, la cour, lieu par excellence de l'instabilité, est comparée à « certaines couleurs changeantes » (VIII, 3) : le référent, semble-t-il, se fait insaisissable à force d'ondoyer.

Dans un tel univers, l'analyse morale est-elle encore possible ? La caractérologie héritée de Théophraste livre une grille d'interprétation du réel ; mais l'homme, dans son instabilité constitutive, peut-il s'y plier ? On sait bien quel est l'idéal de La Bruyère : « chaque être doit entrer [...] dans l'une des subdivisions, des catégories, des compartiments parfaitement cloisonnés de la classification »[4]. Mais on sait aussi quelle est la difficulté de l'entreprise : « on y voit des *caractères* hésiter littéralement entre deux ou plusieurs dénominations, comme si l'image n'admettait pas de se laisser fixer dans un cadre »[5]. Que devient le rêve d'ordre face au désordre du monde ?

1. Guichard, Claude, *op. cit.*, p. 130.
2. *Ibid.*, p. 133.
3. Rousset, Jean, *La Littérature de l'âge baroque en France: Circé et le paon* [1953], José Corti, 1995, p. 22.
4. Van Delft 1993, p. 42.
5. Escola 2001, t. I, p. 227.

3. Mouvance et fixité

Dans certains cas, le moraliste semble avoir du mal à caractériser précisément les hommes dont il parle. Il fait l'expérience d'un spectacle hyperboliquement mouvant, au point d'échouer, à première vue, à trouver la bonne étiquette. Le conflit grammatical du singulier et du pluriel permet de capter l'étrangeté d'un homme aux multiples facettes : « un homme inégal n'est pas un seul homme, ce sont plusieurs » (XI, 6)[1]. Le trait distinctif s'émiette alors en se démultipliant : « ne demandez pas de quelle complexion il est, mais quelles sont ses complexions » (*ibid.*). L'altération de l'essence est donc la règle pour un tel personnage : « il est à chaque moment ce qu'il n'était point, et il va être bientôt ce qu'il n'a jamais été » (*ibid.*)[2]. C'est en somme un individu pluriel : le paradoxe est d'autant plus séduisant qu'il est plus intrigant. D'autres hommes sont présentés comme foncièrement indéfinissables ; la négation capte alors, semble-t-il, l'aporie de l'analyse morale : « tel homme au fond, et en lui-même ne se peut définir ; trop de choses qui sont hors de lui, l'altèrent, le changent, le bouleversent » (XI, 18). La notion d'essence a-t-elle ici encore du sens ?

Parfois aussi, le caractère qu'identifie le moraliste est saisi de façon purement privative, il n'est fait que d'absence, ou au moins d'instabilité : « les hommes n'ont point de caractères, ou s'ils en ont, c'est celui de n'en avoir aucun qui soit suivi, qui ne se démente point, et où ils soient reconnaissables » (XI, 147). Une telle déclaration est pour le moins inattendue dans un ouvrage qui s'intitule *Les Caractères* et qui se réclame du modèle de Théophraste ; la complexité interne des référents, croirait-on, les rend finalement inclassables. La plus célèbre des remarques qui explorent cette question place La Bruyère, assimilé à un peintre, face à un modèle protéiforme : « comment le fixer, cet homme inquiet, léger, inconstant, qui change de mille et mille figures ? » (XIII, 19) Les préfixes privatifs signalent la mouvance interne du référent, qui échappe à toute saisie ferme[3]. Cet individu se dérobe à l'immobilité du portrait tout comme l'eau ou le sable glisse entre les doigts des poètes baroques[4] : « je le peins dévot, et je crois l'avoir attrapé, mais il m'échappe, et déjà il est libertin ; qu'il demeure du moins dans cette mauvaise situation, et je

1. Cf., beaucoup plus tard, Proust, qui considère que le réel se démultiplie selon les points de vue adoptés ; autrement dit le facteur d'éparpillement est selon lui externe et non interne : « j'avais vu les personnes varier d'aspect selon l'idée que moi ou d'autres s'en faisaient, une seule être plusieurs selon les personnes qui la voyaient » (Proust, Marcel, *Le Temps retrouvé* [1927], Gallimard, coll. « Folio classique », 1990, p. 219).

2. Balzac écrit encore, en 1831 : « nous sommes à chaque instant des êtres nouveaux, uniques, sans aucune similitude avec le *nous* de l'avenir et le *nous* du passé » (*La Peau de chagrin*, éd. Samuel S. de Sacy, Gallimard, coll. « Folio classique », 2006, p. 213).

3. Cf. « inquiétude d'esprit, inégalité d'humeur, inconstance de cœur, incertitude de conduite » (XI, 4) ; faut-il rappeler que pour Jean Rousset, l'inconstance est définitoire du baroque ?

4. Cf. Claude Guichard : « Sur la fumee en l'air, sur l'instable de l'onde, / Sur le crystal formé du seul froid d'une nuict, / Sur le sable mouvant cil insensé construict, / Qui plante ses desseins sur le vain de ce monde » (*op. cit.*, p. 151).

saurai le prendre ». *Attraper*, c'est fixer, identifier, caractériser de façon définitive ; mais le personnage en question fluctue sans cesse d'une apparence à la suivante ; il semble rétif par nature à toute entreprise de classification. C'est dire que l'anthropologie des *Caractères* est encore largement baroque, en ce qu'elle intègre une part d'instabilité définitive ; or, la caractérologie théophrastienne est fondamentalement fixiste, elle suppose que la nature des hommes est immuable à travers le temps.

De fait, force est de constater que certaines parentés structurales traversent les siècles : « un homme qui veut parler, se trouvant assis proche d'une personne qu'il n'a jamais vue et qu'il ne connaît point, entre d'abord en matière, l'entretien de sa femme et lui fait son éloge, lui conte son songe, lui fait un long détail d'un repas où il s'est trouvé », observe Théophraste (p. 81). « Il faut laisser parler cet inconnu que le hasard a placé auprès de vous [...] ; vous saurez son nom, sa demeure, son pays, l'état de son bien, son emploi, celui de son père, la famille dont est sa mère », confirme La Bruyère (V, 14). De part et d'autre, même parole saturée, envahissante, tentaculaire, captée stylistiquement par l'accumulation ; même tendance incongrue à dériver de proche en proche jusqu'à noyer l'auditeur sous un déluge de détails non pertinents. Le genre humain est-il à ce point incorrigible ? Ne tient-on pas là quelque chose comme un invariant ou un universel ? Ne s'agit-il pas de deux avatars ponctuels du même type fondamental, anhistorique dans son essence ? Mais les données fuyantes du réel, que relève aussi La Bruyère, sont-elles compatibles avec la rigidité du paradigme traditionnel ? Parfois, un contraste est explicitement souligné, au sein des hommes, entre un invariant (nocif) et une variable (insignifiante) : les hommes « changent leurs habits, leur langage, les dehors, les bienséances », mais ils sont « fermes et constants dans le mal », affirme une remarque particulièrement pessimiste (XI, 2).

Les remarques sur l'instabilité ou l'inconsistance des personnages ont fait les beaux jours de la critique anglo-saxonne, qui en a conclu à une « dissolution » de la notion même de caractère : la caractérologie théophrastienne serait désormais perçue par La Bruyère comme obsolète, incapable de rendre compte de la mouvance du réel[1]. Cette thèse « dissolutionniste » peut sans doute séduire l'esprit, mais elle est fondamentalement fausse. Comment saisir un écart sans prendre en compte une norme ? Comment percevoir la spécificité d'un être mouvant sans le comparer à un point de repère fixe ? La caractérologie théophrastienne n'est-elle pas nécessairement à l'arrière-plan de ces observations, fût-ce au seul titre de cadre de référence, voire de simple contrepoint ? Et n'est-ce pas aller trop vite que de conclure à un échec de la description ? Dire qu'un référent est insaisissable, n'est-ce pas déjà en livrer une description effective ? Prétendre qu'on ne peut le fixer, n'est-ce pas précisément en capter l'essence propre ? Ne pas avoir de caractères, n'est-ce pas déjà en soi un

1. Voir Koppisch, Michael S., *The Dissolution of character: Changing perspectives in La Bruyère's* Caractères, Lexington, French Forum, 1981.

caractère, pleinement identifiable comme tel[1] ? N'est-il pas approximatif d'assimiler une réalité privative à une absence de réalité ? Ne peut-on voir dans l'inconstance permanente une forme paradoxale de constance ? En somme, la prétendue aporie de la classification est-elle finalement autre chose qu'une subtile *prétérition*, qui décrit bel et bien le référent en feignant de ne pouvoir le faire ?

Louis Van Delft a tranché le débat une fois pour toutes : La Bruyère, explique-t-il, « ne s'est [...] jamais détaché pour de bon de la caractérologie théophrastienne »[2]. Le critique convient que de nombreux personnages des *Caractères* apparaissent comme des « fantoches » ou des « pantins » vides, sans profondeur ; mais il ajoute que « cela ne veut aucunement dire qu'ils soient sans *caractère*, privés d'essence »[3]. Une absence de psychologie constitue déjà une ontologie, même minimale ; ces personnages légers et insignifiants incarnent pleinement la légèreté et l'insignifiance, c'est précisément leur raison d'être au sein du livre. La conclusion de Louis Van Delft tombe, implacable et imparable : « *Le vide est leur essence.* Ce vide est un plein. C'est une plénitude de néant[4] ». Les « dissolutionnistes » ont donc eu le grand mérite d'attirer l'attention sur des remarques atypiques au sein des *Caractères*, de mettre en évidence la part de la mouvance baroque dans l'anthropologie du moraliste : il faut leur en savoir gré. Mais il faut aussi admettre que leur lecture, sélective et orientée, voire partiale, constitue une étape irrévocablement dépassée dans l'histoire de la critique.

4. Surface et profondeur

La critique se complaît à parler, au sujet de La Bruyère, de ses « yeux perçants » ou de son « regard pénétrant »[5], érotisant ainsi discrètement le rêve d'accès à la profondeur des choses et des êtres. C'est peut-être sur ce point que se manifeste un écart réel avec les rêveries baroques, par ailleurs si prégnantes dans *Les Caractères* : « le poète baroque est moins sensible à la profondeur de l'eau, lieu de l'intimité, qu'à sa surface, lieu de la diversité »[6]. Les surfaces captivent le regard des poètes baroques par leur agitation sans fin, par les jeux de lumière et de couleur qu'elles cultivent. La Bruyère, empreint d'un idéal de lucidité que lui a transmis la lecture des *Maximes*, entend au contraire percer les surfaces pour ne pas se laisser duper ; il veut aller en

1. La Bruyère le dit d'ailleurs en toutes lettres : « Un caractère bien fade est celui de n'en avoir aucun » (V, 1).
2. Van Delft 1993, p. 142.
3. *Ibid.*, p. 145, souligné par l'auteur.
4. *Ibid.*, même p., souligné par l'auteur.
5. Morillot 1904, p. 61 et 72. Cf. « un regard subtil et aigu » (Faguet 1886, p. 489), « un coup d'œil aigu et pénétrant » (Lange, Maurice, *La Bruyère critique des conditions et des institutions sociales* [1909], Genève, Slatkine Reprints, 1970, p. 21)...
6. Gibert 1997, p. 142.

toutes circonstances au fond des choses; il sait que les dehors sont le plus souvent trompeurs et que la vérité des êtres est occulte, mais il estime pouvoir l'atteindre: « ici se cache une sève maligne et corrompue sous l'écorce de la politesse » (IX, 25). Un jugement sain sur les hommes suppose donc nécessairement une plongée au tréfonds des âmes : « après avoir mûrement approfondi les hommes » (XI, 157), « il y a un intérieur, et un cœur qu'il faut approfondir » (XII, 27)... Mais le courtisan se veut « profond, impénétrable » (VIII, 2), et la dissimulation est pour lui la règle, à des fins stratégiques : « les hommes ne veulent pas [...] que l'on pénètre qu'ils pensent à une telle dignité » (VIII, 44). C'est que la réalité ainsi occultée s'avère souvent aussi sordide et rebutante que les coulisses d'un théâtre ou d'une cuisine: « de même n'approfondissez pas la fortune des partisans » (VI, 25). Même constat au sujet des familles, qui affichent par convention sociale une paix illusoire quand on leur rend visite : « il y en a peu qui gagnent à être approfondies » (V, 40). On devine que La Bruyère, pour suggérer cette duplicité des êtres, exploite volontiers la métaphore du masque ou du travestissement : « il masque toute l'année » (VIII, 48). La vie d'Onuphre, en particulier, n'est faite que de dissimulation : « il joue son rôle » (XIII, 24)[1]. Et le trompe-l'œil envahit les décors : « sa galerie est remplie, à quelques endroits près, qui sont peints de manière, qu'on les prend pour de vrais livres » (XIII, 2). Le réel entier, semble-t-il, est fardé ou travesti, mais l'œil affûté du moraliste a tôt fait de démasquer les apparences pour rétablir la vérité. C'est bien ce qu'annonçait le « Discours sur Théophraste » : « l'on s'est plus appliqué aux vices de l'esprit, aux replis du cœur et à tout l'intérieur de l'homme, que n'a fait Théophraste » (p. 72).

La Bruyère constate aussi que certaines personnes se réduisent paradoxalement à leur surface, en dehors de toute profondeur effective : « ils n'ont pas, si je l'ose dire, deux pouces de profondeur ; si vous les enfoncez vous rencontrez le tuf » (VIII, 83). À force de cultiver les dehors, de soigner le paraître, de s'impliquer dans une gestuelle codifiée, ces personnes n'ont-elles pas cessé d'exister véritablement ? N'ont-elles pas fini par se confondre entièrement avec le rôle qu'elles jouent en permanence sur la scène mondaine ? Ne se perdent-elles pas sans retour dans ce triomphe de la surface ? Ou bien faut-il comprendre que ces gens sont à ce point insignifiants qu'on peut finalement faire abstraction de leur personnalité, comme d'une quantité négligeable ? Certains personnages sont en tout cas affectés d'une singulière carence d'être, pour ainsi dire ; ils s'agitent, ils gesticulent, ils occupent l'espace physique mais semblent dépourvus d'existence effective : la voix tonitruante de Théodecte (V, 12) en impose de prime abord, mais elle ne peut faire illusion sur l'inconsistance de sa personnalité. Et les gens riches semblent même dépourvus d'humanité, ils se définissent par leurs possessions et non par leurs affects : « De

1. Sur cette remarque, voir Auerbach, Erich, « Le faux dévot », *Mimésis*, trad. fr., Gallimard, coll. « Tel », 1978, p. 365-394.

telles gens ne sont ni parents, ni amis, ni citoyens, ni chrétiens, ni peut-être des hommes : ils ont de l'argent » (VI, 58).

D'autres personnages des *Caractères* s'apparentent à des baudruches, vaines et creuses, d'autant plus dérisoires qu'elles semblent extérieurement plus imposantes. Il s'agit parfois de corps physiquement distendus : « *Champagne*, au sortir d'un long dîner qui lui enfle l'estomac » (VI, 18). Ou bien, à l'inverse, d'une vacuité psychologique, liée au règne de l'amour-propre : « avec tout l'orgueil dont nous sommes gonflés » (XII, 7). Par contraste avec le corps étrangement cave et quasi imperceptible de Phédon, Giton (VI, 83) affiche ainsi un « visage plein » et des « joues pendantes », il « déploie un ample mouchoir et se mouche avec grand bruit » : il tend à envahir l'espace et n'accorde aucune attention à autrui[1]. On songe inévitablement à la grenouille de la fable face à de tels personnages « en état d'expansion »[2], bouffis, affectés d'un mouvement centrifuge en quelque sorte. Mais à l'image de ces bulles de savon qui hantent l'imaginaire baroque, un être s'avère d'autant plus fragile qu'il est plus enflé[3]. C'est dire que le moraliste a tôt fait de percer la surface pour dévoiler l'imposture, en renvoyant les personnes concernées à leur propre insignifiance : « L'auteur met en scène un personnage qui se gonfle d'importance, puis se dégonfle comme un ballon[4] ». La chute cinglante d'une remarque opère souvent cette démystification : « N** arrive avec grand bruit, il écarte le monde, se fait faire place, il gratte, il heurte presque, il se nomme : on respire, et il n'entre qu'avec la foule » (VIII, 15). L'image de la chute physique va dans le même sens : « jusqu'à ce qu'il survienne un Grand, qui faisant tomber tout d'un coup [cette hauteur ridicule] par sa présence » (VIII, 17). De même, il ne faut pas être dupe de l'étalage complaisant et interminable des titres auxquels prétend un orateur, et qui envahissent « de vastes affiches » sous la forme de « caractères monstrueux » : dès qu'il prend la parole, on constate sa médiocrité (XV, 18). Beaucoup de bruit, peu de substance : il n'y a là que du vent, qui se dissipe bien vite. Ces personnages sont emplis de vide, en quelque sorte, ils sont massifs mais creux. Qu'il dévoile une réalité sordide et soigneusement masquée, qu'il constate l'absence de profondeur tangible au-delà des surfaces, ou qu'il crève comme des ballons les êtres enflés d'eux-mêmes, dans tous les cas La Bruyère aspire à montrer les choses telles qu'elles sont. Son regard est incisif et impitoyable, et la démystification fait systématiquement retomber les belles apparences.

1. « Sur l'opposition, morale ou politique, du pauvre et du riche, La Bruyère plaque celle du corps et de l'âme, de ce Giton qui tend à n'être que *res extensa* [...] et ce Phédon *res cogitans* », observe finement Serge Doubrovsky (« Lecture de La Bruyère », *Parcours critique*, Galilée, 1980, p. 62).

2. Mouton 1973, p. 39.

3. Voir Tourrette, Éric, « D'une image baroque : la bulle », *Il Confronto letterario*, n° 61.2.14, p. 25-40.

4. Hellegouarc'h, Jacqueline, « La phrase de La Bruyère », *L'Information littéraire*, 1978, n° 1, p. 42. Cf. « Que se propose ici La Bruyère ? De "gonfler", puis de "dégonfler" le personnage » (Milly, Jean, « La Bruyère : Périandre ou le parvenu, Étude de langue et de style », *L'Information littéraire*, 1966, n° 5, p. 226).

5. La société des hommes

Les hommes savent-ils au moins se comporter agréablement en société ? Rien n'est moins sûr selon La Bruyère, qui accorde beaucoup d'importance aux questions de civilité. On parle volontiers, au XVIIe siècle, du « commerce du monde » pour désigner la vie sociale ; c'est que le mot *commerce*, selon le *Dictionnaire de l'Académie française*, signifie à la fois « trafic, negoce de marchandises, d'argent » et « communication & correspondance ordinaire avec quelqu'un ». Or, La Bruyère se plaît à raviver par syllepse le sens propre, que n'écarte jamais entièrement le sens figuré : « Ne pouvoir supporter tous les mauvais caractères dont le monde est plein, n'est pas un fort bon caractère : il faut dans le commerce des pièces d'or, et de la monnaie » (V, 37). C'est une façon de suggérer discrètement que quelque chose d'intéressé se loge toujours, subrepticement, dans les relations avec autrui. Sur ce point, La Bruyère est bon lecteur de La Rochefoucauld : « Ce que les hommes ont nommé amitié [...] n'est enfin qu'un commerce où l'amour-propre se propose toujours quelque chose à gagner[1] ». Le fondement de la civilité est égoïste, en quelque sorte, dans la mesure où plaire aux autres est toujours, sourdement, une façon d'être fier de soi : « Il me semble que l'esprit de politesse est une certaine attention à faire que par nos paroles et par nos manières les autres soient contents de nous et d'eux-mêmes » (V, 32). Mais contrairement aux idées reçues, l'intérêt n'est pas nécessairement discrédité : il peut trouver une certaine légitimité empirique dans la vie en communauté, et l'on peut y voir une manière de mal nécessaire. Pascal condamne au nom de la morale, il est vrai, cet arrière-plan irréversiblement corrompu de toute société : « On a fondé et tiré de la concupiscence des règles admirables de police, de morale, et de justice. Mais, dans le fond, ce vilain fond de l'homme, ce *figmentum malum* n'est que couvert. Il n'est pas ôté[2] ». Mais à l'inverse, Damien Mitton, l'un des plus éminents théoriciens de l'honnêteté, estime sain ce fondement intéressé : « C'est ce ménagement de bonheur pour nous et pour les autres que l'on doit appeler l'honnêteté, qui n'est, à le bien prendre, que l'amour-propre bien réglé[3] ». Quoi qu'il en soit, tous les moralistes semblent admettre qu'on ne perd jamais de vue sa propre personne ; ce constat peut se traduire par une subtile stratégie de séduction : « L'esprit de la conversation consiste bien moins à en montrer beaucoup qu'à en faire trouver aux autres ; celui qui sort de votre entretien content de soi et de son esprit, l'est de vous parfaitement » (V, 16). L'abbé de Bellegarde est

1. La Rochefoucauld, maxime 83.

2. Pascal, *Pensées*, fr. 197.

3. Damien Mitton, *Pensées sur l'honnêteté* ; *Moralistes du XVIIe siècle*, *op. cit.*, p. 85. Cf. « l'amour-propre fait tous les vices et toutes les vertus morales, selon qu'il est bien ou mal entendu » (abbé d'Ailly, *Pensées diverses*, *ibid.*, p. 261) ; « cette sorte d'amour-propre qu'on appelle honnêteté » (Nicole 1999, p. 413) ; « la civilité humaine [...] n'est qu'une espèce de commerce d'amour-propre » (Esprit 1996, p. 182)...

du même avis : « C'est un bon moïen de plaire, que d'écouter les autres avec plaisir, & sans jalousie, & de leur donner des ouvertures pour développer leur esprit[1] ».

C'est là un précepte essentiel de la conversation honnête, telle qu'on la conçoit au XVIIe siècle[2]. Mais il en est d'autres, que La Bruyère a soin de rappeler en détail dans le chapitre V des *Caractères*, et qui constituent autant d'applications concrètes du « principe de coopération » que décrit la pragmatique moderne au sujet des interactions verbales[3]. Or, toutes ces règles sont systématiquement bafouées par les personnages des *Caractères*, ce qui confirme la rareté des conversations vraiment agréables, que notait déjà, avec fatalisme, La Rochefoucauld : « Une des choses qui fait que l'on trouve si peu de gens qui paraissent raisonnables et agréables dans la conversation, c'est qu'il n'y a presque personne qui ne pense plutôt à ce qu'il veut dire qu'à répondre précisément à ce qu'on lui dit[4] ». Ce défaut d'attention à l'interlocuteur et donc de pertinence du propos est souvent mis en évidence par La Bruyère, sous la forme d'une syntaxe obstinément négative : « ils continuent leur récit sans la moindre attention pour ceux qui entrent ou qui sortent » (V, 8), « il n'a nul discernement des personnes » (V, 12), « tout occupé du désir de répondre à ce qu'on n'écoute point » (V, 67)... N'est-ce pas là une forme coupable de surdité ? Ménalque, égal à lui-même, n'échappe pas à ce travers, moins par froideur que par légèreté : « il n'est ni présent ni attentif dans une compagnie à ce qui fait le sujet de la conversation » (XI, 7). C'est qu'« un esprit abstrait nous [jette] loin du sujet de la conversation » (V, 10).

De même, l'emploi massif du latin, langue ésotérique s'il en est, a pour effet d'exclure les interlocuteurs qui ne le maîtrisent pas, ce qui traduit une indifférence totale à la composition de la compagnie : « une longue suite de latin que l'on cite souvent devant des gens qui ne l'entendent pas » (V, 73). L'impair est grave, car il est humiliant. Un pas de plus, et l'on bascule dans le pédantisme, on ne peut plus déplaisant et ridicule en société, qui consiste à savoir tout ce qui est superflu : « il connaît à fond les Égyptiens et leurs dynasties » (V, 74). Et à ignorer tout ce qui est nécessaire : « *Hermagoras* ne sait pas qui est roi de Hongrie » (*ibid.*). On ne saurait bafouer davantage l'à-propos. L'étalage d'un savoir abscons est une marque d'orgueil inassimilable : « Le vrai honnête homme est celui qui ne se pique de rien[5] ». L'érudition ostentatoire est surtout un refus de s'adapter à l'auditoire : « Les Savans de profession sont souvent fort sots, & tres-ridicules, parce qu'ils veulent faire trop connoitre qu'ils sont savans : ils parlent de choses sublimes devant des gens qui

1. Bellegarde 1697, p. 19-20.

2. Sur cette notion capitale, voir notamment Fumaroli, Marc, « La conversation », *Trois Institutions littéraires*, Gallimard, coll. « Folio histoire », 1994, p. 111-210.

3. Voir Grice, H. Paul, « Logique et conversation », trad. fr., *Communications*, n° 30, 1979, p. 57-72.

4. La Rochefoucauld, maxime 139.

5. *Id.*, maxime 203.

n'y prennent aucun interest [...][1] ». Tout est affaire de dosage et de discrétion, car le refus du pédantisme n'est en aucun cas une aspiration à l'inculture : « L'oubli affecté n'est donc pas synonyme d'ignorance, mais de maîtrise : il convient de ne pas se laisser envahir par le savoir, mais de n'en tirer que le suc dont on a besoin[2] ».

Les hommes réels sont-ils donc l'inversion complète du modèle abstrait de l'honnêteté ? On pourrait le croire, à en juger par l'agressivité qui se déploie dans leurs discours : « parler et offenser pour de certaines gens est précisément la même chose » (V, 27). « Il ne faut jamais blesser les sentiments des autres, ni paraître choqué de ce qu'ils ont dit », rappelle pourtant La Rochefoucauld[3]. On constate aussi une tendance à contredire autrui pour le seul plaisir de se démarquer ou de se faire valoir, sans comprendre que l'élégance vraie est dans la discrétion et l'effacement de soi : « il évite uniquement de donner dans le sens des autres, et d'être de l'avis de quelqu'un » (V, 75). Là encore, c'est proprement le contraire de la conversation idéale : « au lieu de les contredire ou de les interrompre, comme on fait souvent, on doit, au contraire, entrer dans leur esprit et dans leur goût »[4]. Les autres travers des conversations réelles ne manquent pas ; certaines sont envahies de propos fastidieux et ennuyeux au possible : « tout ce qui se dit de froid, de vain et de puéril dans les entretiens ordinaires » (V, 5). « Il faut donc s'accommoder à tous les esprits », conclut La Bruyère (*ibid.*), résigné, par la force des choses, à prendre les hommes comme ils sont ; en effet, se montrer intransigeant sur ce point conduirait à renoncer à toute vie sociale ; La Rochefoucauld est du même avis : « il faut leur laisser la liberté de se faire entendre, et même de dire des choses inutiles »[5]. D'autres personnes indisposent par l'affectation ou l'obscurité de leur langage, comme si elles refusaient le principe même de la communication : « Que dites-vous ? comment ? je n'y suis pas ; vous plairait-il de recommencer ? » (V, 7) D'autres encore accaparent la parole au lieu de laisser chacun s'exprimer à son tour, de façon équitable : « certains esprits vains [...] sont toujours dans une compagnie ceux qui parlent, et qu'il faut que les autres écoutent » (V, 8). C'est oublier qu'« il est dangereux de vouloir être toujours le maître de la conversation, et de parler trop souvent d'une même chose »[6]. Même un excès de modestie est une faute de goût : « il y aurait une espèce de férocité à rejeter toute sorte de louanges » (V, 35). Faut-il

1. Bellegarde 1697, p. 233-234.

2. Bury, Emmanuel, *Littérature et politesse : L'Invention de l'honnête homme (1580-1750)*, PUF, 1996, p. 72.

3. La Rochefoucauld, *Réflexions diverses*, IV ; 1991, p. 209. La Bruyère ne pouvait pas connaître les *Réflexions diverses*, qui n'ont été publiées qu'au XVIIIe siècle.

4. *Ibid.*, p. 208. Cf. « Les plus incommodes de tous sont ceux qui veulent toujours contredire, & qui se déclarent d'abord contre ce que les autres avancent [...] ; ils ne contredisent que pour avoir le plaisir malin d'être d'une opinion contraire » (Bellegarde 1697, p. 13-14).

5. La Rochefoucauld, *ibid.*, même p.

6. *Ibid.*, p. 209.

rappeler que « le refus des louanges est un désir d'être loué deux fois »[1] ? Le silence, dans certains cas, serait préférable aux paroles incongrues ou imprudentes : « C'est une grande misère que de n'avoir pas assez d'esprit pour bien parler, ni assez de jugement pour se taire » (V, 18). « Le silence est le parti le plus sûr de celui qui se défie de soi-même », confirme La Rochefoucauld[2]. Ce n'est pas encore tout : tels personnages vocifèrent de façon assourdissante (V, 12), mentent éhontément (V, 9), multiplient les serments au mépris du sacré (V, 20)… Le chapitre V offre donc une liste quasi exhaustive de ce qu'il ne faut pas faire en parlant, si l'on se soucie de convivialité.

On l'aura compris : les hommes semblent proprement invivables. Partout affleurent les conflits, partout se manifestent l'hostilité, la rancœur, l'orgueil par-dessus tout. « Avec de la vertu, de la capacité, et une bonne conduite l'on peut être insupportable », écrit en toutes lettres La Bruyère (V, 31). Ainsi, les amis de toujours se séparent absurdement au dernier moment (V, 39), les familles sont agitées de querelles secrètes (V, 40), des voisins se haïssent du jour au lendemain pour une simple « bagatelle » (V, 47)… Il est vrai que l'honnête homme n'est plus l'idéal que revendique La Bruyère en son nom propre ; c'est un pis-aller minimaliste selon lui : « L'honnête homme est celui qui ne vole pas sur les grands chemins, et qui ne tue personne, dont les vices enfin ne sont pas scandaleux » (XII, 55). Le vrai modèle auquel il faut aspirer serait plutôt l'homme de bien ; or, « il est plaisant d'imaginer que tout honnête homme n'est pas homme de bien » (*ibid.*) ; ce nouveau modèle est plus sélectif, plus exigeant, et donc plus accompli mais aussi plus rare. Pascal prenait lui aussi ses distances avec les théories de l'honnêteté, mais pour d'autres raisons : « Le moi est haïssable. Vous Mitton le couvrez, vous ne l'ôtez point pour cela. Vous êtes donc toujours haïssable[3] ».

Reste que face à tant de bassesses, la tentation de la fuite semble traverser *Les Caractères*, qui oscillent alors entre aspiration à la vie sociale et leçon de misanthropie. La compagnie des hommes est à ce point décevante, et même dangereuse, que le moraliste est souvent tenté de s'isoler. « Il n'y a avec de si grands causeurs qu'un parti à prendre, qui est de fuir, si l'on veut du moins éviter la fièvre », affirmait déjà Théophraste (p. 82). Le chapitre V ressasse comme un *leitmotiv* ce conseil : « je cède enfin et je disparais, incapable de souffrir plus longtemps Théodecte, et ceux qui le souffrent » (V, 12), « ce que l'on peut faire de mieux d'aussi loin qu'on les découvre, est de les fuir de toute sa force » (V, 27), « motif pressant et indispensable de fuir à l'orient quand le fat est à l'occident » (V, 29), « je descends dans la petite

1. La Rochefoucauld, maxime 149. Cf. Boileau : « Tous mes sots, à l'instant changeant de contenance, / Ont loué du festin la superbe ordonnance ; / Tandis que mon faquin qui se voyait priser, / Avec un ris moqueur les priait d'excuser » (*Satires*, III, v. 101-104).

2. La Rochefoucauld, maxime 79.

3. Pascal, *Pensées*, fr. 509.

ville, où je n'ai pas couché deux nuits, que je ressemble à ceux qui l'habitent, j'en veux sortir » (V, 49)... C'est même le point d'aboutissement du chapitre, puisque la dernière remarque y est consacrée : « Le sage quelquefois évite le monde, de peur d'être ennuyé » (V, 83). Tout se passe comme si méditer sur la société des hommes conduisait inévitablement à la rejeter en son for intérieur. Ailleurs même que dans ce chapitre V, on retrouve sporadiquement la même attitude : « fuyez, retirez-vous ; vous n'êtes pas assez loin » (VI, 35), « un esprit sain puise à la Cour le goût de la solitude et de la retraite » (VIII, 101), « quelques-uns murmurent, les plus sages prennent leur parti et s'en vont » (XVI, 26)... Fuir, ce n'est pas devenir asocial : c'est constater que les hommes le sont. C'est finalement un idéal trop haut de sociabilité qui isole le sage.

6. L'homme en représentation

Si la vie sociale est à ce point codifiée, ne bascule-t-elle pas inévitablement dans la comédie ? Vivre avec ses pairs, n'est-ce pas fondamentalement jouer un rôle ? La question est grave, et elle conduit à une autre question, plus vertigineuse encore : la vie est-elle autre chose qu'un gigantesque théâtre ? Ou, plus radicalement : sommes-nous bien assurés de l'existence du réel, ou bien n'est-ce intrinsèquement qu'un simulacre, aussi dérisoire que les décors que disposent les techniciens sur scène ? Vivons-nous dans un monde factice ? On reconnaît là un « thème fondamental » de l'analyse morale[1] : le *theatrum mundi*. Épictète notait déjà, dans son *Manuel* : « souviens-toi que tu es comme un acteur dans le rôle que l'auteur dramatique a voulu te donner »[2]. La poésie baroque n'est pas en reste, elle puise notamment dans cette image une façon de relativiser les grandeurs d'ici-bas : « La vie que tu vois n'est qu'une Comedie, / Où l'un fait le Cesar, & l'autre l'Arlequin : / Mais la mort la finit tousiours en Tragedie, / Et ne distingue point l'Empereur du faquin[3] ». Le ton de La Rochefoucauld peut sembler plus abstrait : « L'intérêt parle toutes sortes de langues, et joue toutes sortes de personnages, même celui de désintéressé[4] ». Mais dans son discours sur les *Maximes*, La Chapelle-Bessé ravive nettement l'image : La Rochefoucauld, dit-il, « démêle admirablement bien tous les rôles que [les hommes] jouent dans le monde » et « nous fait voir, en levant un coin du rideau, que cet amant et ce roi de la comédie sont les mêmes acteurs qui font le docteur

1. Van Delft 2008, p. 360 ; voir aussi Van Delft 1982, p. 191-209.

2. Épictète, *Manuel*, XVII ; Marc-Aurèle, *Pensées pour moi-même*, suivi du *Manuel* d'Épictète, éd. Mario Meunier, GF-Flammarion, 1992, p. 189.

3. Mathieu, Pierre, *op. cit.*, p. 159.

4. La Rochefoucauld, maxime 39.

et le bouffon dans la farce »[1]. Sous un angle moins symbolique, l'image théâtrale permet aussi de dramatiser l'instant historique décisif : « on fit cependant aller le Roi à Charonne, afin d'y voir, comme de dessus un théâtre, une action qui, selon les apparences, devait être la perte inévitable de Monsieur le Prince »[2]. Pour Bossuet, on le devine, le metteur en scène suprême est Dieu : « Dieu a fait [le soleil] pour embellir et pour éclairer ce grand théâtre du monde »[3]. Faut-il préciser que l'image se maintient, sous une forme peut-être moins systématique, bien au-delà du XVIIe siècle ? « S'arrêter aux gens qui représentent toujours, c'est ne voir que des comédiens », se lamente encore Rousseau[4].

Dans *Les Caractères*, cette même image collective, voire universelle, semble particulièrement structurante. On y trouve l'expression « théâtre du monde » en toutes lettres (VI, 31). L'humanité entière semble engagée, à son insu, dans une pièce permanente, dont seul le personnel se renouvelle : « dans cent ans [...] ce sera le même théâtre et les mêmes décorations, ce ne seront plus les mêmes acteurs » (VIII, 99). Plus prosaïquement, la vie sociale est à ce prix, semble-t-il : « on se joint ensemble pour se rassurer sur le théâtre » (VII, 3). Dans les lieux fréquentés, « on parle pour les passants » (*ibid.*), dans un geste de pure représentation où l'authenticité se perd sans retour. Le théâtre symbolise surtout la tendance largement répandue à parader en tentant d'éblouir la galerie : « quelques-uns n'ont pas même le triste avantage de répandre leurs folies plus loin que le quartier où ils habitent : c'est le seul théâtre de leur vanité » (VII, 11), « il ne lui saurait peut-être manquer que [...] ce qu'on appelle un grand théâtre pour y faire briller toutes ses vertus » (XII, 28)... On songe inévitablement au paon, symbole par excellence de cette ostentation où Jean Rousset voyait une attitude typiquement baroque. Parfois, La Bruyère utilise la comparaison plutôt que la métaphore, rappelant ainsi qu'il s'agit après tout d'une vue de l'esprit, inévitablement approximative, mais soulignant aussi un mélange des genres coupable : « expose une femme d'une seule nuit sur un lit comme sur un théâtre » (VII, 19), « aussi les Pamphiles sont-ils toujours comme sur un théâtre » (IX, 50)... Vivre, c'est donc jouer, c'est-à-dire mentir sur son identité ou travestir sa personnalité : « cela ne s'appelle pas être grave, mais en jouer le personnage » (XII, 29). Onuphre est bien entendu le champion dans ce domaine : « les yeux baissés, la démarche lente et modeste, l'air recueilli, lui sont familiers, il joue son rôle » (XIII, 24). Des contrastes piquants peuvent ainsi se manifester, quand le comédien et le rôle ne semblent pas faits l'un pour l'autre : « *Théodote* avec un habit austère

1. *Id.*, 1991, p. 285-286.

2. *Id.*, *Mémoires*, VI ; éd. Jean Lafond, Gallimard, coll. « Folio classique », 2006, p. 244.

3. Bossuet, Jacques Bénigne, « Oraison funèbre du Prince de Condé » [1687] ; *Sermons et oraisons funèbres*, Le Seuil, coll. « Points Sagesses », 1997, p. 305.

4. Rousseau, Jean-Jacques, *La Nouvelle Héloïse*, II, 27 ; éd. Jean M. Goulemot, Librairie Générale Française / Le Livre de Poche, 2002, p. 362.

a un visage comique et d'un homme qui entre sur la scène » (VIII, 61). Quant au monarque, s'il doit par définition représenter, à tous les sens du terme, l'exercice du pouvoir, il est en droit aussi d'aspirer ponctuellement à plus de franchise ou de simplicité : « le plaisir d'un roi qui mérite de l'être, est [...] de sortir du théâtre [...] et de jouer avec une personne de confiance un rôle plus familier » (X, 16).

Plus généralement, le désir d'attirer le regard semble obsessionnel chez bien des personnages des *Caractères*. La tenue n'est plus qu'un spectacle qui cherche à en imposer : « dans ces lieux d'un concours général, où les femmes se rassemblent pour montrer une belle étoffe » (VII, 3). L'exhibition de soi est la règle : « il y a des endroits où il faut se faire voir » (XI, 71), « par où et comment il pourra se faire remarquer » (XIII, 11), « il était venu à la messe pour s'y montrer » (XIII, 14), « il observe d'abord de qui il peut être vu » (XIII, 24)... Le souci d'être au centre des regards se fait parfois indécent, une forme de racolage affleure quand l'appétit sensuel est délibérément stimulé : « leurs épaules qu'elles étalent avec leur gorge [...] comme si elles craignaient [...] de ne pas se montrer assez » (VIII, 74), « les femmes [...] montrent leur gorge et leurs épaules » (XIV, 73)... Pamphile, pour sa part, pousse le mauvais goût jusqu'à faire étalage du prestigieux cordon bleu, par la parole ou par le geste ; il feint parfois de le dérober pour mieux l'exhiber, dans un jeu quasi érotique : « il l'étale ou il le cache par ostentation » (IX, 50). Et personne ne semble s'alarmer de cette superficialité dérisoire : « le monde veut de la parure, on lui en donne » (XI, 71). Le point culminant de ce goût du paraître est peut-être le portrait du mauvais roi, où l'épiphore envahissante signale le retour lancinant de l'idée fixe : « c'est le berger habillé d'or et de pierreries, la houlette d'or en ses mains ; son chien a un collier d'or, il est attaché avec une laisse d'or et de soie » (X, 29). L'éclat lumineux dissipe ici toute velléité de sagesse ou de modération. Ce spectacle de roi fait rayonner l'orgueil et la cupidité. C'est sans doute en lisant les *Maximes* que La Bruyère a appris à se méfier des faux brillants qui n'éblouissent que pour tromper, à la manière des feux de la rampe ou du miroir aux alouettes. Toute lumière trop intense, pour les moralistes classiques, empêche de bien voir les choses plus efficacement que l'obscurité : « Ces grandes et éclatantes actions qui éblouissent les yeux sont représentées par les politiques comme les effets des grands desseins, au lieu que ce sont d'ordinaire les effets de l'humeur et des passions[1] ».

1. La Rochefoucauld, maxime 7.

III

L'œil du moraliste

1. L'omniprésence de la vue

Emmanuel Bury explique, dans l'introduction de son édition, que « tout est [...] une question d'optique » (p. 28). « Tout, dans *Les Caractères*, passe par la vue », confirme, sur le même ton, Louis Van Delft[1]. « La place éminente du *regard* et des *jeux d'optique* est caractéristique [...] d'une écriture qui se donne pour objet [...] le spectacle du monde », ajoute Bernard Roukhomovsky[2]. La convergence profonde de ces commentaires est frappante ; et les travaux critiques, depuis, n'ont cessé de confirmer cette intuition partagée[3]. C'est dire quelle importance décisive acquiert, dans l'œuvre, la thématique du regard. Ce dernier est du reste bilatéral : Louis Van Delft assimile La Bruyère à un « spectateur », quand Bernard Roukhomovsky voit plutôt en lui un « montreur », autrement dit il s'agit à la fois, pour le moraliste, de bien voir les choses par lui-même et de les faire voir efficacement au lecteur.

Cela ne signifie pas pour autant que les autres sens, et notamment l'ouïe, ne trouvent pas leur place dans *Les Caractères*. On ne peut suivre Patrick Dandrey quand il affirme que « pas un son direct ne s'enten[d] : le geste y absorbe la parole »[4]. La Bruyère est au contraire très attentif à la façon dont parlent physiquement les personnages : il emploie explicitement le verbe *entendre* (VII, 10), insère çà et là des bribes de dialogues (I, 69), donne au discours direct des échantillons de paroles effectivement prononcées (V, 82), interpelle abruptement l'interlocuteur dont

1. Van Delft, Louis, « La Bruyère ou Du Spectateur », *Biblio 17*, n° 96, 1996, p. 25.

2. Roukhomovsky 1997, p. 33 ; souligné par l'auteur.

3. Voir *L'Optique des moralistes de Montaigne à Chamfort*, dir. B. Roukhomovsky, Champion, 2005.

4. Dandrey, Patrick, *op. cit.*, p. 256. Cf. « on parle peu dans *Les Caractères* » (Soler, Patrice, *Moralistes du XVIIe siècle*, *op. cit.*, p. 648) ; « portraits [...] assez souvent muets » (Leplatre 2004, p. 70)...

il saisit au vol les déclarations (VII, 13), critique les discours creux et convenus qu'on entend partout (V, 63), fait des remarques sur le ton adopté (VIII, 17) ou le volume sonore (V, 12), observe que tels personnages murmurent « à l'oreille » (VIII, 61) et que tels autres savent parler de façon sirupeuse et manipulatrice (IX, 48), sans oublier d'évoquer aussi les aspects paraverbaux du langage (VIII, 2), voire l'expressivité du silence (XIII, 24)… L'univers des *Caractères* est donc plus bruyant qu'on ne le croit généralement, il résonne de mille voix que capte, isole et commente le moraliste.

Reste que la vue est plus amplement sollicitée encore au sein du volume. La Bruyère adopte volontiers, en effet, la position de l'observateur face au spectacle des hommes : « le philosophe consume sa vie à observer les hommes » (I, 34). Il revendique ainsi le fait d'avoir « de bons yeux » (IX, 53), et affirme qu'il « contempl[e] avec quelle férocité les hommes traitent d'autres hommes » (XI, 127). Sa conception de l'art littéraire est liée à une acuité particulière du regard : « le ridicule qui est quelque part, il faut l'y voir, l'en tirer avec grâce, et d'une manière qui plaise et qui instruise » (I, 68). Les prédécesseurs de La Bruyère, en matière d'analyse morale, l'ont sans doute encouragé à explorer cette voie. Pascal se rêve déjà en observateur des hommes, distancié et un peu perplexe : « je m'y suis mis quelquefois à considérer les diverses agitations des hommes »[1]. Autant ou plus que les soubresauts de la Fronde, les *Mémoires* de La Rochefoucauld racontent en substance la genèse d'un regard lucide, qui se conquiert dans la douleur[2] ; le verbe employé à ce sujet annonce déjà le genre pratiqué par La Bruyère : « je commençai à remarquer avec quelque attention ce que je voyais »[3]. Les *Maximes*, à leur tour, soulignent la nécessité de dessiller les yeux des hommes en révélant soudain ce qui était caché : « Les seules bonnes copies sont celles qui nous font voir le ridicule des méchants originaux[4] ». Et elles méditent sur l'art de régler le regard, qui doit être précisément ajusté à l'objet observé, sans excès ni défaut : « Le plus grand défaut de la pénétration n'est pas de n'aller point jusqu'au but, c'est de le passer[5] ». Tout semble donc indiquer que les moralistes classiques s'apparentent à des « spectateurs de la vie »[6]. Mais cela ne signifie pas que La Bruyère cautionne l'attitude superficielle et dérisoire de celui qui ne vit que pour assister *de visu* aux événements tout en se montrant partout avec complaisance : « celui-ci voit, il a vieilli sous le harnois en voyant, il

1. Pascal, *Pensées*, fr. 126.

2. Voir Tourrette, Éric, « L'œil de La Rochefoucauld », *Littératures*, n° 67, 2012, p. 221-234.

3. La Rochefoucauld, *Mémoires*, I ; 2006, p. 61.

4. *Id.*, maxime 133. Cf. La Bruyère : « ils deviennent enfin selon leurs souhaits des copies fidèles de très méchants originaux » (VII, 7).

5. *Id.*, maxime 377. Voir Tourrette, Éric, « Les troubles du regard dans les *Maximes* de La Rochefoucauld », *Les Débris du sens : Études sur les dérives de la perception et du sens*, dir. P. Hummel et F. Gabriel, Philologicum, 2008, p. 113-126.

6. Voir Van Delft 2013.

est spectateur de profession » (VII, 13)[1]. C'est là pure passivité, inutilité flagrante. Voir est une condition nécessaire, mais non suffisante, de la lucidité : il faut y ajouter une méditation éclairée sur les mœurs. L'œil lui-même doit être sage : il doit savoir choisir les spectacles réellement pertinents et révélateurs dans le fouillis du réel. La Bruyère est finalement plus qu'un spectateur : un observateur, c'est-à-dire aussi un commentateur, nécessairement actif dans sa démarche.

2. Une maïeutique du regard

La Bruyère constate encore qu'un homme, « s'il a des yeux, [...] voit des choses qui lui sont nouvelles, dont il ne se doutait pas, dont il ne pouvait avoir le moindre soupçon » (XI, 156). Le regard affûté d'un moraliste se reconnaît précisément à cette faculté de montrer aux hommes ce qu'ils ne voyaient pas. Rendre enfin visible ce que nul ne soupçonnait, tel est le principe d'une maïeutique du regard dont les moralistes classiques sont les maîtres inégalables. Il est vrai que Proust élargit sensiblement le propos, mais il est lui-même intimement nourri de la lecture des moralistes, auxquels il rend hommage plus d'une fois : « L'ouvrage de l'écrivain n'est qu'une espèce d'instrument optique qu'il offre au lecteur afin de lui permettre de discerner ce que sans ce livre il n'eût peut-être pas vu en soi-même[2] ». L'irréel du passé joue ici un rôle symboliquement décisif : il souligne, par contraste, l'efficacité heuristique de l'œuvre littéraire. Commentant les *Maximes* de La Rochefoucauld, Mme de Sablé souligne l'entreprise de dévoilement qu'intègre nécessairement l'analyse morale, et elle la rêve comme une forme d'hypotypose de l'invisible : « toutes les personnes judicieuses y trouveront une infinité de choses fort utiles, qu'elles auraient peut-être ignorées toute leur vie, si l'auteur des *Maximes* ne les avait tirées du chaos, pour les mettre dans un jour où quasi tout le monde les peut voir »[3]. Étienne Périer décèle la même brusque révélation de l'insoupçonné dans les *Pensées* : « un homme [...] est surpris d'y découvrir une infinité de choses auxquelles il n'a jamais pensé »[4]. Apprendre à voir avec justesse, c'est donc aussi, du même mouvement, apprendre à penser avec sagesse. On devine encore ici une influence cartésienne : on sait en effet quel intérêt Descartes, en tant qu'homme de science, accordait aux questions de *dioptrique*, c'est-à-dire à l'élaboration des verres correcteurs.

1. Sur cette remarque, voir Tourrette, Éric, « Le "spectateur de profession" selon La Bruyère », *Logosphère*, n° 3, 2007, p. 171-182.
2. Proust 1990, p. 217-218.
3. La Rochefoucauld 1991, p. 312.
4. Pascal 2004, p. 44.

Faire voir aux hommes ce dont ils ne s'avisaient pas par eux-mêmes, c'est d'abord se focaliser sur les réalités ténues ou infimes : « Un sot ni n'entre, ni ne sort, ni ne s'assied, ni ne se lève, ni ne se tait, ni n'est sur ses jambes comme un homme d'esprit » (II, 37). La rêverie fascinée, et baignée d'évidents souvenirs pascaliens, sur le pouvoir révélateur du microscope (XVI, 44) va symboliquement dans le même sens : plus un détail est minuscule, plus il a paradoxalement de chances de retenir l'attention du moraliste. Montrer l'invisible, c'est aussi et surtout faire accéder à la pleine conscience le spectacle que les hommes ne voient pas, ou ne voient plus, précisément parce qu'ils l'ont en permanence sous les yeux. On reconnaît l'étrange principe de la célèbre nouvelle policière « La lettre volée » d'Edgar Poe : à force d'être affiché avec évidence, un objet finit par disparaître. Les hommes ont tous les jours sous les yeux des ridicules dont ils ne s'avisent pas : comment remettre en cause le décor où l'on baigne en permanence ? Et quelle plus grande dissimulation que l'exhibition omniprésente ? Trop voir, c'est ne pas voir.

Pour créer le déclic qui, enfin, va montrer aux hommes ce qu'ils ne peuvent voir par leurs propres forces, La Bruyère est conduit à adopter un point de vue décalé au regard de ses contemporains. À la fin du chapitre « Des Jugements », il interpelle ainsi les hommes par l'intermédiaire d'Héraclite, le philosophe qui pleure face au « malheureux siècle » (XII, 118), ou de Démocrite, le philosophe qui rit en décelant « une chose plaisante » (XII, 119)[1]. Observer les hommes peut en effet entraîner les deux réactions, alternativement ou simultanément ; le rire signale la lucidité et le sarcasme, les larmes disent l'humanité ou l'empathie : « Ry si tu veux, un ris de Democrite, / Puis que le monde est pure vanité, / Mais quelquefois touché d'humanité, / Pleure nos maux des larmes d'Heraclite[2] ». La Bruyère déclare pour sa part : « Il faut rire avant que d'être heureux, de peur de mourir sans avoir ri » (IV, 63). Il s'amuse visiblement à relativiser la question de la taille, comme le fera plus tard Voltaire dans *Micromégas* : « petits hommes, hauts de six pieds, tout au plus de sept, qui vous enfermez aux foires comme géants » (XII, 119).

Vue d'ailleurs, ou sous un angle neuf, la France du XVIIe siècle s'avère étrange, grotesque ou monstrueuse. « Tous les étrangers ne sont pas barbares, et tous nos compatriotes ne sont pas civilisés », note déjà La Bruyère (XII, 22), bien avant le « relativisme culturel » de Claude Lévi-Strauss. Prenant ses distances à l'égard des coutumes qu'a installées le temps en France, La Bruyère jette un regard éclairant sur le monde qui l'entoure. Les Orientaux incarnent ainsi la sagesse et la modération qui font défaut aux Européens : « Si nous entendions dire des Orientaux, qu'ils boivent ordinairement d'une liqueur qui leur monte à la tête, leur fait perdre la raison, et les fait vomir, nous dirions, cela est bien barbare » (XII, 24). Bien

1. Voir Petris, Loris, « Rire ou pleurer ? L'homme face au monde, de Rabelais à Montaigne », *L'Information littéraire*, 2006, n° 2, p. 12-21.

2. Pibrac, quatrain XCVIII ; *Quatrains moraux*, *op. cit.*, p. 80.

entendu, un tel comportement ne nous choque que quand nous l'attribuons aux autres : nous n'en voyons pas l'absurdité quand il est nôtre. « Pourquoi voyez-vous une paille dans l'œil de votre frère, vous qui ne voyez pas une poutre dans votre œil ? » demandait déjà Jésus-Christ[1]. Le constat est le même au sujet du jeu, qui conduit à « un renversement de toutes les bienséances » : « c'est peut-être aussi l'une de ces choses qui nous rendent barbares à l'autre partie du monde », suggère La Bruyère (VI, 71). Quant à la cour, on sait en quels termes La Bruyère la décrit : « L'on parle d'une région où les vieillards sont galants, polis et civils ; les jeunes gens au contraire durs, féroces, sans mœurs ni politesse [...] » (VIII, 74). S'accumulent ainsi les paradoxes, les incongruités, les horreurs, jusqu'à ce que le lecteur s'avise que ce pays étrange, présenté comme lointain et exotique, est précisément celui où il vit. On ne saurait décaler plus radicalement le point de vue adopté, on ne saurait dévoiler plus efficacement le spectacle occulté par sa propre évidence. Boris Tomachevski appelle *singularisation* ce procédé littéraire : « Il faut parler du vieux et de l'habituel comme du nouveau et de l'inhabituel. L'ordinaire doit être traité comme insolite[2] ». Ce point de vue distancié, et révélateur par là même, sera plus tard celui des Persans de Montesquieu, aptes à s'étonner de ce qui nous semble banal, pour mieux en faire apparaître l'absurdité objective : « c'était la seule ignorance ou la seule étrangeté de ce visiteur inventé qui formait le ressort de ses étonnements et le rendait ultra-sensible à ce que l'habitude nous dérobe »[3].

La position spécifique d'un moraliste au regard des hommes est donc foncièrement ambiguë, et c'est ce qui fait tout son prix : il est à la fois parmi les hommes et à l'écart des hommes, ici et là, à proximité et à distance[4]. Pour parler des hommes, La Rochefoucauld dit aussi bien *ils* (de l'extérieur) que *nous* (de l'intérieur) ; et La Bruyère constate qu'« il se fait généralement dans tous les hommes des combinaisons infinies » (XI, 131), comme si lui-même s'excluait de la communauté ainsi désignée, tout en affirmant par ailleurs que « le philosophe est accessible » à ses semblables (VI, 12). Le moraliste classique, explique Louis Van Delft, « se maint[ient] avant tout à hauteur d'homme »[5]. Mais Francis Jeanson semble dire le contraire : « le moraliste, tôt ou tard, se situe en marge des hommes »[6]. Les deux critiques ont pourtant raison : le propre d'un moraliste, c'est de ne pas s'isoler de ses contemporains (faute de quoi il ne pourrait plus les observer sur le vif) tout en adoptant toujours une position un peu décalée, sans jamais se plonger vraiment

1. *Évangile selon saint Matthieu*, VII, 3 ; trad. de Lemaître de Sacy.

2. Tomachevski, Boris, « Thématique », *Théorie de la littérature : Textes des formalistes russes*, trad. fr., dir. T. Todorov, Le Seuil, coll. « Points Essais », 2001, p. 295.

3. Valéry, Paul, *Variété I et II* [1924-1930], Gallimard, coll. « Folio Essais », 1998, p. 182.

4. Voir Tourrette 2018, sujet n° 14.

5. Van Delft 1982, p. 108.

6. Jeanson, Francis, « Le moraliste grandeur nature », *Lignes de départ*, Le Seuil, 1963, p. 107.

dans la cohue (faute de quoi il manquerait nécessairement de recul, et donc de lucidité). « Il est de la vocation même du Spectateur de se tenir en retrait », conclut Louis Van Delft[1]. C'est bien entendu valable pour le genre pratiqué par La Bruyère : « un art du retrait est sensible dans les recueils de remarques »[2]. Alain Brunn fait précisément le même constat au sujet de La Rochefoucauld : « la position de retrait du moraliste des *Maximes*, depuis laquelle s'observent les usages »[3].

3. Problèmes de perspective

Le xviie siècle semble fasciné par les lois de la perspective et la façon dont elles s'appliquent aux œuvres picturales. On découvre alors, avec surprise et amusement, que l'observateur doit se tenir à une distance précise de l'objet observé pour bien le voir. Les peintres élaborent d'ingénieuses *anamorphoses*, c'est-à-dire des toiles cryptées en quelque sorte, qui ne dévoilent leur vrai contenu qu'à celui qui se tient précisément au bon endroit. L'idée purement technique selon laquelle il ne faut se tenir ni trop loin, ni trop près pour avoir une vision exacte est volontiers transposée, par métaphore, sur l'étude, plus abstraite, des hommes. Pascal notait déjà : « Ainsi les tableaux vus de trop loin et de trop près. Et il n'y a qu'un point indivisible qui soit le véritable lieu, les autres sont trop près, trop loin, trop haut ou trop bas[4] ». La Rochefoucauld tient sensiblement le même langage : « Les hommes et les affaires ont leur point de perspective. Il y en a qu'il faut voir de près pour en bien juger, et d'autres dont on ne juge jamais si bien que quand on en est éloigné[5] ». Nicole est encore du même avis : « ceux qui sont trop près des objets [...] ne voient ainsi que ce qui est précisément devant eux »[6]. Latente ou explicite, la métaphore picturale informe donc en profondeur la conception qu'on se fait alors du nécessaire recul critique : la saisie exacte des choses est impossible de loin (les détails se dérobent) comme de près (la vue d'ensemble fait défaut).

Il serait faux pourtant de croire que de telles représentations soient l'apanage des moralistes proprement dits : c'est un discours collectif, qui transcende les limites des genres. Fontenelle formule le même constat, sous le prétexte de consi-

1. Van Delft 2013, p. 241.
2. Tourrette 2008, p. 351. Cf. « La Bruyère [...] se tient tantôt près de son sujet jusqu'à lui parler, tantôt plus en retrait ou même en surplomb » (Leplatre 2004, p. 77).
3. Brunn, Alain, « La perspective morale des *Réflexions diverses* : Sur la confiance, le langage et la vérité », *XVIIe siècle*, n° 267, 2015, p. 253.
4. Pascal, *Pensées*, fr. 19.
5. La Rochefoucauld, maxime 104. Dans la première version de la maxime, on constate toutefois que La Rochefoucauld songe à une statue et non à un tableau.
6. Nicole 1999, p. 124.

dérations astronomiques : « Nous voulons juger de tout, et nous sommes toujours dans un mauvais point de vue. Nous voulons juger de nous, nous en sommes trop près ; nous voulons juger des autres, nous en sommes trop loin[1] ». Bossuet compare explicitement « la disposition des choses humaines » aux tableaux qui ne montrent d'abord « que des traits informes et un mélange confus de couleurs », mais où « toute la confusion se démêle » quand on les observe enfin « par un certain endroit »[2]. Mme de Sévigné décrit pour sa part une étrange inversion des lois de la perspective : « vous avez peur des beaux esprits : hélas ! si vous saviez qu'ils sont petits de près [...] prenez garde que l'éloignement ne vous grossisse les objets »[3]. Fénelon constate lui aussi que la distance enjolive illusoirement les référents : « [...] que la royauté est trompeuse ! Quand on la regarde de loin, on ne voit que grandeur, éclat, et délices. Mais de près tout est épineux[4] ». On pourrait sans peine prolonger la liste. À vrai dire, ces considérations optiques ne s'interrompent nullement à la fin du XVIIe siècle ; en 1761, Rousseau écrit encore en toutes lettres : « Ainsi, je commence à voir les difficultés de l'étude du monde, et je ne sais pas même quelle place il faut occuper pour le bien connaître. Le philosophe en est trop loin, l'homme du monde en est trop près[5] ».

La Bruyère n'est pas en reste. Dans son « Discours sur Théophraste », il cherche déjà la distance précise qui permet de bien voir, et donc de bien juger : « nous sommes trop éloignés de celles [les coutumes] qui ont passé, et trop proches de celles qui règnent encore, pour être dans la distance qu'il faut pour faire des unes et des autres un juste discernement » (p. 68). Saisie lointaine trop imprécise, ou saisie rapprochée trop partielle : ce sont les Charybde et Scylla du regard. Dans *Les Caractères*, La Bruyère revient volontiers sur ce principe, par exemple au sujet de nos défauts : « c'est dans cette juste distance, que nous paraissant tels qu'ils sont, ils se feraient haïr autant qu'ils le méritent » (XII, 72). Ou bien il ironise sur un personnage qui se croit au-dessus des hommes et qui ne perçoit pas les proportions exactes : « *Arsène* du plus haut de son esprit contemple les hommes, et dans l'éloignement d'où il les voit il est comme effrayé de leur petitesse » (I, 24). Cette vision ridiculement faussée nous en apprend beaucoup plus, on l'aura compris, sur l'observateur que sur le spectacle observé. La Bruyère constate à plusieurs reprises que l'éloignement, tout en diminuant la taille apparente que saisit l'œil, tend à augmenter le prestige qu'on associe aux référents : ces derniers semblent physiquement plus dérisoires, et axiologiquement plus imposants. Mais quand on s'en

1. Fontenelle, *Entretiens sur la pluralité des mondes* [1686], La Tour d'Aigues, L'Aube, 1990, p. 44.

2. Bossuet, « Sermon sur la Providence » [1662] ; 1997, p. 116. Voir Leplatre, Olivier, « Spiritualité de l'anamorphose », *L'Information littéraire*, 2002, n° 4, p. 38-46.

3. Mme de Sévigné, lettre du 13 janvier 1672 ; *Lettres*, Firmin Didot, 1865, p. 188.

4. Fénelon 1995, p. 321.

5. Rousseau, *op. cit.*, II, 17 ; 2002, p. 304.

rapproche, on ne peut que constater, sur un mode déceptif, leur bassesse ou leur insignifiance : « De bien des gens il n'y a que le nom qui vale quelque chose ; quand vous les voyez de fort près, c'est moins que rien ; de loin ils imposent » (II, 2). Se rapprocher pour mieux voir, c'est faire tomber les masques, et donc faire s'écrouler les colosses aux pieds d'argile. « Tous les corps se voient moins distinctement de loin que de près », notait déjà Descartes[1]. De près, les grandeurs illusoires se dissipent et le référent observé se montre tel qu'il est, à nu en quelque sorte, dans toute son exiguïté effective. De même, la « petite ville » que découvre le moraliste paraît, à distance, tout à fait charmante et paisible : « je la vois dans un jour si favorable, que je compte ses tours et ses clochers » (V, 49). Mais sitôt qu'on y a mis les pieds, on constate qu'elle est invivable : l'expérience effective du monde, semble-t-il, est le plus souvent orientée vers la perte et le dénigrement, tant les supercheries sont fréquentes ici-bas. Aussi la proximité est-elle le test ultime qui permet de dissocier les faux mérites des vrais mérites ; est réellement admirable ce qu'on admire encore de près : « la véritable grandeur [...] ne perd rien à être vue de près, plus on la connaît, plus on l'admire » (II, 42).

Ce constat s'adapte à merveille aux clivages sociaux. L'objet du désir est toujours situé au loin sur l'espace social, et il semble embelli par cette distance ; de là, une inévitable relativisation des prestiges et des séductions : « Un homme de la ville est pour une femme de province ce qu'est pour une femme de ville un homme de la cour » (III, 30). Ce n'est que vue de la ville, par les simples bourgeois, que la cour, « comme dans son point de vue, paraît une chose admirable » (VIII, 6) : on ne saurait deviner, de si loin, toutes les bassesses qu'elle renferme. Mais le regard s'affine quand la distance décroît, et après une vue globale faussement gratifiante, le détail s'avère autrement mesquin : « si l'on s'en approche, ses agréments diminuent comme ceux d'une perspective que l'on voit de trop près » (*ibid.*). Le regard effectue ici une forme de mise au point, comme quand on adapte la position d'une lentille dans une lunette : ce qui était flou devient net, et par voie de conséquence ce qui semblait beau s'avère laid. C'est dire que la cour n'est qu'une immense anamorphose, conçue pour être admirée à distance, dans un éclat de pure façade : de près, on échappe à l'illusion et les choses se montrent dans toute leur insignifiance. Le propre d'un moraliste, c'est de faire ainsi tomber les atours charmants, quitte à désenchanter le monde. Sous les magnifiques plumes du paon se dévoile ainsi un geai dérisoire. L'œil du moraliste dédore, démasque, dégonfle.

Tout ce qui brille n'est pas or, découvre donc La Bruyère, après Descartes, qui signalait symboliquement l'altération chromatique qu'engendrent les filtres : « ceux [...] qui regardent au travers d'un verre jaune [...] attribuent cette couleur à tous

1. Descartes, René, *Discours de la méthode*, suivi de *La Dioptrique* [1637], éd. Frédéric de Buzon, Gallimard, coll. « Folio Essais », 1991, p. 202.

les corps qu'ils regardent »[1]. « Ôtez ce verre de devant vos yeux, qui fait que tous les objets vous paroissent jaunes », conseille de même l'abbé de Bellegarde[2]. Selon La Bruyère, c'est l'éloignement physique qui joue ce même rôle de travestissement euphémisant de l'essence intrinsèque des choses. La lucidité est déprimante, mais nécessaire.

4. Le champ de vision

Le regard de La Bruyère est-il large ou exigu dans sa portée ? S'agit-il d'un regard scialytique, exhaustif, qui balaie l'ensemble du réel sans laisser la moindre zone d'ombre, ou bien au contraire d'un regard sélectif, qui ne retient qu'une maigre portion du spectacle du monde ? Les avis sont pour le moins partagés sur la question.

Pour Louis Van Delft, le champ couvert par le regard de La Bruyère est très ample, voire illimité : « Sur le dix-septième siècle finissant, il offre une vue panoramique de premier ordre : *Les Caractères* sont un belvédère[3] ». Bien des indices vont dans ce sens : la composition du volume vise virtuellement à balayer la totalité des statuts sociaux, et La Bruyère n'hésite pas à élargir davantage encore le propos, jusqu'à l'abstraction, en parlant de « l'homme » en général au chapitre XI. L'œil du moraliste se glisse partout, il accède aux arcanes du pouvoir (X, 12) comme au secret des familles (V, 40), il se pose sur le roi au naturel, dans l'intimité (X, 16), comme sur les femmes que des directeurs indécents accompagnent jusqu'au bain (III, 45) : aucune porte close ou dérobée ne semble pouvoir le retenir (III, 73). Le volume semble bel et bien aspirer à cette saturation de l'espace par un regard hyperboliquement insinuant. Il anticipe assez nettement sur le dispositif optique que mettra en scène Lesage dans *Le Diable boiteux*, par l'intermédiaire de la magie d'Asmodée. Quand ce dernier a conduit son libérateur, Dom Cleofas, au sommet d'un clocher qui domine toute la ville de Madrid, il lui déclare : « [...] j'ai dessein de vous montrer de ce lieu élevé tout ce qui se passe à l'heure qu'il est dans Madrid. Je vais par mon pouvoir diabolique enlever les toits des maisons, et je veux que malgré les ténèbres de la nuit le dedans se découvre sans voile à vos yeux[4] ». Surplomber ainsi une ville qui fonctionne à la fois comme une métaphore de Paris et une synecdoque de l'humanité permet à Dom Cleofas de retrouver la position propre d'un moraliste comme La Bruyère. Le regard se fait panoptique, pour ainsi dire : rien ne peut s'y dérober, aucune bassesse, aucun vice, aucun ridi-

1. *Ibid.*, p. 210.
2. Bellegarde 1697, p. 201.
3. Van Delft, Louis, « La Bruyère ou Du Spectateur », art. cit., p. 7.
4. Lesage 2004, p. 43.

cule ne lui échappe. Dans *Les Caractères* comme dans *Le Diable boiteux* règnent la folie, l'agressivité et la concupiscence. Les toits qui se lèvent rappellent étroitement l'aisance singulière avec laquelle La Bruyère traverse les espaces pour ne rien laisser perdre de piquant ou d'utile pour la correction des mœurs. Ce champ large couvert par le regard ne l'empêche nullement d'être remarquablement précis dans la notation des détails : « il entre à l'appartement, et passe sous un lustre où sa perruque s'accroche et demeure suspendue » (XI, 7). La pleine visibilité des choses matérielles, leur évidence pour ainsi dire, constitue une différence majeure avec l'abstraction plus éthérée des *Maximes*.

Inversement, pour François-Xavier Cuche, le champ visuel couvert par La Bruyère est exigu, en tout cas lacunaire : paysans et petit peuple urbain « se trouvent hors du champ du regard », affirme le critique[1]. Il reconnaît toutefois que les humbles « ne peuvent passer totalement inaperçus »[2]. L'accusation de froideur surprend pour La Bruyère. Elle surprend moins sans doute pour La Rochefoucauld : « La Rochefoucauld ne s'intéresse pas au petit peuple et à ses misères, totalement absentes des *Mémoires* comme des *Maximes* »[3]. Elle est fausse dans les deux cas, comme le montre la lecture attentive des textes. La Rochefoucauld sait parfaitement quelles conséquences terribles entraîne la guerre civile sur le bas peuple : « non seulement la moisson fut toute perdue, mais presque toutes les maisons de la campagne furent brûlées ou pillées »[4]. La Bruyère, pour sa part, considère que la prise en compte de la misère impose décence et retenue aux discours qu'on tient : « s'étendre sur un repas magnifique que l'on vient de faire, devant des gens qui sont réduits à épargner leur pain » (V, 23). Un cri de détresse, dont la sincérité semble incontestable, lui échappe parfois : « Il y a des misères sur la terre qui saisissent le cœur ; il manque à quelques-uns jusqu'aux aliments, ils redoutent l'hiver, ils appréhendent de vivre » (VI, 47). Et il voit dans l'aumône, plus qu'un devoir, un plaisir légitime : « Il y a du plaisir à rencontrer les yeux de celui à qui l'on vient de donner » (IV, 45). Il ne pouvait en être autrement pour l'ami de Bossuet, qui affirmait avec force : « dans l'Église de Jésus-Christ, les grâces et les bénédictions sont pour les pauvres »[5].

Les limites auxquelles se heurte le regard de La Bruyère, dans *Les Caractères*, ne sont donc pas sociales : tous les hommes intéressent le moraliste, du plus humble au plus puissant. Si La Bruyère s'étend davantage sur les riches que sur les pauvres, c'est tout simplement qu'il a plus de choses à leur reprocher au plan moral, c'est qu'il les sait plus enclins à commettre des fautes qu'ils ont empiriquement les

1. Cuche 1991, p. 31. Cf. « La Bruyère [...] dont la vue est plus courte, plus dispersée » (Richard 1965, p. 122).
2. *Ibid.*, p. 45.
3. Minois, Georges, *La Rochefoucauld*, Tallandier, 2007, p. 30.
4. La Rochefoucauld, *Mémoires*, VI ; 2006, p. 241.
5. Bossuet, « Sermon sur l'éminente dignité des pauvres dans l'Église » [1659] ; 1997, p. 20.

moyens d'accomplir. Le portrait de Giton (VI, 83) n'a-t-il pas intrinsèquement plus de saveur, ou de sévérité, que celui de Phédon qui en est le pendant ? Peut-être aussi serait-ce un mauvais calcul stratégique que de mettre l'accent sur les couches populaires, où La Bruyère ne peut trouver de lecteurs. Les seules vraies limites des *Caractères* sont donc celles qu'impose la décence. La Bruyère entre en guerre contre les libertins au chapitre XVI, mais n'oublie pas pour autant qu'il est un simple laïc et que sa parole personnelle ne peut prétendre à l'autorité dont dispose celle du prédicateur. Il livre parfois des notations triviales : « il crache fort loin, et il éternue fort haut » (VI, 83). Mais il rappelle fermement quelle indécence il y aurait à montrer sur scène « un homme ivre qui dort ou qui vomit » (I, 52). Il critique sévèrement la politique extérieure, expansionniste, de Louis XIV (X, 24) mais le félicite d'avoir révoqué l'édit de Nantes (X, 35)[1]. La Bruyère se garde bien de tout dire, et il théorise même, non sans subtilité, le paradoxe d'une parole silencieuse, émise par le visage plutôt que par la bouche, captée par l'œil plutôt que par l'oreille : « ils ne remuent pas les lèvres et on les entend ; on lit sur leur front et dans leurs yeux » (V, 81). Mais il semble bien apte à tout voir, même et surtout ce qu'on ne voit pas ordinairement. Rappelons en effet que le regard de La Bruyère est particulièrement pénétrant, qu'il est apte à plonger dans les profondeurs dérobées par les surfaces fardées : « avec de fausses dents en la bouche, et des boules de cire dans les mâchoires » (III, 6). S'efforcer de dissimuler quoi que ce soit est donc vain, l'anatomie morale ayant tôt fait de balayer les obstacles au regard : « l'on écarte tout cet attirail qui t'est étranger, pour pénétrer jusques à toi » (II, 27).

5. Observer la langue

Observer la façon dont vivent les hommes, c'est aussi, inévitablement, observer la façon dont ils parlent, qui s'avère si révélatrice sur les travers des âmes : « l'acte de parler est souvent par lui-même l'objet du jugement du moraliste »[2]. Un lien étroit se manifeste donc entre analyse morale et analyse linguistique : un moraliste s'applique à glaner, noter et analyser les usages linguistiques indus ou singuliers, il se montre attentif au ton employé, au choix du vocabulaire, à l'agencement des phrases… C'est tout particulièrement net pour La Bruyère, jusque dans le choix du mot qui désigne le genre pratiqué : le mot *remarque* fait immanquablement songer à Vaugelas au XVIIe siècle, tant il est vrai qu'un mot n'est jamais entièrement détaché des emplois célèbres qui en ont été faits, et qui en ont sourdement façonné la réception. Parler de *remarques*, c'est donc suggérer l'attitude d'un observateur

1. Sur ce point, voir Turbet-Delof, Guy, « La Bruyère et la révocation de l'Édit de Nantes », *XVIIe siècle*, n° 89, 1970, p. 47-50.
2. Moriarty, Michael, « La parole dans *Les Caractères* », *Cahiers de l'Association Internationale des Études Françaises*, n° 44, 1992, p. 277.

minutieux des détails, qui montre les choses telles qu'elles sont mais qui ne renonce pas pour autant aux jugements moraux: Louis Van Delft considère précisément qu'un moraliste « s'adonne à l'analyse, en ne s'interdisant pas de rappeler des normes »[1]. Cette formule serait tout aussi juste pour décrire l'entreprise de Vaugelas.

Or La Bruyère, loin de dissimuler cette source d'inspiration, qu'il sait familière à ses contemporains, y fait clairement allusion plus d'une fois. Vaugelas rejetait explicitement le statut de législateur en matière de langue: « ce ne sont pas icy des Loix que ie fais pour nostre langue de mon authorité priuée; Je serois bien temeraire, pour ne pas dire insensé »[2]. La Bruyère tient le même raisonnement au sujet des maximes: « ce ne sont point au reste des maximes que j'aie voulu écrire; elles sont comme des lois dans la morale, et j'avoue que je n'ai ni assez d'autorité ni assez de génie pour faire le législateur » (p. 120). Vaugelas utilisait une comparaison quelque peu inattendue pour caractériser la cour: « il est certain que la Cour est comme vn magazin, d'où nostre langue tire quantité de beaux termes pour exprimer nos pensées »[3]. La Bruyère la reprend « comme sienne » (I, 69), pour dénigrer une phraséologie de pure convention: « il y a un certain nombre de phrases toutes faites, que l'on prend comme dans un magasin » (VIII, 81). Vaugelas affichait une attitude mi-perplexe, mi-amusée face aux bizarreries objectives de l'usage, qu'il se gardait bien de vouloir réduire ou ignorer au nom de la raison: « ceux-là se trompent lourdement, [...] qui condament beaucoup de façons de parler generalement receuës, parce qu'elles sont contre la raison »[4]. La Bruyère, de même, ne peut dissimuler le plaisir vif qu'il éprouve à relever les inconséquences piquantes des hurluberlus, par-delà le sarcasme dont il les gratifie au nom de la morale: « que j'observe les traits et la contenance d'un homme qui seul entre les mortels possède une telle prune! » (XIII, 2) Les meilleurs commentateurs ne s'y sont pas trompés: « Le grotesque, l'excentrique ne sont pas exposés comme des vices, mais comme des curiosités qui intéressent l'écrivain, amateur de traits frappants et le lecteur, amateur de surprises[5] ». Une certaine gourmandise affleure en effet, plus d'une fois, dans la façon de peindre les personnages. Qu'ils l'admettent ou non, Vaugelas et La Bruyère partagent la même délectation à traquer les anomalies déroutantes, qui perturbent le système de la langue ou l'agencement de la société. Vaugelas n'est pourtant pas le seul grammairien dont La Bruyère soit intimement imprégné au moment d'écrire *Les Caractères*, comme le montre

1. Van Delft 1982, p. 108.
2. Vaugelas 1934, « Préface », I.
3. *Ibid.*, « Préface », II.
4. *Ibid.*, « Préface », V.
5. Gray 1986, p. 68. Cf. « Mais le moraliste est lui aussi un amateur de curiosités; il se délecte des bizarreries du genre humain et de toutes les déformations que la folie des passions provoque. Tout son projet est bien de monter une collection de ces pièces rares que sont les caractères: il les recueille dans le livre et les accroche comme dans une galerie » (Leplatre 2004, p. 79).

cette notation fugace : « Qui doute que les enfants ne conçoivent, qu'ils ne jugent, qu'ils ne raisonnent conséquemment ? » (XI, 58) C'est une évidente transposition des analyses d'Arnauld et Lancelot, qui tentent de fonder la grammaire sur la psychologie : « Tous les philosophes enseignent qu'il y a trois opérations de notre esprit : concevoir, juger, raisonner[1] ».

On objectera peut-être que l'analyse linguistique s'écarte du domaine propre du regard, la métonymie traditionnelle qu'utilise le grammairien pour désigner sa propre compétence linguistique étant plutôt l'*oreille*, c'est-à-dire « un sentiment interne de grammaticalité »[2]. Il semble que Vaugelas écoute la langue, quand La Bruyère regarde les hommes. Mais la différence n'est pas aussi radicale qu'il y paraît, puisque Vaugelas avait soin de mêler l'écrit et l'oral dans sa conception du bon usage, ce qui le conduisait à puiser ses exemples aussi bien dans les bons livres que dans la parole vive : « C'est la façon de parler de la plus saine partie de la Cour, conformément à la façon d'escrire de la plus saine partie des Autheurs du temps[3] ». Et La Bruyère glisse sans solution de continuité, de son propre aveu, d'un sens à l'autre : « j'ouvre de fort grands yeux sur eux, je les contemple : ils parlent, je prête l'oreille » (III, 42). C'est lui encore qui écrit : « l'homme qui est esprit se mène par les yeux et les oreilles » (XI, 154). Regarder et écouter sont des opérations complémentaires, et foncièrement analogues : une attention critique aux données du réel s'y manifeste de la même façon.

Les observations proprement linguistiques de La Bruyère portent parfois sur les *phrases*, c'est-à-dire, au XVIIe siècle, les formules toutes faites, façons de parler ou expressions figées, qui relèvent du lexique pur, en dehors de toute considération proprement syntaxique. Vaugelas notait déjà l'illogisme intrinsèque de la formule *se louer de quelqu'un*, qui semble inverser le mouvement de la gratitude : « quand on dit, *vn tel se louë fort des faueurs que vous luy auez faites*, la raison voudroit que l'on dist, *vn tel vous louë fort des faueurs que vous luy auez faites* »[4]. Mais La Bruyère a tôt fait de déceler dans cette absurdité apparente une cohérence insoupçonnée, qui tient à l'empire qu'exerce l'amour-propre sur les hommes : « Se louer de quelqu'un, se louer d'un Grand, phrase délicate dans son origine, et qui signifie sans doute se louer soi-même, en disant d'un Grand tout le bien qu'il nous a fait, ou qu'il n'a pas songé à nous faire » (IX, 37). La construction pronominale n'a donc rien d'aléatoire, même si l'usager ordinaire n'en perçoit pas consciemment la motivation égoïste. D'autres remarques portent sur le vieillissement des unités lexicales, souvent pour le déplorer sur un ton quelque peu nostalgique. En 1647,

1. Arnauld, Antoine, et Lancelot, Claude, *Grammaire générale et raisonnée* [1660], Allia, 2010, p. 47.

2. Siouffi, Gilles, *Le Génie de la langue française : Études sur les structures imaginaires de la description linguistique à l'âge classique*, Champion, 2010, p. 34.

3. Vaugelas 1934, « Préface », II.

4. *Ibid.*, p. 463*.

Vaugelas affirmait déjà : « pour *maint*, & *mainte*, on ne le dit plus en parlant »[1]. « *Maint* est un mot qu'on ne devait jamais abandonner », se lamente La Bruyère (XIV, 73), qui se sent bien impuissant, à titre individuel, face à l'évolution de l'usage. La Bruyère est sensible encore aux suffixes péjoratifs : il s'étonne que le dérivé *savantasse*, forgé sous l'emprise de « la colère et la haine » (XII, 95), s'utilise aussi sur un ton calme, comme si c'était un mot axiologiquement neutre, ce qui en dit long sur l'hostilité latente qui règne entre les hommes. Plus généralement, La Bruyère se montre intraitable face à tout ce qui lui semble affecté ou peu naturel, dans le choix des unités lexicales (axe paradigmatique) comme dans leur combinaison au sein de la phrase (axe syntagmatique) : « par l'impropriété des termes dont ils se servent, comme par l'alliance de certains mots qui ne se rencontrent ensemble que dans leur bouche » (V, 6).

Le constat le plus fréquent, dans *Les Caractères*, reste celui d'une discordance entre les mots et les choses. Le langage, semble-t-il, se fait inadapté, voire mensonger et manipulateur ; le signe décore et déguise le référent au lieu d'en transmettre une vision exacte. « La vigilance critique exercée à l'égard du lexique traduit un souci de ne pas se laisser prendre au piège des apparences qu'entretient le discours policé des interactions sociales », explique Pierre-Yves Gallard[2]. « Le sujet parlant fait le constat de la résistance des mots, de la non-coïncidence du discours à ce qu'il vise », ajoute-t-il[3]. Le choix d'un signifiant incongru altère ainsi l'essence des choses : « il ne nomme plus chaque chose par son nom » (VIII, 62). Parler, c'est alors travestir le réel, créer un écart angulaire entre le discours et la situation, que le moraliste s'efforcera de réduire par ses propres forces. Le mot faussé érige délibérément une illusion dont sont dupes ceux qui prennent ce qu'on leur dit pour argent comptant. On pourrait dire, en termes saussuriens, que La Bruyère réaffirme les exigences de la langue virtuelle face aux contorsions de la parole effective : les mots ont un sens précis, que les hommes s'empressent d'oublier, et que le moraliste s'efforce de leur rappeler.

L'adoption d'un point de vue distancié sur les usages linguistiques se traduit à de multiples reprises par l'utilisation sourdement ironique du verbe *appeler* dans les propositions relatives (périphrastiques pour la plupart). Ce verbe montre bien que le moraliste ne parle pas en son nom propre mais ne fait que reproduire tels quels les discours d'autres énonciateurs, pour en faire apparaître, de façon criante, la fausseté. Il peut s'agir d'une distorsion strictement individuelle : « sa tannerie, qu'il appelle bibliothèque » (XIII, 2), « *Carro Carri* débarque avec une recette qu'il appelle un prompt remède » (XIV, 68)… Ou bien d'un trait collectif : « par tout ce

1. *Ibid.*, p. 151.

2. Gallard 2019, p. 364.

3. *Ibid.*, p. 316.

qu'ils appelaient délicatesse, sentiments, tour, et finesse d'expression, ils étaient enfin parvenu à n'être plus entendus » (V, 65), « déclarerai-je donc ce que je pense de ce qu'on appelle dans le monde un beau salut » (XIV, 19)… Ou même d'un usage généralisé à l'échelle de la nation : « nous n'aimerions pas à être traités ainsi de ceux que nous appelons barbares » (XII, 22)… La revendication d'une noblesse de pacotille ne procède pas autrement : « Il suffit de n'être point né dans une ville, mais […] sous une ruine qui trempe dans un marécage et qu'on appelle château, pour être cru noble sur sa parole » (XIV, 6). Le langage euphémise, embellit, agrandit. Les manipulations physiques du patronyme pérennisent la supercherie : « d'autres ont un seul nom dissyllabe qu'ils anoblissent par des particules » (XIV, 9). Molière écrivait déjà : « Je sais un paysan qu'on appelait Gros-Pierre, / Qui n'ayant pour tout bien qu'un seul quartier de terre, / Y fit tout à l'entour faire un fossé bourbeux, / Et de Monsieur de l'Isle en prit le nom pompeux[1] ». Les mots peuvent donc farder les choses pour créer un simulacre de respectabilité, précisément de la même façon que Lise et Clarice se griment le visage pour prétendre à une jeunesse qui leur a filé entre les doigts (III, 8). Dans la vie comme dans le langage, les hommes s'obstinent à jouer la comédie, sans jamais assumer la réalité de leur condition.

6. Montrer avec les mots

Si les mots peuvent cacher les choses, peuvent-ils, inversement, les montrer ? Le style même de La Bruyère a-t-il quelque chose de foncièrement visuel ? Le « montreur » de personnages les fait-il réellement, par le talent de sa plume, s'agiter sous nos yeux ? La tradition rhétorique a une réponse toute prête, aussi intrigante qu'évasive : elle affirme l'existence d'une figure qui s'appellerait *hypotypose* et qui aurait cet étrange pouvoir de mettre les choses sous les yeux du lecteur par l'intermédiaire d'un simple texte. Ce fantasme ancestral est « linguistiquement ridicule », rappelle toutefois Georges Molinié[2] : de même que, comme nous l'apprend René Magritte, l'image d'une pipe n'est pas une pipe, de même jamais un signe ne pourra donner directement accès au référent. L'hypotypose est fondamentalement impossible, mais c'est peut-être précisément cela qui la rend à ce point fascinante à travers les siècles. Ne serait-ce pas, virtuellement, un triomphe, pour l'écrivain, que de parvenir à opérer une monstration par des moyens purement verbaux, comme si le mot pouvait pleinement incarner la chose ? L'hypotypose est peut-être alors plus qu'un rêve : un idéal, par définition toujours visé et jamais atteint.

1. Molière, *L'École des femmes*, I, 1, v. 179-182.
2. Molinié 1992, p. 167.

On est frappé, en tout état de cause, par la grande constance des discours qui définissent l'hypotypose. Pour Lamy, une pensée intime, profonde ou obsessionnelle a inévitablement quelque chose d'hallucinatoire : « Les objets de nos passions sont presque toûjours presens à l'esprit. Nous croyons voir & entendre ceux à qui l'amour nous attache[1] ». Ce serait le fondement psychologique de cette figure de rhétorique que serait l'hypotypose : « C'est pourquoi toutes les descriptions que l'on fait de ces objets sont vives & exactes. Elles sont appelées hypotyposes, parce qu'elles figurent les choses, & en forment une image qui tient lieu des choses mêmes [...][2] ». Le signe serait donc le substitut du référent, il pourrait créer à lui seul l'illusion d'une monstration : décrire, ce serait exhiber. Mais on voit bien le flou inévitable d'un métalangage essentiellement appréciatif : qu'est-ce qui permet d'affirmer qu'une description est « vive », sinon le plaisir nécessairement fluctuant qu'on peut éprouver à la réception ? L'hypotypose est-elle alors autre chose qu'une description qu'on estime parfaitement réussie, cette notion ne se réduit-elle pas finalement à un simple jugement de valeur ? L'abbé de Bellegarde présente par exemple le récit de Théramène, dans *Phèdre*, comme une hypotypose accomplie, car il considère que la monstration intérieure, qui en appelle aux yeux de l'esprit, est moins brutale ou dérangeante que la monstration physique, sur scène : « le Spectateur est autant attendri par cette narration, que s'il voyoit de ses yeux *Hippolyte* trainé par ses chevaux, & *Aricie* pâmée auprès du corps de son Amant »[3]. Il y aurait plus d'élégance, plus de subtilité et finalement plus d'efficacité à en appeler, *via* le langage, à l'imagination personnelle du public, qu'à lui imposer matériellement un spectacle explicite : l'hypotypose serait en somme cette autre scène où tout peut virtuellement se montrer.

Au XVIIIe siècle, Du Marsais tient un discours sensiblement plus précis que Lamy. Il rappelle d'abord la définition traditionnelle : « c'est lorsque dans les descriptions on peint les faits dont on parle, comme si ce qu'on dit était actuellement devant les yeux ; on montre, pour ainsi dire, ce qu'on ne fait que raconter »[4]. Il cite un long exemple de Racine, puis ajoute : « Remarquez que tous les verbes de cette narration sont au présent, l'*onde approche, se brise*, etc. c'est ce qui fait l'hypotypose, l'image, la peinture ; il semble que l'action se passe sous vos yeux[5] ». Ainsi l'hypotypose serait en substance une énallage de temps : il suffirait de parler au présent de faits passés pour créer cet effet de direct, comme nous dirions aujourd'hui, c'est-à-dire pour placer imaginairement le récepteur au cœur de l'action. L'analyse peut certes sembler lacunaire : d'autres moyens linguistiques que le choix du tiroir peuvent

1. Lamy, Bernard, *La Rhetorique ou l'art de parler*, 3e éd., André Pralard, 1688, p. 121.

2. *Ibid.*, p. 122.

3. Bellegarde 1720, p. 208.

4. Du Marsais, *Des Tropes* [1730], Manucius, 2011, p. 83.

5. *Ibid.*, p. 84.

être exploités à cette fin, comme les démonstratifs, les présentatifs *voici* et *voilà*, le lexique de la vision, bref tout ce qui encourage explicitement à visualiser la scène. Reste que Du Marsais a le grand mérite de donner au moins un indice objectif permettant de repérer le procédé, en admettant qu'il existe[1]. En comparaison, Fontanier, au XIXe siècle, marque plutôt un recul théorique, puisqu'il en revient à une définition purement intuitive, et qu'il limite le commentaire des exemples à l'expression – légitime – de son admiration esthétique : « L'*Hypotypose* peint les choses d'une manière si vive et si énergique, qu'elle les met en quelque sorte sous les yeux, et fait d'un récit ou d'une description, une image, un tableau, ou même une scène vivante[2] ». Retenons surtout, de ces différentes définitions, la présence de formules modalisatrices comme « en quelque sorte » ou « il semble que », qui attestent que les rhéteurs ont parfaitement conscience qu'il ne peut jamais s'agir que d'une approximation ou d'une simple vue de l'esprit.

Si La Bruyère lui-même aspire à l'irréalisable hypotypose, c'est sans doute dans les portraits individuels, plutôt que dans les vues générales, qu'on en trouvera les marques les plus nettes : cela ne peut donc concerner la totalité du volume. On sait bien que pour cet esprit fondamentalement concret qu'est La Bruyère, l'éthopée (portrait psychologique) ne se conçoit guère sans des bribes de prosopographie (portrait physique), comme si le corps disait matériellement l'âme qu'il renferme. Léon Paquot-Pierret affirme ainsi, au sujet du portrait de Titius (XIV, 59), qu'il s'agit d'un « personnage bien vivant »[3]. Sur quoi se fonde cette impression hautement subjective ? On pourrait évoquer le choix de détails descriptifs à la fois parcellaires et précis, qui ciblent un seul détail organique au lieu d'offrir une vue d'ensemble, comme si telle partie du corps attirait plus le regard, par son évidence concrète, que telle autre : « *Titius* assiste à la lecture d'un testament avec des yeux rouges et humides, et le cœur serré de la perte de celui dont il espère recueillir la succession ». On ignore la taille de Titius, sa corpulence, la forme de son visage, la tenue qu'il porte, les gestes qu'il effectue… La Bruyère retient un seul élément physique : les yeux rougis par des larmes manifestement hypocrites et intéressées. Car ce détail, à lui seul, rend le personnage lisible, il fait parler le corps pour ainsi dire, il assimile Titius à un texte – ironique ou mensonger – que le moraliste entend décrypter : « En somme, La Bruyère lit les êtres comme des textes. Il lui faut du concret, des signes, des marques, des caractéristiques[4] ». Georges Molinié considère en effet que l'hypotypose est constitutivement lacunaire et que c'est précisément ce qui fait son efficacité : « le narrateur sélectionne une partie seulement des informations correspondant à l'ensemble du thème traité, ne gardant que des notations

1. Voir Le Bozec, Yves, « L'hypotypose : Un essai de définition formelle », *L'Information grammaticale*, n° 92, 2002, p. 3-7.
2. Fontanier, Pierre, *Les Figures du discours*, éd. Gérard Genette, Flammarion, 1977, p. 390.
3. Paquot-Pierret, Léon, *L'Art du portrait chez La Bruyère*, 2e éd., Bruxelles, Office de Publicité, 1948, p. 32.
4. Van Delft, Louis, « La Bruyère ou Du Spectateur », art. cit., p. 26.

particulièrement sensibles et fortes, accrochantes, sans donner la vue générale de ce dont il s'agit »[1]. Paradoxalement, montrer, c'est donc d'abord cacher : c'est par la dissimulation délibérée des autres données matérielles que celles qui sont seules retenues semblent prendre plus de relief. Dans la remarque sur Titius, on pourrait aussi alléguer la notation précise des réactions physiques (« il essuie ses larmes »), la restitution ironique des paroles prononcées (« *y avait-il au monde un plus honnête homme que le défunt, un meilleur homme ?* »), ou tout simplement la crédibilité psychologique d'une basse cupidité : tout cela concourt à créer l'illusion d'une scène saisie sur le vif, croquée dans une sorte d'instantané satirique.

Ailleurs, le verbe *voir* et le pronom personnel de P5 semblent bel et bien jeter les personnages sous les yeux du lecteur, l'énonciation s'offre en spectacle et le langage même se fait « montreur » : « vous voyez des gens qui entrent sans saluer que légèrement, qui marchent des épaules, et qui se rengorgent comme une femme » (VIII, 17). Ici, le détail pertinent, que note La Bruyère à l'exclusion de tout autre, réside dans l'attitude ou la démarche : on songe à la technique du caricaturiste, qui entreprend d'abord de réduire la complexité d'un être à quelques rares traits saillants, puis s'efforce de les amplifier au-delà du vraisemblable[2]. Montrer, n'est-ce pas inévitablement styliser ? L'esquisse n'est-elle pas plus frappante que le portrait exhaustif ? Un simple déterminant démonstratif invite de même à se représenter mentalement le référent, comme si le moraliste désignait, dans un geste d'ostension, le personnage qu'il met en scène : « ce garçon si frais, si fleuri, et d'une si belle santé est seigneur d'une abbaye et de dix autres bénéfices » (VI, 26). De même encore, les fantaisies vestimentaires de Ménalque se dévoilent progressivement, au lieu d'être saisies en bloc, pour mieux suivre la progression simultanée de deux regards, celui du personnage et celui du lecteur : « il s'aperçoit qu'il est en bonnet de nuit ; et venant à mieux s'examiner, il se trouve rasé à moitié, il voit que son épée est mise du côté droit » (XI, 7). La Bruyère peut même, ponctuellement, représenter la monstration elle-même au sein de la diégèse, dans une mise en abyme qui fait affleurer, chez lui, la délectation du collectionneur de personnages qui vient de repérer une belle pièce : « Vous voulez, ajoute *Démocède*, voir mes estampes ? et bientôt il les étale et vous les montre ; vous en rencontrez une qui n'est ni noire, ni nette, ni dessinée » (XIII, 2). Le lecteur est ici placé abruptement en position de témoin, il croit participer à la scène : La Bruyère anticipe assez nettement sur les innovations spectaculaires que Michel Butor, beaucoup plus tard, fera subir au roman.

Toutes ces techniques convergent vers un même effet : en triant les informations, en retenant uniquement ce qui lui semble le plus frappant, en mettant l'accent sur des détails physiques qui happent en quelque sorte le regard, La Bruyère s'efforce

1. Molinié 1992, p. 167.

2. Voir Riffaterre, Michael, « L'effet de vrai : La Bruyère à l'eau-forte », art. cit.

de rendre les scènes plus vivaces ou plus énergiques. On lui sait finalement gré de croire en la possibilité de l'hypotypose : cette illusion charmante entraîne d'indéniables réussites esthétiques. Si montrer les choses par l'intermédiaire des mots est une absurdité pour le linguiste, c'est sans doute une réalité pour l'écrivain.

Sujets de dissertation

1. Vous commenterez ce mot de Bérengère Parmentier : « Il n'y a de systématique, dans *Les Caractères*, qu'un principe constant de variété et la volonté tenace de varier les genres, les styles et les tons[1] ».
2. Marine Ricord écrit : « Si la discontinuité nous enseigne un manque, ce n'est pas celui de l'auteur ; miroir de la société, elle dénonce la blessure d'un monde privé justement d'une cohérence et d'une densité internes que seul l'esprit peut apporter[2] ». Votre lecture des *Caractères* confirme-t-elle ce jugement ?
3. Léon Paquot-Pierret écrit : « Car La Bruyère est un réaliste. C'est un homme pour qui le monde extérieur existe. Imaginer ne lui sied guère, quoiqu'il ait quelquefois chargé ses types[3] ». Vous expliquerez et, s'il y a lieu, vous discuterez ces propos.
4. Gustave Michaut affirme que La Bruyère est « le premier qui ait fait de "l'art pour l'art", le premier "styliste" »[4]. Partagez-vous cette opinion ?
5. La Bruyère joue-t-il les donneurs de leçons dans *Les Caractères* ?
6. La Bruyère voit-il les choses telles qu'elles sont dans *Les Caractères* ?

1. Parmentier, Bérengère, *Le Siècle des moralistes*, Le Seuil, coll. « Points Essais », 2000, p. 123.
2. Ricord, Marine, Les Caractères *de La Bruyère ou les exercices de l'esprit*, PUF, 2000, p. 215.
3. Paquot-Pierret 1948, p. 15.
4. Michaut 1936, p. 6.

Proposition de plan pour le premier sujet

Introduction. Le sujet offre deux formulations distinctes pour la même idée, comme l'indiquent les étroites parentés sémantiques entre les mots (*systématique / principe constant / volonté tenace*; *variété / varier*). Problématiser la réflexion implique de dégager le paradoxe interne à la citation : il y a *a priori* une contradiction entre le sème de la stabilité, de la rigidité ou de la constance (*systématique*, *constant*, *tenace*) et celui de l'instabilité, de la souplesse ou de la fluctuation (*variété*, *varier*) ; on peine à concevoir que la variation puisse constituer un système puisqu'elle semble être le contraire même d'une organisation systématique ; un système, c'est en principe ce qui se maintient, ce qui ne change pas, autant dire l'exact opposé de la variation, qui appelle un renouvellement permanent des formes ou des substances. Mais aux yeux d'un structuraliste, une structure ne se définit-elle pas précisément comme la combinaison d'un invariant (le système organisationnel) et de variables (les unités reliées par le système) ? De même, la pratique antique de la *variatio*, recommandée par les rhéteurs, ne suppose-t-elle pas un paradigme associant une structure rigide et une enveloppe toujours différente, une tension permanente entre le même et l'autre ? On pourrait alors mieux comprendre cette paradoxale inversion sémantique : l'inconstance, quand elle se systématise, devient une forme inattendue de constance, le principe même du renouvellement étant la seule permanence identifiable[1].

1 / Certes, La Bruyère trouve une forme paradoxale de constance dans la variation permanente : au premier regard, ce qui frappe dans *Les Caractères*, c'est une étourdissante et permanente diversité thématique, formelle ou tonale, comme si le réel était saisi sur le mode constitutivement polymorphe du kaléidoscope.

La diversité interne au volume semble inépuisable. Présentation formelle éparpillée, caractéristique de l'écriture des moralistes : profusion de champs d'observation multiples à travers l'organisation en chapitres distincts, qui traversent la société et l'humanité, et conduisent de la littérature à la religion ; discontinuité interne des chapitres, qui sautent constamment d'un sujet à un autre au lieu de tendre au discours suivi, après Montaigne et La Rochefoucauld[2] ; impression accusée de disparate due à la pratique délibérée du coq-à-l'âne (VIII, 76-77-78)... Longue galerie de personnages truculents (Acis : V, 7) ou sinistres (Gnathon : XI, 121) ; saisissante diversité générique (dialogues, récits, sentences...) ; exploration de toute la gamme des tons, de l'émotion poignante (VI, 47) à la drôlerie jubilatoire (XI, 7).

1. Cf. « l'unique caractéristique constante des caractères humains est justement – ironie suprême – l'absence de permanence » (Rosso 1964, p. 57 ; nous traduisons).

2. « Pour ce qui est de l'ordre de ces réflexions, on n'aura pas de peine à juger que, comme elles sont toutes sur des matières différentes, il était difficile d'y en observer » (La Rochefoucauld 1991, « Le libraire au lecteur », p. 74).

La Bruyère lui-même fait explicitement état de cette diversité. Il se réclame du modèle biblique des *Proverbes* pour promouvoir la pratique assumée des « pièces détachées » (« Discours sur Théophraste », p. 71) : l'absence de lien entre les remarques, qui a été souvent reprochée au moraliste (*Le Mercure galant*), est ouvertement revendiquée. Dans la préface des *Caractères*, l'accumulation ouverte de formes possibles, qui contraste avec la monotonie de l'hypotexte, traduit le caractère constitutivement « plastique »[1] de la remarque ; les critiques littéraires ont souvent tenté de prolonger la liste des genres pratiqués localement par le moraliste, mais l'entreprise semble interminable ; La Bruyère met l'accent sur la recherche de la variété : « on pense les choses d'une manière différente, et on les explique par un tour aussi tout différent » (p. 120). Le terme même de *remarque* traduit, par sa discrétion, ce désir de souplesse, par contraste avec la structure plus homogène ou contraignante des maximes.

Le goût de la bigarrure tient aussi à un calcul stratégique. On peut retrouver dans *Les Caractères* les traces de la pratique de la conversation mondaine qui cultive précisément la souplesse et l'imprévisible[2], et dont La Bruyère rappelle lui-même en creux les grands principes, par le contre-exemple, au fil du chapitre V. Tout, selon lui, semble contraint : « rien ne coule de source et avec liberté, ils parlent proprement et ennuyeusement » (V, 15). Et la surdité à autrui est le symptôme indigeste d'un amour-propre envahissant : « l'on suit ses idées, et on les explique sans le moindre égard pour les raisonnements d'autrui » (V, 67). L'idéal est au contraire la délectation de l'inattendu : « on doit entrer indifféremment sur tous les sujets agréables qui se présentent »[3]. La disparate est donc au service de la séduction du lectorat d'honnêtes gens que vise La Bruyère : l'agencement trop systématique des traités est perçu comme fastidieux ou ennuyeux, et l'on goûte au contraire la diversité des tons et des matières. Le succès immédiat et durable des *Caractères* tient peut-être à ce charme de la disparate : « ce désordre néanmoins a ses grâces »[4]. Cette affirmation devient même un *topos* du discours sur les « pièces détachées » : « Le génie François brusque & impetueux aime le changement & les matiéres nouvelles ; de longs discours sur les mêmes sujets l'ennuïent [...][5] ».

2 / Mais on peut aussi repérer, dans *Les Caractères*, les indices d'une démarche stable ou constante de La Bruyère dans son entreprise d'observation : à bien y

1. Landry 1996, p. 26.

2. « Dans la conversation, l'esprit se plaît à voltiger comme sur les fleurs les abeilles » (Soler, Patrice, *Les Caractères*, PUF, coll. « Études littéraires », 1994, p. 29).

3. *Réflexions diverses*, IV ; La Rochefoucauld 1991, p. 209.

4. Henri de La Chapelle-Bessé, « Discours sur les *Réflexions ou sentences et maximes morales* » ; *ibid.*, p. 275.

5. Bellegarde 1697, « Avertissement », non paginé. Voir Tourrette, Éric, « Pourquoi les moralistes s'expriment-ils par "pièces détachées" ? », *Cahiers de l'Association Internationale des Études Françaises*, n° 75, 2023, p. 227-243.

regarder, le volume n'est pas sans homogénéité réelle, et l'on y décèle des traits authentiquement systématiques en dehors du principe de diversité.

L'organisation globale du volume n'est pas aléatoire. On glisse parfois d'un chapitre à l'autre d'une façon relativement cohérente : continuité métonymique entre les femmes et l'amour (III-IV), gradation sociale qui conduit de la bourgeoisie à l'aristocratie (VII-VIII-IX), élargissement sensible du propos (XI-XII-XIII-XIV), convergence thématique des questions religieuses (XV-XVI)... Les critiques considèrent généralement que deux grands mouvements se succèdent dans *Les Caractères*, selon un agencement bipolaire du réel : vers le Roi (I-X), vers Dieu (XI-XVI). Cette complémentarité harmonieuse du pouvoir temporel et de la transcendance semble même suggérée par une discrète mise en abyme : « ce peuple paraît adorer le Prince, et le Prince adorer Dieu » (VIII, 74). La Bruyère lui-même affirme que tout le volume conduit naturellement au chapitre XVI : une préoccupation apologétique, analogue à l'entreprise pascalienne, traverserait continûment le recueil, sous une forme plus ou moins transparente. Mais c'est une analyse un peu forcée, à nuancer : La Bruyère sous-estime injustement la portée des chapitres I-XV, et le chapitre XVI n'est sans doute pas le plus abouti des *Caractères* (on peut y voir une simple paraphrase des *Pensées*), même si son rôle central est incontestable[1].

Au sein de chaque chapitre, une certaine continuité des remarques affleure parfois. L'alternance entre l'abstraction des sentences générales et la précision des portraits individuels est relativement régulière, sans être aussi systématique que chez certains épigones (abbé de Bellegarde), et l'histoire des modifications du texte au fil des éditions successives va clairement dans ce sens : V, 6-7 (Acis fournit un exemple concret des « gens » précédemment évoqués de façon plus vague). Certaines remarques qui se succèdent immédiatement dans l'économie du recueil semblent se faire écho au lieu d'être arbitrairement juxtaposées : anadiplose manifestement calculée sur le mot *favori* (X, 17-18), récurrence ostensible de la modalité exclamative (VII, 17-18-19)... On repère aisément des « séries » de remarques[2] qui associent aux affinités thématiques une certaine solidarité génétique : I, 48-54 (le théâtre) ; VI, 71-75 (le jeu) ; XI, 50-59 (les enfants)... Tout n'est donc pas disparate dans cet « amas de pièces détachées ».

Le moraliste adopte sensiblement la même attitude au fil des remarques. Il se pose en « philosophe » observateur du monde (I, 34), ce qui suppose l'adoption permanente d'un point de vue distancié, afin d'avoir une saisie juste des référents (XII, 72). La préoccupation du « discernement » exact traverse ainsi le recueil et contribue nettement à l'unifier (XII, 57). D'où le recours aux figures des philosophes Héraclite et Démocrite, qui se placent en retrait des hommes pour mieux

1. Voir Truchet, Jacques, « Place et signification du chapitre "De la Chaire" dans *Les Caractères* de La Bruyère », art. cit.

2. Voir Escola 2001, t. II, p. 55.

les observer (XII, 118-119), ou au décalage exotique des points de vue, avant les *Lettres persanes* (VIII, 74) ; d'où aussi la rêverie récurrente sur l'anamorphose, après Pascal et La Rochefoucauld (VIII, 6) ; d'où enfin une certaine homogénéité tonale, un goût accusé du sarcasme et de l'ironie qui traduit le tour d'esprit propre de La Bruyère, toujours prompt à déceler ridicules et contradictions (XIV, 51). Le ridicule désenchante le réel : le pessimisme du constat, pour un satiriste désabusé, ne conduit-il pas inévitablement à une forme de monotonie, malgré la profusion des tours ?

3 / En définitive, la variété des *Caractères* cherche surtout à capter la mouvance interne de leur objet d'étude : l'homme. L'éclatement constitutif des « pièces détachées » dépasse alors les seules considérations de séduction du lectorat pour s'adapter intimement à un référent irréductiblement polymorphe.

L'homme est perçu par le moraliste comme protéiforme. La Bruyère maintient une anthropologie baroque à bien des égards, où affleure ponctuellement le modèle mythologique de Protée (X, 12), qui hantait déjà l'imaginaire des poètes du début du XVIIe siècle. L'unité de l'individu éclate en facettes multiples, un peu à la manière des personnages proustiens, qui ne sont faits que des regards contrastés qui convergent sur eux (XI, 6) ; loin d'être figés dans le marbre, les jugements des hommes ne cessent de s'altérer, voire de s'inverser diamétralement à travers le temps (XII, 2) ; la pratique assumée de la palinodie au sein d'une même remarque tente de capter spectaculairement cette mouvance des jugements ou des attitudes, elle est attribuable au modèle et non au peintre (XII, 93)... Triomphe de cette saisie mouvante et instable de l'homme : « comment le fixer, cet homme inquiet, léger, inconstant, qui change de mille et mille figures ? » (XIII, 19) On retrouve là les grandes inflexions de l'esthétique baroque selon Jean Rousset. Mais le moraliste ne parvient-il pas à « attraper » ou « fixer » ce référent en disant précisément qu'il est insaisissable ? N'est-ce pas là son essence propre ? Cette remarque qui semble déceptive est peut-être une forme de prétérition.

La forme des « pièces détachées », loin d'être aléatoire, est donc imposée par le référent. La variété formelle ou tonale des *Caractères* est la seule expression cohérente de cette mouvance permanente de l'homme : comment dire autrement que par une parole instable et éclatée une réalité intimement polymorphe ? La critique a souvent suggéré cette étroite superposition entre une matière et une manière qui s'impliquent mutuellement : « tout se passe donc comme si la diversité et la contradiction de l'expérience humaine ne pouvaient se formuler qu'au moyen d'une écriture ponctuelle, fragmentaire »[1]. Le texte se disperse peut-être parce que le référent visé ne cesse de vaciller, voire de se dérober : « trop de choses qui sont hors de lui l'altèrent, le changent, le bouleversent » (XI, 18). *Les Caractères*, que

1. Jean Starobinski, « La Rochefoucauld et les morales substitutives », *La Nouvelle Revue française*, n° 163, 1966, p. 22.

La Bruyère présente comme un portrait du public, ressemblent donc structurellement aux hommes : ils en ont le caractère pluriel et imprévisible. Le pluriel même du titre, qui fait écho aux autres grands moralistes, traduit en quelque sorte cette multiplicité des saisies par l'éparpillement formel du texte.

Cette mouvance interne à l'homme n'est toutefois pas incompatible avec le « fixisme » de l'anthropologie théophrastienne. Ce serait se méprendre que de conclure, avec Michael Koppisch, à une « dissolution du caractère » : la rêverie permanente sur l'instabilité des hommes n'empêche pas ces derniers d'être constants dans le vice et le ridicule (XI, 2). Les échos parfois étroits avec l'hypotexte théophrastien (V, 14) confirment que l'homme reste fondamentalement égal à lui-même au fil des siècles, même si sa surface ne cesse d'onduler. Louis Van Delft a montré une fois pour toutes que La Bruyère « ne s'est [...] jamais détaché pour de bon de la caractérologie théophrastienne »[1]. L'homme est finalement constant par son inconstance même, de même que *Les Caractères* trouvent paradoxalement leur système dans la variété permanente : « les hommes n'ont point de caractères, ou s'ils en ont, c'est celui de n'en avoir aucun qui soit suivi » (XI, 147).

Conclusion. L'aspiration à la variété saute aux yeux dans *Les Caractères* : profusion de formes textuelles disparates, de tons contrastés, éparpillement permanent de la parole du moraliste... La Bruyère entend ainsi séduire un lectorat d'honnêtes gens rebutés par les organisations trop systématiques, tout en se réclamant d'illustres modèles. Tout n'est pourtant pas désordonné dans l'agencement global du volume comme dans la conduite interne des chapitres : le propos semble parfois suivre un vrai fil directeur au lieu d'errer au gré de l'inspiration du moment. Plus généralement, une certaine attitude de sarcasme distancié se fait partout sentir, contribuant à unifier le livre par l'omniprésence d'un regard parfaitement identifiable. On peut aussi et surtout penser que la variété que cultive constamment le moraliste est la seule façon cohérente de décrire l'objet d'étude hyperboliquement mouvant qu'il se donne. Si l'homme est un Protée qui se diffracte en perceptions multiples, d'un instant à l'autre, selon les points de vue contrastés qui convergent sur lui, alors le portrait qu'on en offre ne peut être lui-même que constitutivement instable et éparpillé. On pourrait alors déplacer ou réorienter la question initiale : d'où vient, chez La Bruyère comme chez d'autres moralistes, cette conception fluctuante de l'homme, qui reconduit paradoxalement l'unicité objective d'un individu à la pluralité inépuisable de ses facettes ?

1. Van Delft 1993, p. 142.

Bibliographie sélective

[N.B. : Le lieu d'édition n'est pas précisé quand il est à Paris.]

1. Œuvres

Arnauld, Antoine, et Lancelot, Claude, *Grammaire générale et raisonnée* [1660], Allia, 2010.

Balzac, Honoré de, *La Peau de chagrin* [1831], éd. Samuel S. de Sacy, Gallimard, coll. « Folio classique », 2006.

Bellegarde, abbé de, *Reflexions sur le ridicule, et sur les moyens de l'éviter*, 2e éd., Jean Guignard, 1697.

—, *Lettres curieuses de littérature & de morale*, 3e éd., La Haye, Guillaume de Voys, 1720.

Bossuet, Jacques Bénigne, *Sermons et oraisons funèbres*, Le Seuil, coll. « Points Sagesses », 1997.

Christine de Suède, *Maximes*, éd. Chantal Thomas, Rivages Poches, 2016.

Descartes, René, *Discours de la méthode*, suivi de *La Dioptrique* [1637], éd. Frédéric de Buzon, Gallimard, coll. « Folio Essais », 1991.

Du Marsais, *Des Tropes* [1730], Manucius, 2011.

Esprit, Jacques, *La Fausseté des vertus humaines* [1678], Aubier, 1996.

Fénelon, *Les Aventures de Télémaque*, éd. Jacques Le Brun, Gallimard, coll. « Folio classique », 1995.

Fontenelle, *Entretiens sur la pluralité des mondes* [1686], La Tour d'Aigues, L'Aube, 1990.

La Bruyère, Jean de, *Œuvres*, éd. Gustave Servois [1865-1882], Hachette, coll. « Les Grands Écrivains de la France », 1912.

—, *Les Caractères*, éd. Robert Garapon, Classiques Garnier, 1962.

—, *Les Caractères*, éd. Emmanuel Bury, Librairie Générale Française / Le Livre de Poche, coll. « Classiques de poche », 1995.

—, *Dialogues posthumes sur le quiétisme*, éd. Richard Parish, Grenoble, Jérôme Millon, 2005.

La Fontaine, Jean de, *Œuvres complètes*, Le Seuil, coll. « L'Intégrale », 1965.

Lamy, Bernard, *La Rhetorique ou l'art de parler*, 3e éd., André Pralard, 1688.

La Rochefoucauld, François de, *Maximes et Réflexions diverses*, éd. Jean Lafond, Gallimard, coll. « Folio Classique », 1976.

—, *Maximes*, éd. Jean Rohou, Librairie Générale Française / Le Livre de Poche, 1991.

—, *Mémoires*, éd. Jean Lafond, Gallimard, coll. « Folio classique », 2006.

Lesage, *Le Diable boiteux*, éd. Béatrice Didier, GF-Flammarion, 2004.

Lewis, Matthew Gregory, *Le Moine*, trad. fr., Gallimard, coll. « Folio », 1966.

Marc-Aurèle, *Pensées pour moi-même*, suivi du *Manuel* d'Épictète, éd. Mario Meunier, GF-Flammarion, 1992.

Moralistes du XVIIe siècle, Robert Laffont, coll. « Bouquins », 1992.

Moralistes français, Firmin Didot, 1841.

Nicole, Pierre, *Essais de morale*, éd. Laurent Thirouin, PUF, 1999.

Nietzsche, Friedrich, *Éléments pour la généalogie de la morale*, trad. fr., éd. Patrick Wotling, Librairie Générale Française / Le Livre de Poche, 2000.

Pascal, Blaise, *Pensées*, éd. Michel Le Guern [1977], Gallimard, coll. « Folio classique », 2004.

Proust, Marcel, *Le Temps retrouvé* [1927], Gallimard, coll. « Folio classique », 1990.

Quatrains moraux : XVIe et XVIIe siècles, éd. Éric Tourrette, Grenoble, Jérôme Millon, 2008.

Rousseau, Jean-Jacques, *La Nouvelle Héloïse*, éd. Jean M. Goulemot, Librairie Générale Française / Le Livre de Poche, 2002.

Sénèque, *Lettres à Lucilius*, éd. Marie-Ange Jourdan-Gueyer, GF-Flammarion, 2017.

Sévigné, Mme de, *Lettres*, Firmin Didot, 1865.

Vaugelas, Claude Favre de, *Remarques sur la langue françoise* [1647], éd. Jeanne Streicher, Droz, 1934.

2. Études

Auerbach, Erich, *Mimésis*, trad. fr., Gallimard, coll. « Tel », 1978.

Badiou-Monferran, Claire, *Les Conjonctions de coordination ou « l'art de lier ses pensées » chez La Bruyère*, Champion, 2000.

Barthes, Roland, *Essais critiques*, Le Seuil, coll. « Points Essais », 1964.

Blanchot, Maurice, *Le Livre à venir* [1959], Gallimard, coll. « Folio Essais », 1986.

Bluche, François, *Au Temps de Louis XIV*, Hachette, 1994.

Bouvier, Michel, *La Morale classique*, Champion, 1999.

Brody, Jules, *Du Style à la pensée : Trois études sur* Les Caractères *de La Bruyère*, Lexington, French Forum, 1980.

Bury, Emmanuel, *Littérature et politesse : L'Invention de l'honnête homme (1580-1750)*, PUF, 1996.

Célébration de La Bruyère, Valmonde-Trédaniel, 1996.

Cuche, François-Xavier, *Une Pensée sociale catholique : Fleury, La Bruyère, Fénelon*, Cerf, 1991.

Dagen, Jean (dir.), *La Morale des moralistes*, Champion, 1999.

Doubrovsky, Serge, *Parcours critique*, Galilée, 1980.

Escola, Marc, *La Bruyère*, Champion, 2001.2.t.

Faguet, Émile, *Dix-septième siècle : Études et portraits littéraires*, Boivin, s.d. [1886].

Fontanier, Pierre, *Les Figures du discours*, éd. Gérard Genette, Flammarion, 1977.

Fumaroli, Marc, *Trois Institutions littéraires*, Gallimard, coll. « Folio histoire », 1994.

Gallard, Pierre-Yves, *Paradoxes et style paradoxal : L'Âge des moralistes*, Classiques Garnier, 2019.

Garapon, Robert, Les Caractères *de La Bruyère : La Bruyère au travail*, SEDES-CDU, 1978.

Genette, Gérard, *Palimpsestes : La Littérature au second degré*, Le Seuil, coll. « Points Essais », 1982.

Gibert, Bertrand, *Le Baroque littéraire français*, Armand Colin, 1997.

Gray, Floyd, *La Bruyère amateur de caractères*, Nizet, 1986.

Jaouën, Françoise, *De l'Art de plaire en petits morceaux : Pascal, La Rochefoucauld, La Bruyère*, Saint-Denis, Presses Universitaires de Vincennes, 1996.

Jeanson, Francis, *Lignes de départ*, Le Seuil, 1963.

Kirsch, Doris, *La Bruyère ou le style cruel*, Montréal, Presses de l'Université de Montréal, 1977.

Koppisch, Michael S., *The Dissolution of character : Changing perspectives in La Bruyère's* Caractères, Lexington, French Forum, 1981.

Landry, Jean-Pierre, *Jean de La Bruyère (1645-1696)*, Lyon, Lugd, 1996.

Lange, Maurice, *La Bruyère critique des conditions et des institutions sociales* [1909], rééd. Genève, Slatkine Reprints, 1970.

Leplatre, Olivier, *Les Caractères*, Bordas, coll. « L'œuvre au clair », 2004.

Lugli, Vittorio, *La Bruyère*, Gênes, Emiliano degli Orfini, 1935.

Maurois, André, *De La Bruyère à Proust : Lecture, mon doux plaisir*, Fayard, 1964.

Michaut, Gustave, *La Bruyère*, Boivin, 1936.

Minois, Georges, *La Rochefoucauld*, Tallandier, 2007.

Molinié, Georges, *Dictionnaire de rhétorique*, Librairie Générale Française / Le Livre de Poche, 1992.

Morillot, Paul, *La Bruyère*, Hachette, 1904.

Mouton, Jean, *Les Intermittences du regard chez l'écrivain*, Desclée de Brouwer, 1973.

Normand, Maxime, *Le Souffle de la sagesse : Sagesse biblique et littérature morale dans la seconde moitié du dix-septième siècle en France*, Cerf, 2018.

Papàsogli, Benedetta et Piqué, Barbara (dir.), *Il Prisma dei moralisti : Per il tricentenario di La Bruyère*, Rome, Salerno, 1997.

Paquot-Pierret, Léon, *L'Art du portrait chez La Bruyère*, 2e éd., Bruxelles, Office de Publicité, 1948.

Parmentier, Bérengère, *Le Siècle des moralistes*, Le Seuil, coll. « Points Essais », 2000.

Prévost-Paradol, *Études sur les moralistes français*, 8e éd., Hachette, 1895.

Quignard, Pascal, *Une Gêne technique à l'égard des fragments*, Montpellier, Fata Morgana, 1986.

Raymond, Marcel, *Baroque et renaissance poétique* [1955], José Corti, 1985.

Richard, Pierre, *La Bruyère et ses* Caractères*: Essai biographique et critique*, nvle éd., Nizet, 1965.

Ricord, Marine, Les Caractères *de La Bruyère ou les exercices de l'esprit*, PUF, 2000.

Rosso, Corrado, *Virtù e critica della virtù nei moralisti francesi*, Turin, Edizioni di Filosofia, 1964.

—, *Procès à La Rochefoucauld et à la maxime*, Pise, Goliardica, 1986.

Roukhomovsky, Bernard, *L'Esthétique de La Bruyère*, SEDES, 1997.

— (dir.), *L'Optique des moralistes de Montaigne à Chamfort*, Champion, 2005.

Rousset, Jean, *La Littérature de l'âge baroque en France: Circé et le paon* [1953], José Corti, 1995.

Siouffi, Gilles, *Le Génie de la langue française: Études sur les structures imaginaires de la description linguistique à l'âge classique*, Champion, 2010.

Soler, Patrice, *Les Caractères*, PUF, coll. « Études littéraires », 1994.

Théorie de la littérature: Textes des formalistes russes, trad. fr., éd. Tzvetan Todorov, Le Seuil, coll. « Points Essais », 2001.

Tosi, Renzo, *Dictionnaire des sentences latines et grecques*, trad. fr., Grenoble, Jérôme Millon, 2010.

Tourrette, Éric, *Les Formes brèves de la description morale: Quatrains, maximes, remarques*, Champion, 2008.

—, *Maîtriser la dissertation littéraire générale*, Ellipses, 2018.

Valéry, Paul, *Variété I et II* [1924-1930], Gallimard, coll. « Folio Essais », 1998.

Van Delft, Louis, *La Bruyère moraliste: Quatre études sur* Les Caractères, Genève, Droz, 1971.

—, *Le Moraliste classique: Essai de définition et de typologie*, Genève, Droz, 1982.

—, *Littérature et anthropologie: Nature humaine et caractère à l'âge classique*, PUF, 1993.

—, *Les Moralistes: Une apologie*, Gallimard, coll. « Folio Essais », 2008.

—, *Les Spectateurs de la vie: Généalogie du regard moraliste* [2005], rééd. Hermann, 2013.

Vinet, Alexandre, *Moralistes des seizième et dix-septième siècles*, Lausanne, Payot, 1962.

III

Marivaux
L'Île des esclaves

par Jean-Paul Sermain

L'édition de référence du concours est :

Marivaux, *L'Île des esclaves*, dans le volume *Le Prince travesti, L'Île des esclaves, Le Triomphe de l'amour*, édition Jean Goldzink, Paris, GF, 1989.

Introduction

La première représentation de *L'Île des esclaves* remonte au 5 mars 1725, il y a presque trois cents ans. Elle est jouée devant un public assidu aux représentations théâtrales, mais socialement restreint au monde de ce que la pièce appelle « les maîtres », qui peuvent compter sur un personnel souvent abondant pour leur confort. Marivaux ne s'adresse pas directement à ces valets et servantes, bannis des théâtres, mais à ceux qui les emploient, quand il figure le sort réservé aux domestiques et l'assimile à celui des « esclaves » dans l'antiquité. La société d'Ancien Régime repose sur des relations systématiquement dissymétriques, les domestiques ne sont protégés ni par des contrats ni par des règlements ni par des syndicats. La France métropolitaine connaît aussi à ses portes, en particulier dans les îles lointaines, le trafic négrier et l'esclavage dans les plantations[1]. Ce que voit et décrit Marivaux, ce à quoi réfère sa pièce, est donc très éloigné de ce que nous connaissons, même si l'évolution des emplois redonne une grande place aux relations de service, mais intégrées à des garanties, des aides et un esprit général d'égalité. La dénonciation âpre de Marivaux, soutenue par son esprit hautement comique, pourtant touche le public d'aujourd'hui. Elle avait déjà été bien accueillie du vivant de Marivaux. H. Lagrave[2] et F. Deloffre (avec F. Rubellin) recensent les recettes et les spectateurs des premières représentations, qui s'accroissent par l'effet du bouche à oreilles : le 5 mars, 748 livres, 434 spectateurs ; 7 mars, 1381, 676 ; 10 mars, 1663, 810 ; 11 mars, 2145, 1121 ; 12 mars, 1087, 536 ; 14 mars, 1424, 657 ; 16 mars, 1387, 632 ; 17 mars, 1349, 705. La pièce est donnée à Versailles dès le 13 mars ; elle est reprise à trois reprises en 1729, à 4 en 1730, à 8 en 1732, à 2 en 1733, moins dans les années 40 (11 représentations) mais de nouveau régulièrement dans les années 1750 (35), avant de s'étioler dans la décennie suivante (11) et de disparaître. La comédie italienne en effet est absorbée par l'Opéra-comique et le répertoire dont elle avait le privilège n'est plus utilisé. La pièce a été jouée 67 fois avant la Révolution et fait partie des réussites de Marivaux dans la catégorie des « petites pièces », avec une audience analogue à celle de grandes pièces en trois actes, à l'exception du *Jeu de l'amour et du hasard*, de la *Surprise de l'amour* et de la *Double Inconstance*, jouées plus de cent fois. Rappelons que globalement les pièces de Marivaux ont eu environ le même nombre de spectateurs que les pièces de Voltaire, sacré roi à la comédie française. Si les jugements critiques sur les pièces de Marivaux sont en général assez mitigés, et ceux sur *L'Île des esclaves* limités, l'affluence du public suggère qu'il comprenait les questions posées par Marivaux et qu'il était sensible aux effets de la servitude dont il profitait. Il acceptait de prendre conscience de sa position d'oppresseur.

1. Voir Olivier Pétré-Grenouilleau, *Les Traites négrières, Essai d'histoire globale*, Gallimard, 2004.

2. Henri Lagrave, *Marivaux et sa fortune littéraire*, éd. Ducros, Bordeaux, 1970, et *Le théâtre et le public à Paris de 1715 à 1750*, Librairie C. Klincksieck, 1972. Marivaux, *Théâtre complet*, éd. F. Deloffre et F. Rubellin, Classiques Garnier, 1996 et 2000, p. 584.

Pendant la Révolution, la Comédie française accueille très brièvement la pièce, qui ne figure plus ensuite que dans des éditions anciennes ou dans des œuvres complètes de Marivaux, puisqu'on ne garde trace d'un retour sur scène qu'en 1931. Quand elle rentre à la Comédie française en 1939 elle attire peu, et il faut attendre les reprises de 1965 et de 1973 pour qu'elle retrouve des couleurs. C'est que, conjointement, les théâtres subventionnés et privés ont pris le relais et ne cessent de monter la pièce tandis qu'elle est régulièrement au programme de l'enseignement secondaire et universitaire, avec de nombreuses autres pièces de Marivaux, elles aussi sorties de l'oubli. *L'Île des esclaves* porte sur des pratiques sociales qui ne sont plus les nôtres, mais les protagonistes des institutions éducatives et culturelles et des théâtres ont éveillé l'intérêt des spectateurs et des lecteurs, assurés que Marivaux, dans ce qu'il montre à ses contemporains de leur traitement de domestiques réduits à la position d'esclaves, arrive à décrire notre propre situation, nos expériences de la violence sociale et sexuelle. Qu'est-ce que Marivaux, dans le portrait satirique d'une situation révolue, dégage d'assez général, pour que nous puissions nous y reconnaître ? comment son langage dramatique parvient-il à dépasser ainsi son temps pour toucher le nôtre ?

I

Une « petite pièce » et ses contextes

L'Île des esclaves est une « petite pièce », c'est-à-dire une pièce en un acte, qui conclut la soirée au théâtre et succède à la grande pièce (en cinq actes à la Comédie française, en trois à la comédie italienne, mais elles sont de longueur voisine), qui est souvent une tragédie chez les comédiens français : par sa gaîté et sa légèreté elle sert de transition au spectateur dans son retour au monde réel. Cette pratique des petites pièces s'est progressivement introduite dans la seconde moitié du XVIIe siècle et s'impose au cours du XVIIIe siècle, pour devenir, en particulier aux Italiens, presque systématique. La fortune de la petite pièce dépendait de son partenaire en trois actes, il est donc remarquable que celles de Marivaux se soient imposées jusqu'à aujourd'hui.

Conformément aux habitudes de Marivaux et de la plupart des auteurs, la pièce est d'abord jouée, elle est conçue pour la scène avant d'être éditée (l'insuccès amène parfois l'auteur à revoir sa pièce, ou à la jeter, ce qui est arrivé à la *Nouvelle colonie ou la ligue des femmes*, dont Marivaux tirera tardivement une pièce en un acte, *La Colonie*, seulement éditée comme toutes ses dernières pièces). *L'Île des esclaves* est vite présentée à la censure préalable (en mars 1725), et reçoit un privilège d'édition le mois suivant. Elle est publiée séparément, rééditée en 1726 et 1729. Ces éditions peuvent ensuite être intégrées à des volumes collectifs consacrés au *Nouveau théâtre italien*, et la pièce figure ensuite dans des éditions du théâtre ou des œuvres complètes de Marivaux (1765, 1781, 1825), avant les très nombreuses rééditions modernes, soit de l'ensemble du théâtre, soit de *L'Île des esclaves* séparément, soit dans un duo ou trio de pièces. Systématiquement le premier « imprimeur » de la pièce en détruit le manuscrit. Celui de *L'Île des esclaves* a disparu, Marivaux n'a pas revu les éditions ultérieures, le texte n'a donc aucune variante. Son édition est simple, l'éditeur moderne ayant seulement à décider dans quelles proportions il modernise la ponctuation ou l'orthographe. C'est ce qu'il fait toujours pour la première et pour la seconde il conserve volontiers celle des éditions originales parce qu'elle indiquerait les pauses et le rythme de la diction souhaités par l'auteur.

La première étape d'une pièce classique se déroule donc sur la scène. Marivaux avait alors le choix entre deux grands théâtres, celui des comédiens français et celui des comédiens italiens, il pouvait même, comme le faisait Lesage, se tourner vers les théâtres de la foire. Chacun avait sa spécificité, et Marivaux a voulu profiter des ressources de la comédie italienne dans *L'Île des esclaves*. La pièce procède d'une rencontre entre l'écrivain et une troupe, et c'est la situation de l'un et de l'autre que nous allons examiner, avant de considérer comment la pièce s'alimente aux sources de cinq traditions.

1. Le regard d'un Moderne

La troupe des Italiens à Paris et la carrière de Marivaux (1682-1763) ont débuté à peu près en même temps. La première est arrivée à Paris en 1716 et Marivaux publie ses premiers textes en 1713. Il a commencé à écrire un peu plus tôt, puisque l'année précédente il fait approuver un roman comique sur le modèle du lecteur fou inventé par Cervantès avec *Don Quichotte*, mais paru seulement en 1737, *Pharsamon ou les nouvelles folies romanesques*. Ce roman est un peu déphasé dès sa rédaction, parce qu'il fait reposer la folie de ses personnages sur l'attrait de romans démonétisés et laissés pour compte depuis plus d'un demi-siècle et recourt à des procédés burlesques eux aussi datés. Dès 1713 paraît bizarrement un pastiche tardif et resserré du grand roman héroïque de la première moitié du XVIIe siècle, qui a perdu tout crédit depuis cinquante ans, et qu'on ne réédite plus depuis lors, *Les Effets surprenants de la sympathie*. Conjointement à ces morceaux archaïsants, Marivaux publie également en 1713 un récit court, sous forme de lettre, *La Voiture embourbée*, dont l'auteur fictif raconte un petit voyage vers la province dans une voiture publique et reproduit le « roman impromptu »' grâce auquel les voyageurs ont dans la nuit tué le temps pendant qu'on réparait leur véhicule accidenté, en improvisant chacun la suite de ce qui venait d'être imaginé par le précédent contributeur. Avant de prendre contact avec la *commedia dell'arte*, Marivaux fait ainsi de l'improvisation le support de sa fiction. Ce petit roman mêle les deux inspirations héroïque et anti-héroïque d'une manière ingénieuse et encore aujourd'hui amusante, ouvrant la voie vers une comédie nouvelle.

Marivaux qui vient de la province est donc resté isolé sur des marges assez décolorées du monde littéraire. En 1715 le poète Houdard de la Motte réveille la Querelle des Anciens et des Modernes, qui avait été initiée par Perrault en 1687, en s'appuyant sur une traduction d'Homère et en contestant la valeur et donc la fonction de modèle du poète grec, et plus largement le principe de l'imitation des œuvres antiques. Il soutient ses attaques par des innovations dans les deux grands genres de l'ode et de la tragédie et obtient un vif succès avec sa pièce *Inès de Castro*, qui donne à la sensibilité et à son développement sur scène une place inédite. Marivaux prend brusquement avec passion le parti des Modernes et pose les fondements de son œuvre à venir dans deux textes, l'*Iliade travestie* et le *Télémaque travesti*, avec deux préfaces programmatiques vigoureuses. Seule la parodie du chef-d'œuvre grec paraît en 1716, tandis que celle du roman de Fénelon, *Les Aventures de Télémaque*, reste dans les tiroirs jusqu'en 1736. Le soutien de Marivaux aux Modernes a été mineur et passe presque inaperçu. L'important est qu'il va appliquer ensuite les idées qu'il forge alors et qu'il affine ensuite, en dehors de la Querelle, dans ses essais publiés dans les *Journaux*, et dans son choix et sa pratique de genres littéraires en voie de formation ou marginaux. Pour Marivaux, l'écrivain ne peut rien dire de neuf ni intéresser son public s'il ne représente et pense l'homme d'aujourd'hui, qui est *façonné* par une civilisation et une société et ne cesse de changer au fil du temps, il doit examiner l'état actuel des mœurs et de la culture savante et lettrée qui détermine les manières d'être de chacun et ce qui est attendu des productions littéraires et artistiques. Marivaux entérine les changements opérés par les écrivains du siècle précédent, qualifiés depuis le XIXe siècle de *classiques* et déjà érigés au XVIIIe siècle en idéaux presque indépassables[1] : ils ne sollicitent plus la connivence érudite par un jeu de reprises et de transpositions des textes antiques mais dans la langue commune créent des œuvres faciles d'accès qui abordent les questions sociales, politiques et morales auxquelles sont confrontés spectateurs et lecteurs et qui les invitent à engager des débats sur leur conduite[2]. L'œuvre constitue un public par les sujets qu'elle propose et le dialogue qu'elle instaure. C'est ce que retient Marivaux, qui s'oblige à saisir les problèmes intéressant son temps et invente des formes et un langage pour les rendre sensibles et impliquer lecteurs et spectateurs. Il s'appuie sur les réussites passées pour innover à son tour.

L'engagement littéraire de Moderne est solidaire chez Marivaux d'un engagement social, non dans le sens d'un activisme, mais dans l'attention lucide aux manières de vivre de son temps. Le christianisme qu'il invoque, son devoir de charité et sa conscience du mal, lui font voir les désordres, les cruautés, les injustices subies par les faibles, les opprimés, les soumis et, s'il retient de façon constante les domestiques pour les représenter, c'est parce qu'il peut ainsi voir ces conduites dans une interaction qui concerne directement les spectateurs. Son théâtre est sensible à une sujétion vécue et à ses effets concrets. Il s'était intéressé précédemment à un épisode de l'histoire récente marqué par les persécutions infligées aux protestants par Louis XIV. En effet, pour se moquer des *Aventures de Télémaque* de Fénelon, de sa révérence indue à l'égard d'Homère et de son illusion qu'il suffit de peindre des comportements vertueux pour rendre vertueux les lecteurs, Marivaux remplace dans sa parodie les guerres antiques par la guerre civile qu'a entraînée dans les

1. Voir Jean de Guardia, *Poétique de Molière : comédie et répétition*, Genève, Droz, 2007.

2. Voir la dernière scène de l'*Illusion comique* de Corneille.

Cévennes la révocation de l'Édit de Nantes en 1685. Marivaux est le seul écrivain qui ait attiré l'attention du public sur ces événements peints sous un jour burlesque qui ôte toute grandeur à la persécution du Roi Soleil. Il ne cherche pas à établir les raisons contraires au choix de Louis XIV, à l'époque assez communément admises, mais il décrit le comportement des deux camps et les désastres de la violence d'État. Il dépeint l'ensauvagement d'une tyrannie qui prétend s'étendre aux consciences.

Après *La Surprise de l'amour* (1722) qui expose l'état moderne des relations amoureuses, *La Double inconstance* (1723) crée dans un monde de fantaisie une autre tyrannie s'exerçant sur les consciences, non plus dans le champ du sentiment religieux, mais dans celui du sentiment amoureux. Le Prince de la pièce peut épouser n'importe laquelle de ses sujets à condition qu'elle l'accepte de bon cœur. Il est séduit par une « villageoise », Silvia, mais celle-ci aime un autre paysan, Arlequin. Le Prince fait enlever la jeune fille et l'enferme à la cour, avant d'y faire conduire aussi son promis. Comme ce rapt ne suffit pas, par l'entremise d'une courtisane, Flaminia, il parvient à susciter chez la jeune fille une inconstance en lui faisant goûter progressivement l'attrait du luxe et de la domination à la cour, au point qu'elle se détache de son ancien amant devenu trop fruste pour elle et se livre à l'amour du Prince qui la courtise par ailleurs en prenant l'identité d'un officier du palais. Dans leur résistance, Silvia et Arlequin dénoncent avec force le despotisme du souverain et rejettent les valeurs de la cour en se moquant des manières aristocratiques, masculine et féminine. Marivaux est assez subtil pour laisser ses personnages réduire à néant le charme d'un style de vie et de consommation et y succomber : leur critique est renforcée par leur propre incapacité à y rester fidèle. Arlequin jusqu'à la fin de la pièce maintient ses revendications contre le Prince, alors même qu'il est en train de se laisser séduire par les charmes d'une nouvelle vie en même temps que Silvia : l'un est prêt à épouser une courtisane rouée et l'autre le Prince, violent et duplice. La pièce décrit subtilement le pouvoir d'attraction des façons de vivre des classes supérieures et leur effet d'entraînement et de corruption sur ceux qu'elles oppriment et exploitent. Rien de changé aujourd'hui.

Comme au printemps 1720 il donne sa première comédie, une petite pièce, *Arlequin poli par l'amour*, aux comédiens italiens, le printemps de l'année suivante, il saisit ce qu'a de neuf la publication par Addison et Steele de leur *Spectator* (1711-1712), un journal qui porte sur le monde britannique, ses mœurs, sa littérature et sa culture, et il propose le 29 mai 1721 la première feuille d'un *Spectateur français* plus réduit et moins régulier que son homologue anglais. D'une originalité saisissante, elle établit un projet littéraire singulier qui se sert du personnage de l'observateur pour rendre compte des processus mentaux engagés dans la réflexion suscitée par les rencontres aléatoires dans la grande ville. Dans cette première scène est rapporté ce qu'il ressent à voir un pauvre homme échouer à attendrir un riche et sa cour, et ce qu'il pense susceptible d'éveiller des « sentiments d'humanité ». Marivaux défend dans cette page inaugurale un humanisme conçu comme disposition intérieure à reconnaître dans les autres sa propre humanité. Trois ans après ces trois textes, *L'Île des esclaves* en reprend le propos sous un jour inédit.

2. La chance des comédiens italiens

Marivaux a été pour les comédiens italiens une chance en leur fournissant un répertoire adapté à leur style et leur assurant de fort profitables succès ; les comédiens italiens ont été pour Marivaux une chance en ce qu'ils lui ont offert l'incitation et les moyens d'une dramaturgie éminemment personnelle. En 1680 les deux troupes de l'hôtel de Bourgogne et de l'hôtel de Guénégaud (qui avait été celle de Molière) ont fusionné pour créer la Comédie française voulue par le roi, qui, en 1697, renvoie la troupe des comédiens italiens. En vingt ans, le champ théâtral à Paris s'est fortement rétréci. À côté de la Comédie française, ne subsiste plus que l'Académie royale de musique pour les opéras (depuis 1669). Enfin deux fois par an, les foires de Saint-Germain et de Saint-Laurent accueillent des spectacles courts, fantaisistes, légers, qui, au cours du premier dix-huitième siècle sont régulièrement attaqués par la Comédie française, mais profitent aussi du renfort d'un grand auteur comme Lesage. Quand le Régent prend le pouvoir à la mort de Louis XIV, libre de mœurs et ami des arts, il veut ranimer la scène théâtrale et fait appel à une troupe de comédiens italiens installés à Parme et dirigée par le *capocomico* Riccoboni. Elle s'installe à Paris en 1716 et donne d'abord ses spectacles en italien en puisant dans un répertoire varié avec des adaptations de pièces espagnoles ou anciennes et des comédies *all'improvviso*. Elles relèvent de la *commedia dell'arte*, qui, parallèlement aux représentations de cour ou d'académies de pièces savantes et érudites, parfois de comédies et de mélodrames chantés, a un répertoire plus farcesque et assez rigide : il repose sur l'alternance de deux univers, celui des deux jeunes couples d'amoureux assortis d'une servante d'âge mûr, qui parlent un pur toscan et se conforment aux dialogues rédigés, et celui de personnages définis par leur langage, en l'occurrence un dialecte, et donc leur appartenance géographique, leur métier, mais aussi leur costume et leurs accessoires : le vénitien Pantalon, le docteur bolonais et deux valets bergamasques assez proches, Arlequin et Scapin. Eux ne s'appuient pas sur des dialogues rédigés mais sur des canevas assez convenus pour permettre une improvisation nourrie par ailleurs d'un répertoire de plaisanteries, comme de jeux de scène eux aussi prédéfinis, les *lazzi*. Ce théâtre accorde une grande place à des exubérances gestuelles, à des plaisanteries physiques, à des prouesses acrobatiques, c'est-à-dire à des effets visuels, que retrouve le cinéma burlesque au XXe siècle. Cela explique qu'il ait pu essaimer dans toute l'Europe et plaire en particulier à la cour: c'est un divertissement parmi d'autres, dont le public se tourne aussi vers les théâtres de la foire.

Marivaux s'intéresse surtout au personnage d'Arlequin. Il est caractérisé par son vêtement en damiers colorés de feutre, un demi-masque marron qui lui couvre le haut du visage, un couvre-chef de braconnier avec une patte de lapin ou une queue de lièvre et, comme instrument à tout faire, une batte. Ces deux accessoires se transforment selon la logique de la scène en divers objets, comme on le voit dans les mises en scène d'aujourd'hui. Cette plasticité dramaturgique était aussi celle des acteurs dont les ressources athlétiques permettaient des jeux de scènes, des pantomimes et des acrobaties captivantes. Cette partie spectaculaire et burlesque des comédies attirait les spectateurs français souvent incapables de comprendre le choc des dialectes et les jeux de mots interlangues.

Luigi Riccoboni ne peut se contenter de son répertoire italien et fait appel à des auteurs français qui sachent tirer parti de la troupe, de ses rôles et d'un jeu plus libre, plus physique, plus interactif. C'est Autreau avec *Le Naufragé au Port-à-l'anglais ou Les Nouvelles débarquées*[1] qui assure cette transition et permet aux Italiens de rebondir. Au début des années 1720, Marivaux contribue à son tour au nouveau répertoire, en compagnie de Delisle de la Drevetière qui présente son *Arlequin sauvage* en 1721 et *Timon le misanthrope* l'année suivante[2]. Le théâtre italien s'engageait ainsi dans la voie tracée par Montesquieu dans les *Lettres persanes* (1721) en donnant à la comédie de mœurs un tour philosophique, c'est-à-dire en interrogeant les fondements et les justifications des relations sociales et entre les sexes (le mot correspond à notre actuel « genre »). Marivaux dans ses premières pièces participe à ce mouvement et imagine comme Autreau des univers fantaisistes fondés sur des règles originales favorables à une vision critique. La première pièce qu'il fournit au théâtre italien, *Arlequin poli par l'amour*, exploite les talents particuliers de chaque acteur, en particulier de celui jouant Arlequin, Tommaso Visentini, qui s'impose par son agilité et son expressivité. Comme la première feuille du *Spectateur français*, cette petite pièce a une valeur expérimentale en prenant pour sujet ce qui assure la transformation de l'Arlequin italien en un Arlequin français, et en fait, marivaudien. S'inspirant d'un conte de fées de Catherine Durand, elle opère un changement dramaturgique (certes déjà amorcé antérieurement) en mettant au centre l'activité amoureuse d'Arlequin, qui écarte la fée (Elena Baletti) pour Lisette – jouée par Silvia, l'actrice destinée à interpréter les grandes amoureuses de Marivaux. La part d'improvisation est limitée aux jeux de rôle dans le début de la pièce, tandis que l'apprentissage de l'amour requiert comme une seconde souplesse du personnage, qui sort de sa torpeur érotique et se redresse, dans un

1. *Théâtre du XVIIIe siècle*, éd. Jacques Truchet, Gallimard, Bibliothèque de la Pléiade, 1972, t. I, p. 1368-1371.

2. *Id.* p. 1385-1386.

face à face avec Lisette et dans l'art de lui faire la cour. C'est grâce à la politesse donnée par l'amour que le personnage passe d'un univers théâtral à l'autre et se forge une nouvelle identité. À l'improvisation des gestes et des répliques sur un canevas, Marivaux fait succéder un texte soigneusement millimétré dans lequel les personnages se découvrent sans aucune référence antérieure et apprennent à se parler dans une série tâtonnante d'approximations, de rapprochements et de reculs.

Ayant ainsi changé le statut et la place du personnage d'Arlequin avec éclat dans une pièce en un acte, l'ayant rendu amoureux, Marivaux développe ces premières innovations dans les pièces suivantes données au théâtre italien, en tirant parti des talents de Silvia et de Thomassin. Avec eux, il crée un univers personnel qui reprend d'une comédie à l'autre les mêmes éléments et les entraîne dans des directions inédites. Il travaille par variations et approfondissements. Il joue des intonations étrangères de Silvia ou d'Arlequin pour matérialiser la distance que les personnages prennent à l'égard de leur situation et aider le spectateur à comprendre de l'extérieur ce qui arrive à ces derniers sans se contenter de s'identifier à leurs émotions ou à rire de leurs ridicules. L'improvisation est celle qu'il attribue aux héros quand ils se trouvent dans des situations auxquelles rien ne les a préparés ; la souplesse des corps et des gestes participe aux mouvements divers qui les agitent et les poussent vers l'avant dans des découvertes déstabilisantes. Les comédiens italiens non seulement assuraient à Marivaux qu'ils sauraient incarner ce qu'il proposait de nouveau, mais ils l'ont incité à s'engager toujours plus loin. Ils lui ont fait défaut dans la seconde moitié du XVIIIe et ce sont les metteurs en scène contemporains qui en ont retrouvé l'esprit.

3. Cinq traditions

L'Île des esclaves, toute « petite » pièce qu'elle soit, n'en intègre pas moins cinq traditions qui participent à la complexité de ses agencements et expliquent la richesse de ses interprétations. À la scène deux, quand Trivelin demande à Arlequin « comment vous appelez-vous ? », Arlequin reformule la question « Est-ce mon nom que vous demandez ? », pour répondre ensuite qu'il n'en a point, et comme Trivelin l'invite à s'expliquer, il réplique : « Non, mon camarade, je n'ai que des sobriquets qu'il m'a donnés ; il m'appelle quelquefois Arlequin, quelquefois Hé. » Trivelin rebondit sur ce dernier terme et qualifie son emploi de « licence ». Arlequin était attendu dès qu'on entrait dans la salle du théâtre italien. L'acteur qui le jouait, « le sieur Thomassin », était reconnaissable à son costume et au registre de ses plaisanteries ou de ses idéaux sensuels. Ils créent une sorte de lien entre les pièces successives, ils sont attendus du public, mais ils sont ici en même temps mis à distance : ils participent au refus de reconnaître son identité, ils participent même à une oppression et à une aliénation, ils dissimulent son être véritable. Toute l'ambiguïté de la pièce tient à cette configuration originale.

Trois autres traditions vont contribuer à installer une distance et solliciter l'interprétation. La première d'entre elles surgit dans la première scène qui explique que l'île où les naufragés ont échoué est occupée et gouvernée par d'anciens esclaves révoltés. À la fin de la pièce, les quatre héros la quittent pour regagner Athènes – cela prendra deux jours. Il est impossible de situer précisément à quel moment se situe l'action, du moins est-ce quand Athènes fait des esclaves et possède une certaine autonomie, son apogée se situant au Ve siècle avant Jésus-Christ. Athènes, Rome, tout le monde antique offrent aux écrivains français des réserves de situations et d'épisodes capables d'évoquer des systèmes et des révolutions politiques. C'est ce qu'a exploité Corneille, et Marivaux lui-même dans sa seule tragédie *Annibal*, et ce que Fénelon a fait passer de la tragédie au roman avec ses *Aventures de Télémaque*, parodiées ensuite par Marivaux. Le transfert de cette matière sérieuse, pathétique et philosophique, dans le champ du comique a une valeur de dérision ou d'humour, il opère un pas de côté pour placer les questions graves sur le registre de la comédie, c'est-à-dire pour Marivaux des mœurs et de la subjectivité. L'antiquité lui sert à imaginer d'autres manières de vivre et non pas d'organiser autrement la société politique. Marivaux rejoint aussi de cette façon l'esprit des deux grands romans latins satiriques, *Le Satyricon* de Pétrone et *L'Âne d'or ou les métamorphoses* d'Apulée.

Sur ces deux modèles, du théâtre italien et du monde antique revisité, Marivaux greffe deux autres, l'un issu de la culture savante de la Renaissance, l'autre de la culture populaire contemporaine. La critique a pris l'habitude d'associer trois pièces situées sur une île, *L'Île des esclaves, L'Île de la raison* (1727) et *La Colonie* (1750, tirée d'une pièce disparue *La Nouvelle colonie*, jouée une fois dans le prolongement des deux autres en 1729) : elles ont en commun de représenter la mise en place d'un régime politique complètement opposé à ceux existants ou avérés et fondé sur des principes invoquant la justice ou la rationalité. Ces lieux hors-sol, ce principe d'une refondation *ex nihilo* et cette logique systématique renvoient clairement à l'œuvre fondatrice de Thomas More, *Utopia* (1516), qui a initié un genre et lui a fourni son nom. Elle procède à une double satire : l'une décrit le monde contemporain et en relève les défauts, l'inefficacité, l'injustice, l'absurdité, tandis que l'autre est l'envers systématique de la première en imaginant un monde opposé sur tous les points relevés précédemment, sans vraiment penser comment passer de l'un à l'autre – More de son côté établit même l'impossibilité politique de cette transmutation. Ce genre connaît un certain essor dans la seconde moitié du XVIIe siècle et reste assez vivant au siècle suivant, dans des œuvres qui sont partagées entre l'extension démesurée du contrôle des mœurs, et une attention au voyageur qui, venu d'Occident, découvre et enregistre le monde nouveau avant de revenir au bercail. On a souligné à juste titre que le genre et la dimension de la petite pièce l'éloignent des péripéties dramatiques comme des longs exposés détaillant l'organisation du monde neuf. Le recours néanmoins de Marivaux à l'économie de pensée propre aux utopies lancées par More lui permet d'établir une distance par la fiction à l'égard du champ social qu'il observe, de le voir à partir d'un renversement imaginaire et de l'envisager non en termes seulement individuels mais comme un phénomène global, ou comme on dit aujourd'hui « systémique ». Il fait aussi de cette expérience quelque chose de séparé du monde réel et qui ne vise pas à le tirer à elle pour le révolutionner de fond en comble. Il faut attendre nos magiciens contemporains pour le tenter avec les effets que l'on sait.

Marivaux établit en outre un lien entre le retournement de l'utopie, déployé dans le passage d'un espace réel à un espace de nulle part, et le renversement pratiqué de longue date au moment du carnaval et encore bien vivant à l'époque de Marivaux : le peuple en troupe y abaisse des puissants qui ont failli, par exemple à l'ordre matrimonial avec des unions qui interdisent la transmission de la vie – soit que prenne un époux jeune une femme trop âgée, soit qu'un vieil impuissant se réserve une jeune épouse – et il se donne un roi d'un jour avant de l'éliminer. Mikael Bakhtine a étudié l'incidence dans les lettres de ces renversements. Jean Goulemot a insisté dans sa préface à *L'Île des esclaves*[1] sur la prégnance du carnaval et écarté tout lien avec l'utopie : les maîtres se retrouvent à la place de l'esclave, les esclaves à celle du maître, et cela ne procède pas de discours revendicatifs ou d'explications programmatiques, mais laisse les esclaves traiter avec dérision leurs maîtres et prendre en riant les postures et les rôles de ces derniers. Ce jeu ne dure qu'un moment, la transgression est amusante, mais dans une aire par avance limitée et comme institutionnalisée. Une autre pièce de Marivaux, qui avait été aussi exhumée par Patrice Chéreau, *L'Héritier du village*, jouée la même année que *L'Île des esclaves* – formant avec elle un remarquable diptyque –, a imaginé des changements de place du même type, mais dans l'ordre du réel, les paysans croyant avoir fait fortune, se comportant en maître et allant jusqu'à singer leur libertinage à la mode, mais à la fin tout est ramené au point de départ par la révélation du caractère illusoire de l'héritage attendu : le renversement carnavalesque fait du paysan un bourgeois gentilhomme éphémère, qui s'amuse de sa folle journée.

Ces quatre modèles, du théâtre italien, du monde antique, de l'utopie et du carnaval, créent une distance et mêlent de façon différente chacun la fantaisie et l'imagination avec un propos critique qui a une portée ou une ambition politique, vraiment sérieuse seulement pour l'évocation de l'antiquité. Marivaux les articule tous les quatre sur ce qu'il y a de propre à la comédie depuis les poéticiens latins (puisque le texte qui nous reste d'Aristote ne s'étend pas à son domaine),

1. Marivaux, *L'Île des esclaves*, éd. Jean Goulemot, Hachette, « Le Livre de poche », 1999.

dont le propos se résume alors à la formule que le chef d'une troupe italienne G. Biancolelli avait demandée au XVIIe siècle au poète Jean de Santeuil et qu'il avait fait inscrire dans son théâtre : *castigat ridendo mores*, elle corrige les mœurs en riant. Ce précepte entré dans l'usage commun indique le domaine de la comédie, les mœurs, et son utilité sociale et morale. Il s'est imposé au XVIIIe siècle, même si des théâtres marginaux comme ceux de la foire ou les parades sur les scènes privées, s'en sont éloignés en privilégiant les plaisanteries les plus extravagantes. Tout en installant ses personnages dans des mondes imaginaires très éloignés, Marivaux les rapproche dans son propos satirique des spectateurs et leur prête la langue la plus usuelle. Alors même que dans ses dernières pièces il peint sans détour le monde contemporain, il continue d'inventer des situations extraordinaires qui permettent de donner aux formules les plus banales une intensité dramatique et affective exceptionnelle. Dans *L'Île des esclaves*, le jeu des cinq traditions culturelles et littéraires dépayse pour les personnages et les spectateurs ce qu'il y a de plus commun dans la vie des Parisiens et des Parisiennes, dûment distingués, et ainsi l'éloigne et le soumet à une observation joyeuse et émouvante. Les quatre modèles du théâtre italien, de l'antiquité, de l'utopie et du carnaval se limitent l'un l'autre, comme s'ils n'étaient pas les porteurs d'une vérité exclusive, et se complètent en s'appliquant aux mœurs soumises au ridicule, selon le cinquième modèle dominant presque tout le champ de la comédie, ils permettent aux personnages de porter sur les manières de vivre les plus familières un regard critique et d'en faire apparaître vigoureusement les traits les plus marquants. Chacun prend en charge son rôle sur le mode du jeu, de la comédie, de la dénonciation, de la satire, de la revanche, de la moquerie, du drame presque. Les quatre modèles assurent une théâtralisation légère, spirituelle, des mœurs en laissant ceux qui y sont impliqués la mener jusqu'à des contradictions qui vont justifier la fin de la parenthèse. Marivaux peut ainsi être fidèle à la vocation de la comédie qui trouve en Molière son garant et persiste jusqu'à aujourd'hui, en y répondant de façon personnelle, avec une fantaisie, qui confère son style à la comédie et entre dans son propos. C'est à la description de cette entreprise qu'est consacrée la seconde partie.

II

L'esprit de la comédie

Les trois premiers livres de Marivaux sont assez amples parce qu'ils répondent, sur le mode de l'admiration ou sur celui de la dérision, ou en mêlant ces deux inspirations, à des œuvres caractérisées par des compositions élaborées et accumulant les cas et les exemples dans une ample réflexion. *Le Télémaque travesti* suit pas à pas son modèle (*Les Aventures de Télémaque*) qui envisage les problèmes attendant le souverain et les difficultés qu'il affrontera ; le roman héroïque est fondé sur des constructions très articulées des intrigues et des épisodes en jouant sur les retours en arrière et les renversements de fortune : l'accumulation leur est inhérente et Marivaux a tenté d'en garder l'économie dans un volume encore maniable. *Don Quichotte* en deux parties prend la forme lâche d'un récit de voyage très étendu pour multiplier les rencontres et varier les situations de son personnage ; dans *Pharsamon*, Marivaux suit ce modèle tout en se moquant des romans héroïques dont il propose parallèlement un compendium un peu détourné dans *Les Effets surprenants de la sympathie.*

Après ces textes conçus en regard d'autres, et quand il revendique sa pleine indépendance, il produit au contraire des textes courts, dans les trois genres qu'il pratique, comédies, romans, essais. Ceux-ci figurent dans des « feuilles périodiques », chaque numéro étant imprimé sur une seule grande feuille dûment pliée en 8 ou 12, qui sont autant d'œuvres séparées, et l'auteur laisse ses journalistes revendiquer au sein d'un même numéro la discontinuité, le disparate, le désordre : les matières les plus diverses s'y succèdent de façon aléatoire. À plusieurs reprises Marivaux laisse ses rédacteurs fictifs prétendre suivre ce que leur procurent le hasard des rencontres (feuille un du *Spectateur français*), la fantaisie, l'occasion, le caprice. Le Philosophe indigent se moque des auteurs qui cherchent à traiter un sujet et dans l'application d'un plan perdent vite leur pensée initiale et leur lecteur (feuille six de *L'Indigent philosophe*). Aussi Marivaux arrête-t-il brutalement ses journaux, donnant l'impression de ne pas mener à terme ce qui était entrepris comme il laisse inachevés bien des récits produits par les sources (fictives) de ses journalistes (fictifs). Il procède de la même façon pour ses deux derniers romans, *La Vie de Marianne* – où il laisse même en suspens deux histoires, celle de l'héroïne éponyme et celle d'une seconde héroïne, Tervire – et *Le Paysan Parvenu*. Marivaux exploite la possibilité de publier et de concevoir son roman « par parties séparées », parfois à intervalles assez longs, ce qui permet de prendre un nouveau départ à chacune d'elles, ainsi dotée de sa propre économie. Il néglige en effet le sens de la composition, qu'il écarte pour accueillir dans leur diversité expériences, situations, milieux.

André Blanc[1] avait pu s'étonner qu'au contraire les comédies de Marivaux soient parfaitement composées et conduisent de façon serrée au dénouement. Là certes, il n'y a plus de narrateur qui a la charge de l'invention (les journalistes) ou du récit (mémorialiste). Au théâtre Marivaux confronte d'emblée ses personnages à une situation inédite ou même stupéfiante (c'est le cas dans les Îles) et suit alors l'enchaînement continu de leurs réactions en étant attentif à ses arrêts, ses progressions et ses surprises : les événements et les décisions se succèdent sans relâche, les personnages ne cessent de répondre à ce qui se révèle à eux.

Ce mouvement d'une découverte de soi se déploie dans les grandes pièces, il anime également les petites en un acte. À la Comédie française, pour 4 grandes comédies il en donne 6 en un acte, et au théâtre italien, les 9 grandes comédies côtoient 6 *petites*. Si l'on note que les dernières pièces non jouées sont aussi en un acte, on arrive presque à un équilibre entre les deux formats. Si les grandes comédies attirent évidemment davantage l'attention, le succès de *L'Île des esclaves* n'est pas le seul parmi les petites pièces. Trois d'entre elles ont été très suivies du vivant de Marivaux, deux aux Italiens (avec *L'Île des esclaves*, *L'Épreuve*) et l'autre à la Comédie française (*Le Legs*). *L'Épreuve* et *Le Legs* font partie des six pièces restées au répertoire de la Comédie française au XIXe siècle et jusqu'aux années 1930, quand commencent à réapparaître d'autres pièces. Aujourd'hui, l'intervention de metteurs en scène en dehors de la salle historique de la Comédie française, a assuré une vitalité retrouvée à plusieurs de ses petites pièces dont certaines exercent même une grande fascination comme la *Dispute* (jouée une seule fois au XVIIIe), aux côtés de *L'Île des esclaves*, des *Acteurs de bonne foi*, d'*Arlequin poli par l'amour*.

Dans cet ensemble d'environ 19 « petites pièces » (deux ou trois sont d'attribution incertaine), qu'est-ce qui distingue *L'Île des esclaves* et expliquerait son succès d'hier et celui d'aujourd'hui ? Comme avec d'autres, Marivaux a su donner à cette forme courte ce qui fait le prix du conte et de la fable (et de ses propres microfictions dans les *Journaux*), c'est d'engager une action qui resserre les liens entre les personnages et offre un dessin symbolique, ce que Aristote appelle le *muthos*, la « fable », qui s'impose à l'attention et à la mémoire et sert de support à la réflexion

1. André Blanc, « Marivaux à rebours, du hasard à la nécessité », *Dramaturgies, langages dramatiques, Mélanges pour Jacques Schérer*, Nizet, 1986, p. 133-140.

du spectateur lecteur. C'est ce dont va s'occuper le premier point de l'analyse du texte à laquelle est consacrée cette seconde partie. Avec les deux points suivants portant sur l'utilisation de la scène (espace, temps, mouvement) puis sur le dialogue et plus largement la représentation du langage – dans le sens où la comédie montre la parole autant qu'elle l'utilise –, nous verrons comment *L'Île des esclaves* se ramène à ce qu'il y a d'essentiel dans la comédie, et fait de ses composantes sa matière : la condition, la scène, le discours. On en conclura que l'esprit de *L'Île des esclaves* est l'esprit de la comédie même.

1. Le drame des conditions

Ce qu'on appelle l'exposition occupe les deux premières scènes qui engagent déjà l'action dont elles fournissent l'explication. Elles ouvrent deux voies distinctes dans le développement du propos philosophique de la pièce. Cette division correspond au partage établi dans la table des « acteurs », c'est-à-dire des personnages. Elle en dénombre cinq, deux formés par le maître et son esclave d'un côté, deux autres par la maîtresse et sa servante d'un autre côté, puis, face à eux, le gouverneur de l'île accompagné « des habitants de l'île » chargés d'exécuter ses ordres. Dans la première scène, les spectateurs découvrent le premier couple maître/esclave – au masculin. Le maître reconnaît l'île des esclaves et en rapporte ce qu'elle a de plus effrayant pour lui (la révolte des esclaves et le massacre des maîtres), Arlequin complète ce qu'il vient d'apprendre en annonçant à son maître qu'il ne doit pas s'attendre à être exécuté, mais rééduqué : « Quand tu auras souffert, tu seras plus raisonnable, tu sauras mieux ce qu'il est permis de faire souffrir aux autres. Tout en irait mieux dans le monde [où se trouve le théâtre], si ceux qui te ressemblent [les spectateurs] recevaient la même leçon que toi. » Il ajoute : « Adieu, mon ami, je vais trouver mes camarades et tes maîtres » : ces camarades, comme Trivelin, sont aussi les nouveaux maîtres d'Iphicrate. Le *et* relie deux qualifications complémentaires et non deux groupes séparés.

La promesse d'éducation risque de tourner court puisque le maître menace Arlequin de son épée, comme si l'éloignement d'Athènes ramenait à un état de nature caractérisé par ce qu'on appelle alors la guerre de tous contre tous. L'arrivée de Trivelin à la scène deux arrête cet ensauvagement grâce à une police qui permet d'imposer aux deux hommes les lois de l'île, conformes à ce que maître et valet savaient par avance. L'entrée de Trivelin[1] est pour les spectateurs celle d'un rôle du théâtre italien et lointainement de la *commedia dell'arte*. Il s'était introduit puis imposé dans la France au milieu du XVIIe siècle, comme un double et un rival

1. Françoise Rubellin, « Trivelin, de l'Ancien Théâtre-Italien à Marivaux : interaction du rôle, de l'acteur et de l'auteur », *Coulisses* 34, oct 2006, p. 153-170.

d'Arlequin, avec en troisième compère Scaramouche. L'acteur qui interprète ce rôle, Biancolelli, est héritier d'une famille de comédiens et auteur d'une cinquantaine de pièces de théâtre et de parodies. Il est parfaitement bilingue et Marivaux lui taille des rôles qui comportent de longs exposés. C'est lui qui dirige la colonie installée dans l'île, en explique l'histoire et la politique actuelle à l'égard des naufragés venus d'Athènes. Il porte pratiquement le même costume qu'Arlequin avec un masque, mais sans batte, et cela donne tout son sens au salut d'Arlequin, à la scène 2 : « Que le ciel vous tienne gaillard, brave camarade que vous êtes. » Quand Trivelin qui a repris Iphicrate parlant de « mon esclave », lui a pris son épée et l'a remise à Arlequin, il demande à ce dernier comment il s'appelle. Arlequin reformule la question : « Est ce mon nom que vous demandez ? », pour répondre : « Je n'en ai point, mon camarade ». Trivelin et Arlequin sont à la fois *camarades* au théâtre (venus d'Italie) et des *esclaves* sur l'île de la comédie, ou plutôt d'anciens esclaves, de lointaine ou de fraîche date. Trivelin est le descendant de ceux qui se sont révoltés contre les maîtres et les tuaient, il appelle ces révolutionnaires ses « pères » et en reste l'héritier, il applique le programme politique qu'ils ont élaboré dans un second temps. Il agit en gouverneur de l'île et veille à conformer les nouveaux arrivants à ses principes, en instaurant une inversion carnavalesque des places.

5 scènes donc sur 11 sont dominées par Trivelin, où il est chargé d'imposer par la force l'ordre nouveau et d'initier et de conclure l'entreprise d'éducation et de guérison – il emploie ces deux registres métaphoriques pour décrire ce qui se produit. Il agit comme le Mentor des *Aventures de Télémaque*, dont Marivaux s'était moqué dans sa parodie, le *Télémaque travesti* (alors inconnu). Il dénonçait le propos didactique du livre de Fénelon, qui entraîne des simplifications et suppose naïvement qu'il suffit de montrer des héros devenant vertueux pour que le lecteur suive, par on ne sait quelle magie, la même voie. Marivaux se sert du projet éducatif et thérapeutique de Trivelin pour laisser les valets prendre en charge l'esprit de la comédie en jouant satiriquement le rôle des maîtres. Après ce développement dans les scènes 2 à 5 entièrement sous l'égide du maître comique Trivelin, celui-ci réapparaît à la scène 11 qui clôture la pièce, il constate la réconciliation des deux hommes et des deux femmes ; contrairement à ce qu'il avait annoncé de la durée du traitement et de l'installation des naufragés sur l'île, il les laisse repartir vers Athènes avec un avertissement qui a été invoqué pour dénoncer le conservatisme de Marivaux (nous revenons sur cette question dans la troisième partie). Marivaux ainsi marque qu'il s'éloigne du projet didactique initial, qui ne saurait le contenter, en même temps qu'il confie à Trivelin une notion clef pour penser ce que montre la pièce, celle de condition. Elle est fondamentale dans la seconde partie de la pièce dont l'initiative revient aux valets, et permet à Marivaux d'accorder le propos de la pièce à ses conceptions de la littérature.

Dans la dernière scène, Trivelin s'adresse à Euphrosine et Iphicrate : « je n'ai rien à ajouter aux leçons que vous donne cette aventure ; vous avez été leurs maîtres, et vous en avez mal agi ; ils sont devenus les vôtres, et ils vous pardonnent ; faites vos réflexions là-dessus. La différence des conditions n'est qu'une épreuve que les dieux font sur nous ; je ne vous en dis pas davantage. » Trivelin invite donc les maîtres, sur scène et dans la salle, à poursuivre leurs « réflexions », à méditer sur « les conditions » en les considérant comme « une épreuve ». Le mot « conditions » est pris ici dans un sens assez général. Imaginer leur changement, – qu'il soit dans leur distribution ou dans la façon dont elles agissent –, c'est poser la question politique du pouvoir, introduite dans la scène deux et propre à la logique utopique venue de More, et la ramener à une organisation de la société – inversement c'est inviter à considérer celle-ci dans une optique politique. Le mot *condition* présente la situation sociale comme ce qui s'impose à vous, vous conditionne, et plus généralement comme l'ensemble des déterminations ainsi engagées, dans ce qu'elles produisent et permettent, c'est envisager la nature des choses comme un effet des circonstances et de l'histoire, et donc comme susceptible d'être changée par l'action des hommes – c'est exactement la perspective de la sociologie. La « condition » repose sur un réseau de rapports et de comportements. Le mot apparaît cinq autres fois dans la pièce. La première fois à la scène deux, quand Cléanthis réclame l'attention de Trivelin : « ne m'oubliez pas s'il vous plaît », et qu'il lui répond : « Non, ma belle enfant ; j'ai bien connu votre condition à votre habit ». La condition est celle de servante ou de femme de chambre, le métier est reconnaissable à un costume professionnel. À la scène quatre, Trivelin demande à Euphrosine si elle reconnaît la justesse du portrait qu'a fait d'elle Cléanthis, ce qui pourrait améliorer sa « condition », et dans ce cas, à ces « conditions » lui garantit une délivrance. Euphrosine s'indigne : « En vérité, voilà d'étranges conditions, cela révolte ! » (la révolte des esclaves suscite celle des maîtres, comme durant la Révolution). Trivelin laisse ainsi comprendre l'éducation des maîtres comme un « conditionnement », qui annule celui antérieur venant tout juste d'être observé. Tel est le sens des « conditions » qu'on leur impose. À la scène 6 (p. 188), lorsque les deux anciens esclaves miment les manières de dire l'amour (on dit alors *faire l'amour*) de leurs maîtres, Cléanthis se rengorge : « J'ai même un visage de condition, tout le monde me l'a dit. » Marivaux évoque ainsi les compliments possibles des maîtres quand ils marchandent les faveurs des servantes. La condition est ici celle des « gens de qualité », des nobles, et l'esclave qui couche avec le maître croit y accéder. Le mot peut donc s'appliquer aux deux niveaux des maîtres ou des domestiques : il les appréhende par leur situation dans l'échelle sociale et dans la distribution des emplois et des services qui commandent leur comportement, leur conscience, leur langage.

L'idée que la condition est *une épreuve* développe ses implications : elle renvoie aux injustices et aux souffrances sociales, nul ne peut y échapper ni les maîtres avilis ni les valets humiliés – c'est le sens que prend l'attribution de l'épreuve aux dieux –, elle implique également qu'on peut tirer de cette situation atroce de quoi la surmonter. La condition est moins un destin qu'un défi. La pièce esquisse ce qui permettrait d'y répondre : un changement radical des conceptions sociales, un mouvement de sympathie, à l'égard des valets mais aussi à l'égard des maîtres, aliénés dans leur despotisme capricieux, et la force morale d'une réconciliation fondée sur l'idée que personne n'est à l'abri de l'influence délétère du pouvoir. S'installer en utopie permet à Marivaux de sauter le moment de la réalisation politique de ces réformes (également écartée comme impossible par More).

Cet appel à penser la différence des rangs et des comportements en termes de condition développe le sens de ce que Trivelin a effectué dans les scènes 2 à 5, il s'applique aussi à ce qui se produit dans les scènes 6 à 10, auxquelles Trivelin n'a pas assisté, quand les valets se sont retrouvés d'abord ensemble avant qu'Arlequin prenne langue avec Euphrosine, qu'Arlequin retrouve Iphicrate et que les quatre Athéniens soient réunis, sans Trivelin. Le projet de ce dernier était déséquilibré. Il explique en effet à Arlequin que son élévation n'a pour but que la transformation du maître : « Souvenez-vous en prenant son nom, mon cher ami, qu'on vous le donne bien moins pour réjouir votre vanité, que pour le corriger de son orgueil. » Rien par contre n'est prévu pour l'ancien esclave, il est seulement averti qu'il ne doit pas se laisser emporter par la « rancune » et le « ressentiment », rien n'est conçu pour le défendre de ce mouvement spontané. Marivaux laisse dans la deuxième partie de la pièce les esclaves s'éduquer eux-mêmes et découvrir les dangers du changement de rôle et de leur nouvelle position : le pouvoir corrompt, comme Marivaux montre presque au même moment dans la *Double Inconstance* que l'accès privilégié à l'argent et à une vie de jouissances corrompt. Le déroulement de la pièce révèle par surprise aux esclaves qu'ils ont aussi à apprendre en devenant les maîtres, et cela fait partie de l'épreuve des conditions, et du sens philosophique et progressiste de la pièce.

Ce qui s'était amorcé spontanément dans la scène un se prolonge ainsi dans les scènes six à dix quand Trivelin s'éclipse. Certes les pouvoirs des personnages sont établis par le gouvernement de l'île. Mais sous ce nouveau régime qui vaut comme renversement carnavalesque de celui existant, les personnages prennent l'initiative, ils ne sont plus ramenés à la compréhension du passé sous l'égide de Trivelin, ils s'engagent dans des relations qui combinent le service avec la relation amoureuse. Marivaux place ainsi le rapport entre les sexes dans une optique politique ou inversement envisage la politique sur le plan des relations entre les sexes. Ce qui leur donne une dimension politique est qu'elles engagent des rapports de pouvoir, de domination et de prostitution, et par ailleurs l'imaginaire de la société et ses langages – c'est peut-être ce qui nous relie aussi à la pièce. Marivaux esquisse ainsi une sociologie élémentaire, puisqu'il distingue seulement deux groupes antagonistes, mais ne retrouve-t-on pas cette réduction binaire chez des sociologues ambitieux comme Bourdieu ou chez les adeptes marxisants de la lutte des classes ?

La dérivation de la notion de condition vers le sexuel se fait en deux temps. Dans le premier, les deux valets profitent de leur nouveau statut et s'amusent à se faire la cour à la façon de leurs maîtres et devant eux, comme en spectacle. Ce jeu prolonge la description qu'a faite Cléanthis de la manière dont sa maîtresse gère les hommes et a attiré les hommages d'un hôte – le jeu sur la main dénudée et les gants pouvant prêter à une interprétation sexuelle à l'époque, discrètement suggérée. Cette drague chichiteuse ridiculise la prétention des aristocrates à confirmer leur qualité supérieure dans le raffinement de leurs sentiments et de leurs discours : leurs propos sont convenus, la sensualité et le désir de conquête sont souverains, et tout cela sert d'écran à la futilité et à la niaiserie des partenaires. L'amour n'est pas anobli par les nobles et il ne les anoblit pas. Les valets dissipent cet écran de fumée. Dans un deuxième temps, ils ont une autre idée : se tourner vers ceux qui sont leurs esclaves et ont été leurs maîtres. Le texte fait de cette initiative un jeu, qui n'exige ni vrai sentiment ni désir puissant. La double identité de chacun fait de cette demande à la fois une transgression – puisque le maître est inaccessible et expose sa vie amoureuse comme si le valet lui était ontologiquement étranger – et une oppression : la position subalterne du nouvel esclave le met à la merci du maître qui lui demande sa complaisance sexuelle. Que la pièce ne montre que la tentative d'Arlequin et non celle d'Euphrosine renvoie à une différence alors presque complète, et encore majeure, entre les genres dans les pratiques de harcèlement. Le texte expose les conditions de la femme asservie et de l'homme oppresseur – sur lesquelles Marivaux revient longuement dans ses deux romans tardifs, *La Vie de Marianne* et *Le Paysan parvenu* – mais sans laisser les personnages en prendre la mesure. Cléanthis établit seulement la légitimité de son projet d'union sexuelle trans-classes : Euphrosine gagnerait à préférer Arlequin à ses amants antérieurs, ceux-ci ne valent rien, ils sont défigurés par leur condition, tandis que celle d'Arlequin préserve au contraire sa valeur naturelle d'homme. Cléanthis n'envisage donc pas la condition en termes de pouvoir mais en termes de conditionnement : elle préfère celui du valet, pour son physique agile, son esprit populaire, sa moralité – c'est ce que reprendra Rousseau.

Sur scène, la sollicitation érotique d'Arlequin doit être adoucie en offre conjugale, Marivaux laisse Euphrosine exprimer son effroi et sa douleur sans préciser si l'origine basse d'Arlequin ajoute à son horreur (elle invoque certes sa *naissance* et accuse Arlequin de l'*outrager*). Abasourdi, celui-ci retire sa demande puis accepte de pardonner à son maître. Cléanthis ne se range pas à ce revirement et, comme le fait Arlequin à la fin de la *Double Inconstance*, dénonce le déséquilibre entre la position des maîtres qui viennent implorer pitié après avoir maltraité leurs valets, et celle des esclaves qui en échange des sévices antérieurs doivent désormais se montrer magnanimes. La relation entre maîtres et valets est si dissymétrique qu'aucun renversement équitable est possible. On ne demande un effort extraordinaire de bonté qu'à celui qui a jusqu'alors été démuni de tout. Le maître après avoir joui de son pouvoir jouirait de son absolution.

Toutefois, après qu'a été établie la légitimité de leur prétention, Arlequin, encouragé par Cléanthis, a abusé de son pouvoir, jusqu'à imposer par la force un consentement amoureux. Il emprunte un moment le mauvais chemin. Mais il surmonte cette *épreuve* : grâce à l'éloquence maîtrisée d'Euphrosine – où l'actrice ne peut plus se contenter d'être ridicule et doit se montrer émouvante – Arlequin prend conscience qu'il allait à son tour exercer la violence dont les servantes sont victimes. Il se retient et peut alors dire qu'il ressemble aux maîtres, condition pour qu'il puisse surmonter son ressentiment.

En se portant sur le plan des relations entre les sexes, la description des conditions met en évidence non seulement ce que subissent les dominées (la contrainte sexuelle des hommes étant plus rare et socialement moins dangereuse, d'autant que la femme surprise dans ce cas en pâtirait beaucoup alors que l'homme s'en accommode), mais aussi la corruption des maîtres. L'inversion carnavalesque achève d'exposer le drame inhérent aux conditions en le plaçant sur le plan des relations amoureuses et sexuelles. Il atteint au plus profond l'intimité des êtres.

Dans cette série de scènes (6 à 10), Marivaux montre les personnages soumis à une épreuve non prévue au départ sans les laisser en tirer eux-mêmes une leçon, il confie ce soin aux spectateurs-lecteurs. Cette épreuve comporte des éléments contradictoires et en cela laisse ouverte son interprétation. La voie finalement empruntée par la comédie s'éloigne du didactisme initial, que Marivaux a toujours considéré avec méfiance et ironie. D'emblée, qu'il soit attribué aux deux compères travestis du théâtre italien, Trivelin et Arlequin, le faisait prendre avec humour. Moins explicite, la seconde partie de la pièce est plus conforme au style d'invention de Marivaux. L'entreprise de Trivelin constitue donc une partie de la pièce qui, sur le plan dramatique, rend possible la seconde, mais ce qu'elle vise ne se réalise que dans l'autre partie où il est absent et qui procède des initiatives des deux valets : comme ils sont chargés par Trivelin de dire la vérité des maîtres dans le passé, ils font indépendamment advenir une autre vérité, qui les concerne tous, maîtres et valets. La pièce procède donc à un double emboîtement paradoxal, puisque chacune des deux parties, à certains égards, est emboîtée par l'autre : celle des valets procède de celle de Trivelin, mais celle de Trivelin ne se réalise pleinement que par celle des valets. Aussi Trivelin se contente-t-il à la fin d'enregistrer cet acquis, d'arrêter l'expérience et de la prolonger pour le spectateur en la qualifiant d'*épreuve*.

Ces deux actions croisées se distinguent également par leur temporalité propre. D'un côté, Trivelin présente des indications sur une durée longue et indécise des évolutions à attendre dans le comportement, la conscience et le langage des maîtres :

des semaines, des mois, des années, le temps d'une formation ou d'une rééducation. D'un autre côté, les événements s'enchaînent dans le temps resserré demandé par la dramaturgie classique, qui invite à choisir les moments de crise où les conflits s'exacerbent et se dénouent. C'est que le caractère presque expérimental de l'île permet de concentrer les conflits entre les maîtres et les valets, et les conflits intérieurs entre les conditions et leur mise à distance, en n'en retenant que les éléments et leurs rapports possibles dans une succession qui en marque les changements, avec les résistances et les refus des maîtres, les initiatives des valets, l'opposition entre le rythme d'Arlequin et celui de Cléanthis. Cette réduction symbolique d'un temps long concernant l'intériorité de chacun dans une épreuve dramatique où cette intériorité se manifeste et se heurte au monde objectif, en particulier dans des interactions, est rendue possible parce que Marivaux ramène chaque geste, chaque mot, chaque sentiment, aux principes qui les commandent, comme il l'explique lui-même par son recours au mot « condition ».

2. Une aire de jeu

Marivaux conçoit ses pièces pour la scène. Dans *L'Île des esclaves,* il s'inspire des pratiques du carnaval comme des inventions de l'utopie, et il exploite les qualités des comédiens italiens tournés vers la fantaisie, l'expression non verbale, la souplesse des gestes et la variété des interactions, en particulier avec ses deux personnages costumés et masqués d'Arlequin et de Trivelin. Comme dans deux autres pièces pour ce même théâtre, *Arlequin poli par l'amour* et *La Double Inconstance,* il confère un sens symbolique important à l'espace que s'approprient les personnages comme à leurs mouvements. Pourtant, les scènes d'alors sont bien éloignées et dans leur dimension et dans les ressources des décors de ce à quoi les innovations romantiques nous ont habitués : rien de réaliste ou de pittoresque, pas de couleur locale, pas d'exotisme, le faste du spectacle étant réservé à l'opéra et à son merveilleux codifié. En outre l'espace de la scène est rétréci par la présence de spectateurs fortunés, ce qui contribue aussi à empêcher des effets d'illusion ou d'étrangeté fascinante. On l'a vu, Marivaux crée un univers dans cette pièce comme dans les autres de la même période fondé sur des règles arbitraires laissant une liberté inédite aux personnages, et dans l'exercice de cette liberté, les rend très proches, par le langage et les situations, des spectateurs, ici envisagés dans leurs rapports à leurs domestiques jusque sur le plan sexuel. Cette combinaison de distance et de proximité joue déjà sur scène dans la caractérisation de l'espace : « Le théâtre représente une mer et des rochers d'un côté, et de l'autre quelques arbres et des maisons ». La scène figure d'un côté l'insularité qui explique le naufrage, la séparation politique d'Athènes, la révolte des esclaves et leur gouvernement spécifique, et de l'autre côté, la colonie avec ses habitants, les anciens esclaves et leur régime particulier. Le lieu choisi par Marivaux expose visuellement la condition où vont se trouver les quatre héros venus d'Athènes et prépare l'intervention de Trivelin.

Si l'espace est ainsi le support d'un sens et n'a guère de qualité propre, il en acquiert par ce qu'en font les personnages, c'est-à-dire par le jeu de leur position et de leur mouvement. À cet égard, cette « petite pièce » est proche de la première comédie italienne de Marivaux, *Arlequin poli par l'amour*, par le rôle donné à la mobilité et à la gestuelle – cela différenciait traditionnellement les Italiens des comédiens français. La première scène qui, avec la seconde, assure l'exposition, est centrée sur le lieu où se trouvent les personnages et les laisse se l'approprier physiquement. La troisième réplique d'Iphicrate à son esclave Arlequin l'interroge sur leur sort « dans cette île » et lui rappelle leur naufrage. Arlequin lui propose de se reposer « pour boire un petit coup », ce qu'il fait peu de temps après. Mais entre-temps, le maître a demandé à l'esclave de « le suivre », tout en l'informant qu'ils sont sur « l'île des esclaves » et ce que cela signifie. La réaction narquoise et provocatrice du valet consiste à ne pas bouger, à se désaltérer puis à siffler et à chanter : il oppose à son maître son inaction, ou plutôt son loisir, son corps au repos livré à divers plaisirs. Ce sont ceux habituels d'Arlequin, et Marivaux leur confère un remarquable enjeu d'opposition et même de contestation. Arlequin réplique à son maître que ses jambes sont engourdies, et quand Iphicrate veut l'engager à se rembarquer vers Athènes, il traite en « badinant » son maître de « badin ». Il refuse de le prendre au sérieux et se met à entonner une chanson populaire qui fait de l'embarquement une métaphore de l'amour : à l'embarquement qui a valeur de fuite il oppose un autre à valeur érotique. Là encore son registre traditionnel devient un défi. La scène se conclut par une double inversion : c'est d'abord le valet qui fait la « leçon » au maître et qui s'éloigne, au point que c'est le maître qui court après lui l'épée à la main – il se glisse dans le jeu de rôles inhérent à la *commedia dell'arte* et se conduit par avance en valet. Son agression dangereuse amène Trivelin et le groupe des insulaires, dans la scène deux, à accourir, à le réprimander et à le désarmer : les rapports de force sont dans ces deux scènes passés sur le plan physique. C'est sur eux que repose l'esclavage. Dans l'antiquité les esclaves sont des vaincus à la guerre, c'est le cas aussi en Afrique où les états vainqueurs vendent aux Européens les prisonniers qu'ils ont réduits en esclavage. Les esclavagistes invoquent comme justification le plus souvent le droit de la guerre, et c'est lui qu'écarte Marivaux par ses allusions au texte de Pascal sur le recours à une force sans droit. Rousseau réduira à néant ce pseudo droit dans son second *Discours*. Le changement moral voulu par les Insulaires repose d'abord sur une lutte violente. Elle est ici réduite à une scène de comédie où le maître déjà s'est abaissé au niveau d'Arlequin. Parlant son langage, il lui a laissé l'occasion de résister à sa façon. L'intervention de Trivelin, le double d'Arlequin, dans la scène suivante, revient à opérer le transfert de l'épée, il invite à l'échange d'habit (celui qui advient encore dans *Le Jeu de l'Amour et du hasard*, dans un autre contexte), il distribue les maisons : celles qui apparaissent au lever de rideau sont ainsi partagées entre les anciens et les nouveaux esclaves. Le changement d'habit qui est le propre de l'entrée du comédien dans son rôle aujourd'hui (ce qui n'était pas le cas alors) est ici intégré à la pièce qui instaure sa propre théâtralité aux yeux du spectateur.

Y contribuent les deux nouveaux maîtres une fois laissés à eux-mêmes et se consacrant « à la belle conversation » chic et galante. Ils organisent la scène en demandant des sièges et des fauteuils à Iphicrate. C'est assis qu'ils se parleront et, devant les valets éloignés « à dix pas », ils se donnent en spectacle à eux-mêmes et à des témoins écartés de l'amour (avant d'y être poussés rudement). Cléanthis avait retenu, dans le portrait de sa maîtresse Euphrosine, comment celle-ci se mettait en scène pour ses visiteurs et réglait en particulier la lumière selon qu'elle était en bonne forme ou le visage fatigué et assortissait ces éclairages d'une petite comédie. L'une des rencontres amoureuses de sa maîtresse est aussi vue comme une mise en scène, où la femme minaude pour détacher un homme de sa maîtresse et s'arrange pour lui montrer sa main et la donner à baiser. Est aussi raconté comment elle arrive au théâtre et investit l'espace de la loge avec un regard hautain sur les autres. Conformément à la description qu'avait faite Montesquieu du public mondain des salles parisiennes dans les *Lettres persanes*, Marivaux montre un public qui se donne la comédie.

La dernière scène inverse la première. Celle-ci était centrée sur une séparation et sur une course-poursuite où le maître était réduit à un emploi comique. Trivelin, dans la dernière, trouve au contraire les deux hommes et les deux femmes (couples sociaux du maître et de l'esclave, après l'échec du couple amoureux), en train de mêler leurs larmes et leurs baisers. Un metteur en scène peut renforcer l'humour de cette scène comme de la surprise de Trivelin et même leur donner un caractère nettement comique, comme Beaumarchais se moque de la reconnaissance familiale dans son *Mariage de Figaro*. La réunion repose donc d'abord sur une union d'ordre sentimental, et Trivelin y répond par un appel à la réflexion sur les conditions – non plus une leçon mais un exercice de méditation philosophique. La comédie finalement joint à l'expression physique des conflits de classe une reformulation ouverte d'un enseignement à découvrir soi-même. Le jeu propre à la *commedia dell'arte* se ramène chez Trivelin à une organisation autoritaire des individus pour mener une entreprise éducative et médicale – il veut rendre sain des malades, restituer une humanité perdue. Dans les mains d'Arlequin, ce jeu est le langage de la révolte et de la dérision, il est aussi celui de la joie et de la fête, il est enfin celui d'une réconciliation à confirmer à Athènes ou dans l'esprit des spectateurs. Il n'entre donc pas dans des épisodes parallèles aux amours des maîtres, selon les conventions mêmes de ce théâtre italien. Marivaux s'ingénie à croiser les deux milieux et leur langage dans *La Surprise de l'amour* et dans *La Fausse suivante*. Dans *L'Île des esclaves*, en revanche, il n'y a ni partage ni croisement puisque le langage et le point de vue des valets dominent l'action et déterminent le propos de la pièce. Marivaux en adoptant la langue du théâtre italien lui donne une portée et une force inédite. Cela explique en partie le succès actuel de la pièce : elle repose sur une dramaturgie qui sait transformer un langage codifié en message original.

3. Le théâtre du langage

L'appréhension des personnages par leur condition ramenée symboliquement à la relation entre le maître et l'esclave limite la force dramatique de la pièce : les intérêts et les conflits n'ont rien de personnel et Marivaux pourvoit en partie à cette absence en exploitant les pitreries de son Arlequin et son esprit de jeu et de joie. Il nourrit aussi sa pièce de ses talents d'observateur moraliste alors surtout exercé dans les morceaux détachés des *Journaux*, et de sa capacité à donner un tour satirique et comique à la langue du temps propre aux milieux qu'il dépeint et à qui il s'adresse. S'il utilisera ultérieurement les ressources du roman d'analyse – sous la plume de ses deux mémorialistes féminin et masculin –, il sait alors pleinement exploiter la forme du dialogue théâtral, et il tire parti des dispositions créées par l'intrigue. Elles reposent essentiellement sur le discours des valets adressés à leurs maîtres. Comme on a vu que l'intrigue se développe en deux ensembles mutuellement emboîtés, à chacun correspond une disposition discursive différente. Sous l'égide de Trivelin, Arlequin et Cléanthis sont invités à décrire le comportement des maîtres et pour une grande part cela revient à imiter sur un mode burlesque la manière dont ceux-ci parlent et les maltraitent. Puis, laissés à eux-mêmes, ils adoptent le rôle des maîtres et ils vont pousser le jeu jusqu'au vertige. Frédéric Deloffre dans un livre inaugural d'un retour universitaire à Marivaux avait remarqué que les personnages reprennent souvent les termes de leur interlocuteur, pour en dévier le sens ou le contester – phénomène propre au mot d'esprit qu'avaient repéré et analysé les rhétoriques antiques et modernes. Le dialogue ainsi s'enroule sur lui-même dans un commentaire discursif qui arrête sa progression ou le détourne de façon surprenante et parfois brutale[1].

La première scène est une scène d'exposition par les informations qu'elle donne sur l'île où ont atterri les naufragés, elle amorce aussi les différentes directions que prend la pièce dans ses usages de la langue, qui correspondent à autant d'aspects de son propos philosophique. On l'a vu, Arlequin fait d'abord de ce qui appartient à son rôle dans la *commedia dell'arte* l'expression de son indépendance et de la

1. Frédéric Deloffre, *Une Préciosité nouvelle, Marivaux et le marivaudage*, Colin, 1955, rééd. 1967.

rupture de son lien de servitude. C'est la valeur que prennent son sifflement puis sa chanson, avant qu'il ne transforme son art de vivre en revendication : « Ah ! ah ! ah ! Monsieur Iphicrate, la drôle d'aventure ; je vous plains, par ma foi, mais je ne saurais m'empêcher d'en rire. » Ici à la tradition italienne se joint le rire du carnaval. La satire comique porte ensuite sur le langage du maître : ses nouveaux « compliments » ne se font plus comme autrefois à « coups de gourdin ». Avant de subir le traitement de l'île le maître s'était déjà abaissé en pratiquant la langue des coups. C'est à cela que se réduit le droit de traiter un autre homme en esclave.

Les deux dernières traditions littéraires que nous avons recensées sont impliquées dans le langage de la fin de la scène. Quand Iphicrate a traité Arlequin d'« esclave insolent ! », ce dernier commente l'extension sur le plan de la langue du changement de lieu et de régime politique : « Ah ! ah ! vous parlez la langue d'Athènes, mauvais jargon que je n'entends plus. » Le *jargon* désigne un idiolecte éloigné de la langue commune. L'ordre nouveau au contraire ramène la langue dominante à un jargon en regard d'une langue en train de s'établir et de s'imposer. La Révolution française connaîtra ce type de conflits linguistiques. Les utopies en avaient donné une image symbolique en laissant les univers idéaux corriger la langue et inventer de nouvelles désignations plus conformes à leur rationalité et à leur esprit d'égalité. Le changement de langue installe un ordre de pensée nouveau – il fonde un nouveau monde. C'est ce qu'Arlequin explique à son maître : « eh bien, Iphicrate, tu vas trouver ici plus fort que toi ; on va te faire esclave à ton tour ; on te dira aussi que cela est juste ». Les situations changent les dénominations et les titres, la force étant mise au service dorénavant d'un droit fondé en raison : « tu sauras mieux ce qu'il est permis de faire souffrir aux autres. » La révolution politique des mœurs est médiatisée par une révolution linguistique.

Les deux scènes suivantes développent ces différentes amorces :

- Renversement des « termes » et des désignations (« Trivelin à Iphicrate : Arrêtez, que voulez-vous faire ? Iphicrate : Punir l'insolence de mon esclave. Trivelin : Votre esclave ? vous vous trompez, et l'on vous apprendra à corriger vos termes ») (scène 2).
- chute en deçà du langage des maîtres : Iphicrate donne au valet le sobriquet d'« Arlequin » et se contente parfois d'un « hé ». Cléanthis fait la liste de ses « surnoms », qui sont autant d'injures : « Sotte, Ridicule, Bête, Butorde, Imbécile, et *cœtera* » (scène 3).
- Correction dans un sens rationnel des définitions : « Votre esclavage, ou plutôt votre cours d'humanité », « vous êtes moins nos esclaves que nos malades, et nous ne prenons que trois ans pour vous rendre sains ; c'est-à-dire humains, raisonnables et généreux » (p. 165). Cléanthis comprend d'emblée l'ambition philosophique de cette politique : dans le nouveau monde « Mais

à présent il faut parler raison : c'est un langage étranger pour Madame, elle l'apprendra avec le temps » (p. 167). Le nouveau langage comme en utopie est fondé en raison.

Dans les scènes trois et quatre, Trivelin demande à Cléanthis de faire le « portrait » d'Euphrosine et Marivaux lui attribue des jugements moqueurs qui sont du même ordre que ceux qu'il place dans ses journaux et romans. « Madame se tait, Madame parle ; elle regarde, elle est triste, elle est gaie : silence, discours, regards, tristesse et joie, c'est tout un, il n'y a que la couleur de différente ; c'est vanité muette, contente ou fâchée ; c'est coquetterie babillarde, jalouse ou curieuse ; c'est Madame, toujours vaine ou coquette » (scène 3). Cléanthis met sur le même plan les paroles et les humeurs, parce qu'elle en fait la matière sémiotique d'une subjectivité jugée en termes moraux : vanité et coquetterie. Toute la conduite d'Euphrosine vise à créer une image de soi, capable de satisfaire son amour-propre, et Cléanthis sous les mots et les mimiques repère un propos sous-jacent élémentaire. La domestique opère une traduction trans sémiotique des manières d'être et du langage de sa maîtresse.

Cléanthis produit ainsi quatre scènes de comédie, la troisième dans la salle même du théâtre, la quatrième en amour. La reconstitution de Cléanthis dépasse un peu la vraisemblance, puisqu'elle n'a pas le droit d'entrer au théâtre, elle est alors la porte-parole de l'auteur. Dans le cas de la scène d'amour, elle écoute certes les propos et peut tout au plus deviner les « gestes de tête » et les « petites contorsions », éventuellement vues au moment d'apporter les gants nécessaires à la dénudation érotique de la main. Dans les deux cas, Cléanthis peint une conduite artificielle et l'attribue à une concurrence avec les autres femmes, traitées avec dédain dans la loge, et avec une rivale à qui on arrache un amant dans l'autre. Ces deux scènes assez brèves prolongent deux autres scènes qui forment un diptyque et décrivent non un épisode mais deux comportements habituels relevant de la même logique. Les deux scènes s'opposent par deux circonstances contraires : « Madame se lève ; a-t-elle bien dormi, le sommeil l'a-t-il rendu belle, se sent-elle du vif, du sémillant dans les yeux ? » et à l'inverse : « Madame, au contraire, a-t-elle mal reposé ? » Pour évoquer cette seconde éventualité, Cléanthis commence par rejouer les propos de sa maîtresse : « Ah ! qu'on m'apporte un miroir ! comme me voilà faite ! que je suis mal bâtie ! ». Dans les deux cas (p. 171), Cléanthis a pour priorité son visage et l'image que lui renvoie son miroir – elle seule détermine sa journée. Dans le premier cas, Cléanthis condense par des termes expressifs la pensée intérieure d'Euphrosine (sentir du vif et du sémillant dans les yeux, reformulation de l'image convenue des yeux pétillants en insistant sur leur vitalité – c'est le type de formules honnies par les puristes de l'époque), dans l'autre elle restitue au discours direct ses propos. Ainsi s'amorce une scène de comédie. Cléanthis formule alors le raisonnement d'Euphrosine en faisant suivre une citation – non signalée comme telle, et proche donc du discours indirect libre : « Madame ne verra personne aujourd'hui », et en la complétant caricaturalement d'une correction absurde, avant de l'expliquer par une glose : « pas même le jour, si elle peut ; du mois fera-t-il sombre dans la chambre. » (ceci s'opposant en tout point à la première scène : « Qu'on m'habille ! Madame verra du monde aujourd'hui ; [...] Son visage peut se manifester, [...] il n'y a qu'à le promener hardiment » – autre expression relevée par les puristes). L'arrivée d'une compagnie oblige Euphrosine, dont est reproduit d'abord le raisonnement intérieur, à se composer un rôle qui est rendu dans des dialogues convenus ensuite complétés d'une analyse de ce que sous-entend Euphrosine dans ses discours. Ces longues tirades confiées à Silvia, à qui incomberont parmi les rôles les plus éminents de Marivaux, dans *Le Jeu de l'Amour et du hasard* et *Les Fausses confidences*, restituent sous une forme dramatique les comédies que joue Euphrosine, et elles entrent dans une autre scène représentée par Cléanthis montrée à Trivelin, en position de juge, et à Euphrosine elle-même invitée, à sa grande confusion, à se reconnaître dans ce « portrait » critique – Marivaux confie à son personnage de servante la mise en œuvre d'un genre littéraire bien reconnu et son infléchissement sur le mode de la comédie, dans le double sens théâtral et satirique. Une sorte de théâtre dérivé, narrativisé, porté par la « rancune » et le talent de Cléanthis, s'insère ainsi sur la scène de l'île organisée par son maître, Trivelin. Cléanthis n'inverse pas seulement le culte de son image par Euphrosine et le sens de ses manœuvres, elle oppose au vide de sa maîtresse, à son amour de soi, une intelligence et un talent supérieur, qui seront ceux de la future Marianne : Marivaux lui fait improviser sur scène une comédie dans la comédie.

Arlequin, mis dans la même obligation d'expliquer comment « se gouvernait » Iphicrate, ne propose pas la même reconstitution dramatique, mais d'un commentaire sur son maître retrouve le propos de Cléanthis et d'une certaine façon le résume : « Ah ! mon camarade, vous avez de la malice, vous demandez la comédie. Trivelin : Ce caractère-là est donc bien plaisant ? Arlequin : Ma foi, c'est une farce. » et il conclut : « extravagance et misère, voilà son paquet : n'est-ce pas là de belles guenilles pour les étaler ? » Suit un portrait synthétique : le maître est en vérité un gueux et ses beaux habits des guenilles. (scène 5)

Quand Arlequin et Cléanthis sont laissés à eux-mêmes, à partir de la scène six, ils décident de jouer aux maîtres, ils les singent et font transparaître dans leurs propos ce qu'ils ont repéré – ils procèdent à une espèce de parodie. D'abord en pratiquant « la belle conversation » en « bouffons », puis en se proposant une intrigue amoureuse : « Arlequin : Voilà ce que c'est : tombez amoureuse d'Arlequin, et moi de votre suivante ; nous sommes assez forts pour soutenir cela. Cléanthis : Cette imagination-là me rit assez » (p. 188). Les valets ajoutent à la maîtrise du libertinage des maîtres sa déformation burlesque. Cléanthis prépare la conquête d'Arlequin en rappelant à Euphrosine sa conduite licencieuse et peu choisie avec les hommes.

On retrouve dans cette pièce non seulement les choix stylistiques de Marivaux, son goût des réparties, sa saisie du langage social, sa déconstruction morale de la mauvaise foi. Ce qu'a de propre *L'Île des esclaves*, est de confier aux personnages ses propres procédés : les valets guidés par Trivelin veulent dénoncer la vie théâtrale de leurs maîtres, soit en la reconstituant, soit en l'imitant. Cette distance critique est un moyen de renverser les positions : les valets dominent les maîtres par l'art de cette représentation au second degré et en décomposant leurs impostures sur un mode « bouffon », pour nous burlesque.

III

Questions

Dans ses premières comédies, en particulier dans la *Double Inconstance* et le *Prince travesti*, Marivaux n'est pas éloigné de ses deux grands contemporains Montesquieu et Voltaire en dépassant la simple correction des mœurs par le rire, pour remonter à leurs principes ou à leur logique, et dans cette sorte d'approfondissement, il touche au politique. Par ses emprunts à l'utopie et au carnaval, et dans son recours à des dispositifs fantaisistes, il procède comme les deux grands philosophes dans leurs textes narratifs en créant mondes et systèmes alternatifs. Une pensée politique s'amorce chez Marivaux, mais elle reste suspendue non seulement dans un esprit de comédie, mais dans un monde propre à la comédie – en cela Marivaux, des auteurs classiques, est le plus proche de Shakespeare. On peut voir ces choix littéraires comme une source d'indécision, d'imprécision, d'hésitation. Dans tous les cas, ils suscitent les débats et même la polémique : le critique contemporain juge la pièce au nom de ses propres convictions politiques. Cela a été le cas dans les grandes mises en scène qui ont fait resurgir une large part du théâtre de Marivaux, et aussi chez les critiques universitaires qui ont accompagné et soutenu cette résurrection des auteurs classiques – ne serait-ce qu'en éditant les textes. On va le voir, ces conflits idéologiques sont prolongés aujourd'hui sur le plan des genres : Marivaux est-il féministe ou misogyne ? Ces débats atteignent en mineur le langage même de Marivaux, son style, et donc sa place au sein de la littérature du XVIIIe siècle : rococo ou moderne ? Les mises en scène contemporaines ramènent cette série de questions savantes à une opposition entre une vision rose et une vision noire de Marivaux. Quels sont les termes de ces quatre débats ?

1. Progressiste ou conservateur ? Philosophe ou chrétien ?

Le sort des esclaves/domestiques a une dimension politique dans la mesure où Marivaux l'envisage comme un phénomène global et même imagine une révolution qui aurait résolu ce problème par des massacres de masse, puis par un processus de rééducation. Les horreurs auxquelles ont conduit à l'époque moderne ces deux projets, incitent à une certaine attention. La critique a plutôt retenu que les rapports entre les maîtres et les esclaves s'apaisent vite et conduisent à une sorte d'entente pleine d'émotions : la petite comédie se termine curieusement par des larmes, des baisers et un appel à la réflexion. Marivaux amoindrirait ainsi par sa timidité ce qu'il aurait proposé d'audacieux. C'est là le schéma propre à tous les drames de Mercier dans la seconde moitié du siècle. Est-ce ici bien le cas ?

Ce type d'interrogation s'explique par le sujet et la fable de la pièce, mais il s'inscrit aussi dans le cadre d'un renouvellement dans l'approche des textes de Marivaux au fur et à mesure que l'ensemble a été remis au grand jour. Il tient à une attention inédite à la situation de l'auteur dans la société de son temps comme aux représentations qu'il en fait. Cela revenait à ne plus identifier Marivaux aux seuls raffinements de la quête de l'amour mis sous le nom de « marivaudage » (on y revient bientôt), et ainsi à le hausser un peu dans la direction de Molière dont les pièces sont centrées sur des questions sociétales. Les nouvelles mises en scène et les nouvelles interprétations sont depuis les années 1950 portées par le rejet de visions traditionnelles d'un Marivaux anatomiste du cœur, qui elles-mêmes entendaient le réhabiliter contre l'hostilité à l'égard d'un excès de raffinement verbal et analytique, que résume le bon mot de Voltaire, qui l'accuse de « peser des œufs de mouche dans des balances en toile d'araignée ». Roger Planchon, Jacques Lassale, Régis Bourdet, Patrice Chéreau mettent en scène des pièces oubliées et attirent l'attention sur les conflits sociaux ou les rapports de pouvoir et de violence dans les pièces de Marivaux. De son côté, la critique universitaire est partagée. Après-guerre, le stylisticien et historien de la langue Frédéric Deloffre réédite patiemment presque la totalité de l'œuvre de Marivaux, en particulier consacre deux gros volumes au théâtre, en assortissant chaque pièce de préfaces qui remontent aux circonstances de leur mise en scène, recense leur (in)succès (y contribue aussi le livre majeur de H. Lagrave), en propose une interprétation humaniste, puis il prend le flambeau d'une résistance aux prolongements dans l'université de mai 1968 et plus globalement d'une critique d'inspiration marxiste et sartrienne, alors fort active et souvent dominante. Marivaux devient ainsi un enjeu politique. La critique d'inspiration marxisante n'est pas sans méfiance ou même hostilité à l'égard de Marivaux (ainsi chez Nicolas Bonhôte par exemple). Elle relève certes et valorise les critiques radicales de Marivaux à l'égard de la noblesse. Dans *L'Île des esclaves*, ces derniers d'une part réfutent tout droit à la domination et à l'exploitation des hommes, d'autre part décrivent l'inhumanité de ce que les maîtres leur infligent, l'absence de la plus élémentaire décence, et enfin peignent la nullité de cette classe oisive et riche : elle ne peut invoquer aucun mérite pour justifier ses privilèges. La critique confiée aux victimes est donc radicale. Dans de nombreux textes, Marivaux affirme l'égalité des hommes et moque la prétendue supériorité de la noblesse, son mépris des autres, son orgueil sans fondement. Marivaux imagine en revanche des personnages qui transgressent au nom de la raison ces préjugés délétères. La richissime et huppée Mme de Miran accepte que son fils se marie avec une enfant trouvée, Marianne, contre l'avis d'un conseil de famille qui essaye d'empêcher cette mésalliance sans aucun profit. Dans le même roman, il peint le salon de Mme Dorsin où chacun parle en raison et où on considère pour rien l'origine de chacun, sa place dans une hiérarchie sociale. Marivaux peint avec sympathie des êtres qui ont abandonné fortune et ambition, il sait rendre la joie et la bonté des hommes du peuple : Trivelin et Arlequin sont des esclaves généreux, éclairés et sympathiques. Cléanthis veut parler raison et chacun demande aux maîtres de retrouver son « humanité » : ce terme essentiel implique à la fois l'égalité absolue de tous et une qualification par la reconnaissance de ce que chacun a de commun avec les autres et par des dispositions de respect, d'attention, d'affection à leur égard. C'est le principe de la démocratie.

Marivaux défend en effet les trois valeurs qui seront les mots d'ordre de la future république : égalité, liberté, fraternité. Toutefois Marivaux est évalué par référence aux représentants de ce qu'on appelle « les lumières radicales » marquées par un athéisme virulent, ou aux écrivains aux visées ouvertement politiques de la seconde moitié du XVIIIe siècle, et implicitement aux projets révolutionnaires. On leur oppose alors la confiance de Marivaux en une éducation morale par le sentiment qui permet à l'homme de se dépasser. Les gens les plus éduqués et les privilégiés peuvent atteindre cette éminence, autant que l'indigent philosophe. Marivaux donne comme idéal cette élévation et retrouve ainsi, fondée en raison certes, l'idée d'une élite. D'autre part, il ne s'intéresse pas aux institutions ou à l'organisation économique, sociale politique du gouvernement français ou en général de ce qui serait le propre du meilleur gouvernement. Quand il esquisse un idéal politique (dans le portrait du ministre de *La Vie de Marianne* ou dans son essai sur « l'éducation d'un prince »[1]), il en reste aux devoirs d'un bon gouvernement confié à une personne d'exception. Les critiques ont alors mis en rapport cette réserve de Marivaux à sa position sociale : fils d'administrateur de l'État, il fait des études de droit et il fréquente des salons peu marqués par l'esprit philosophique. Son engagement initial a été en faveur des Modernes, dans une contestation des principes de la création littéraire principalement. Marivaux est ainsi assigné à la position d'un milieu bien intégré à la société d'Ancien Régime, situé entre la noblesse d'épée et le Tiers État. Pour justes que soient ces remarques, faut-il juger un écrivain sur ce qu'il ne fait pas ou ne dit pas, et le lui reprocher ?

1. Paru dans le *Mercure de France* en décembre 1754, il est repris dans le volume des *Journaux*, éd. F. Deloffre et M. Gilot, Classiques Garnier, 1988.

Son propos dans *L'Île des esclaves* n'est pas celui de Condorcet à la fin du siècle voyant comment arriver progressivement à une complète abolition de l'esclavage (*Réflexions sur l'esclavage des nègres*, 1781, avant le vote d'une abolition par les Révolutionnaires sans se soucier de sa mise en œuvre). Son propos est plus restreint. Il assimile la servitude des domestiques à celle des esclaves au moment où la France fait le choix d'en acheter en masse pour les plantations dans les îles (en particulier l'île Bourbon, la future Zanzibar). Ce qu'il montre vaut pour les deux types de servitude. On pourra juger que c'est prendre trop légèrement celle des esclaves. C'est également considérer comme très grave celle des domestiques. Il peint dans la plupart de ses pièces des couples de maître avec leur valet, et leur attribue des relations d'intelligence enjouée et amicale. La fable de *L'Île des esclaves* a pour fonction première de libérer la parole en suspendant la force pour laisser s'exprimer le droit, ou plus exactement ce que les valets ressentent de l'injustice et des sévices endurés. Si la pièce retrouve aujourd'hui son actualité, c'est parce qu'on est désormais sensible à la maltraitance que subissent employés ou subordonnés de la part de ce que la pièce appelle déjà « les patrons », les supérieurs hiérarchiques, les chefs : dans un régime qui protège légalement les employés, la violence exercée ressemble beaucoup à ce que peint Marivaux de mépris, d'injures, d'abaissements, et de harcèlement sexuel. La demande d'Arlequin à Euphrosine est de cet ordre, et Marivaux en a dépeint d'autres, quand Climal veut faire de sa protégée la jeune Marianne une femme entretenue ou que le premier maître de Jacob achète les faveurs de la servante Geneviève et veut organiser sa liaison en la mariant au paysan, ainsi le couple tout entier serait asservi aux satisfactions du maître. Gilot accepte d'épouser Marianne pour les promotions qu'il attend. Cela fait partie de la condition de servitude. Dans *Le Jeu de l'amour et du hasard*, le faux Bourguignon imagine que Silvia est née d'une telle liaison entre le maître et la suivante et propose implicitement à Silvia qu'il croit encore une servante de s'engager dans le même type de relation, ce qu'elle refuse.

Dans *L'Île des esclaves*, le pouvoir appartient aux esclaves, le programme de Trivelin ne vise pas à installer durablement une inversion des places en faisant des esclaves des maîtres, mais seulement à corriger ceux-ci profondément, dans leurs représentations et leurs sentiments, quand les utopies complètes imaginent la nouvelle organisation à laquelle ils devraient contribuer. Marivaux établit les conditions d'un changement politique : l'abandon des relations de servitude mais aussi des idées et des dispositions qu'elles entraînent chez les maîtres et chez les valets, dont le « ressentiment » un moment légitime doit aussi être surmonté, ce qui se fera dans la mesure où les maîtres vont changer. Il entrevoit néanmoins l'horizon politique de ce changement dans le monde antique. Trivelin veut rendre les esclaves « libres et citoyens » (scène deux), deux termes qui évoquent une participation au gouvernement démocratique d'Athènes, qui deviendrait pleinement effectif par cette suppression des esclaves et leur intégration aux « citoyens ». Marivaux se garde de penser la transposition de ce but dans la monarchie française. Dans la seconde partie de la pièce, Arlequin, face à la plaidoirie touchante d'Euphrosine, se retient donc d'exploiter et de maltraiter à son tour les anciens maîtres.

L'interprétation conflictuelle de la pièce se focalise sur les deux épisodes de conclusion (comme l'exposition se fait en deux scènes), l'une où esclaves et maîtres se réconcilient, et celui où Trivelin ne les installe pas dans l'île mais les renvoie à Athènes où le système de l'esclavage reste inchangé, comme Marivaux ne dit rien sur les lois françaises autorisant l'esclavage et les laisse donc fleurir. Les deux maîtres éprouvés et corrigés se sont certes engagés, conformément aux pratiques antiques, d'affranchir les anciens esclaves et de leur garder leur affection. Le pire reste certes possible pour les anciens esclaves de la pièce, si Euphrosine et Iphicrate se vengent, ne respectent pas leur promesse d'émancipation de Cléanthis et d'Arlequin, et rétablissent le joug permis par la loi. Marivaux a peint cette éventualité dans un de ses textes tardifs, dans l'histoire de Tervire qui clôt en 1742 *La Vie de Marianne*. Cette seconde héroïne renonce à l'essentiel d'un très bel héritage de sa tante pour réconcilier celle-ci avec un fils et une belle-fille, mais celle-ci se montre d'une féroce ingratitude et arrive à enlever à sa bienfaitrice la part d'héritage qui lui restait (la mère de Tervire connaît une situation analogue avec son fils et sa belle-fille : dans cette dernière histoire du roman seul l'intérêt l'emporte).

La fin de la pièce combine trois discours. Celui d'Arlequin va très loin dans le rapprochement avec Iphicrate : « si j'avais été votre pareil, je n'aurais peut-être pas mieux valu que vous. » (Scène 9, p. 197) Telle est la force des conditions ; Arlequin envisage sa part de responsabilité dans le dévoiement de son maître, comme dans un couple la mésentente vient de leurs dispositions réciproques : « Quand vous n'étiez pas raisonnable, c'était ma faute. » *(id.)* Le refus d'envisager les conséquences politiques de ce qu'il montre conduit Marivaux à faire glisser au niveau politique ce qui vaut au niveau du comportement individuel et de la conscience morale – qu'il serait également fâcheux d'escamoter. D'une certaine façon, Arlequin tient successivement des discours contradictoires : peut-être Marivaux veut-il en ce sens alerter le spectateur. Le second discours est celui de Cléanthis, quand elle découvre qu'Arlequin et Iphicrate ont repris leurs habits anciens et qu'Arlequin vise « quatre beaux repentirs ». Cléanthis refuse qu'on rende équivalents le remords des fautes passés et le pardon des anciennes victimes. Ce long discours corrige Arlequin, il a le dernier mot et explique ce que la réconciliation doit à chacun :

> Ah ! vraiment, nous y voilà, avec vos beaux exemples. Voilà des gens qui nous méprisent dans le monde, qui font les fiers, qui nous maltraitent, qui nous regardent comme des vers de terre, et puis qui sont trop heureux dans l'occasion de nous trouver cent fois plus honnêtes gens qu'eux. [...] Il s'agit de vous pardonner ; et pour avoir cette bonté-là, que faut-il être, s'il vous plaît ?

Riche ? non ; noble ? non ; grand seigneur ? point du tout. Vous étiez tout cela, en valiez-vous mieux ? Et que faut-il être donc ? Ah ! nous y voici. Il faut avoir le cœur bon, de la vertu et de la raison ; voilà ce qu'il faut, voilà ce qui est estimable, ce qui distingue, ce qui fait qu'un homme est plus qu'un autre. [... Les beaux exemples] Et à qui les demandez-vous ? À de pauvres gens que vous avez toujours offensés, maltraités, accablés, tout riches que vous êtes, et qui ont aujourd'hui pitié de vous, tout pauvres qu'ils sont. (p. 199-200)

Le maître a, dans les circonstances de l'île, intérêt à présenter ses excuses, il échappera à la servitude, l'esclave lui, blessé par le passé, devra faire l'effort de pardonner à ses anciens tortionnaires sans obtenir d'avantages. En identifiant le maître à sa richesse (et non à sa naissance), Cléanthis ménage l'extension de ses arguments jusqu'au monde contemporain. Ce rappel d'une inégalité foncière donne tout son sens au choix final de Cléanthis, qui, dans un troisième discours, rejoint finalement Arlequin sur le terrain de l'amnistie.

Les mots de *repentir* et de *contrition* sont d'empreinte catholique. M. Gilot et H. Coulet[1] ont remarqué que la pièce défend des valeurs chrétiennes sans qu'affleure la moindre référence au christianisme (le paysage antique l'interdit certes). Mais c'est que la contrition et le repentir sont profondément modifiés et ont perdu leur valeur religieuse, ils ne concernent pas une offense faite à Dieu, un péché contre sa loi, mais uniquement ce qui est infligé aux autres frères humains. Le mal est le mal qui leur est fait, et la pièce veut s'attaquer à ce mal. Elle ne le fait pas dans la perspective d'un changement politique. Elle montre même les dangers de la lutte des classes qui conduirait les esclaves à prendre la place des maîtres : ils seraient alors réduits au ressentiment et à la rancune, autre haine, et surtout ils seraient amenés à prendre plaisir au pouvoir, à l'exploitation, à l'humiliation, ils deviendraient à leur tour corrompus. Cléanthis finit par agir avec bonté et accepte la contrition et le repentir, ce qui la met, sur le plan humain, à la place de Dieu. Marivaux ne trace pas les chemins du changement politique, il en montre les complexités, les difficultés, les écueils comme les conditions.

À ces trois discours complémentaires, s'ajoute un quatrième point de vue, déjà évoqué, celui de Trivelin dans la dernière scène, venant compléter le projet d'éducation par le gouvernement. Lui seul invoque « les dieux », mot qu'on peut entendre comme la figure d'un destin propre à la condition humaine. Dire qu'il s'impose comme une « épreuve » est une invitation à s'en libérer, par un effort intérieur nécessaire des deux côtés de la relation sociale. Les termes sont assez imprécis pour nourrir la « réflexion » à laquelle Trivelin invite le spectateur avant que tombe le rideau sur scène.

1. Marivaux, *Théâtre complet*, éd. H. Coulet et M. Gilot, Gallimard, Bibliothèque de la Pléiade, t. I, 1993, p. 992-993.

Marivaux abandonne la pensée proprement politique à la philosophie et installe l'écrivain sur le terrain de l'expérience sensible. Il montre un individu nécessairement placé dans des relations de domination et d'oppression, à l'un ou l'autre bout. Il cherche dans ses comédies à révéler ces déterminations sociales, à en faire prendre conscience pour dégager la marge de liberté étroite qui permette de les desserrer, d'accéder à un faible progrès de l'humanité et à multiplier ses chances de bonheur. On peut juger ce projet contraire aux programmes révolutionnaires, le ramener à un humanisme d'inspiration chrétienne ou en revanche le rattacher à la pensée des Lumières et aux principes qu'elle défend d'humanité, de sociabilité, de fraternité. Marivaux dans *L'Île des esclaves* tente de faire apparaître ce qui pourrait être au fondement d'une société plus heureuse, plus solidaire, plus juste, moins cruelle. Au-delà des appréciations politiques de son propos, sa pièce peut nous toucher sur deux plans. Sur le plan esthétique, la combinaison de six modèles littéraires et culturels comme la construction de situations expérimentales, laissent les personnages recourir à la théâtralité pour donner langue à leur critique : le dramaturge instaure ainsi une distanciation qui laisse aux metteurs en scène actuels de grandes libertés dans leur opération de traduction matérielle et visuelle. Sur le plan intellectuel, que Marivaux se soit situé au niveau des principes en jeu dans les interactions sociales et sexuelles, autorise des applications différentes de la pièce à des situations historiquement changeantes, y compris la nôtre qui a fait beaucoup pour abolir les esclavages, régler les services, protéger les dominées.

2. Le partage des sexes, une représentation genrée ?

Ces débats sur le sens politique de la pièce se sont infléchis récemment dans une interrogation sur les motifs et les effets d'une différenciation par Marivaux dans la représentation de la condition d'esclave selon les deux sexes, comme on disait alors, ou selon le genre comme on aime à dire aujourd'hui – avec l'idée que le genre serait une construction sociale. Dans les grandes comédies, les rapports entre maître et domestique sont subordonnés aux amours entre les maîtres et secondairement aux amours entre les domestiques. Cela n'est pas si général dans les petites pièces et ne vaut pas pour *L'Île des esclaves*. Les maîtres ne sont engagés dans aucune relation propre, tout au plus vivent-ils l'un à côté de l'autre une même expérience avec chacun un domestique de même sexe. Ce sont ces rapports-là qui constituent le sujet de la pièce et entrent dans son intrigue, qui fait de chacun seulement le spécimen d'une classe – celle des maîtres, celle des esclaves. Seules deux scènes échappent à cette logique, la scène six réunit seulement les deux valets, ils jouent pour rire une scène d'amour mais vite décident de revenir à ce qui s'impose, leur relation à leur maître, en apportant néanmoins un changement, avec un croisement des sexes, puisque est attendu du nouvel Arlequin qu'il courtise la nouvelle Euphrosine tandis que l'ancien Arlequin poursuivra la nouvelle Cléanthis (l'ex Euphrosine). Seule la première tentative s'amorce scène 8 (l'homme sollicitant la femme). La relation amoureuse vient alors se greffer sur la relation entre les nouveaux maîtres et les nouveaux esclaves, qui est elle-même une variation critique de la relation traditionnelle entre eux.

La différence des sexes intervient donc sur deux registres. Dans le premier, elle concerne les relations entre le valet et son « patron », et cela aussi bien avant les tentatives de croisement érotique qu'après. Elle tient en partie aux caractéristiques des deux acteurs chargés de les incarner et de leur rôle traditionnel. Celui d'Arlequin est assez marqué, il est plus physique, joueur, cynique, provocant; Silvia se voit confier des personnages plus individualisés, plus réfléchis et plus délicats. La libération de la parole créée par la pièce reste en outre tributaire des écarts entre ce qui est socialement admis pour les hommes et pour les femmes. Arlequin peut boire un petit coup à la première scène, siffler et se faire menacer de coups, tout cela serait pour une femme dégradant. Mais une fois admis ces limitations, il faut aussi prendre en compte que Marivaux évite, dans une petite pièce, les répétitions et la monotonie, il varie les angles d'attaque de ses deux domestiques masculin et féminin. Marivaux a effectivement différencié les représentations des maîtres par Arlequin et Cléanthis, et, comme chacun tend à donner une portée générale à son propos, il suppose chez la servante et chez le valet des expériences différentes. Au-delà de la variété dramatique, faut-il comprendre cela comme une misogynie ou faut-il malgré tout créditer Marivaux d'un féminisme qui se manifeste dans des revendications prêtées aux femmes dans les *Journaux*, et dans la *Colonie?* Quelles indications peut-on tirer de la pièce elle-même ?

Arlequin est le premier à intervenir, comme Cléanthis maintient inversement le plus longtemps une posture offensive au dénouement. Ils ont en commun d'invoquer la raison, l'humanité, la bonté dont les maîtres sont dépourvus, et de leur dénier toute qualité qui justifierait leurs privilèges et leur domination. La différence du valet et de la servante se détache, comme une bifurcation, de cette communauté essentielle des principes. Chacun parle de sa position, rapporte une interaction et la prolonge sous l'autorité de Trivelin : ce sont d'abord des rapports entre hommes puis entre femmes qui sont décrits, et qui ménagent des aperçus sur chacun des genres. Comme on l'a dit, Arlequin se dégage de son maître en jouant, c'est une « aventure », « je ne saurais m'empêcher d'en rire » ; il décrit les mauvais traitements par des plaisanteries (les compliments à coups de gourdin, il demande à parler à mon dos), il soutient sa critique en ridiculisant son maître. Que celui-ci reconnaisse sa défaite l'engage en même temps dans le jeu d'Arlequin : il s'amuse avec lui en bon perdant. Quand Trivelin demande à Arlequin de poursuivre le portrait d'Iphicrate en expliquant comment « il se gouvernait »,

Arlequin annonce que c'est une farce et demande au nouvel Arlequin : « Arlequin, me promets-tu d'en rire aussi ? » (Scène 5, p. 180). Arlequin se place donc dans la position de l'auteur de comédie qui ne se contente pas de faire rire des personnages ridicules mais veut que ceux-ci rient d'eux-mêmes. Aussi Iphicrate peut rappeler leur complicité passée (scène 9), les deux hommes se réconcilient les premiers et Arlequin suggère que la responsabilité dans leurs relations est partagée. L'image militaire de la menace de l'épée et de la poursuite dès la première scène suggèrent aussi un domaine masculin qui est celui de la guerre. Ils s'affrontent, ils sont face à face. Ce combat les oppose et les réunit.

Cléanthis intervient en second lieu, réclame même l'attention. D'emblée elle porte le récit de sa servitude sur un plan général qui dénonce le point de vue des maîtres (« on n'avait affaire qu'à de pauvres gens ») et proclame les principes contraires : « à présent, il faut parler raison ! C'est un langage étranger pour madame ». Cléanthis accuse avec force et émotion sa maîtresse. Elle ignore le rire d'Arlequin. Elle rapporte comment elle épiait Euphrosine pour découvrir son intimité, comme elle lui tend des pièges pour connaître ses faiblesses cachées : avant le naufrage, elle était déjà dans une position d'espionnage, de soupçon et de mépris. Elle annonce les bonnes de Jean Genet. Marivaux fait apparaître ainsi deux manières possibles pour les valets de répondre à la violence subie, par le rire ou par l'hostilité. La pièce s'interroge sur le sens de cette opposition des réactions masculine et féminine par l'intermédiaire de Trivelin. Celui-ci fait d'Euphrosine et de Cléanthis des représentantes de leur sexe. Il invite l'ancienne esclave à « peser avec justice » les torts de son ancienne maîtresse qu'il caractérise ainsi : « vous êtes d'un sexe naturellement assez faible, et [...] par-là vous avez dû céder plus facilement qu'un homme aux exemples de hauteur, de mépris et de dureté qu'on vous a donnés » (scène 3, p. 168). Ce jugement combine de façon remarquable les deux thèses qui s'opposent dans la caractérisation des femmes : la faiblesse est inhérente à leur sexe et les empêche plus que les hommes de résister à des « exemples de hauteur, de mépris et de dureté » répandus dans la société et influençant aussi les hommes, eux implicitement mieux à même de résister. L'avertissement conjoint dans une même phrase deux types d'explication, l'une physiologique qui dévalue les femmes, et l'autre sociale qui explique leur comportement par des phénomènes collectifs, des comportements habituels et partout acceptés sinon valorisés puisqu'ils peuvent passer pour des « exemples ». Dans la bouche de Trivelin Marivaux place l'analyse faite par Fénelon dans ses *Aventures de Télémaque*, par ailleurs moquées pour en faire un mauvais usage : chacun contribue à la formation des normes sociales, et plus vous occupez une position élevée et enviable par votre fortune et votre prestige, plus vous avez de responsabilité en accréditant vos propres choix, cette sorte de modélisation des mœurs culminant dans la personne du souverain : chacun s'autorise de ce qu'il fait (Fénelon visait la vie dissolue et l'ambition de Louis XIV, qu'aurait-il dit face au Régent puis à Louis XV ?). Trivelin soutient que les femmes sont plus sensibles à ces « exemples » donnés par les autres, se plient davantage à l'usage commun, sont plus conformistes. Cléanthis fait elle-même appel à cette configuration pour expliquer le style amer et rancunier de ses invectives : elle aussi est femme. Elle subit un déterminisme analogue à celui dont souffre, à un autre niveau, sa maîtresse. Leur solidarité dans l'insatisfaction est donc très différente de celle, plus joyeuse et plus ludique, qui peut rapprocher le maître et le valet.

Ce que dépeint Cléanthis est le propre d'une *condition* de loisir fortuné et de relégation sociale, dont Marivaux explique ailleurs les mécanismes en s'interrogeant sur ses remèdes[1]. Les hommes des classes supérieures se voient offrir plus de possibilités d'action et d'investissement personnel : dans l'Église, à l'armée, dans certains postes politiques ou administratifs, pour une partie d'entre eux dans le champ judiciaire, dans divers domaines économiques et financiers, dans l'administration d'un domaine, dans des activités artistiques et intellectuelles. Ils ont plus de liberté sur le plan sexuel. Ils dominent le couple et la famille. Ce qui est montré est une femme au contraire trouvant sa société au sein de la maison, dans des intérieurs, dans la loge du théâtre qui est comme une extension de cet intérieur. L'accomplissement de la femme se ramène à un art de plaire – c'est ce qu'expliquent les femmes de la *Colonie* et des *Journaux*. Marivaux met aussi l'accent sur un accès très inégal à l'éducation. La pièce renvoie à une différence dans la condition des hommes et des femmes et à son effet dans les rapports avec les domestiques : les hommes sont plus proches et les femmes toujours inquiètes de leur image, Arlequin est battu tandis que Cléanthis est injuriée.

Cette différence se précise dans la partie de la pièce où Trivelin s'éclipse et où les valets prennent l'initiative. Tout en ayant dénoncé leur vacuité, Cléanthis propose à Arlequin d'adopter le style des maîtres, en particulier dans leur « belle conversation » et leurs relations de galanterie. L'initiative en vient alors à l'homme, mais Arlequin a un sens trop aigu du ridicule pour ne pas trouver « bouffons » leurs deux rôles, comme il interrompt les compliments convenus en éclatant de rire. Cléanthis prend le jeu plus au sérieux et est mécontente de cette rupture du cadre : « Qu'avez-vous donc, vous défigurez notre conversation ? » (p. 186) Devant cette impossibilité de s'entendre sur la comédie (comme cela reviendra dans une des dernières pièces de Marivaux, *Les Acteurs de bonne foi*), Arlequin propose que chacun « tombe amoureux[2] », l'un d'Euphrosine, l'autre d'Iphicrate, dûment réduits à l'esclavage et à la soumission. Marivaux montre de nouveau Cléanthis se placer sur le plan des principes et exposer à Euphrosine la légitimité de la

1. Voir en particulier sa comédie *La Colonie* et le développement « Des femmes mariées » dans la cinquième feuille du *Cabinet du philosophe*.

2. Voir Françoise Rubellin, « Sur l'apparition du mot 'marivaudage' et de l'expression 'tomber amoureux' », *Marivaudage, théories et pratiques du discours*, dir. C. Gallouët, Oxford University Studies in the enlightenment, 2014, p. 11-18.

demande d'Arlequin, qui serait supérieur aux galants qu'elle cherche à capter, puis c'est Arlequin qui fait la cour à Euphrosine, laquelle arrive à le persuader de ne pas la persécuter, avant qu'il invite brièvement Iphicrate à courtiser Cléanthis, mais cela ne se réalise pas. La seule entreprise érotique engagée est donc celle où Arlequin courtise Euphrosine. Arlequin exploite son pouvoir de maître à des fins de satisfaction sexuelle. Cela est tout à fait conforme aux pratiques de l'époque et à ce que Marivaux a représenté plusieurs fois ; les maris se consolent des mariages arrangés avec les femmes de chambre de leurs épouses. Ils profitent de l'immense écart économique et social entre eux. La situation symétrique qui voudrait que le valet courtise l'épouse de son maître est autrement rare, scandaleuse, et se retrouve représentée plutôt dans la littérature libertine et pornographique. Marivaux s'en est approché quand Jacob, le jeune paysan, fraîchement marié à la dévote rencontrée sur le Pont-Neuf, est successivement dragué par deux femmes huppées et un peu mûres : sa conquête entre dans un libertinage tenu à l'ombre des « petites maisons ». Engagé étourdiment dans la conquête d'Euphrosine, celle-ci, par une réaction qui montre moins de nullité que Cléanthis n'avait perçue chez elle, lui fait prendre conscience de ce qu'il sait, que la femme est asservie à la relation amoureuse, que le maître profite de sa faiblesse. La prostitution contrainte est ressentie comme un viol. Arlequin n'avait pas utilisé son expérience parce qu'il voit aussi Euphrosine comme la maîtresse de Cléanthis, et qu'il s'amuse à la rabaisser dans une position d'esclave sexuelle. Iphicrate courtisant Cléanthis, comme esclave enfreindrait un interdit puissant certes, mais, comme ancien maître, il rappellerait la situation standard où le maître impose ses distractions à des femmes très dépendantes. La mise en œuvre d'un projet commun – des mariages croisés entre deux partenaires de niveau social opposé – se diffracte effectivement selon la différence des positions et des pratiques entre hommes et femmes, où se note une seconde fois la différence de liberté de la femme, aux deux niveaux de la maîtrise et de la domesticité : elle est plus contrainte et plus vulnérable. Pour autant la pièce ici ne vise nullement les hommes et leur violence, tout en laissant Arlequin l'emporter sur son maître en se retenant avec émotion de la commettre, pour être trop sensible à ce que le serviteur subit. C'est encore à ce titre que Cléanthis relève, juste avant la fin, la double peine des esclaves : ce sont eux qui ont souffert des maîtres, et qui doivent renoncer à le leur faire payer. Peut-être sans le vouloir, Marivaux révèle l'impasse d'une sortie purement morale et affective tout entière confiée aux esclaves. Comme il le fait dire à Trivelin, il reste beaucoup à méditer.

Dans cette pièce comme dans beaucoup d'autres, Marivaux fait coexister deux discours contradictoires : selon l'un, le destin des femmes peut être expliqué par les conditions qu'on leur impose et qui finissent par les pervertir profondément, par décider de leur être, selon l'autre discours cet être leur vient de la nature, d'une faiblesse à la fois physique et morale, de la nécessité de plaire pour attirer les mâles et maintenir la permanence de l'espèce. Le goût de la parure, la recherche de l'attention, la concurrence : une féminité propre ou induite ? Les jugements sur la pièce et sur Marivaux dépendent de la position qu'on attribue à Marivaux et de celle que l'on défend.

3. Le marivaudage, une préciosité ou une polyphonie ?

Quichottisme, *bovarysme*, *marivaudage*, Marivaux fait partie des écrivains dont on a tiré un nom commun pour décrire un type de comportement ou de sensibilité. Dans son cas, ce mot ne renvoie pas à une disposition incarnée par un personnage exemplaire, mais plutôt à un style de formation des relations et des entretiens amoureux, il désigne une manière de parler et de conduire le dialogue entre les sexes. Cette manière est marquée par le détour, le jeu, la plaisanterie, la distance, la réticence. Le marivaudage concerne donc principalement les pièces de théâtre et plus vaguement les textes narratifs et les essais.

Ce qui a valeur d'hommage à la singularité d'une écriture est aussi utilisé comme un stigmate : le marivaudage non seulement se réduirait à des détours alambiqués et inutiles mais encore impliquerait que Marivaux s'amuse des mots au lieu de nous parler des choses. Bien qu'elle ne soit pas centrée sur la formation de couples, la pièce de *L'Île des esclaves* se prête à cette critique : Marivaux ne réduit-il pas sa dénonciation de l'esclavage à une observation du langage des maîtres, à sa mise en scène, à sa parodie, à sa reprise ludique ? L'examen critique de la notion de marivaudage s'est donc lui-même partagé. Frédéric Deloffre qui a pris en charge la réédition patiente de presque la totalité des textes de Marivaux avait au préalable pris pour objet de sa thèse le « marivaudage » de Marivaux en en faisant une étude stylistique et linguistique, placée dans le cadre historique de ce qu'il a appelé « une nouvelle préciosité ». Cette proposition n'a guère été suivie, d'une part parce qu'on a soumis à un examen critique approfondi le phénomène de la seule préciosité véritablement présentée comme telle et remis en question sa consistance[1] et parce que ni Marivaux et aucun autre écrivain de son époque n'ont jamais invoqué leur lien à la préciosité, elle-même largement factice. F. Deloffre l'a alléguée pour donner un jour positif aux remarques faites par quelques critiques de l'époque – relayées dans des formules hostiles de Voltaire ou de Diderot –, en particulier l'abbé Desfontaines et son *Dictionnaire néologique* qui relève les expressions les plus audacieuses de Marivaux et s'en moque bruyamment. Toutefois ces critiques myopes n'empêchaient pas le franc succès des pièces de Marivaux comme de ses romans. Certes, la seconde partie du XVIIIe siècle met beaucoup moins sur la scène

1. Myriam Dufour-Maître, *Les Précieuses, naissance des femmes de lettres en France au XVIIe siècle*, Champion classiques, 2008.

Marivaux et ne l'intègre pas à ses débats et à ses projets. F. Deloffre assortissait sa reconstitution problématique d'une « seconde préciosité » d'une description très serrée de la langue de Marivaux et de ses procédés, en attirant l'attention en particulier sur les phénomènes d'enchaînement du dialogue. Il en concluait que les personnages de Marivaux ne répliquaient pas sur les choses mais sur les mots. Les termes de cette analyse exacte pouvaient, avec l'argument de la préciosité, venir renforcer le reproche d'une littérature frivole et vaine, qu'il combattait par ailleurs avec une intelligence pleine de sympathie dans les préfaces de ses éditions.

Depuis lors, le rapprochement de Marivaux avec des écrivains contemporains comme Fontenelle, Montesquieu, Voltaire, Crébillon, Prévost s'est plutôt appuyé sur la notion, venue de l'étude des beaux-arts, de *rococo*[1]. Notion certes imprécise mais qui met l'œuvre littéraire sur le plan esthétique et ne la réduit pas à l'audace supposée de ses idées ou à son absence d'audace. La réponse aux accusations de superficialité de Marivaux est venue plutôt des metteurs en scène qui ont révélé la vitalité des dialogues, des situations, des enjeux propres aux comédies de Marivaux, à la fois l'énergie qui passait dans les échanges, et la force des sentiments qui les animent. Ce sont les acteurs qui portent et expriment cet élan vital, jusque dans les retranchements du désir et de la souffrance. F. Deloffre avait vu juste en identifiant le marivaudage à un type de dialogue, et c'est dans cette optique que cette notion a été réexaminée, en envisageant plutôt son fonctionnement dramaturgique et en recourant à la notion proposée par Mikaël Bakhtine de polyphonie. La reprise sur les mots n'est en rien une spécificité de Marivaux puisqu'elle est au cœur des conflits oratoires tels que la rhétorique les a envisagés, et que les différentes positions s'affirment dans des interprétations opposées des mêmes termes qui sont en discussion, soit dans la perspective judiciaire du jugement soit dans celle politique de la décision. L'originalité de Marivaux vient de ce qu'il s'éloigne des champs idéologiques, souvent abordés seulement de façon humoristique, pour introduire ces affrontements dans le domaine de la vie personnelle, intime, et en particulier dans les relations amoureuses. *L'Île des esclaves*, comme *La Colonie* et *L'Île de la raison* (ou moins connus *Le Triomphe de Plutus*, 1728-1739, et *La Réunion des Amours*, 1732) se distinguent de ce courant principal, ces pièces ne peignent pas la vie familière et même intime, mais abordent des questions morales et politiques et donnent aux discussions une portée générale. *L'Île des esclaves* affronte la question des rapports de domination, de la servitude et implicitement celle de l'esclavage, sans pour autant les aborder sur le plan théorique mais à partir d'expériences vécues. On a vu comment la reprise des titres que leur donnent leurs maîtres servent aux domestiques pour les dénoncer et s'en libérer. Ils suivent Trivelin pour qui le changement social passe par un changement de la langue. Les longues évocations par Cléanthis de la vie d'Euphrosine proposent une reconstitution dramatique où les

1. Voir Christophe Martin, « Marivaux ou le parti du Rien », *Europe*, n° 117, mai 2022, p. 82-94.

discours et les pensées intérieures de la maîtresse sont rejouées et donc intégrées à une énonciation seconde qui par ses rapprochements opère comme une déformation caricaturale et surtout change profondément le discours initial. Celui-ci se révèle déjà complexe puisque Cléanthis redouble les propos d'Euphrosine de ce que Nathalie Sarraute nomme la « sous-conversation » intérieure, en complétant les pensées des sentiments et des perceptions; cet ensemble composite, une fois repris par la domestique, est revécu sur le mode du dégoût et de l'accusation. Il montre ce qui était caché, ou ce qui était inconscient, ou ce qui devait rester privé: le théâtre a pour vocation de mettre sur la place publique ce que ne veulent pas voir les différents groupes sociaux concernés par la pièce, ici définis non par des enthousiasmes idéologiques (comme chez Molière) mais simplement par la détention de l'argent et l'exercice d'un pouvoir sur les autres, permettant de s'en servir et de jouir de leur asservissement. La fable inventée par Marivaux lui évite les discussions abstraites et lui permet de donner une portée philosophique et même politique à ce qui pourrait s'apparenter à un simple règlement de comptes. Un même changement de cadre et de niveau intervient de façon plus saisissante encore dans les dernières scènes où Arlequin cherche à faire d'Euphrosine sa partenaire (comme Cléanthis devrait gagner Iphicrate). La scène est préparée par l'éloge que fait Cléanthis d'Arlequin dans une opposition entre les hommes dont se contente sa maîtresse et ceux dont fait partie Arlequin. Ce discours aborde la question d'une manière d'être propre à des classes sociales et met en rapport la conduite amoureuse avec une situation. Ce discours est bien étayé mais sa visée est spécieuse: on ne choisit pas un partenaire au nom d'une justification générale. Quand Arlequin vient solliciter Euphrosine, il lui fait miroiter les avantages qu'il va lui procurer. Il parle en maître face à une servante. On l'a vu ce discours renvoie à des pratiques de domination et d'exploitation sexuelle. Mais Arlequin parle aussi comme un ancien domestique (ou conformément à son rôle de valet italien): sa parole mélangée, comme l'esclave Euphrosine va parler avec l'aisance de la femme supérieure qu'elle était, laisse aussi entrevoir le sens complémentaire de cette demande érotique, liée à l'origine basse d'Arlequin et à la position éminente d'Euphrosine autrefois. La liaison des corps aurait valeur de transgression et de profanation, si bien que la dépendance sexuelle de la domestique serait redoublée dans l'humiliation de la femme du monde.

Euphrosine se contente d'exprimer la douleur de sa position, et donc d'exposer à Arlequin qu'elle subit exactement ce dont il s'est plaint avec Cléanthis: la maltraitance ici poussée à un point d'horreur maximal dans l'atteinte à l'intégrité du corps et de la personne. Cette violence est sensible aux spectateurs qui occupent tous la position d'Euphrosine et peuvent ainsi en imaginer l'horreur si elle devait les toucher ou atteindre leurs femmes et leurs filles. Marivaux aborde la question du développement sexuel de l'asservissement par un remarquable agencement polyphonique où celui qui est en état de le subir se met à vouloir étourdiment le pratiquer en jouant de sa double identité, Arlequin invoquant l'attrait de sa simplicité, comme le fera Jacob. Quand le valet prend la mesure de son entreprise, il se tait. Et c'est parce qu'il a perçu sa capacité à adopter les conduites les pires des maîtres, qu'il peut évoquer ensuite une responsabilité partagée, elle l'est au moins dans la capacité à agir comme eux : tout dépend de sa position et de l'impunité qu'elle offre. L'originalité de Marivaux n'est pas d'expliquer cette situation, il laisse ses personnages la vivre et donne aux spectateurs, par la fable, les moyens de la comprendre, ce qui revient à repérer les différents niveaux où se décompose la parole de chacun.

4. Marivaux, rose ou noir ?

La pièce de Marivaux à la fois laisse Arlequin s'amuser et pousser le jeu jusque dans une relation amoureuse, et en fait sentir la dimension d'horreur. Ce sont surtout les metteurs en scène contemporains qui ont cherché à rendre sensibles sur scène les souffrances subies et infligées par les personnages de Marivaux. Ils ont suivi en cela l'écrivain Jean Anouilh qui a conçu sa *Répétition ou l'amour puni* (1950) comme une transposition moderne de la *Double Inconstance* conforme à « l'histoire élégante et gracieuse d'un crime » qu'il y voit. Sa propre pièce fait donc ressortir tout ce qu'il y a de noir dans celle de Marivaux, que répètent ses héros : il en propose une lecture critique dans les commentaires des personnages et la transformation qu'il opère. Il se sert lui-même de la distinction du rose et du noir pour caractériser et regrouper ses pièces.

Les mises en scène modernes tendent donc à traduire dans leurs gestes et leurs actes la violence inhérente aux personnages, leur dérèglement sexuel, leur espionnage, leur méchanceté. Ils viennent ainsi contester d'autres types de représentations où les acteurs évoluent dans des intérieurs de style rocaille avec des costumes d'époque et gardent leur élégance et leur esprit de conversation. Ce qu'ils découvrent dans les marivaudages galants, l'insistance sur la maltraitance, l'attention aux différences sociales, les rapports de force et de domination, c'est le sujet même de *L'Île des esclaves*. La mise en scène consiste alors à accentuer les teintes les plus sombres et à faire du rose un voile léger et transparent de la cruauté inhérente à ces pièces, et en quelque sorte la couleur du mensonge dont s'aveuglent les personnages. Ils se croient élégants et raffinés, ils sont grossiers dans leurs appétits et dans leur utilisation des autres, dans leurs rapports entre eux et face à ceux qu'ils peuvent exploiter et dont ils jouissent. C'est exactement le message de Cléanthis en train de décrire sa maîtresse : elle ne voit dans son comportement rien de supérieur, mais une imposture et une illusion sur soi. Ce noir, Marivaux le confie à une évocation verbale des pratiques et de la conscience aliénée d'Euphrosine. Les conditions de la représentation théâtrale de son temps et les règles qui s'imposent aux auteurs de théâtre ne permettent guère d'aller plus loin ; dans la même pièce l'affrontement entre Arlequin et son maître prend un tour plus physique mais sur un registre ludique, bouffon, conformément à l'esprit de la *commedia dell'arte*.

Dans son propos, Marivaux associe le rose et le noir. On pourrait dire qu'il cerne des réalités noires, et qu'en même temps la réforme intérieure recherchée suppose une sorte de modération, vise un adoucissement, une atténuation de ce qu'il y a de pire. D'autre part, le cadre fantaisiste et le changement de rôles permettent aux personnages de garder le ton de la comédie. Ils n'ont pas à mettre en œuvre la conquête violente d'une revanche mais à la parler, la révolution sanglante est éloignée dans le passé, elle est tenue pour acquise et la nouvelle s'impose comme provisoire. Ce qu'on enlève aux maîtres et qu'on donne aux esclaves, dure le temps d'en prendre conscience, le temps d'une représentation. La pièce oblige à voir une dureté que le mot même d'esclaves annonce, elle la peint en détail, elle laisse les victimes s'en plaindre, mais les affrontements entre les personnages sont réduits par l'autorité même de la loi supérieure de Trivelin. Les pièces qui représentent la vie familière peuvent au contraire suggérer des affrontements en particulier dans les couples, ou entre les maîtres et les valets, et dans les dernières pièces avec les parents. Les metteurs en scène sont alors libres de les exprimer physiquement et visuellement ; *L'Île des esclaves* au contraire dissocie la violence dépeinte de la situation des personnages, sauf dans la dernière scène entre Arlequin et Euphrosine, elle s'interrompt d'ailleurs vite.

Le tiraillement entre le rose et le noir est sans doute inhérent aux pièces et à l'esprit de Marivaux. Il commence par des transpositions du livre de Cervantès *Don Quichotte* au moment où on commence à être sensible à ce que subit le héros et à le dénoncer. Marivaux est sensible au sort des humbles, de tous les « offensés, maltraités, accablés », les metteurs en scène d'aujourd'hui croient bon d'alerter leurs spectateurs, que pourrait anesthésier une reconstitution du luxe que Marivaux a côtoyée et dans lequel vivent une grande partie de ses spectateurs. C'est ce clivage dont il fait son sujet et qu'il a choisi de faire voir aux privilégiés.

Conclusion

Le débat sur l'orientation rose ou noire du théâtre de Marivaux a été nourri en grande partie de son attachement à peindre un monde aristocratique qui incarne pour nous une certaine « douceur de vivre », selon les mots de Talleyrand, élégante et coupable. Il en a traqué aussi les rudesses, les injustices, les misères, sans jamais regarder les plus fragrantes. Il considère ce qui est à portée de son monde, le monde auquel il participe et auquel il s'adresse. Il peint ce qui dépend alors de chacun : les humiliations, les indifférences, les mépris, les exploitations, la mauvaise foi, les aveuglements, la réduction de l'autre à un instrument de plaisir, y compris érotique. Il n'a pas de projet politique pour le sort des esclaves, comme personne en son temps. Il est d'autant plus remarquable qu'il ait pu évoquer les relations des maîtres et des valets sans se limiter à ce qu'elles ont de particulier et au contraire remonter à leurs principes et aux responsabilités réciproques de chacun, il traque en riant les abus de pouvoir. En considérant les hommes de son temps, en portant sur eux un regard de Moderne, en voulant inventer un style de comédie approprié, Marivaux ajoute involontairement pour nous un sixième modèle aux cinq explicitement utilisés : ce qui était une évidence partagée avec ses spectateurs s'est transformé progressivement en esprit du temps, en *Zeitgeist* – un mélange de frivolité et de ferveur, de passion et de jeu, de mesure et de violence nue, de distinction et de misère. Ce qui fait de *L'Île des esclaves* une curiosité donnant accès à un monde révolu, crée une condition supplémentaire pour une mise à distance et une incitation à la réflexion : qu'est ce qui dans ces êtres si éloignés de nous nous est proche, qu'est ce qui en eux est capable de nous révéler à nous-même ? en quoi sommes-nous des Iphicrate et des Arlequin, des Euphrosine et des Cléanthis ? Au sein de la fable, le discours ultime d'Arlequin sur une responsabilité partagée du maître et de l'esclave, si déconcertant au premier abord, étend l'échange des positions jusqu'à une réversibilité des identités : comme les conditions changent, chacun peut changer de position et nul n'est à l'abri de ce que confèrent la fortune et le pouvoir. Mais face à cette responsabilité partagée, Marivaux, en moraliste, invite à la voir comme une épreuve qu'il est loisible à chacun de surmonter. Son propos n'est pas seulement de se faire l'écho des esclaves dans leur île, il laisse entrevoir ce que ménagent l'effort, la générosité, l'abnégation, le sens de l'humanité commune et les qualités de l'esprit et du cœur. Il laisse aller le tourniquet du rose et du noir.

Sujets de dissertation

1. Selon Henri Coulet et Michel Gilot, « la vérité à laquelle nous fait accéder la plupart de ces comédies ne peut s'éprouver que si l'on a participé, comme dit Silvia, à l'*aventure* des personnages, goûté la pièce dans son mouvement. » Ce jugement s'applique-t-il à *L'Île des esclaves* ?
2. Henri Coulet et Michel Gilot jugent, à propos des comédies de Marivaux : « Il s'agit toujours de donner corps à un rêve. » Comment cette proposition s'applique-t-elle à *L'Île des esclaves* ?

Bibliographie sélective

[N.B. : Le lieu d'édition n'est pas précisé quand il est à Paris.]

1. Éditions de Marivaux

Utilisez d'abord les différentes éditions de *L'Île des esclaves* avec leurs introductions, leurs notes, leurs dossiers. Fondamentales celle qui figure dans les deux éditions du théâtre complet de Marivaux, elles permettent aussi de lire des pièces voisines, outre *La Double Inconstance, L'Héritier du village, L'Île de la raison, La Colonie, La Surprise de l'amour*:

Marivaux, *Théâtre complet*, éd. F. Deloffre et F. Rubellin, Classiques Garnier, 1996 et 2000.

Marivaux, *Théâtre complet*, éd. H. Coulet et M. Gillot, Gallimard, Bibliothèque de la Pléiade, 2 tomes, 1993 et 1994.

En outre:

Marivaux, *L'Île des esclaves*, éd. J. Goulemot, Hachette, « Le Livre de poche », 1999.

Marivaux, *L'Île des esclaves*, éd. F. Magnot, GF Flammarion, 1999.

Complétez par *Théâtre du XVIII*[e] *siècle*, éd. Jacques Truchet, Gallimard, Bibliothèque de la Pléiade, 1972, t. I.

2. Études

Blanc, André, « Marivaux à rebours, du hasard à la nécessité », *Dramaturgies, langages dramatiques, Mélanges pour Jacques Schérer*, Nizet, 1986, p. 133-140.

Coulet, Henri et Gilot, Michel, *Marivaux, un humanisme expérimental*, Larousse, 1973.

Deloffre, Férdéric, *Une préciosité nouvelle, Marivaux et le marivaudage*, Colin, 1955, rééd. 1967.

Gilot, Michel, *L'Esthétique de Marivaux*, Sedes, 1998.

Goldzink, Jean, *Comique et comédie au siècle des Lumières*, L'Harmattan, 2000.

de Guardia, Jean, *Poétique de Molière: comédie et répétition*, Genève, Droz, 2007.

Hartmann, Pierre, *Marivaux, entre ironie et empathie*, Honoré Champion, 2020.

Lagrave, Henri: *Marivaux et sa fortune littéraire*, éd. Ducros, Bordeaux, 1970.

—, *Le théâtre et le public à Paris de 1715 à 1750*, Librairie C. Klincksieck, 1972.

Marivaudage, théories et pratiques d'un discours, dir. C. Gallouët, Oxford University Studies in the Enlightenment, 2014.

« Le marivaudage: corps, passion et politique », *Coulisses* n° 34, oct. 2006, p. 75-197.

« Marivaux », *Europe* n° 1117, mai 2022.

Pétré-Grenouilleau, Olivier, *Les Traites négrières, Essai d'histoire globale*, Gallimard, 2004.

Rubellin, Françoise, « Trivelin, de l'Ancien Théatre-Italien à Marivaux : interaction du rôle, de l'acteur et de l'auteur », *Coulisses* 34, oct. 2006, p. 153-170.

Sermain, Jean-Paul, *Marivaux et la mise en scène*, éd. Desjonquères, 2013.

Charles Baudelaire
Les Fleurs du mal

par Antoine Piantoni

L'édition de référence du concours est :

Charles Baudelaire, *Les Fleurs du Mal*, édition de John E. Jackson, Paris, Le Livre de Poche, « Les Classiques de Poche », 2011.

I

Circonstances du bouquet

Lorsque paraissent *Les Fleurs du Mal* en 1857, Baudelaire dispose d'une petite notoriété en tant que critique d'art (il a chroniqué le *Salon de 1845*, le *Salon de 1846* et la section des Beaux-Arts de l'Exposition universelle de 1855) et il publie articles et poèmes dans de petites revues littéraires. Ni l'auteur ni le monde littéraire de son époque ne sont à même de prévoir que ce recueil constituera l'épicentre de la modernité artistique dont les répliques n'ont pas fini de nous parvenir. Mais avec cette célébrité naissent nombre de lieux communs : Baudelaire poète morbide, décadent, *Les Fleurs du Mal* comme bréviaire de l'impudeur et de la contestation… Ces vignettes ne dénaturent pas toutes ce pan de l'histoire littéraire mais elles ne permettent pas de saisir les raisons de la pérennité de son influence. Il importe de replacer Baudelaire et son recueil dans une perspective historique qui permette de comprendre dans quelle mesure *Les Fleurs du Mal* prolongent un certain nombre de traditions et rompent avec un héritage. La genèse progressive du recueil, ses esquisses et faux-départs débouchent sur une naissance en deux temps : les deux éditions de 1857 et 1861, celles du vivant de l'auteur, sont à l'image d'une ambivalence fondamentale propre à Baudelaire. Elles marquent le tremblé de cette explosion poétique qui n'en finit pas de poser des énigmes au lecteur jusqu'à prendre le risque de l'éloigner par excès de hiératisme et de noirceur.

1. Baudelaire parmi ses contemporains

On ne peut saisir la nouveauté des *Fleurs du Mal* ainsi que leur inscription dans une série de traditions et de courants si l'on ne prend pas la peine de situer la poésie de Baudelaire dans son époque. En l'espace de cinq ans, entre 1852 et 1857, paraissent coup sur coup *Émaux et Camées* (1852, réédition augmentée en 1858) de Théophile Gautier, le dédicataire des *Fleurs du Mal*, les *Poèmes antiques* (1852) de Leconte de Lisle, dont la préface permet de comprendre la conception du champ littéraire dans les premières années du Parnasse, *Les Contemplations* (1856) de Victor Hugo, dont l'ombre en exil s'étend malgré tout sur le Second Empire, et les *Odes funambulesques* (1857), qui consacrent la gloire de leur auteur, Théodore de Banville, futur exécuteur testamentaire de Baudelaire et artisan en collaboration avec Charles Asselineau de l'édition de 1868 des *Fleurs du Mal.* C'est dans ce faisceau de productions que le recueil de Baudelaire révèle sa singularité et c'est également à l'aune de ce paysage éditorial que l'on peut saisir son incongruité. Nous nous limiterons à quelques grandes figures que l'histoire littéraire a consacrées mais le lecteur avisé doit garder à l'esprit que Baudelaire fréquente et apprécie des poètes qui sont de nos jours considérés comme des *minores* (Auguste Barbier, Pierre Dupont, Ernest Prarond ou Gustave Levavasseur, pour ne citer qu'eux) mais dont son œuvre est également tributaire en ce mitan du siècle.

En dépit de ce voisinage, ou peut-être en raison de celui-ci, Baudelaire demeure inclassable : ni (néo)classique, ni romantique, non plus que parnassien et pas encore symboliste, son œuvre apparaît comme le nœud de ces diverses tendances, ce qui la rend justiciable d'un paradoxe, celui d'une facture très traditionnelle où les infractions sont circonscrites dans les licences autorisées alliée à une réflexivité qui annonce la modernité. Mais cette position excentrique qui rejoint l'intérêt que Baudelaire nourrit pour les *poetae minores*[1] ne doit pas exclure une lecture de ce paysage poétique où son œuvre prend place. Du propre aveu de Baudelaire, il faut instituer son œuvre en maillon d'une chaîne littéraire spécifique : « Comment n'avez-vous pas deviné que Baudelaire, ça voulait dire : Auguste Barbier, Th. Gautier, Banville, Flaubert, Leconte de Lisle, c'est-à-dire *littérature pure*[2] ? » Dans cette énumération, si l'on excepte Barbier dont la postérité est infiniment plus modeste et que l'on accorde à Flaubert une place particulière en raison d'une production principalement romanesque, les noms qui demeurent constituent un pan décisif de l'histoire littéraire du XIXe siècle. Baudelaire avait le goût sûr en s'y ménageant une aire personnelle.

1.1. Trois poètes

Baudelaire disparaît en 1867, un peu plus d'un an après la cinquième livraison du *Parnasse contemporain* à lui tout entière consacrée. On ne connaîtra pas son opinion sur ce courant majeur du dernier tiers du siècle mais sa présence dans le projet de Catulle Mendès indique qu'il fut considéré comme un précurseur, quoique sa place fût malaisée à déterminer : « Seul parmi ces esthètes du vers, Baudelaire parvient, dans une synthèse à jamais ambiguë, à concilier la plasticité de la forme

1. Voir Robb, Graham, *La poésie de Baudelaire et la poésie française. 1838-1852*, Aubier, « Critiques », 1993, p. 65-67.
2. Lettre à Gustave Flaubert datée du 31 janvier 1862, *CPl*, II, p. 225.

claire et l'évocation des ténèbres intérieures[1]. » C'est à l'aune de ce statut qu'il convient de revenir sur les relations qu'il entretint avec plusieurs figures similaires que l'on a déjà mentionnées auparavant dans une tentative de triangulation qui permette d'envisager la singularité baudelairienne. Car lorsque Baudelaire porte son attention sur ses contemporains, au-delà des vertus qu'il débusque dans leurs œuvres, c'est bien évidemment de lui-même qu'il parle et ce sont les affinités qu'il formule lui-même qui sont sans doute les plus révélatrices de sa sensibilité dans les années où il médite puis assemble son propre recueil. Ces trois figures sont Gautier, Banville et Leconte de Lisle, que Sainte-Beuve lui-même rassemblait dans son panorama « De la poésie en 1865 » et auxquels il adjoignait logiquement Baudelaire pour les déclarer « les chefs de file d'aujourd'hui[2] ».

1.1.1. Théophile Gautier

Théophile Gautier occupe une place particulière dans cette cartographie du milieu du siècle. Auteur affilié très jeune au romantisme batailleur de Hugo (on connaît sa présence à la bataille d'*Hernani*), il représente un maître pour Baudelaire qui en fait significativement le dédicataire des *Fleurs du Mal*[3]. J. E. Jackson a rappelé la première version, plus lapidaire, de cette dédicace ainsi que le témoignage d'admiration que le cadet renouvelle auprès de l'aîné dans une lettre du 8 mars 1857 (p. 263-264). Baudelaire consacre à Gautier une étude fouillée qui paraîtra en mars 1859 dans *L'Artiste* avant d'être reprise en plaquette. Il y vante les qualités méconnues de l'auteur d'*Albertus* et de *La Comédie de la Mort* qu'il n'est pas difficile de considérer comme des indices de la représentation que Baudelaire se fait de lui-même en tant que poète. C'est le cas dans l'évocation qu'il fait des nouvelles des *Jeunes-France* parues en 1833 : « Quelque léger que cet ouvrage puisse paraître à plusieurs, il renferme de grands mérites. Outre la *beauté du diable*, c'est à dire la grâce charmante et l'audace de la jeunesse, il contient le rire, et le meilleur rire. Évidemment, à une époque pleine de duperies, un auteur s'installait en pleine ironie et prouvait qu'il n'était pas dupe[4]. » Ces caractéristiques sont à lire en creux comme celles de Baudelaire lui-même, de sorte que les particularités qui ont été reprochées aux *Fleurs du Mal* trouveraient leur origine, de l'aveu-même de Baudelaire, dans les fronderies de Gautier. Cette réputation baudelairienne sulfureuse, aussi construite soit-elle, s'appuie donc sur des précédents attestés :

1. Vaillant, Alain, Bertrand, Jean-Pierre et Régnier, Philippe, *Histoire de la littérature française du XIXe siècle*, Rennes, Presses Universitaires de Rennes, « Histoire de la littérature française », 2e édition actualisée, 2006, p. 309.
2. Sainte-Beuve, « De la poésie en 1865 », *Le Constitutionnel*, 12 juin 1865, repris dans *Nouveaux Lundis*, Michel Lévy frères, 1868, p. 122.
3. Sur les rapports intertextuels entre Baudelaire et Gautier, voir Lavaud, Martine, « Gautier, Baudelaire et les "bouquets séchés du romantisme" », *Les Fleurs du mal*, dir. A. Guyaux et B. Marchal, PUPS, 2003, p. 227-238.
4. « Théophile Gautier », *L'Artiste*, 13 mars 1859, *Pl.* II, p. 110-111.

> Il y a des poèmes, dans la *Comédie de la Mort* et parmi ceux inspirés par le séjour en Espagne, où se révèlent le vertige et l'horreur du néant. [...] Il arrive même à ce poète, accusé de sensualité, de tomber en plein, tant sa mélancolie devient intense, dans la terreur catholique. *D'un autre côté*, il a introduit dans la poésie un élément nouveau, que j'appellerai la consolation par les arts, par tous les objets pittoresques qui réjouissent les yeux et amusent l'esprit[1].

On retrouve trois éléments constitutifs de la démarche poétique de Baudelaire : le nihilisme spleenétique, l'interrogation mystique et l'esthétisme qui se traduit notamment par le goût de l'ekphrasis. Gautier œuvre également à la reconnaissance de Baudelaire à travers la notice qu'il lui consacre en 1862 dans l'anthologie des *Poètes français* d'Eugène Crépet à propos de laquelle le premier intéressé déclare : « C'est la première fois que je suis loué comme je désirais l'être[2]. » Gautier insiste sur le métier, « ce gymnase intérieur où s'exercent les forts à toutes ces luttes avec la langue, la prosodie, le rythme et la rime dont il faut sortir vainqueur pour être digne du nom d'artiste, et qui sont comme le contre-point de la poésie[3]. » Il défend Baudelaire des accusations de décadence ou de dépravation et lui reconnaît des qualités et des conceptions qui confirment la sensibilité préparnassienne que partagent les deux poètes : « L'émotion comme il l'entend doit être purement intellectuelle, et la provoquer par des moyens grossiers lui répugnent à l'égal d'une indélicatesse[4]. » Le lieu commun du ciseleur, que Baudelaire détecte à peu près au même moment chez Banville, Gautier s'en empare afin de circonscrire la beauté lapidaire des poèmes des *Fleurs du Mal* : « Chaque poésie est réduite par ce talent concentrateur en une goutte d'essence renfermée dans un flacon de cristal à mille facettes, atar-gul, haschich, opium, vinaigre ou sel anglais qu'il faut boire ou respirer avec précaution, comme toutes les liqueurs d'une exquisité intense[5]. » Les valeurs de travail et d'autonomie de l'art par rapport au quotidien le plus banalement partagé constituent les fondations de ce qui deviendra le Parnasse dès la décennie 1860. En ce sens, Baudelaire paraît donc bien faire partie de ces précurseurs que sont également Banville et Leconte de Lisle.

1. *Ibid.*, p. 123-126.

2. Lettre à Théophile Gautier datée d'août 1862, *CPl.* II, p. 253. La longue préface que Gautier rédige pour l'édition des *Œuvres complètes* de 1868 contient également des considérations majeures tant sur la pratique poétique de Baudelaire que ses rapports avec son « maître » (voir Guyaux, André, *Baudelaire. Un demi-siècle de lecture des* Fleurs du Mal *(1855-1905)*, PUPS, « Mémoire de la critique », 2007, p. 465-519).

3. *Les poëtes français. Recueil des chefs-d'œuvre de la poésie française depuis les origines jusqu'à nos jours*, publié sous la direction d'Eugène Crépet, Gide, 1862, t. IV, p. 594, repris dans Guyaux 2007, p. 351.

4. *Ibid.*, p. 353.

5. *Ibid.*, p. 356-357.

1.1.2. Théodore de Banville et Leconte de Lisle

On irait toutefois trop vite en besogne en qualifiant tout de bon Baudelaire de parnassien. L'article qu'il consacre à l'école païenne dans la *Semaine théâtrale* le 22 janvier 1852 et qui vient faire pendant à celui publié le 27 novembre 1851 dans le même périodique, « Les drames et les romans honnêtes », lui permet de se dégager de ce que Henri Lemaitre a identifié comme le « faux dilemme contemporain de l'art positif (réalisme et moralisme) et de l'art pour l'art (néo-paganisme, pittoresque, formalisme[1]). » On reviendra sur la question de la morale chez Baudelaire, mais il faut pour l'instant constater qu'il se déprend de ce que ce néo-paganisme, très en faveur chez les parnassiens, charrie de lieux communs liés à une reconstruction fantasmatique d'époques révolues. Ce qui n'empêche pas Baudelaire de rendre justice à deux poètes qu'il fréquente et qui sont proches de cette sensibilité.

Théodore de Banville est le contemporain de Baudelaire, étant né en 1823. Ses débuts sont plus précoces car il publie *Les Cariatides* dès 1842. Il deviendra un proche de Baudelaire et sera même, en collaboration avec Charles Asselineau, l'artisan de l'édition de 1868 des *Fleurs du Mal* où il intègre le sonnet suivant datant de juillet 1845 :

> Vous avez empoigné les crins de la Déesse
> Avec un tel poignet, qu'on vous eût pris, à voir,
> Et cet air de maîtrise et ce beau nonchaloir,
> Pour un jeune ruffian terrassant sa maîtresse.
>
> L'œil clair et plein du feu de la précocité,
> Vous avez prélassé votre orgueil d'architecte
> Dans des constructions dont l'audace correcte
> Fait voir quelle sera votre maturité.
>
> — Poète, notre sang nous fuit par chaque pore —
> Est-ce que par hasard la robe du Centaure
> Qui changeait toute veine en funèbre ruisseau
>
> Était teinte trois fois dans les baves subtiles
> De ces vindicatifs et monstrueux reptiles
> Que le petit Hercule étranglait au berceau ? (p. 261)

Ce texte, qui fait peut-être écho à un poème de Banville dédié à Baudelaire paru dans *Les Stalactites* et daté de mars 1845, limite la révérence au constat d'une inventivité paresseuse[2]. Tandis que les quatrains consacrent l'impétuosité, voire

1. Baudelaire, Charles, *Curiosités esthétiques. L'Art romantique*, éd. Henri Lemaitre, Classiques Garnier, 1986, p. 575, n. 1.

2. Pour plus de détails sur l'intertextualité entre les œuvres des deux poètes voir Pommier, Jean, « Banville et Baudelaire », *Revue d'histoire littéraire de la France*, 37e année, n° 4, 1930, p. 514-541.

l'impulsivité de la jeunesse, les tercets opèrent un retour énigmatique vers une forme de dégradation qui annonce allusivement les réserves de Baudelaire dans la notice qu'il publie une quinzaine d'années plus tard. Chez Banville, Baudelaire loue l'expressivité du lyrisme qui est une incomparable façon d'être au monde ; lorsqu'il évoque ce don, c'est pour ainsi dire la dualité entre spleen et idéal qui se profile derrière le badinage banvillesque :

> Il y a, en effet, une manière lyrique de sentir. Les hommes les plus disgraciés de la nature, ceux à qui la fortune donne le moins de loisir, ont connu quelquefois ces sortes d'impressions, si riches que l'âme en est comme illuminée, si vives qu'elle en est comme soulevée. Tout l'être intérieur, dans ces merveilleux instants, s'élance en l'air par trop de légèreté et de dilatation, comme pour atteindre une région plus haute[1].

Mais le talent lyrique de Banville comprend en lui-même ses limites dans l'exploration de la modernité. Si Baudelaire loue l'originalité du poète des *Stalactites*, c'est pour souligner *in fine* les contours d'un domaine exigu :

> Mais Théodore de Banville refuse de se pencher sur ces marécages de sang, sur ces abîmes de boue. Comme l'art antique, il n'exprime que ce qui est beau, joyeux, noble, grand, rythmique. Aussi, dans ses œuvres, vous n'entendrez pas les dissonances, les discordances des musiques du sabbat, non plus que les glapissements de l'ironie, cette vengeance du vaincu[2].

Le goût de la dissonance éminemment moderne, qui s'incarne dans un poème comme « La Cloche fêlée », est exclu de la poétique banvillienne qui s'accommode du pastiche pléiadisant sans se compromettre dans la parodie ou la charge. En 1861 la seconde édition des *Fleurs du Mal* aurait pu fournir l'occasion à Baudelaire si ce n'est de se justifier, du moins de se situer dans le champ littéraire. Dans un des projets de préface qui n'aboutira finalement pas[3], il expose sa stratégie ou du moins ce qu'il entend présenter au lecteur comme un trait de clairvoyance :

> Des poètes illustres s'étaient partagé depuis longtemps les provinces les plus fleuries du domaine poétique. Il m'a paru plaisant, et d'autant plus agréable que la tâche était plus difficile, d'extraire la *beauté* du Mal. Ce livre, essentiellement inutile et absolument innocent, n'a pas été fait dans un autre but que de me divertir et d'exercer mon goût passionné de l'obstacle. (p. 245)

Revendiquer un territoire qui ne fût pas déjà une colonie, c'est bel et bien prendre ses distances avec une esthétique qui privilégie le chatoyant et la fantaisie ; c'est surtout, par le goût de « l'obstacle », rejeter la facilité et la prolixité que l'on pouvait reprocher à Banville.

1. « Théodore de Banville », *Revue fantaisiste*, 1er août 1861, *Pl.* II, p. 164.
2. *Ibid.*, p. 168.
3. Sur les circonstances de ces potentiels paratextes, voir *Pl.* I, p. 1166-1168.

Les liens qui unissent Baudelaire à Leconte de Lisle sont plus ténus[1], mais la place que ce dernier entend occuper dans les années 1850 détermine également celle de Baudelaire. Claude Pichois estime que « Leconte de Lisle est en 1865 le chef incontesté et vénéré des nouveaux poètes, bien que ceux-ci soient presque tous de la même génération. Il n'a que trois and de plus que Baudelaire, qui ne l'aimait guère, quoiqu'il eût fait son éloge, et que Leconte de Lisle eût fait le sien[2]. » Dans la notice qu'il consacre en 1861 à l'auteur des *Poèmes antiques*, il révère les rimes de ce dernier qui « répondent régulièrement à cet amour contradictoire et mystérieux de l'esprit humain pour la surprise et la symétrie[3]. » La même expression revient dans le projet de préface que nous avons cité, lorsque Baudelaire énumère à bâtons rompus les différents sujets qu'il aurait souhaité aborder, et notamment le fait « que le rythme et la rime répondent dans l'homme aux immortels besoins de monotonie, de symétrie et de surprise [...]. » (p. 246) En 1855 paraissent les *Poèmes et Poésies* qui comportent une préface polémique dans laquelle Leconte de Lisle entend bien réaffirmer son inactualité et la méfiance que lui inspire la doctrine du progrès. Cette préface réactualise celle des *Poëmes antiques* parus en 1852 : toutes deux incitent les poètes, dépossédés de toute autorité, à s'abstraire du monde : « Vous n'êtes plus écoutés, parce que vous ne reproduisez qu'une somme d'idées désormais insuffisantes ; l'époque ne vous entend plus, parce que vous l'avez importunée de vos plaintes stériles, impuissants que vous étiez à exprimer autre chose que votre propre inanité[4]. » Baudelaire n'est pas éloigné d'un tel pessimisme qui le conduit à déclarer qu'il « n'aurai[t] jamais cru que notre patrie pût marcher avec une telle vélocité dans la voie du *progrès.* » (p. 245-246) Le souci de la forme et de la maîtrise de la facture rapproche les deux poètes mais également une vision de plus en plus pessimiste de l'Humanité qui fait écrire à Leconte de Lisle : « D'ailleurs, on [n'] enseigne ni on ne convertit personne. On a renoncé fort sagement à la transmutation des métaux, et je crois qu'on ferait mieux de renoncer à la transmutation des âmes[5]. » Ce pessimisme qui s'épanouit en nihilisme est de la même tessiture que celui de Baudelaire lorsqu'il dénonce une « l'hérésie de *l'enseignement*[6] » dans ses *Notes nouvelles sur Edgar Poe.* La défiance du progrès comme croyance absurde qui nie le *conatus* humain lie donc ces deux poètes

1. Pour plus d'éléments sur les relations entre Leconte de Lisle et Baudelaire, voir Guyaux, André, *Baudelaire. Un demi-siècle de lecture des* Fleurs du Mal *(1855-1905)*, PUPS, « Mémoire de la critique », 2007, p. 1010-1012.

2. Pichois, Claude, « Baudelaire entre Catulle Mendès et Leconte de Lisle », *RHLF*, 2000, 100e année, n° 6, p. 1584.

3. « Leconte de Lisle », *Revue fantaisiste*, 15 août 1861, *Pl.* II, p. 179.

4. Leconte de Lisle, préface aux *Poèmes antiques*, Librairie de Marc Ducloux, 1852, p. IX, repris dans *Articles – Préfaces –* Discours, éd. Edgar Pich, Les Belles Lettres, 1971, p. 112.

5. Lettre à Charles Bénézit datée du 12 septembre 1860, citée par Yann Mortelette, « Leconte de Lisle antimoderne », *Studi Francesi*, 2013, n° 170, p. 267.

6. *Notes nouvelles sur Edgar Poe*, texte d'introduction à la traduction des *Nouvelles Histoires extraordinaires* (1857), *Pl.* II, p. 333.

jusque dans une conception élitiste de la poésie; Leconte de Lisle place Baudelaire parmi le « groupe restreint » des poètes de valeur à l'occasion du compte rendu qu'il donne de la seconde édition des *Fleurs du Mal*:

> Au milieu de l'affreuse confusion où les esprits s'agitent et se heurtent en face de l'indifférence publique, on distingue encore un groupe restreint de poëtes [*sic*] fort paisibles qui poursuivent leur route, contre vent et marée, parfaitement sourds aux imprécations des uns et peu surpris du silence ahuri de la foule. Ce sont de vrais artistes, sans vanité misérable et sans rancunes puériles, convaincus et patients, patients à rompre le mutisme des imbéciles et à exténuer les poumons robustes des insulteurs[1].

À cette délimitation tracée par Leconte de Lisle répondent les dernières lignes de la notice de Baudelaire qui distingue « cette famille d'esprits qui ont pour tout ce qui n'est pas supérieur un mépris si tranquille qu'il ne daigne même pas s'exprimer[2]. » En 1861, il est difficile de ne pas compter Baudelaire dans un groupe informel qui rassemble les poètes que l'on vient de passer en revue. Cl. Pichois et J. Ziegler le résument ainsi: « Ainsi, la publication de la deuxième édition des *Fleurs* cristallise les aspirations de l'art pour l'art du groupe qui comprend Gautier, Banville, Leconte de Lisle et Baudelaire, tous quatre peu ou prou auteurs de Malassis[3]. »

1.2. Le contemporain capital : Victor Hugo

Reste à situer Baudelaire par rapport à un autre contemporain encore plus encombrant que Gautier, Banville ou Leconte de Lisle. En 1857, Victor Hugo est exilé et a déjà fait paraître les *Châtiments* et, surtout, *Les Contemplations*. Son absence est d'autant plus notable que ces œuvres centrales apparaissent et démentent tout vœu de silence. Partant, l'exil de Hugo ne permet pas à Baudelaire de solder ses comptes avec ce prédécesseur pour qui il n'est pas toujours indulgent comme en témoigne cette saillie: « Hugo-Sacerdoce a toujours le front penché; – trop penché pour rien voir, excepté son nombril[4]. » Dans la notice biographique qu'il compose pour son choix d'œuvres de Baudelaire, Henri Scepi considère la figure de Hugo comme « une instance paternelle [...] à la fois nécessaire et redoutée, parce que résumant à elle seule la littérature et ses possibles[5]. » De fait, Baudelaire a été influencé, comme nombre de ses contemporains, par l'œuvre de Hugo dès sa jeunesse. Une lettre adressée au directeur du *Figaro* en juin 1858 est l'occasion pour

1. Leconte de Lisle, « Bibliographie. *Les Fleurs du Mal*, par M. Ch. Baudelaire », *Revue européenne*, 1er décembre 1861, repris dans Guyaux 2007, p. 341-342.
2. « Leconte de Lisle », *Pl.* II, p. 179.
3. Pichois, Claude et Ziegler, Jean, *Baudelaire*, Fayard, 2005, p. 540.
4. *Fusées*, *Pl.* I, p. 665.
5. Scepi, Henri, « Charles Baudelaire. Vie et œuvre. 1821-1867 », *La Passion des images*, Gallimard, « Quarto », 2021, p. 60.

Baudelaire de démentir les propos irrévérencieux qu'on lui impute au sujet de Hugo et dont un échotier s'est fait l'imprudent relais[1]. Mais c'est en 1859 que les échanges entre les deux poètes se font plus étroits. Baudelaire sollicite Hugo pour un texte devant servir de préface à son étude sur Gautier, tandis qu'il commence à préparer une étude sur l'exilé qui paraîtra en 1861. Baudelaire affiche une révérence qu'on peut suspecter de circonstance mais qui trahit aussi cette influence profonde qui remonte à l'adolescence. Il s'adresse à Hugo dans l'idée de « ramener, lui écrit-il, la pensée du lecteur vers cette merveilleuse époque littéraire dont vous fûtes le véritable roi et qui vit dans mon esprit comme un délicieux souvenir d'enfance[2]. » Les lettres échangées sont l'occasion pour Baudelaire d'adresser directement à Hugo « Le Cygne », « Les Sept Vieillards » et « Les Petites Vieilles » ainsi qu'un extrait du *Salon de 1859*, dans une posture d'humilité qui rejoue à distance la visite au grand écrivain et montre comment Hugo demeure, avec sa « voix dictatoriale[3] », un point de référence dans le champ littéraire tel que se le représente Baudelaire. Micheline Rosenfeld a analysé finement les influences réciproques entre les deux poètes et montré combien les trois poèmes dédiés à Hugo dans l'édition de 1861 marquaient un hommage absent de la première édition[4] jusqu'à affirmer qu'en 1859 « Hugo obsède Baudelaire[5] ». Mais elle explique que ce qui se joue dans cette relation, c'est le rapport même de Baudelaire au romantisme[6] et à la poétique hugolienne en ce qu'elle constitue déjà un héritage par rapport auquel tout poète se doit de se situer. Les trois poèmes dédiés à Hugo laissent donc une place à cet héritage mais continuent de rechercher un alliage nouveau et singulier dont le syncrétisme constitue le socle de la démarche baudelairienne. Toujours selon M. Rosenfeld, ce sont les « Tableaux parisiens » qui « montrent avec le plus d'éclat les métamorphoses qu'il fait subir au vers de Hugo[7]. » La poésie de Baudelaire se distingue de celle de Hugo par des caractéristiques antagonistes, la concentration et la brièveté, qui s'observent à l'échelle de l'œuvre entière puisque, au rebours de son aîné, Baudelaire ne sera l'auteur que d'un unique recueil de vers et que son projet de poèmes nocturnes à la manière d'Aloysius Bertrand n'aura d'existence que posthume. Attention tout de même à ne pas considérer Baudelaire comme une pure antithèse de Hugo : comme on le verra, le pessimisme de Baudelaire puise à

1. Lettre à Villemessant datée de juin 1858, *CPl.* I, p. 500-501.

2. Lettre à Victor Hugo datée de septembre 1859, *CPl.* I, p. 597.

3. *Loc. cit.* Dans la notice qu'il consacre à Hugo, Baudelaire emploie une expression identique pour désigner cette « époque où il exerçait une vraie dictature dans les choses littéraires [...]. » (« Victor Hugo », *Revue fantaisiste*, 15 juin 1861, *Pl.* II, p. 129)

4. Voir *CPl.* I, p. 598.

5. Rosenfeld, Micheline, « Baudelaire lecteur de Victor Hugo. 1837-1866 », *Études baudelairiennes*, 1981, vol. 9, p. 145.

6. Sur la posture de Baudelaire toute en paradoxes voir le très utile article de Tortonese, Paolo, « Baudelaire romantique et antiromantique », *L'Année Baudelaire*, 2014/2015, vol. 18/19, p. 149-166.

7. Rosenfeld 1981, p. 169.

de nombreuses sources et ne peut être simplement envisagé comme une réaction au romantisme humanitaire de l'auteur des *Misérables*. Plus significativement, Baudelaire et Hugo partagent une conception d'un monde à déchiffrer dont le décryptage, selon des modalités différentes, revient en propre au poète.

2. Projets de recueil

Les Fleurs du Mal ont ceci de particulier qu'elles semblent devoir leur existence tout à la fois à la nécessité intrinsèque qui préside à l'activité littéraire de leur auteur et à la contingence historico-culturelle qui leur a valu un procès et un double départ éditorial. Cependant, le projet même d'un recueil rassemblant une production qui s'étend environ de 1842 à 1860 va connaître plusieurs versions et Baudelaire attendra d'avoir atteint une certaine maturité avant de proposer l'armature du recueil de 1857. Entre-temps, il conçoit différents projets dont les contenus sont difficiles à deviner mais les titres suggestifs. Ils dessinent une stratégie en même temps qu'une porosité à un *zeitgeist*. Enfin, ils témoignent de l'évolution des principes esthétiques de Baudelaire. Si l'on se réfère à l'étude de Graham Robb, on peut distinguer deux périodes qui auraient pu voir naître le premier recueil de vers de Baudelaire : entre 1845 et 1847, ce sont *Les Lesbiennes* qui se profilent avant d'être abandonnées pour *Les Limbes* entre 1848 et 1852.

2.1. *Les Lesbiennes*

Ce premier titre, Cl. Pichois et J. Ziegler ont rappelé qu'on le trouvait dès 1846 comme nouveauté à paraître sur les couvertures de *L'Agiotage* de Pierre Dupont ou la réimpression des *Stalactites* de Banville et jusque sur celle du *Salon de 1846*, avec des signatures variables (Baudelaire-Dufaÿs, Charles Dufays) qui montrent que Baudelaire hésite sur la *persona* de poète qui sera la sienne[1]. G. Robb postule que le titre renvoie au symbole de la lesbienne, thème grivois mais surtout embrayeur d'une forme de marginalité qui se fonde moins sur la déviance sexuelle que sur un âge d'or fantasmé, celui d'une île de Lesbos que le néo-paganisme de l'époque met en vedette. J. E. Jackson perçoit dans ce tropisme une exacerbation des « contradictions de l'éros baudelairien[2] » qui fait du poète un frère des lesbiennes. G. Robb considère que *Les Lesbiennes* contiennent une dichotomie entre paradis perdu et corruption actuelle, de sorte que les deux grandes thématiques des premiers poèmes,

1. Pichois et Ziegler 2005, p. 273.

2. Jackson, John E., « La question de Lesbos », *Baudelaire sans fin*, José Corti, « Les essais », 2005, p. 141.

« érotisme et primitivisme », sont indissociables[1]. Le patronage des lesbiennes permet également de spéculer sur le parcours, l'épopée intime pour reprendre les termes de G. Robb, que Baudelaire se proposait d'écrire : s'agissait-il dès lors d'une plongée vers l'insatisfaction des « chercheuses d'infini » ou bien d'une reconquête du paradis perdu ? Significativement, la perte de l'époque nue que convoie le nom de Lesbos de même que le dévoiement de l'acte homosexuel qui dérobe à la femme son rôle maternel, voire matriciel, confinent à la stérilité ou à l'échec : « La froide majesté de la femme stérile » (p. 76) annonce une poésie qui se tarit au point qu'il est possible de considérer ce projet de recueil comme mort-né. Selon Jean-Pierre Richard, Baudelaire est « hanté par la peur du tarissement, par l'attente d'une mort spirituelle que lui annoncent de longues heures de léthargie intérieure[2]. »

Les hypothèses ont été nombreuses sur les textes qui auraient pu ou dû figurer dans ce recueil : Jacques Petit rappelle le témoignage d'Ernest Prarond qui avance qu'en 1843 Baudelaire avait déjà composé seize poèmes (« L'Albatros », « Don Juan aux Enfers », « La Géante », « Je t'adore à l'égal de la voûte nocturne… », « Une Charogne », « Une nuit que j'étais couché… », « À une Malabaraise », « Le Rebelle », « Les Yeux de Berthe », « Je n'ai pas oublié… », « La servante au grand cœur… », « Le Crépuscule du matin », « L'Âme du vin », « Le Vin des chiffonniers », « Le Vin de l'assassin », « Allégorie ») qui connaîtront des remaniements[3]. À partir de sa lecture de *La Fanfarlo*, Felix Leakey pose également l'hypothèse de l'existence d'autres textes sous leur première forme (« Le Mort joyeux », « La Cloche fêlée », « De profundis clamavi », le premier « Spleen », « La Destruction » et « La Mort des artistes »). Si Graham Robb privilégie la piste d'un état antérieur des *Fleurs du Mal*, Felix Leakey propose quant à lui une lecture différente qui tiendrait compte de l'état variable de tous ces textes : *Les Lesbiennes* ne seraient qu'une section comprenant « Lesbos », les deux panneaux des « Femmes damnés » et un fragment isolé qui ne fut pas retenu par Baudelaire et qui constitueraient le socle d'« un seul long poème narratif suivant un ordre chronologique continu, qui se déroulerait entièrement sur l'île de Lesbos et traiterait (ce serait là son originalité principale) du thème de l'amour Lesbien[4]. » Toujours est-il que cette veine n'aurait représenté qu'une partie du recueil ; Cl. Pichois le rappelle : « Une place, mais non toute la place[5]. » Rien ne subsiste dans l'organisation de l'édition des *Fleurs du Mal* de 1857

1. Robb 1993, p. 182.
2. Richard, Jean-Pierre, « Profondeur de Baudelaire », *Poésie et profondeur* [1955], Seuil, « Points essais », 1976, p. 107.
3. Dupont, Jacques, « Introduction », *Les Fleurs du Mal*, avec un dossier réalisé par Andrea Schellino et Aurélia Cervoni, Flammarion, « GF », 2019, p. 15-16.
4. Leakey, Felix, « *Les Lesbiennes* : a verse novel? », *Baudelaire. Collected Essays, 1953-1988*, Cambridge, Cambridge University Press, 1990, p. 31 (nous traduisons).
5. *Pl.* I, p. 794.

de ce possible projet qui fut sans doute l'occasion pour l'auteur de méditer sur la structure du recueil à venir.

2.2. *Les Limbes*

Autre étape génétique des *Fleurs du Mal*, la période qui s'étend de 1848 à 1852 fournit des indications supplémentaires sur la construction du recueil définitif. Ce second titre apparaît à l'occasion d'annonces dans la presse : *L'Écho des marchands de vin* de novembre 1848, la chronique de la censure de *La Presse en 1848* et *Le Magasin des familles* de juin 1850 constituent les maillons de ce service publicitaire qui annonce la parution imminente d'un recueil dont le titre demeure encore une fois ambigu[1]. Au lendemain de la révolution de 1848, c'est le sens politique qui est tout de suite perçu : Jean Wallon reproche à Baudelaire des « poésies socialistes », des « vers socialistes et par conséquent de mauvais vers[2] ». De fait, la critique a interprété ce titre comme une référence possible aux thèses fouriéristes postulant les périodes limbiques de la société qui précèdent l'unité harmonieuse et quelques poèmes comme « Abel et Caïn », « L'Âme du vin » ou « La Rançon » accréditent cette pente bien qu'il faille modérer l'engagement de Baudelaire dans les événements de 1848 : comme pour Flaubert, c'est une déception qui s'accentuera avec le coup d'État de 1851 et les journées de février apparaîtront comme une folie de jeunesse et son cortège d'erreurs ou de malentendus. Cela n'empêche pas G. Robb de retenir pour ce titre une acception historique qui redonne du sens au vocabulaire fouriériste, soit un sentiment de déréliction romantique devant l'Histoire et la situation politique contemporaine. Mais l'on ne peut exclure le sens spirituel qui classe *Les Limbes* dans le vocabulaire catholique comme séjour des païens justes et des enfants morts sans baptême. Ainsi, le recueil potentiel de Baudelaire (mais on verra que cette hypothèse de lecture demeure féconde pour *Les Fleurs du Mal*) s'inscrirait dans une topologie symbolique à laquelle Albert Thibaudet a été rapidement sensible :

> Le catholicisme moins religieux que philosophique et littéraire de Baudelaire avait besoin d'un lieu intermédiaire, particulier, original où se loger entre Dieu et le diable. Le titre des *Limbes* marquait cette localisation géographique des poèmes de Baudelaire, permettait de mieux apercevoir l'ordre que Baudelaire a voulu établir entre eux, qui est l'ordre d'un voyage, et précisément d'un quatrième voyage après les trois voyages dantesques de l'*Enfer*, du *Purgatoire* et du *Paradis*. Le poète de Florence continué dans le poète de Paris[3].

1. Sur les implications du titre voir *Pl.* I, p. 794-796, Dupont 2016, p. 17-21 et Robb 1993, p. 187-209.
2. *La Presse de 1848, ou Revue critique des journaux publiés à Paris depuis la Révolution de février jusqu'à la fin de décembre*, Pillet aîné, 1849, p. 109 et 114.
3. Cité par Robb 1993, p. 188.

Un parcours spirituel donc mais l'ambiguïté demeure puisque l'acception politique et l'acception religieuse se superposent malgré tout. Baudelaire tenait tant à ce projet de recueil qu'il parvint à faire paraître dans *Le Messager de l'Assemblée* du 9 avril 1851, jour de ses trente ans, une série de sonnets en lieu et place du feuilleton, rassemblés sous le titre *Les Limbes*. Il s'agit de textes qui figureront dans *Les Fleurs du Mal* de 1857 mais remaniés et, pour certains, réintitulés : on trouve donc ce qui deviendra le premier « Spleen » sous le titre « Le Spleen », « Le Mauvais Moine », « L'Idéal », « Le Spleen » qui deviendra « Le Mort joyeux », « Les Chats », « La Mort des artistes », « La Mort des amans [*sic*] », « Le Tonneau de la haine », « La Béatrix » qui deviendra « De profundis clamavi », « Le Spleen » qui deviendra « La Cloche fêlée » et « Les Hiboux ». Une note explique que le livre à venir est « destiné à retracer l'histoire des agitations spirituelles de la jeunesse moderne ». Par rapport aux spéculations sur *Les Lesbiennes*, *Les Limbes* bénéficient de ce corpus qui peut être envisagé comme le socle du recueil ou bien les lignes directrices de potentielles sections. Mais l'ensemble esquissé demeure malaisé à circonscrire : J. Dupont y voit un trajet depuis le déchirement entre spleen et idéal jusqu'à l'ataraxie des « Hiboux » avec des stations qui ponctuent la dépravation, l'alternative spirituelle au catholicisme et le recours au suicide. C'est principalement la lecture spirituelle qui prévaut. G. Robb ne nie pas cette possibilité et y lit le trajet dantesque dans les limbes à l'invitation d'Albert Thibaudet qui généralise cette lecture à tout le recueil mais considère que « Les Hiboux » fournissent une morale ironique qu'on ne peut prendre au sérieux après lecture des précédents poèmes. L'enjeu principal de ces poèmes étranges, publiés dans un périodique qui est tout sauf iconoclaste, résiderait dans la version que propose Baudelaire d'une « communication permanente avec les hommes de son temps » afin d'échanger « avec eux des pensées et des sentiments traduits dans un langage suffisamment correct[1]. » Ces considérations sont de la plume même de Baudelaire à propos du poète chansonnier Pierre Dupont dont la proximité révèle les préoccupations politiques de l'auteur de ce qui n'est pas encore *Les Fleurs du Mal*. L'exacerbation de l'intériorité n'est possible, voire tolérable, que si elle permet une forme d'analogie avec les lecteurs et c'est ainsi que Baudelaire entend proposer cette cartographie des « agitations spirituelles » qui englobent le malaise politique et la solitude métaphysique. Cette lecture, qui ressaisit ces différentes interprétations en un faisceau, fait cependant l'économie du retour du thème de l'échec, de l'œuvre mort-née qui pourrait bien appartenir à son corps défendant à cette zone de souffrance que sont les limbes. Somme toute, c'est aussi la question de la possibilité de l'œuvre et de la stérilité menaçant la création qui se pose à travers ce titre.

1. « Pierre Dupont », préface au tome I des *Chants et Chansons* de Pierre Dupont (Houssiaux, 1851-1854), *Pl.* II, p. 27.

2.3. *Les Fleurs du Mal*

En 1852, les onze sonnets des *Limbes* ne constituent pas le seul socle du recueil projeté par Baudelaire ; il faut également compter les douze poèmes que ce dernier adresse à la *Revue de Paris* : « Le Crépuscule du soir », « Le Crépuscule du matin », « À une mendiante rousse », « La Rançon », « Le Vin des chiffonniers », « Bohémiens en voyage », « La Mort des pauvres », « Les Métamorphoses du vampire », « La Fontaine de sang », « Le Guignon », « Un Voyage à Cythère » et « Le Reniement de saint Pierre ». Seul le dernier poème sera publié dans la revue. Le projet de recueil s'étoffe de plus en plus mais il faut attendre encore trois ans avant qu'émerge le titre définitif qui aurait été trouvé par Hyppolite Babou. Comme *Les Limbes*, *Les Fleurs du Mal* vont bénéficier d'un galop d'essai à travers une publication dans la presse. On peut penser comme G. Robb que Baudelaire avait conscience du risque d'un effet de mode qui aurait affaibli la force de frappe du recueil lors de sa parution (Robb 1993, p. 206) ; néanmoins, on ne peut oublier le goût de Baudelaire pour un « titre pétard » qui a été maintes fois rappelé dans le discours critique. Titre pétard, certes, mais surtout titre qui prolonge les paradoxes des précédents tout en proposant un dépassement : c'est de la stérilité, du mal dans toute sa polysémie (destruction, maladie, déclin) que surgira l'œuvre, que la fertilité s'avérera et que la pourriture deviendra nourriture dans un cycle païen comme peut le suggérer « Une Charogne » ou bien la résurrection paradoxale des corps glorieux qui conclut « Les Litanies de Satan ». La question reste entière.

Le 1er juin 1855 paraît donc dans la *Revue des Deux Mondes* un ensemble de dix-huit poèmes sous le titre *Les Fleurs du Mal*. Une lettre au secrétaire de rédaction Victor de Mars d'avril 1855 laisse entendre que Baudelaire aurait envoyé plusieurs séries de pièces dans lesquelles un choix avait été effectué[1]. La sélection qui paraît comprend le poème liminaire « Au lecteur », « Réversibilité », « Le Tonneau de la haine », « La Confession », « L'Aube spirituelle », « La Volupté » qui deviendra « La Destruction », « Voyage à Cythère », « À la Belle aux cheveux d'or » qui deviendra « L'Irréparable », « L'Invitation au voyage », « *Moesta et errabunda* », « La Cloche » qui deviendra « La Cloche fêlée », « L'Ennemi », « La Vie antérieure », « Le Spleen » qui deviendra « De Profundis clamavi », « Remords posthume », « Le Guignon », « La Béatrice » qui deviendra « Le Vampire » et « L'Amour et le crâne ». L'ensemble est accompagné en épigraphe d'un passage des *Tragiques* (1616) d'Agrippa d'Aubigné qui sera repris dans l'édition de 1857 mais abandonné en 1861. La présence de cette épigraphe et du poème « Au lecteur » indiquent que Baudelaire est en passe de stabiliser la forme de son recueil avant la publication de 1857. Surtout, l'avertissement en note de bas de page s'est considérablement étoffé depuis les annonces dans la presse des années précédentes. Nous le citons dans son intégralité :

1. Voir Ruff, Marcel, *L'Esprit du mal et l'esthétique baudelairienne*, Armand Colin, 1955, p. 272.

En publiant les vers qu'on va lire, nous croyons montrer une fois de plus combien l'esprit qui nous anime est favorable aux essais, aux tentatives dans les sens les plus divers. Ce qui nous paraît ici mériter l'intérêt, c'est l'expression vive et curieuse même dans sa violence de quelques défaillances, de quelques douleurs morales que, sans les partager ni les discuter, on doit tenir à connaître comme un des signes de notre temps. Il nous semble d'ailleurs qu'il est des cas où la publicité n'est pas seulement un encouragement, où elle peut avoir l'influence d'un conseil utile, et appeler le vrai talent à se dégager, à se fortifier, en élargissant ses voies, en étendant son horizon.

Cet avis au lecteur n'est pas sans ambiguïté : d'une part l'auteur insiste sur sa qualité d'analyste et la nécessité d'une lecture neutre qui mette à distance les « défaillances » décrites ainsi que leur condamnation spontanée ; d'autre part, il souligne la visée esthétique dont est justiciable la publication de ses poèmes qui se veulent ouvrir sur du nouveau. Mais cette note n'est pas de la main de Baudelaire : elle aurait été rédigée par Émile Montégut, collaborateur de la revue, et aurait suscité chez Baudelaire une certaine défiance devant « une préoccupation de causer l'étonnement ou l'épouvante[1]. »

3. 1857 : *annus mirabilis* ou *horribilis* ?

L'année 1857 est devenue un marqueur de premier plan dans l'histoire littéraire : en effet, elle se signale par les deux procès célèbres intentés contre Flaubert et Baudelaire[2], dont les œuvres respectives, *Madame Bovary* et *Les Fleurs du Mal*, contiennent des passages susceptibles d'être assimilés à un outrage à la morale publique et religieuse et aux bonnes mœurs. Diligentées par le procureur Ernest Pinard, ces poursuites, qui auront des conséquences inégales (un acquittement pour Flaubert et une condamnation pour Baudelaire), témoignent non seulement du climat austère du Second Empire à la faveur duquel la censure trouve à s'exercer mais également des difficultés qui se dressent devant les deux impétrants qui aspirent à une reconnaissance au seuil de leurs carrières respectives. En effet, pour Baudelaire, cette condamnation frappe sa première œuvre poétique parue en volume et aura d'importantes conséquences sur l'économie du recueil. En cette même année, Baudelaire fait également paraître sa traduction des *Nouvelles Histoires extraordinaires* de Poe, qui fait suite aux *Histoires extraordinaires* parues l'année précédente. Il surveille également la publication en feuilleton de sa traduction des *Aventures d'Arthur Gordon Pym* dans *Le Moniteur universel*. Tout semble se mettre

1. Lettre à François Buloz datée du 13 juin 1855, *CPl.* I, p. 314.

2. Sur ces procès et celui qui, la même année, implique Eugène Sue, voir Pierrat, Emmanuel, *1857. La Littérature en procès. Gustave Flaubert, Charles Baudelaire et Eugène Sue face à la censure*, Hermann, 2021.

en place pour une reconnaissance du public élargie, ce qu'attend Baudelaire alors qu'il estime avoir laissé derrière lui sa jeunesse. Mais cette publication apporte le scandale, ce dont Baudelaire n'est pas surpris et qui constitue pour lui un indice de succès :

> Vous savez que je n'ai jamais considéré la littérature et les arts que comme poursuivant un but étranger à la morale, et que la beauté de conception et de style me suffit. Mais ce livre, dont le titre : *Fleurs du mal*, – dit tout, est revêtu, vous le verrez, d'une beauté sinistre et froide ; il a été fait avec fureur et patience. D'ailleurs, la preuve de sa valeur positive est dans tout le mal qu'on en dit. Le livre met les gens en fureur. [...] Je me moque de tous ces imbéciles, et je sais que ce volume, avec ses qualités et ses défauts, fera son chemin dans la mémoire du public lettré, à côté des meilleures poésies de V. Hugo, de Th. Gautier et même de Byron[1].

Tous les ingrédients de la renommée des *Fleurs du Mal* sont présents : les prémisses d'une confusion entre différentes formes de morale[2], un nouveau type d'achèvement esthétique très paradoxal et la conviction de l'auteur qu'il s'agit d'un chef-d'œuvre. Bien qu'il s'agisse d'une correspondance et que Baudelaire ne se soit vraisemblablement pas relu, il est significatif de remarquer que ce dernier répète le terme de « fureur » comme monnaie d'échange entre poète et public : avant-goût du sacrifice fondateur d'un lien social mais ici redéfini comme un pacte de lecture. Tout se passe donc comme si Baudelaire s'accommodait, en dépit des démêlés judiciaires et du camouflet reçu[3], du bruit que faisait son recueil. Les doléances qui sont les siennes et les recommandations auprès de son avocat[4] participent d'une genèse de l'œuvre en deux temps sur laquelle nous reviendrons. Franca Zanelli Quarantini a très justement résumé la dialectique à l'œuvre dans l'épreuve du procès :

> C'est donc encore au traumatisme dû au procès qu'il convient de revenir : en fait, tout se passe comme si à partir de là Baudelaire eût dû prendre à son compte – pour ce qui relève de l'architecture interne de son œuvre – l'opposition existant entre son intention ou sa volonté de « poète », d'une part, et d'autre part les facteurs extérieurs, divers, contingents et imprévus qui participent ou contribuent à toute communication littéraire[5].

1. Lettre à Mme Aupick datée du 9 juillet 1857, *CPl.* I, p. 410.
2. Voir *Pl.* I, p. 194.
3. Pour davantage d'éléments sur la publication des *Fleurs du Mal* en 1857 et 1861 et leur réception, voir Pichois et Ziegler 2005, p. 436-483 et p. 537-542.
4. Voir *Pl.* I, p. 193-196.
5. Zanelli Quarantini, Franca, « "Et ces maudites *Fleurs du Mal* qu'il faut recommencer !" », *Francofonia*, printemps 2008, n° 54, p. 182-183.

Il faut cependant nuancer ce traumatisme car Claude Pichois et Jean Ziegler semblent emboîter le pas à Sartre lorsqu'ils considèrent que Baudelaire aspirait à un scandale :

> Le procès, ce scandale qui doit être « le fondement de ma fortune », à tout prendre Baudelaire n'en est pas innocent. Il devinait, s'il ne le connaissait vraiment, quel risque il courait, et surtout après les actions intentées contre Flaubert et d'autres. Le procès, il l'a cherché, au moins inconsciemment. Pour la réputation qu'il en tirerait – et qu'il en a tirée. Et pour satisfaire son masochisme, grâce auquel il peut se sentir différent, ce qui est une des formes de son dandysme. Il n'a pas plus voulu éviter le procès qu'il n'a voulu se dérober au conseil judiciaire[1].

Baudelaire se trouve donc dans une situation paradoxale qui n'a pas dû lui déplaire : l'opprobre apporté par le procès devait satisfaire son *ethos* d'artiste forcément en marge d'une société qui rejette ce qui est improductif mais ce scandale pouvait être une aubaine car il lui conférait une visibilité éditoriale qui pouvait dépasser les petites revues littéraires et la presse.

1. Pichois et Ziegler 2005, p. 473.

II

Composition du bouquet

1. Une œuvre, trois éditions

Baudelaire n'a eu de cesse de revendiquer l'organisation rigoureuse de son recueil[1]. L'atteste sa correspondance qui s'émaille, tant autour de 1857 que de 1861, de remarques portant sur le dessein comme sur le dessin général des *Fleurs du Mal*. Les notes que le poète adresse à son avocat, Me Chaix d'Est-Ange, lors du procès de 1857 insistent sur le souci de composition duquel tout lecteur ne peut s'abstenir afin de comprendre pleinement la démarche de l'auteur : « Un livre de poésie doit être apprécié dans son ensemble et *par sa conclusion*[2]. » Il le martèle : « Le Livre doit être jugé *dans son ensemble*, et alors il en ressort une terrible moralité[3]. » Quatre ans plus tard, en sollicitant la bienveillance de Vigny à l'occasion d'une invraisemblable candidature pour l'Académie française, il revient sur ce point capital : « Le seul éloge que je sollicite pour ce livre est qu'on reconnaisse qu'il n'est pas un pur album et qu'il a un commencement et une fin. Tous les poèmes nouveaux ont été faits pour être adaptés au cadre singulier que j'avais choisi[4]. » Mais cette composition, ce « *parfait ensemble* », pour reprendre une expression de Baudelaire lui-même, ne va pas de soi car *Les Fleurs du Mal* ont connu un destin éditorial chaotique. On a vu combien Baudelaire avait retardé la publication et les différents recueils virtuels qui auraient pu voir le jour ; la forme définitive des *Fleurs du Mal* demeure problématique à cause du procès de 1857. Les éditeurs ne se privent pas d'exposer le choix difficile qui est le leur : faut-il conserver l'édition

1. Pour une étude magistrale de l'organisation du recueil dans ses deux incarnations de 1857 et 1861, voir le chapitre « Poésie du recueillement » dans Vaillant, Alain, *Baudelaire, poète comique*, Rennes, PUR, « Interférences », 2007, p. 255-290.

2. *Pl.* I, p. 193.

3. *Loc. cit.*

4. Lettre à Alfred de Vigny datée du 16 décembre 1861, *CPl.* II, p. 196.

de 1857, celle que Baudelaire avait souhaitée *ne varietur* au moment de signer le bon à tirer auprès de Poulet-Malassis ? Doit-on considérer que l'édition de 1861 prime en vertu des nombreux poèmes supplémentaires que Baudelaire compose ou remanie pour remplacer les pièces condamnées ? Mais alors, que faire de ces pièces qui devraient être retranchées ? La solution serait de construire une édition qui comprenne tous les poèmes, ceux de 1857 comme ceux de 1861 mais comment réintégrer ces poèmes et quelle répartition choisir ? L'éditeur se trouve alors devant trois possibilités qui sont toutes autant frustrantes : l'édition de 1857 est celle qui aurait sans doute été la seule si Baudelaire n'avait pas été traduit en justice (quoiqu'il soit probable qu'il eût remanié le recueil à l'occasion d'une réédition ultérieure) mais manque une trentaine de pièces irremplaçables ; l'édition de 1861 offre un compromis acceptable au prix des pièces condamnées ; l'édition de 1868 a le mérite de reprendre le recueil de 1861 en y adjoignant des inédits, mais les éditeurs ont modifié l'architecture interne et opéré une sélection dont on ne sait si elle aurait pleinement agréé l'auteur (le sonnet à Banville offre d'ailleurs un exemple de conflit d'intérêts). C'est l'édition de 1861 qui est le plus souvent choisie car elle est la dernière révisée par Baudelaire qui n'a pas pu superviser celle posthume de 1868. Cl. Pichois l'a retenue pour la Pléiade, de même que J. Dupont pour son édition de poche ou bien encore J. E. Jackson (voir p. 11-12).

On ne peut pourtant pas laisser dans l'ombre l'édition de 1857 : Baudelaire a été contraint de repenser l'organisation de son œuvre en acceptant l'amputation de six poèmes ; mais, au lieu d'y substituer six nouvelles pièces, il en ajoute trente-cinq. Baudelaire affirme certes que ces « morceaux nouveaux [...] étaient tous faits pour le cadre[1] », mais on ne peut que constater le bouleversement de la table des matières qui accueille la section supplémentaire des « Tableaux parisiens » ainsi qu'une réorganisation interne des autres sections (voir le tableau de concordance, p. 344-349). De sorte que le lecteur doit s'efforcer de lire l'édition de 1861 en gardant à l'esprit qu'elle est la jumelle tératologique de celle de 1857. Aucune des éditions ne correspond de manière durable au projet de Baudelaire et il faut constamment en considérer une sans exclure l'autre. Ces difficultés philologiques expliquent une architecture mouvante qui détermine, on le verra, différentes orientations selon que l'on privilégie la première ou la seconde édition et les écarts mesurables entre les deux ne sont pas moins féconds pour envisager les transformations internes de la poétique baudelairienne[2]. Serge Meitinger a par exemple bien montré comment la suppression des pièces condamnées et l'insertion des nouvelles pièces modifiaient

1. Lettre à Mme Aupick datée du 1er avril 1861, *CPl.* II, p. 141.

2. Cette question a fait l'objet de l'étude de Feuillerat, Albert, *L'Architecture des « Fleurs du Mal »*, New Haven, Yale University Press, 1941. Elle a informé nombre de travaux jusqu'à Lawler James R., *Poetry and Moral Dialectic. Baudelaire's « Secret Architecture »*, London, Associated University Press, 1997.

substantiellement l'image de la femme à l'échelle du recueil, la livrant à une forme de vindicte en 1861 quand l'édition de 1857 était plus nuancée et équilibrée[1].

1.1. L'édition de 1857

Il faut donc faire une place à cette édition devenue obsolète par la force des choses mais qui conserve une présence spectrale dans l'édition de 1861 qui est celle que la plupart des éditeurs a conservée. Si y apparaissent déjà les fondations de 1861, elle comporte moins de poèmes et moins de sections.

En effet, la table des matières n'indique que quatre sections : « Spleen et Idéal » (77 poèmes), « Fleurs du Mal » (12 poèmes), « Révolte » (3 poèmes), « Le Vin » (5 poèmes) et « La Mort » (3 poèmes). On observe un déséquilibre originel avec une première section très importante et les suivantes beaucoup plus brèves ce qui ne manque pas de poser question sur les choix de l'auteur ; J. Dupont y perçoit par exemple une influence de la pratique du sonnet qui incite à conserver une pointe finale tout en maintenant une rétraction des tercets après l'expansion des quatrains (Dupont 2019, p. 27). Dans l'article que Barbey d'Aurevilly destinait à la revue *Le Pays*[2] figure un passage dont la critique a fait son miel :

> Les artistes qui voient les lignes sous le luxe et l'efflorescence de la couleur percevront très bien qu'il y a ici *une architecture secrète*, un plan calculé par le poète, méditatif et volontaire. *Les Fleurs du mal* ne sont pas à la suite les unes des autres comme tant de morceaux lyriques, dispersés par l'inspiration, et ramassés dans un recueil sans d'autre raison que de les réunir. Elles sont moins des poésies qu'une œuvre poétique *de la plus forte unité*. Au point de vue de l'art et de la sensation esthétique, elles perdraient donc beaucoup à n'être pas lues *dans l'ordre* où le poète, qui sait bien ce qu'il faut, les a rangées. Mais elles perdraient bien davantage *au point de vue de l'effet moral* que nous avons signalé au commencement de cet article.

Les commentateurs ont donc porté leur attention sur cette « *architecture secrète* » afin de comprendre la construction du recueil mais en omettant souvent l'horizon que Barbey place au-dessus de la finalité esthétique, à savoir la dimension morale. Dès les années quarante un critique comme Marcel Françon le signalait : « Aussi, malgré les déclarations du poète lui-même, ce n'est pas l'*effet moral* qu'on a retenu, c'est l'idée que le recueil avait un "plan logique[3]". » Nonobstant les circonstances de rédaction de l'article et l'usage qui en sera fait par Baudelaire pour sa défense

1. Meitinger, Serge, « Censure et architecture. La place des pièces condamnées dans l'économie des *Fleurs du Mal* », *Lire* Les Fleurs du mal, actes des journées d'étude de la SERD les 10 et 11 octobre 2002, dir. José-Luiz Diaz, Université Paris 7-Denis Diderot, « Cahiers textuels », n° 25, 2002, p. 23-30.

2. *Pl.* I, p. 1191-1196. La citation qui suit est p. 1196. C'est Barbey d'Aurevilly qui souligne.

3. Françon, Marcel, « L'unité des *Fleurs du Mal* », *PMLA*, décembre 1945, vol. 60, n° 4, p. 1131.

lors du procès, force est de constater que ce dernier conférait au recueil de 1857 une portée morale fondamentale aussi ambiguë soit-elle. L'épigraphe qui ouvrait l'échantillon de « Fleurs du Mal » dans la *Revue des Deux Mondes* deux ans plus tôt est conservée en tête du recueil; elle est tirée de « Princes », second livre des *Tragiques* d'Agrippa d'Aubigné:

> On dit qu'il faut couler les execrables choses
> Dans le puits de l'oubli et au sepulchre encloses,
> Et que par les escrits le mal resuscité
> Infectera les mœurs de la postérité;
> Mais le vice n'a point pour mère la science,
> Et la vertu n'est pas fille de l'ignorance. (p. 329)

Placé sous l'égide du poète satiriste, tel qu'on se le représente au mitan du siècle, le recueil s'abrite sous la « fonction apologétique[1] » de ces vers qui ne seront pas repris dans la seconde édition. Il s'agit peut-être d'une *captatio benevolentiae* et Baudelaire entend donc installer une distance entre les images souvent dérangeantes qu'il propose et sa personne ou ses opinions. De même, eu égard à son contenu inflammable, la section « Révolte » est également pourvue d'une note qui disparaîtra:

> Parmi les morceaux suivants, le plus caractérisé a déjà paru dans un des principaux recueils littéraires de Paris, où il n'a été considéré, du moins par les gens d'esprit, que pour ce qu'il est véritablement: le pastiche des raisonnements de l'ignorance et de la fureur. Fidèle à son douloureux programme, l'auteur des *Fleurs du Mal* a dû, en parfait comédien, façonner son esprit à tous les sophismes comme à toutes les corruptions. Cette déclaration candide n'empêchera pas sans doute les critiques honnêtes de le ranger parmi les théologiens de la populace et de l'accuser d'avoir regretté pour notre Sauveur Jésus-Christ, pour la Victime éternelle et volontaire, le rôle d'un conquérant, d'un Attila égalitaire et dévastateur. Plus d'un adressera sans doute au ciel les actions de grâces habituelles du Pharisien: « Merci, mon Dieu, qui n'avez pas permis que je fusse semblable à ce poète infâme[2] ! »

Cl. Pichois estime qu'il s'agit d'une « note-paratonnerre » insérée au dernier moment et que Baudelaire regretta; toujours est-il qu'elle participe de cette stratégie qui plaide pour une respectabilité de l'œuvre tout en brouillant les frontières que Baudelaire aura soin de tracer entre différentes morales. Dans l'édition de 1861 épigraphe et note auront disparu, ce qui donne à penser que Baudelaire ne s'embarrassait plus de système de sécurité le garantissant de poursuite et pour cause, ce qui ne signifie pas que la question de la morale se trouvait évacuée par la même occasion.

1. Millet, Olivier, « L'épigraphe des *Fleurs du Mal* et la Renaissance française incarnée par Aubigné: inspiration satirique (M. Régnier), posture apologétique et poésie du mal », *Albineana. Cahiers d'Aubigné*, 2015, n° 27, p. 79.

2. *Pl.* I, p. 1075-1076.

De fait, la principale section, « Spleen et Idéal », qui fait plus de la moitié du recueil, dessine déjà un itinéraire spirituel et symbolique : le titre rassemble deux éléments constitutifs de la *Weltanschauung* baudelairienne, non pas selon une succession ou une alternance mais bel et bien coextensifs. La trajectoire dessinée par cette première section[1] qui compte pour les deux tiers du recueil, est bien celle d'une dépression, à tous les sens du terme : les dix-neuf premières pièces évoquent la condition du poète (« Bénédiction », « La Muse malade », « La Muse vénale », « Le Guignon »), ses aspirations (« La Vie antérieure », « Les Phares ») qui rejoignent nécessairement celle de tout homme mais lestées d'une mélancolie qu'il ressent avec une acuité particulière (« L'Homme et la mer », « Don Juan aux enfers ») ; les trente-six pièces suivantes abritent les différents cycles amoureux sur lesquels nous reviendrons pour se clore potentiellement sur les deux poèmes à motif animalier que sont « Les Chats » et « Les Hiboux », ce dernier texte marquant une pause symbolique, vœu pieu d'ataraxie. Une troisième séquence introduit les formes les plus éprouvantes du spleen (elle comprend notamment « La Cloche fêlée », les quatre « Spleen », « L'Irrémédiable », « Le Tonneau de la haine ») et se complète d'une sorte de coda de trois poèmes (« Tristesse de la lune », « La Musique » et « La Pipe »), que J. E. Jackson considère comme une manœuvre d'allégement qui mitige la mélancolie (p. 13). Le choix de ce poème comme dernière pièce a pu être interprété comme le repli vers « une béatitude inconsciente et presque enfantine » (Robb 1993, p. 191). La section « Fleurs du Mal » comprend deux poèmes qui seront condamnés, « Lesbos » et « Femmes damnées : À la pâle clarté… » mais se caractérise déjà comme le cœur sombre du recueil qui accueille des poèmes tourmentés qui donnent à voir une dramatisation de la violence comme « La Destruction » ou « Une martyre », à travers des figures féminines qui tourmentent le poète (« Les Métamorphoses du vampire », « La Béatrice ») pour finir sur une actualisation stérile du *diasparagmos* (« L'Amour et le crâne »). Face à cette destruction lente, la section « Révolte » tente d'introduire un sursaut énergique qui tourne court et laisse place à l'intoxication de la section « Le Vin ». Ici, Baudelaire rejoint ses préoccupations socialisantes mais ne propose aucune libération pour ceux qui souffrent si ce n'est une forme de communion ou de fraternisation avec le poète. « La Mort » vient sceller le destin du poète comme de l'Humanité à travers trois variations, « La Mort des amants », « La Mort des pauvres » et « La Mort des artistes » : si, dans les deux premiers, une figure angélique propose une échappatoire à travers une assomption mystique, le dernier sonnet y substitue la Mort elle-même devenue non pas une fin mais un accès à l'apothéose. Significativement, les deux derniers vers renvoient au titre du recueil comme pour signifier un aboutissement : « C'est que la Mort, planant comme un Soleil nouveau, / Fera s'épanouir les fleurs de leur cerveau ! » L'asymétrie des sections indique une constriction du chemin symbolique : le cycle infini du

1. Pour une vue synoptique des pièces de l'édition de 1857, voir à nouveau p. 345-349.

spleen et de l'idéal écrase la complaisance dans le mal, la révolte ou l'anesthésie et ne prend pas même fin dans la mort qui est peut-être la seule issue souhaitable, non pas tant à cause d'une interruption de la souffrance que par le couronnement du calvaire qui permet la création artistique. Le procès de 1857 va contraindre Baudelaire à moduler sans le trahir ce premier parcours.

1.2. L'édition de 1861

Au tout début de l'année 1861, après quatre ans de remaniements, la seconde édition des *Fleurs du Mal* est sur le point de voir le jour. Dans une lettre à sa mère, Baudelaire exprime sa satisfaction qui laisse donc penser que la rancœur consécutive à la condamnation judiciaire s'est muée en aiguillon créateur :

> *Les Fleurs du Mal* sont finies. On est en train de faire la couverture et le portrait. Il y a trente-cinq pièces nouvelles, et chaque pièce ancienne a été profondément remaniée.
>
> Pour la première fois de ma vie, je suis presque content. Le livre est *presque bien*, et il restera, ce livre, comme témoignage de mon dégoût et de ma haine de toutes choses[1].

La structure générale du recueil a donc subi des modifications substantielles : on trouve non plus quatre mais cinq sections : « Spleen et Idéal », « Tableaux parisiens », « Le Vin », « Fleurs du Mal », « Révolte », « La Mort » donc un nouvel itinéraire avec une section supplémentaire et le déplacement de la section « Le Vin » avant « Fleurs du Mal ». Comme le signale Baudelaire, une trentaine de pièces ont été introduites d'abord pour pallier l'absence des pièces condamnées puis dans une frénésie créatrice. Cette abondance entraîne des changements. Un réaménagement de « Spleen et Idéal » qui modifie sa signification originelle : dix-neuf nouveaux poèmes, huit déplacements à l'intérieur de la section et huit poèmes qui migrent dans « Tableaux parisiens » ; création justement des « Tableaux parisiens », en seconde position et qui accueille donc huit poèmes de « Spleen et Idéal » (1857) et dix nouveaux poèmes[2] ; le maintien de « Fleurs du Mal » délestée de ses poèmes censurés mais sans contrepartie ; la modification de « La Mort » qui accueille trois nouveaux poèmes.

Une rapide analyse interne permet de constater que la fin de « Spleen et Idéal » connaît un infléchissement notable : les redistributions et interpolations de nouvelles pièces ne bouleversent pas notablement la progression mais le cycle de la mélancolie la plus noire est décalé vers la fin, renforcé par le rapatriement de « L'Héautontimorouménos » et « L'Irrémédiable » et augmenté de nouveaux

1. Lettre à Mme Aupick datée du 1er janvier 1861, *CPl.* II, p. 113-114.

2. Sur les hésitations de Baudelaire quant à la composition de cette section, voir *Pl.* I, p. 811.

poèmes significatifs comme « Obsession », « Alchimie de la douleur », « Horreur sympathique » et « L'Horloge ». J. E. Jackson insiste sur la gravité que confère ce nouvel agencement (p. 12-14), pesanteur qui se répercute dans l'ordre des sections. La nouvelle section « Tableaux parisiens » crée une brèche : d'abord par le sémantisme du titre qui renvoie à une pratique journalistique mais aussi dans sa dimension picturale qui concrétise la passion du poète pour les images. Elle catalyse une coloration urbaine en prenant pour motifs les désœuvrés et les marginaux (« Les Petites Vieilles », « Les Sept Vieillards », « À une mendiante rousse », « Les Aveugles ») dans une dramaturgie polarisée par les deux poèmes du crépuscule à présent séparés. Le paradis artificiel du « Vin » est rendu d'autant plus illusoire qu'il figure juste avant « Fleurs du Mal », non plus comme une échappatoire encore possible en 1857 mais comme une impasse qui contraint à une autre exploration. « Fleurs du Mal » acquiert une densité plus forte sans les pièces condamnées, ramassée sur la circularité de la torture qui joue de permutation dans les rôles (le poète est tourmenté dans « La Destruction », « Les Deux Bonnes Sœurs » ou « La Béatrice » tandis que la figure féminine interpellée et parfois façonnée tombe sous le joug de la soif de sadisme du poète dans « Une Martyre »). La section « Révolte », restée indemne, traduit un soubresaut convulsif et sans doute un sanctuaire inversé où le péché devient une amulette contre la souffrance subie. « La Mort » prolonge les variations de la section de 1857, s'augmente de deux courts poèmes (« La Fin de la journée », « Le Rêve d'un curieux ») et surtout de la pièce tardive « Le Voyage » qui semble résumer la cohabitation du spleen et de l'idéal et faire écho à « La Mort » dans sa dernière section. Au total, cette seconde édition creuse le sillon de la première tout en radicalisant l'orientation de l'ensemble.

1.3. L'édition de 1868

Baudelaire avait en tête une troisième édition qui aurait dû paraître en Belgique à l'occasion d'un projet d'œuvres complètes mais le financement tarda et le poète mourut avant de mener à bien ce qu'il considérait comme une édition définitive. Ce sont Charles Asselineau et Banville, exécuteurs testamentaires de Baudelaire, qui seront les maîtres d'œuvre de cette édition en 1868 chez Michel Lévy. Elle ne modifie que très partiellement l'ordonnancement des poèmes mais s'autorise des interpolations et intègre vingt-cinq poèmes supplémentaires. Beaucoup de ces pièces demeurent anecdotiques et avaient déjà été publiées en 1866 dans une plaquette intitulée *Les Épaves*, éditée par Poulet-Malassis à Bruxelles, qui comprenait également les pièces condamnées. Les poèmes rajoutés sont principalement groupés à la fin de « Spleen et Idéal » et brouillent l'effet de l'édition de 1861. Si elle n'est traditionnellement pas retenue par les éditeurs modernes, elle contient quelques pièces emblématiques comme « L'Avertisseur » ou « Recueillement » qui servent à éclairer la dimension mélancolique des éditions précédentes.

2. L'architecture mouvante et elliptique du recueil

En dépit des déclarations de Baudelaire, il demeure encore malaisé de distinguer une architecture rigoureuse dans le recueil, à plus forte raison lorsque l'on compare les deux éditions publiées du vivant de l'auteur. Le discours de Barbey d'Aurevilly, on l'a vu, n'est compréhensible qu'en prenant en compte un *telos* moralisant mais le critique se garde bien de donner des indications sur cette armature qu'il appartient au lecteur de délimiter. Certaines hypothèses (Jackson, Dupont) privilégient un trajet descendant, une chute à l'échelle du recueil mais il ne faut pas trop rapidement évacuer une autre possibilité, celle de la palinodie ou d'un équilibre fondamental qui met en balance bien et mal, ce que le titre programme dans sa formulation intrinsèquement paradoxale. Le spleen et l'idéal ne se succèdent ni ne s'alternent, ils coexistent dans la section, parfois au sein d'un même poème. L'échappatoire du vin est contrebalancée par l'appel à la révolte. Baudelaire est sensible à cet état précaire où cohabitent les contraires : « Tout enfant, j'ai senti dans mon cœur deux sentiments contradictoires, l'horreur de la vie et l'extase de la vie[1]. »

L'hypertrophie de « Spleen et Idéal », on l'a vu, ainsi que l'apparition de « Tableaux parisiens », incitent à chercher une organisation profonde à ces sections mais surgit alors le risque d'oblitérer les suivantes. De l'aveu même de certains critiques, il est hasardeux de plaquer une grille interprétative d'ensemble sur l'articulation du recueil :

> Il faut donc renoncer à chercher un ordre trop strictement rationnel ou logique dans la succession de pièces dont la place obéit souvent à des intentions esthétiques de contraste et d'équilibrage des couleurs, voire à des enchaînements subtils et glissants de nature analogique ou métonymique, et tâcher simplement de discerner des ensembles (plus ou moins "flous"), ou des "cycles" (plus ou moins "ouverts[2]").

Les recueils potentiels partiellement concrétisés par des publications en revue (on renvoie aux ensembles « Les Limbes » et « Fleurs du Mal » évoqués précédemment) ne fournissent que des canevas que les deux éditions ont tour à tour abandonnés bien que quelques vestiges subsistent. Restent également à la portée du lecteur un ensemble d'éléments liminaires qui n'ont finalement pas été conservés par le poète.

1. *Mon cœur mis à nu*, *Pl.* I, p. 703.

2. Dupont 2016, p. 27-28.

2.1. Le linteau invisible : textes liminaires abandonnés

Le procès de 1857 incitera Baudelaire à composer des textes polémiques censés accompagner les nouvelles éditions de 1861 et 1867. On a pu remarquer que Baudelaire était hésitant sur la clôture de son recueil : dans sa lettre à Victor de Mars en avril 1855, peu de temps avant la parution de la série « Fleurs du Mal » dans la *Revue des Deux Mondes*, il résume un projet d'épilogue[1] censé faire pendant au « *prologue* au lecteur, une réelle Conclusion » ; cette ébauche deviendra « L'Héautontimorouménos » dans les éditions de 1857 et 1861. De fait, dans ses deux incarnations successives, le recueil est dépourvu de texte-cadre final qui viendrait boucler l'ensemble. Asselineau et Banville ont trouvé deux fragments (p. 243-244) qui reprennent la même analogie sous deux formes différentes (terza rima et vers mêlés) : la femme et la ville de Paris sont la même « énorme catin » (p. 243) dans une allégorie saisie dans son processus, les caractéristiques de la femme étant reversées dans la ville et réciproquement. Contribuant au *topos* de la capitale Moloch qui fera florès dans le dernier tiers du siècle, Baudelaire y imprime sa marque en construisant une figure hybride de femme fatale en laquelle résonnent autant les soubresauts de l'Histoire (« Tes bombes, tes poignards, tes victoires, tes fêtes ») que la matérialité charnelle insupportable (« tes égouts pleins de sang / S'engouffrant dans l'Enfer comme des Orénoques ») Le second projet se clôt sur une profession de foi qui résume le projet esthétique des *Fleurs du Mal* :

> Anges revêtus d'or, de pourpre et d'hyacinthe,
> Ô vous ! soyez témoins que j'ai fait mon devoir
> Comme un parfait chimiste et comme une âme sainte.
> Car j'ai de chaque chose extrait la quintessence,
> Tu m'as donné ta boue et j'en ai fait de l'or. (p. 244)

Se rejoignent ici « la forme et l'essence divine » des « amours décomposées » d'« Une Charogne » et le « savant qui [...] fait de l'or » au roi mystérieux du troisième « Spleen ». La métaphore alchimique renvoie certes à « Alchimie de la douleur » et son processus de subversion symbolique[2] mais elle réactive surtout un passage du poème liminaire et programmatique « Au lecteur » :

> Sur l'oreiller du mal c'est Satan Trismégiste
> Qui berce longuement notre esprit enchanté,
> Et le riche métal de notre volonté
> Est tout vaporisé par ce savant chimiste. (p. 49)

On constate que ce travail, ce Grand Œuvre, pour reprendre le vocabulaire alchimique, innerve tout le recueil et que Baudelaire avait manifestement la volonté

1. Lettre à Victor de Mars datée du 7 avril 1855, *CPl.* I, p. 312.

2. Pour une étude fouillée de ce poème voir Groß, Christoph, *Agonie et extase. Baudelaire et l'esthétique de la douleur*, Classiques Garnier, « Baudelaire », 2021, p. 237-298.

de rendre lisible ce parcours souterrain. La poésie serait le creuset où le poète fait l'expérience d'une transformation : « De la vaporisation et de la centralisation du *Moi*. Tout est là[1]. »

Si le recueil est bien pourvu d'un poème liminaire (ce statut est confirmé par la numérotation de 1861 qui commence à « Bénédiction »), Baudelaire avait prévu, pour la seconde ou la troisième édition, un sonnet épigraphe qui fonctionne de la même manière que les projets de préface : il s'agit d'assumer une réception élitiste qui filtrerait les lecteurs. Le poème contient une charge d'agressivité beaucoup plus dense que celle qui infuse dans « Au lecteur » :

> Lecteur paisible et bucolique,
> Sobre et naïf homme de bien,
> Jette ce livre saturnien,
> Orgiaque et mélancolique.
>
> Si tu n'as fait ta rhétorique
> Chez Satan, le rusé doyen,
> Jette ! tu n'y comprendrais rien,
> Ou tu me croirais hystérique.
>
> Mais si, sans se laisser charmer,
> Ton œil sait plonger dans les gouffres,
> Lis-moi, pour apprendre à m'aimer ;
>
> Âme curieuse qui souffres
> Et vas cherchant ton paradis,
> Plains-moi !… sinon, je te maudis ! (p. 195)

Ce sonnet et les brouillons de préface ne seront finalement pas intégrés dans l'édition de 1861 (seule l'épigraphe paraît dans l'édition de 1868, étrangement placée à l'ouverture des « Tableaux parisiens ») probablement parce que l'auteur a conscience du risque à forcer le trait de la contestation. Toujours est-il que, bien qu'effacés ou estompés, ces contours offraient une clef que Baudelaire a refusé de confier directement aux lecteurs.

2.2. Le problème des « cycles » féminins

Faute d'indications supplémentaires de la part de l'auteur, surtout en ce qui concerne l'importante section « Spleen et Idéal », la critique baudelairienne s'est efforcée de forger des grilles d'analyse qui privilégient la notion de cycle. Andrea Schellino a rappelé ces tentatives dont l'une proposait par exemple de distinguer

1. *Mon Cœur mis à nu*, *Pl.* I, p. 676.

un cycle d'autobiographie symbolique, un cycle de Jeanne Duval, un cycle de la Belle aux cheveux d'or, un cycle du Spleen[1]. Dans les segments organisés qui aident à déterminer des séquences, le lecteur peut généralement s'appuyer sur ce qu'il a été convenu de nommer les cycles féminins. On entend par là trois inspiratrices privilégiées qui ont joué un rôle dans la vie du poète. Ainsi, on estime que les poèmes s'étendant d'« Hymne à la Beauté » (XXI, p. 70) à « Je te donne ces vers afin que si mon nom... » (XXXIX, p. 88) ont été suscités par la relation de Baudelaire avec Jeanne Duval; la série s'étendant de « *Semper eadem* » (XL, p. 89) à « Le Flacon » (XLVIII, p. 96) appartient, selon les mots de Baudelaire[2], à Apollonie Sabatier, dite la Présidente, dont il fréquente le salon et qui finit par se donner à lui durant l'été 1857 avant qu'il ne la repousse; les poèmes compris entre « Le Poison » (XLIX, p. 97) et « À une madone » (LVII, p. 108) reviennent à l'actrice Marie Daubrun[3]. La tonalité de ces suites permet de tracer des frontières : à la sauvagerie et la brutalité de certaines pièces comme « Le Vampire », « Une Charogne » ou « Duellum » succèdent par contraste des rémissions dans la violence comme dans « Le Flambeau vivant » ou « L'Aube spirituelle » ; mais le cycle consacré à Marie Daubrun mêle ces tonalités dans des effets de contraste saisissants comme celui qui naît de la juxtaposition de « L'Invitation au voyage » et « L'Irréparable ». À bien observer, « Le Flacon » annonce déjà une chute et compromet la dimension sotériologique du cycle de Mme Sabatier tout en annonçant le poème suivant, « Le Poison », censé inaugurer le cycle de Marie Daubrun. En dépit de certaines dominantes, il serait donc hasardeux de considérer ces ensembles comme étanches et autonomes. Reste d'ailleurs à envisager la suite qui se déploie de « Chanson d'après-midi » (LVIII, p. 109) à « Sonnet d'automne » (LXIV, p. 114) que Jacques Crépet et Georges Blin identifient comme le « Livre, moins bien défini, des héroïnes secondaires[4] ». Hans Sørensen a proposé de repenser le statut de ce dernier cycle en considérant à nouveaux frais l'intégralité des poèmes amoureux: disqualifiant les éléments biographiques, le critique propose d'envisager ce dernier cycle comme s'il subsumait les précédents. L'ensemble est orienté vers une nécessaire conquête de la solitude par laquelle passent l'expression et l'accomplissement du génie. Mais cette conquête est une épreuve difficile car tout homme craint la solitude: ainsi, « ces poèmes peuvent être interprétés comme des monuments dédiés aux échecs essuyés par le poète dans sa lutte pour vaincre sa peur de la solitude[5]. » Ainsi, on

1. Schellino, Andrea, « Existe-t-il un "cycle de Félicité" dans l'œuvre en vers de Baudelaire? », *RHLF*, juillet-septembre 2017, 117e année, n° 3, p. 697-698.

2. « Tous les vers compris entre la page 84 et la page 105 vous appartiennent. » (Lettre à Madame Sabatier datée du 18 août 1857, *CPl.* I, p. 423). Dans l'édition de 1861, il faut inclure dans le cycle la nouvelle pièce « *Semper eadem* ».

3. Sur ces trois muses, voir Pichois et Ziegler 2005, p. 403-435.

4. *Les Fleurs du Mal*, éd. Jacques Crépet et Georges Blin, José Corti, 1942, p. 250.

5. Sørensen, Hans, « Le quatrième cycle des *Fleurs du Mal* », *L'Année Baudelaire*, 2016, vol. 20, trad. Cecilie Bjerknes Aarre, p. 100. Cet article est un extrait du livre *Studier i Baudelaires poesi* (1955).

peut se risquer à considérer l'ensemble des cycles amoureux comme une seule suite qui redéfinirait la confrontation entre spleen et idéal comme ce combat du poète contre lui-même et sa tentative d'affranchissement dans une logique du pire qui s'abreuve à la mélancolie.

2.3. Communications et correspondances souterraines

Si l'on choisit de nuancer les hypothèses de construction d'ensemble, on doit cependant s'intéresser à des aménagements de détail qui conduisent à des interprétations plus fécondes. Baudelaire prise un séquençage par cycles mais ces micro-sections clandestines sont de volume et de fonctionnement variables. L'exemple le plus évident demeure la série des quatre « Spleen » qui entretiennent des rapports indéniables entre eux. L'irruption plus ou moins brutale de la mélancolie donne lieu à quatre variations sur ce motif dont l'unité est assurée par ce que Victor Brombert identifie comme « l'universel dépersonnalisé[1] » : les traces de subjectivité ostentatoires se réduisent dans le premier à l'évocation de « mon chat » (p. 122), dans le second se résorbent dans des analogies réifiantes avec des objets (« Je suis un cimetière abhorré de la lune », « Je suis un vieux boudoir plein de roses fanées », p. 123), dans le troisième fonctionnent comme un embrayeur de comparaison (« Je suis comme le roi d'un pays pluvieux », p. 123) et dans le quatrième se logent dans le dernier vers comme pour constituer un point d'ancrage à une situation existentielle qui peut être partagée par tous les lecteurs (« Sur mon crâne inclinée plante son drapeau noir », p. 125). Le quatuor s'empare d'une crise d'identité qui ne fournit finalement comme dénominateur commun que la mélancolie spleenétique, champ magnétique qui empêche une dispersion totale : on remarque que « L'âme d'un vieux poète erre dans la gouttière » (p. 122), tandis que le poète devenu boudoir n'est guère plus habité que par « l'odeur d'un flacon débouché » (p. 123), que le roi légendaire qui annonce certaine mode symboliste voit sa substance vitale réduite à « l'eau verte du Léthé » (p. 124) et que le fameux « ciel bas et lourd pèse comme un couvercle/ Sur l'esprit gémissant » (p. 124). L'isotopie de la déperdition, de l'étouffement et du gâchis crée un chaînage discret mais puissant. Autour de ce groupe gravitent d'autres poèmes comme « La Cloche fêlée » et « Le Mort joyeux » qui portaient tous deux le titre « Le Spleen » dans la publication du *Messager de l'Assemblée* en 1851. Les deux pièces précèdent de peu la séquence des quatre « Spleen » et la rejoignent par leur tonalité funèbre mais leur outrance dans la description de la mort (le chant d'agonie de l'âme du poète dans « La Cloche fêlée » et le ton de bateleur du cadavre dans « Le Mort joyeux ») ont peut-être dissuadé Baudelaire de les maintenir dans la séquence au risque de grever la torpeur diffuse des autres pièces.

1. Brombert, Victor, « Lyrisme et dépersonnalisation », *Romantisme*, 1973, n° 6, p. 34.

Mais la série spleenétique est un hapax dans le recueil et l'on peut constater que Baudelaire a souvent assemblé des diptyques significatifs. On peut citer comme premier exemple « L'Idéal » et « La Géante » qui se succèdent dans « Spleen et Idéal ». Le premier poème congédie des « beautés de vignettes » et les « beautés d'hôpital » (p. 67) pour donner la faveur à des figures puissantes comme Lady Macbeth ou l'allégorie de la nuit « Qui tor[d] paisiblement dans une pose étrange / [S]es appas façonnés aux bouches des Titans ! » (p. 68) Le second poème installe son cadre dans une époque mythique peuplée d'« enfants monstrueux » qui réactivent le motif des Titans. D'après Dominique Billy[1], ce texte, outre sa dimension fantasmatique, peut être lu comme un poème réflexif sur les vertus de concentration du sonnet qui contient l'évocation de d'une créature gigantesque dans l'espace restreint de cette forme poétique : on comprend dès lors pourquoi cette image de la géante succède aux « chloroses » poème précédent dans lequel le poète en appelait déjà à une forme de démesure paradoxalement jugulée. Un second exemple éclairant se trouve dans le binôme formé par « Alchimie de la douleur » et « Horreur sympathique ». Ces deux poèmes se succèdent dans l'édition de 1861 et la correspondance de Baudelaire laisse entendre qu'ils formeraient peut-être un diptyque sous le titre « Similia similia[2] ». De fait, on constate une conjointure assez forte : au mouvement ascendant du poète démiurge paradoxal correspond un mouvement descendant (le verbe figure au quatrième vers du second poème). Les mêmes motifs sont repris : la paréidolie contrôlée de l'artiste qui trouve dans les « célestes rivages » comme dans ces « Cieux déchirés comme des grèves » des images funèbres (aux « sarcophages » répondent les « corbillards »), la dégradation du « paradis en enfer » qui se perpétue dans la séparation entre le « paradis latin » et « l'Enfer où mon cœur se plaît », la figure du révolté qui s'affranchit de l'« Hermès » Trismégiste, personnification de l'inspiration passive, et se prolonge dans le « libertin », esprit libre qui s'élargit des conventions et des superstitions (voire même d'un certain héritage poétique en évacuant la figure encombrante du mélancolique Ovide). Ces deux cas de poèmes formant diptyques ne sont pas isolés et tout porte à croire que Baudelaire a tenté de rapprocher des textes de commune inspiration ou bien dans lesquels il a pu lui-même déceler des constantes qui pouvaient justifier ce type d'appariement. On sait combien *Le Spleen de Paris* est tributaire de réécritures, voire parfois de transposition du vers à la prose comme c'est le cas de « L'Invitation au voyage ». Les textes communiquent entre eux par nappes qu'il revient au lecteur en propre de sonder.

1. Billy, Dominique, *Les Formes poétiques selon Baudelaire*, Champion, « Romantisme et modernités », 2015, p. 244.
2. Voir *Pl.* I, p. 983.

3. Le coffret des formes

Si, bien entendu, Baudelaire n'a pas souhaité proposer *les Fleurs du Mal* comme une anthologie de sa production mais comme le résultat d'une méditation sur la courbe d'un itinéraire, poétique et, nous le verrons, peut-être mystique, il n'en demeure pas moins que le recueil offre une variété de formes poétiques qui démontrent, si besoin était, la parfaite maîtrise du vers dont peut s'enorgueillir l'auteur. Dominique Billy a entrepris une étude très fouillée et systématique de ces différentes formes qui le conduit à distinguer différentes échelles, de la strophe (distique, quatrain, quintil) à la forme fixe (sonnet) en passant par la chanson pour arriver enfin aux cas particuliers comme le pantoum. Cependant, il ne faut pas s'exagérer l'inventivité de Baudelaire qui délaisse dans les deux éditions des formes prisées comme l'ïambe, la terza rima ou bien les sizains (Robb 1993, p. 222) Les contemporains du poète se sont souvent interrogés sur les choix stylistiques adoptés : Baudelaire a parfois été considéré comme peu inventif, rimeur laborieux mais sa pratique du sonnet a tout autant déconcerté car elle s'écartait des formes canoniques sans pour autant déboucher sur des torsions trop brutales.

3.1. La préférence pour les formes courtes

Si le sonnet domine dans les deux éditions, le poète déploie tout un éventail de combinatoires : les distiques des « Litanies de Satan » ou de « Caïn et Abel » montrent comment une forme réduite, aux limites de la strophe par un assemblage minimal d'une seule rime, correspondent à des tentatives assez anciennes, remontant aux années 1840, ce qui pourrait expliquer leur rassemblement dans la section « Révolte ». Les quatrains constituent l'unité strophique la plus répandue selon les combinatoires habituelles (rimes suivies, embrassées, alternées), fournissant à Baudelaire le matériau de base de la plupart des poèmes les plus longs. Significativement, il sert de moule aux deux poèmes qui encadrent l'édition de 1861, « Au lecteur » et « Le Voyage ». Les quintils s'inscrivent dans la même dynamique et permettent des variations supplémentaires et jusqu'à des effets de miroir rimiques. Ce qui prévaut dans cette rapide énumération, c'est une prédilection pour les formes courtes, peut-être parce que le poème épique, forme ample par excellence, devient de moins en moins compatible avec les exigences de la poésie du mitan du siècle[1] (Hugo proposera encore des poèmes longs mais ses grands recueils des années 1850 demeurent relativement fragmentés et il faudra attendre la fin du siècle et *Les Trophées* de Heredia pour obtenir une synthèse inédite, l'épopée en sonnets) et le

1. Voir sur ce sujet Combe, Dominique, « Le "poème épique condamné". Baudelaire, Hugo et Poe », Guyaux et Marchal 2003, p. 53-64.

retour en faveur du sonnet. Baudelaire lui-même confesse sa prédilection pour la forme courte à l'occasion de sa présentation de l'œuvre critique de Poe :

> Je recours naturellement à l'article intitulé : *The Poetic Principle*, et j'y trouve, dès le commencement, une vigoureuse protestation contre ce qu'on pourrait appeler, en matière de poésie, l'hérésie de la longueur ou de la dimension, – la valeur absurde attribuée aux gros poèmes. [...] En effet, un poème ne mérite son titre qu'autant qu'il excite, qu'il enlève l'âme, et la valeur positive d'un poème est en raison de cette excitation, de cet *enlèvement* de l'âme. Mais, par nécessité psychologique, toutes les excitations sont fugitives et transitoires. Cet état singulier, dans lequel l'âme du lecteur a été, pour ainsi dire, tirée de force, ne durera certainement pas autant que la lecture de tel poème qui dépasse la ténacité d'enthousiasme dont la nature humaine est capable[1].

Baudelaire investit donc plus spontanément ces formes courtes qui permettent de créer des combinatoires et de peser de manière variable sur les liaisons strophiques, par transition nette ou bien par discordance syntactico-métrique.

En dehors de ces variations autour de quatre ou cinq vers, Baudelaire est également réceptif à d'autres formes comme la chanson qui induit d'ailleurs également des unités restreintes et l'on peut ici encore retourner aux pièces de « Révolte » (Robb 1993, p. 225). D. Billy propose une analyse détaillée de trois cas (Billy 2015, p. 207-234), « Une gravure fantastique », « Le Jet d'eau » et « L'Invitation au voyage », et montre comment l'auteur puise à des sources aussi bien populaires que littéraires (Pierre Dupont, Marceline Desbordes-Valmore) tout en procédant à des transformations qui littérarisent la chanson (après avoir été conçue comme une chanson « Une gravure fantastique » s'apparenterait ainsi dans sa dernière incarnation à un sonnet sans en afficher tous les attributs).

3.2. Le sonnet et ses avatars

Le sonnet est la forme fixe que Baudelaire prise par excellence et à laquelle il fera subir nombre de transformations dans le recueil. La redécouverte du sonnet au début de XIXe siècle par des passeurs comme Sainte-Beuve remet à la mode cette forme exigeante que la Renaissance avait largement adoptée, que l'on songe aux *Amours* de Ronsard ou à *L'Olive* de Du Bellay, recueils tributaires du *Canzoniere* de Pétrarque. Comme Nerval avant lui, Baudelaire est sensible à ce vivier poétique et au sonnet qui est devenu, au début du XIXe siècle, un poème de circonstance que l'auteur des *Fleurs du Mal* va contribuer à faire pleinement basculer dans « la sphère littéraire la plus élevée » (Billy 2015, p. 237). Corollairement, c'est la dynamique du condensé et de l'illimité qui pondère encore un peu plus le choix

1. *Notes nouvelles sur Edgar Poe*, *Pl.* II, p. 332.

d'une forme qui ouvre une fenêtre sur l'immensité de l'intériorité comme sur celle des espaces infinis pascaliens. Quelques années après ses notes sur Poe, dans une lettre à Armand Fraisse où Baudelaire reconnaît le talent de Joséphin Soulary, on peut lire cette profession de foi qui prend le relais de la rencontre avec le discours de l'écrivain américain :

> Quel est donc l'imbécile (c'est peut-être un homme célèbre) qui traite si légèrement le Sonnet et n'en voit pas la beauté pythagorique ? Parce que la forme est contraignante, l'idée jaillit plus intense. Tout va bien au Sonnet, la bouffonnerie, la galanterie, la passion, la rêverie, la méditation philosophique. Il y a là la beauté du métal et du minéral bien travaillés. [...] Quant aux longs poèmes, nous savons ce qu'il en faut penser ; c'est la ressource de ceux qui sont incapables d'en faire de courts[1].

Au total, on dénombre soixante-seize sonnets dans *Les Fleurs du Mal*. Les sonnets canoniques sont en quantité inférieure dans le recueil : D. Billy en relève quatre selon le modèle banvillien où les quatrains se terminent sur des rimes alternées (« Parfum exotique », « *Sed non satiata* », « Le Possédé » et « Le Cadre ») auxquels on peut ajouter « Bohémiens en voyage » avec ses tercets marotiques. Tous les autres sonnets comportent des modifications qui les font basculer dans une forme d'expérimentation bien que la plupart fonctionnent sur une dynamique rimique restreinte. Mais ce choix de déviance n'est pas à associer trop rapidement à un dessein de subvertir le genre ou d'en critiquer les codes et les règles. Les licences poétiques que s'autorise Baudelaire (le sonnet dit libertin qui s'affranchit de la quadruple rime) renvoient moins à une volonté délibérée de choquer ou de provoquer qu'à des nécessités internes aux poèmes. Les critiques dont Baudelaire a fait l'objet sur les irrégularités de ces sonnets ne sont recevables qu'en vertu d'un rigorisme à contretemps dont ont fait preuve un Gautier ou un Banville. Plus exactement, les manipulations auxquelles Baudelaire se livre témoignent d'une exploration des virtualités combinatoires du sonnet et du réinvestissement de pratiques tout autant contemporaines (Barbier, Soulary, Boulay-Paty) que plus anciennes (comme chez Baïf ou Maynard)[2]. D'un point de vue sémiotique et non plus historique, la prédilection de Baudelaire pour le sonnet peut enfin s'expliquer par la fécondité du système de parallélismes que la forme induit au service d'une architecture poétique signifiante. Jacques Geninasca conclut sa réflexion sur la pratique baudelairienne du sonnet sur cette ergonomie spécifique :

> C'est ainsi que le sonnet fournit le moule d'une organisation discursive qui satisfait aux conditions particulières de production et de communication des messages littéraires et qu'il semble particulièrement apte à réaliser les prin-

1. Lettre à Armand Fraisse datée du 18 février 1860, *CPl.* I, p. 676.
2. Billy 2015, p. 402-404.

cipales fonctions du discours entendu comme un ensemble signifiant fini et complet […][1].

Ce système fécond est chez Baudelaire mis au service de « la dialectique quatrains/tercets en tant que dispositif offrant la possibilité d'une confrontation du monde extérieur de l'expérience avec le monde intérieur de l'esprit[2]. »

3.3. Quelques expérimentations

Baudelaire a peu proposé d'expérimentations *stricto sensu* : « Harmonie du soir » demeure un exemple frappant d'une inventivité qu'il convient cependant de replacer dans un contexte poétique spécifique. Bien qu'il ne fasse pas figurer d'indication générique, Baudelaire reprend la forme du pantoum qu'avant lui Hugo puis Gautier avaient tenté d'adapter (Robb 1993, p. 223). Il y eut une querelle d'autorité, à laquelle Baudelaire ne participa pas, car Banville ne reconnaissait manifestement pas « Harmonie du soir » comme un pantoum parce que le poème ne distingue presque plus le thème amoureux et la description du paysage. Alain Chevrier a par ailleurs montré que Baudelaire avait sans doute emprunté cette forme à Auguste Vacquerie qui avait fait paraître le pantoum « L'Heure du berger » dans *L'Enfer de l'Esprit* dès 1840[3]. « Harmonie du soir » est un *hapax* tant formellement, car il témoigne d'une certaine virtuosité, que thématiquement car c'est sans doute l'une des pièces où le champ magnétique des correspondances exerce le plus puissamment son influence jusque dans la permutation des vers.

On trouve dans les pièces rassemblées en 1866 puis reversées au recueil en 1868 plusieurs exemples de sonnets atypiques si ce n'est irréguliers. « L'Avertisseur » est un exemple de sonnet polaire au sein duquel les deux quatrains sont placés aux extrémités du poème tandis que les deux tercets sont enchâssés à l'intérieur :

Tout homme digne de ce nom
A dans le cœur un Serpent jaune,
Installé comme sur un trône,
Qui, s'il dit : « Je veux ! » répond : « Non ! »

Plonge tes yeux dans les yeux fixes
Des Satyresses ou des Nixes,
La Dent dit : « Pense à ton devoir ! »

1. Geninasca, Jacques, « Forme fixe et forme discursive dans quelques sonnets de Baudelaire », *Cahiers de l'AIEF*, 1980, n° 32, p. 137.
2. Scott, David, « Baudelaire, le sonnet et la poétique symboliste », *L'Année Baudelaire*, 1998, vol. 4, p. 48.
3. Chevrier, Alain, « Lettre sur le pantoum », *Limon*, n° 3, 1988, p. 157-163.

Fais des enfants, plante des arbres,
Polis des vers, sculpte des marbres,
La Dent dit : « Vivras-tu ce soir ? »

Quoi qu'il ébauche ou qu'il espère,
L'homme ne vit pas un moment
Sans subir l'avertissement
De l'insupportable Vipère. (p. 198-199)

Ce type de sonnet irrégulier a été notamment promu par Auguste Brizeux (Robb 1993, p. 225), que Baudelaire avait lu, et le poète des *Fleurs du Mal* en fait un usage unique dans un poème où les effets de symétrie ou de clôture relaient le motif du serpent lové dans l'homme (le verbe « Plongent » signale bien le basculement en même temps qu'un changement de situation d'énonciation tandis que la figure hybride de la métonymie/prosopopée suscitant « La Dent » aux v. 7 et 10 entame un dialogue quand les quatrains bâtissaient un constat moraliste sur « l'homme » en général). On trouve également dans ces pièces un sonnet inversé intitulé « Bien loin d'ici » dans lequel Baudelaire retourne la progression descriptive attendue en commençant par une thématisation très abstraite pour arriver à une évocation très charnelle :

C'est ici la case sacrée
Où cette fille très parée,
Tranquille et toujours préparée,

D'une main éventant ses seins,
Et son coude dans les coussins,
Écoute pleurer les bassins ;

C'est la chambre de Dorothée.
— La brise et l'eau chantent au loin
Leur chanson de sanglots heurtée
Pour bercer cette enfant gâtée.

Du haut en bas, avec grand soin,
Sa peau délicate est frottée
D'huile odorante et de benjoin.
— Des fleurs se pâment dans un coin. (p. 204)

Annonçant les tentatives de Verlaine et Tristan Corbière, ce poème s'inscrit également dans les innovations de Brizeux et exploite bien sûr une plasticité réflexive. Pascal Durand a bien souligné le jeu qui se met en place entre forme contrainte et resserrée et potentialité sérielle :

> L'enjeu d'une telle manipulation formelle n'est pas seulement d'ironiser la forme, ni d'en tirer un nouveau parti rhétorique. Il serait également, en toute hypothèse, de donner au sonnet, par l'inversion de son schéma quatrains/tercets, la possibilité au moins virtuelle de déborder ses contours, tout fermement cadrés qu'ils soient : l'ordre normé donnerait à sentir, *in absentia* en quelque sorte, des tercets possibles à la suite des quatrains finaux, et des quatrains en amont des tercets initiaux, produisant du coup l'illusion d'un sonnet élargi au-delà de ses limites propres, d'un sonnet en chaîne, livré à un principe interne de sérialité[1].

On remarquera toutefois que Baudelaire avait choisi de maintenir à l'écart ces expérimentations et que ces deux poèmes ne figureront que dans l'édition de 1868 : le poète gardait donc une certaine révérence pour le sonnet comme forme consacrée et ne considérait ces tentatives, qui sont autant d'exceptions, que comme des singularités qui ne sauraient s'intégrer dans des séries modulaires.

1. Durand, Pascal, « Le sonnet "renversé" chez les poètes de la modernité », *Le Sonnet au risque du sonnet*, dir. Bertrand Degott et Pierre Garrigues, L'Harmattan, « Critiques littéraires », 2006, p. 175.

III

Pot-pourri de la modernité

Les Fleurs du Mal ont donc connu une naissance tourmentée : à la stratification des différentes époques de composition des vers s'ajoute la seconde édition qui refond le premier ordre et intègre des pièces plus récentes de manière à créer un tissu conjonctif neuf. On ne peut évacuer d'un geste les influences de Baudelaire, qu'il s'agisse du compagnonnage de ses contemporains comme Hugo, Gautier ou Banville ou bien des influences anglo-saxonnes qui se sont manifestées à travers ses lectures et traductions (Poe, bien sûr, mais aussi Thomas de Quincey et Byron, pour ne citer que quelques noms). Avec de telles références, comment l'œuvre de Baudelaire et, en particulier, *Les Fleurs du Mal* sont-elles devenues une pierre de touche de la modernité ? La réponse est complexe et se situe dans l'exploration des tensions à l'œuvre dans le recueil entre tradition et volonté de rupture.

1. Le poète de la mélancolie spleenétique

S'il n'invente pas le terme de *spleen* qui désigne en anglais la rate, siège de la mélancolie dans la médecine humorale, c'est bien Baudelaire qui lui donne ses lettres de noblesse. Le spleen baudelairien se distingue cependant du mal de vivre du premier romantisme en ce sens qu'il renoue avec l'ennui et réactive son sens classique de souffrance, tout en y associant la culpabilité du « péché accompagné de remords et de morosité. » (*Pl.* I, p. 833) Le spleen infuse dans la poésie de Baudelaire et devient un élément dynamique de sa poétique.

1.1. *Melancholia* : le combustible de la poésie

Il n'est pas anodin que la principale section du recueil porte le titre de « Spleen et Idéal » car c'est ainsi que doit s'envisager la mélancolie baudelairienne : elle ne constitue pas un état de prostration, de léthargie pour reprendre un terme que le poète affectionne, mais prend tout son sens par rapport à un sentiment de perte, voire de gâchis. Cette caractéristique bifide est à la racine de nombreux poèmes qui prennent pour objet le spectacle du déclin voire de la décadence dans son sens le plus profond :

> On a vu comment le poète s'opposait à ce « mot vague » et « commode », lorsque les gardiens des bienséances littéraires l'utilisent. On a également considéré la manière qu'a le progrès de se déverser, à ses yeux, dans la décadence : la « loi » de l'un devient la « fatalité » de l'autre. Mais Baudelaire incorpore aussi la décadence à sa vision du monde et de la poésie. Elle est à l'origine d'un ensemble de formes, de thèmes et de motifs que la fin du siècle a identifié à une nouvelle forme de beauté. Plus profondément, elle traduit une impossibilité d'être, une opacité dont le sujet poétique se charge[1].

Dès lors, on peut retrouver dans plusieurs pièces la nécessité de rendre compte de cet état de déclin : il s'agit de perpétuer l'image romantique du coucher de soleil comme un moment qui échappe à la fugacité et installe qui le contemple dans un perpétuel crépuscule. La littérature offre un pacte faustien qui permet de fixer une déchéance et d'en sauver la grandeur. Ainsi, le poète qui prend la parole dans « Le Goût du néant » parvient-il à pétrifier la mort perpétuelle par son verbe :

> Et le Temps m'engloutit minute par minute,
> Comme la neige immense un corps pris de roideur ;
> Je contemple d'en haut le globe en sa rondeur
> Et je n'y cherche plus l'abri d'une cahute.
>
> Avalanche, veux-tu m'emporter dans ta chute ? (p. 126)

Le poème conclusif de « Spleen et Idéal » n'est pas par hasard « L'Horloge » (p. 130-131). En effet, cette prosopopée (le discours de l'horloge occupe presque l'intégralité du texte, aux deux vers introducteurs près) offre un exemple de cette tentative de paralysie de l'écoulement temporel : certes, le discours moral proche du sermon revisite des *topoi* bien connus comme le *carpe diem* et le *memento mori* (« *Remember ! Souviens-toi*, prodigue ! *Esto memor !* ») mais le tour de force poétique réside dans cette entreprise déraisonnable de ralentissement et de blocage. C'est ainsi que les divers rejets, enjambements internes et externes participent de cette perturbation désespérée. La diffraction élocutoire contribue bien à une généralisation du phénomène (le temps « parle toutes les langues » ou ne parle qu'une langue que tous comprennent) mais, en négatif, brouille la situation énonciative en multipliant les relais : l'horloge s'adresse au poète et au lecteur en même temps tandis que le texte est écrit par ce même poète dans une circularité qui perpétue

1. Schellino, Andrea, *La Pensée de la décadence de Baudelaire à Nietzsche*, Classiques Garnier, « Baudelaire », 2020, p. 131-132.

l'irrémédiable. De là à déplorer la « stagnation d'un temps sans avenir[1] », il n'y a qu'un pas à franchir vers l'ennui. Les poèmes de la série des « Spleen », on l'a vu, consacrent cette irrémissible léthargie qui donne l'illusion d'une immobilité ou, plus précisément, d'une répétition invariable qui évide tout être, vivant ou non, de sa substance.

Dès lors, le défi du poète sera de transformer cette mélancolie en poésie afin d'échapper à l'acédie et la pure neurasthénie. La douleur, « noblesse unique / Où ne mordront jamais la terre et les enfers » (p. 53), principe fécond car exacerbation de l'existence plus que déploration romantique, doit devenir un combustible qui alimente l'écriture. Et si « ici la boue est faite de nos pleurs », comme on peut le lire dans « *Moesta et errabunda* » (p. 113), c'est ce matériau de douleur qui permettra la transformation. C'est exactement ce que convoie l'exhortation du « Mauvais Moine » :

> Ô moine fainéant ! quand saurai-je donc faire
> Du spectacle vivant de ma triste misère
> Le travail de mes mains et l'amour de mes yeux ? (p. 61)

Ici prend place cette nécessité de plonger « Au fond de l'inconnu pour trouver du *nouveau* » (p. 192), d'aller vers la mort pour la sublimer non plus de manière somme toute assez folklorique mais après un passage dans le creuset du langage. On a déjà évoqué la métaphore de l'alchimie poétique à propos de la structure du recueil : la transformation que cherche à produire Baudelaire devient nécessaire au mitan de siècle pour trouver du nouveau. L'alliage ainsi obtenu, hybride et paradoxal, fournit la matière artistique sublimée et Baudelaire ne conçoit pas la beauté autrement :

> Je ne prétends pas que la Joie ne puisse pas s'associer avec la Beauté, mais je dis que la Joie [en] est un des ornements les plus vulgaires ; – tandis que la Mélancolie en est pour ainsi dire l'illustre compagne, à ce point que je ne conçois guère (mon cerveau serait-il un miroir ensorcelé ?) un type de Beauté où il n'y ait du *Malheur*[2].

Il est donc autant nécessaire qu'inéluctable de s'emparer des matériaux réprouvés non plus simplement par « goût passionné de l'obstacle » mais parce que c'est là que gît une vérité, au-delà des apparences, dans la profondeur du réel. C'est ainsi que l'entend Jean-Pierre Richard lorsqu'il analyse l'attirance pour le gouffre qui est celle de Baudelaire et qui permet de varier la lecture de la trajectoire descendante dessinée par le recueil : « Au fond du gouffre, il y a ici pour Baudelaire un soleil qui brûle et qui regarde. » (Richard 1976, p. 96)

1. Jackson, John E., *La Mort Baudelaire*, *Études baudelairiennes*, 1982, n° 10, p. 64.

2. *Fusées*, *Pl.* I, p. 657-658.

1.2. Entre claustration et évasion

La conscience d'une mort inéluctable rejoue le déchirement entre spleen et idéal et se déploie dans un autre système oppositionnel, celui qui met aux prises l'intériorité et l'extériorité. Elle se décline sur deux plans principaux : la tension entre le repli sur soi et l'échappée hors des contraintes du monde, *anywhere out of the world*, et le problématique rapport à l'être aimé qui donne lieu à un *canzoniere* perverti.

La tentation de la claustration qui aura des échos dans la littérature finiséculaire (pensons à *rebours* de Huysmans ou bien *Bruges-la-Morte* de Rodenbach, voire certains passages de *La Prisonnière* de Proust) est omniprésente dans *Les Fleurs du Mal* : il peut s'agir d'une perception angoissante, au sens propre du terme, qui fait voir « La nuit [qui] s'épaississait ainsi qu'une cloison » (p. 84) ou bien de l'isotopie carcérale qui règne dans le quatrième « Spleen » (le « couvercle » est redoublé par le « cachot », les « murs » et « plafonds pourris », les « barreaux » de la pluie, p. 124) et « Le Couvercle » (le ciel est un « mur de caveau » et le « couvercle noir de la grande marmite » où cuit l'Humanité, p. 200), sorte de subversion de la chambre pascalienne devenue prison insupportable. Mais c'est également l'initiative du poète qui souhaite faire sécession dans « Paysage », en « ferm[ant] partout portières et volets / Pour bâtir dans la nuit [ses] féeriques palais » (p. 132). Ce mouvement vers une intériorité, dans une profondeur pour reprendre encore une fois l'expression de J.-P. Richard, trouve une forme d'apogée dans le second poème intitulé « Le Chat ». Ce texte reprend le motif de l'animal comme un prétexte introspectif. En effet, il s'ouvre sur l'espace intérieur, fantasmatique du poète : « Dans ma cervelle se promène, / Ainsi qu'en son appartement, / Un beau chat, fort, doux et charmant. » (p. 98) La voix du chat elle-même « perle » et « filtre » dans le « fonds le plus ténébreux » du poète, ce qui porte au carré cette intériorité. Mais l'effet le plus saisissant se produit dans les deux derniers quatrains :

> Quand mes yeux, vers ce chat que j'aime
> Tirés comme par un aimant,
> Se retournent docilement
> Et que je regard en moi-même,
>
> Je vois avec étonnement
> Le feu de ses prunelles pâles,
> Clairs fanaux, vivantes opales,
> Qui me contemplent fixement. (p. 99)

Cet effet de miroir (que l'on retrouve sous différentes formes dans « L'Homme et la mer », « La Beauté », « La Musique », « L'Irrémédiable » et « La Mort des amants ») construit un double fond intérieur qui permet de lire le poème comme une rêverie détachée de toute situation référentielle (il n'y a pas besoin de chat pour faire l'expérience du chat). Si cette posture méditative ou contemplative permet l'écriture, elle peut également s'exacerber dans une aliénation réifiante comme dans « Le Flacon » où le discours amoureux se transforme en imprécation dans une variation de la conclusion d'« Une Charogne » :

> Ainsi, quand je serai perdu dans la mémoire
> Des hommes, dans le coin d'une sinistre armoire
> Quand on m'aura jeté, veux flacon désolé,
> Décrépit, poudreux, sale, abject, visqueux, fêlé,
>
> Je serai ton cercueil, aimable pestilence !
> Le témoin de ta force et de ta virulence,
> Cher poison préparé par les anges ! liqueur
> Qui me ronge, ô la vie et la mort de mon cœur ! (p. 96)

Le poète n'est plus ici isolé en lui-même mais forcé d'être un réceptacle qui accueille la « pestilence » de l'amour déçu. L'imprégnation des parois par le contenu qui est évoquée au début du poème équivaut à une intoxication dont le poète ne peut se défaire car sa substance même est engagée dans le processus. La claustration comporte donc des mérites, voire des avantages, mais elle est également risque d'aspiration et de destruction.

Face à cette éventualité, reste la possibilité d'une évasion qui peut prendre plusieurs formes : « L'exotisme, comme la Beauté, comme le Vin, comme les Paradis artificiels, est une tentative d'évasion, un pas dans la recherche de l'infini[1]. » Il s'agit d'échapper au destin de la « négresse, amaigri et phtisique » cherchant « Les cocotiers absents de la superbe Afrique » (p. 138) dans une assomption telle que celle d'« Élévation » :

> Derrière les ennuis et les vastes chagrins
> Qui chargent de leur poids l'existence brumeuse,
> Heureux celui qui peut d'une aile vigoureuse
> S'élancer vers les champs lumineux et sereins ;
>
> Celui dont les pensers, comme des alouettes,
> Vers les cieux le matin prennent un libre essor
> — Qui plane sur la vie, et comprend sans effort
> Le langage des fleurs et des choses muettes ! (p. 55)

On remarquera que cette élévation est tout intérieure et qu'elle ne donne pas lieu à un voyage véritable ; c'est la velléité du départ et la puissance imaginative vers une « idéalité vide[2] » que privilégie Baudelaire, ce qui le ramène au développement de facultés idiosyncrasiques. On a beaucoup glosé sur le séjour de Baudelaire en 1841

1. Rosenfeld 1981, p. 99.

2. Friedrich, Hugo, *Structure de la poésie moderne* [1956], trad. Michel-François Demet, Librairie Générale Française, « Le livre de poche. Référence », 1999, p. 61.

à Maurice et La Réunion, résidu du voyage compromis pour les Indes. Certes, ce fut pour le poète un véritable dépaysement mais les poèmes qui ont une composante exotique partagent souvent la même nécessité principielle du rêveur en vers. C'est le cas de l'emblématique « Parfum exotique » (on aurait pu également commenter dans le même sens « La Chevelure », qui suit immédiatement ce poème), sonnet qui s'ouvre sur le sommeil, « les deux yeux fermés » (p. 71), qui conduit à une vision intérieure à l'aide du stimulus olfactif: la symphonie sensorielle est indubitable mais elle revient à l'« âme » du poète qui construit un réseau fantasmatique qui piège les bribes d'un souvenir. L'autre poème qui constitue sans doute l'épitomé du voyage, c'est la bien nommée « Invitation au voyage ». Ce texte, qui prend pour modèle la berceuse, joue d'une superposition des espaces qui rend malaisée une cartographie nette. Le « là-bas » qui ponctue le texte renvoie immanquablement à un lieu exotique mais il bascule aussitôt dans le fantasme de la « splendeur orientale » comme le suggère le conditionnel du second couplet. Selon la tradition critique, le dernier couplet décrit une ville hollandaise et fait se télescoper les « soleils couchants » avec les « soleils mouillés » du premier couplet et tout se passe comme si la rêverie suivait une boucle depuis ce site hollandais, éclairé par la « chaude lumière » du paysage exotique, dans un fondu enchaîné sans fin. Il y a donc matière à s'interroger sur le lieu commun du Baudelaire épris d'exotisme, écrivant des poèmes enchanteurs sur les contrées lointaines… Le dernier poème des *Fleurs du Mal* reprend le motif exotique pour le flétrir en vanité:

> Amer savoir, celui qu'on tire du voyage !
> Le monde, monotone et petit, aujourd'hui,
> Hier, demain, toujours, nous fait voir notre image:
> Une oasis d'horreur dans un désert d'ennui ! (p. 190)

Il n'est pas jusqu'aux « Bohémiens en voyage » qui ne prennent les dimensions du « troupeau mortel » (p. 152) de « Danse macabre », sous « L'empire familier des ténèbres futures » (p. 63). L'évasion est donc illusoire même lorsqu'elle offre les séductions du rêve et du fantasme ou surtout lorsqu'elle en arbore les appas: « Rêve parisien » offre une variation sur cette déception et nous aurons l'occasion d'y revenir.

Les poèmes d'amour des *Fleurs du Mal* relèvent également dans une grande mesure du même rapport problématique entre soi et autrui. Le fameux sadisme baudelairien qui a donné lieu à des spéculations psychographiques tout autant qu'à des analyses pénétrantes est un avatar de la nature conflictuelle du rapport au monde: l'ambivalence de la relation qui mêle douleur et plaisir tient autant au péché catholique de la chair qu'à l'insatisfaction foncière du poète vis-à-vis de l'être imparfait que la femme incarne. De sorte que les poèmes érotiques, au sens plein du terme, ne débouchent que sur un *canzoniere* perverti dans lequel violence et douceur sont les deux faces d'une union dégradée. Ainsi, dans « Chanson d'après-midi », on peut lire que soifs de destruction et de volupté se mêlent à travers « La morsure et le baiser » (p. 109), de même que la femme aux « yeux verts » du « Poison » est dotée d'une « salive qui mord, / Qui plonge dans l'oubli [l']âme sans remord » (p. 97). Comme le spleen transformait le monde en cage ignoble, il corrode également le lien amoureux et le dégrade en lutte physique. Les premiers quatrains du « Vampire » installent ce climat de domination :

> Toi qui, comme un coup de couteau,
> Dans mon cœur plaintif es entrée ;
> Toi qui, forte comme un troupeau
> De démons, vins, folle et parée,
>
> De mon esprit humilié
> Faire ton lit et ton domaine ;
> — Infâme à qui je suis lié
> Comme le forçat à la chaîne,
>
> Comme au jeu le joueur têtu,
> Comme à la bouteille l'ivrogne,
> Comme aux vermines la charogne,
> — Maudite, maudite sois-tu ! (p. 80)

La galanterie qui consiste à déplorer les exigences de l'amante est ici anamorphosée et atteint un stade ultérieur : l'amour est vécu comme une malédiction et le poème devient imprécation. L'amant de « Causerie » avertit que son cœur « est un lieu saccagé / Par la griffe et la dent féroce de la femme. » (p. 105) Si cette dernière est parfois perçue comme un sanctuaire et hissée au rang d'une sainte ou d'une madone, comme justement dans « À une madone » ou « Une martyre », c'est pour être rabaissée et humiliée dans un désir de domination saccageur. Le fantasme de destruction matérialise une retraite brutale et l'échec d'un abandon dans le sentiment amoureux. L'échappatoire des amours terrestres n'est en définitive qu'une illusion supplémentaire que la poésie se charge de sublimer sans pour autant rédimer l'être aimé ni le poète.

1.3. La nature dévoyée et le spectacle urbain

Il faut rappeler que Baudelaire professait une aversion pour la Nature comme motif poétique, comme il le déclare non sans effronterie à Fernand Desnoyers qui le sollicitait pour un volume collectif :

> Mon cher Desnoyers, vous me demandez des vers pour votre petit volume, des vers sur la *Nature*, n'est-ce pas ? sur les bois, les grands chênes, la verdure, les insectes, – le soleil sans doute ? Mais, vous savez bien que je suis incapable de m'attendrir sur les végétaux et que mon âme est rebelle à cette singulière

religion nouvelle, qui aura toujours, ce me semble, pour tout être *spirituel* je ne sais quoi de *shocking*. Je ne croirai jamais que *l'âme des Dieux habite dans les plantes*, et quand même elle y habiterait, je m'en soucierais médiocrement, et considérerais la mienne comme d'un bien plus haut prix que celle des légumes sanctifiés. J'ai même toujours pensé qu'il y avait dans la *Nature*, florissante et rajeunie, quelque chose d'impudent et d'affligeant[1].

Cette défiance vis-à-vis du culte aveugle de la Nature végétative s'étend à ce que l'humain porte en lui de naturel : c'est dans la femme que s'incarne littéralement ce mystère que redoute le poète, « toutes les hideurs de la fécondité » (p. 56). On est saisi de lire un adepte de Schopenhauer qui s'ignore dans la seconde partie du poème « Tu mettrais l'univers entier dans ta ruelle… » :

Machine aveugle et sourde, en cruautés féconde !
Salutaire instrument, buveur du sang du monde,
Comment n'as-tu pas honte et comment n'as-tu pas
Devant tous les miroirs vu pâlir tes appas ?
La grandeur de ce mal où tu te crois savante
Ne t'a donc fait jamais reculer d'épouvante,
Quand la nature grande en ses dessins cachés,
De toi se sert, ô femme, ô reine des péchés,
— De toi, vil animal, — pour pétrir un génie ? (p. 74)

On comprend alors que dans *Le Peintre de la vie moderne*, paru en 1863 dans *Figaro*, Baudelaire consacre un chapitre à l'« Éloge du maquillage » dans lequel il revendique et justifie philosophiquement son aversion pour la vivace nature :

La mode doit donc être considérée comme un symptôme du goût de l'idéal surnageant dans le cerveau humain au-dessus de tout ce que la vie naturelle y accumule de grossier, de terrestre et d'immonde, comme une déformation sublime de la nature, ou plutôt comme un essai permanent de réformation de la nature[2].

Si l'opposition entre artificiel et naturel n'est pas absente de « Spleen et Idéal » (il n'est que de songer aux cris de détresse du poète confronté aux bois, à l'océan et à la nuit étoilée dans « Obsession »), elle prend une acuité particulière dans la nouvelle section des « Tableaux parisiens » en 1861 : le titre même inscrit la poésie dans un espace urbain très clairement référencé et utilise ce cadre comme un milieu d'observation qu'il ne faut cependant pas trop rapidement qualifier de réaliste. Le poète des « Petites Vieilles » se présente ainsi :

1. Lettre à Fernand Desnoyers datée de 1853-1854, *CPl.* I, p. 248.

2. *Le Peintre de la vie moderne*, *Pl.* II, p. 716.

> Dans les plis sinueux des vieilles capitales,
> Où tout, même l'horreur, tourne aux enchantements,
> Je guette, obéissant à mes humeurs fatales,
> Des êtres singuliers, décrépits et charmants. (p. 141)

Ce lieu électif est aussi celui du « chiffonnier qui vient, hochant la tête, / Butant, et se cognant aux murs comme un poète » dans « Le Vin des chiffonniers » (p. 160), du flâneur qui parcourt les faubourgs dans « Le Soleil », « Trébuchant sur les mots comme sur les pavés » et propose un traitement ambivalent du motif solaire, à la fois métaphore du poète et allégorie doucereuse qui écœure littéralement le lecteur lorsqu'il « remplit les cerveaux et les ruches de miel » (p. 133). Ce n'est donc pas seulement philosophiquement que Baudelaire exècre le naturel mais esthétiquement. L'introduction du motif urbain répond à ce rejet, bien qu'il ne s'agisse pas d'une nouveauté inouïe : Baudelaire avait sans doute en tête les *Vie, poésies et pensées de Joseph Delorme*, ouvrage de Sainte-Beuve paru en 1829 dans lequel le protagoniste déambule déjà dans les rues de la capitale :

> Les seules distractions de Joseph, à cette époque, étaient quelques promenades, à la nuit tombante, sur un boulevard extérieur près duquel il demeurait. Ces longs murs noirs, ennuyeux à l'œil, ceinture sinistre du vaste cimetière qu'on appelle une grande ville ; ces haies mal closes laissant voir, par des trouées, l'ignoble verdure des jardins potagers ; ces tristes allées monotones, ces ormes gris de poussière, et, au-dessous, quelque vieille accroupie avec des enfants au bord d'un fossé [...], cela suffisait, durant la semaine, aux consolations chétives de notre ami[1] [...].

Pour revenir à la section des « Tableaux parisiens », il est significatif de remarquer que les trois poèmes que Baudelaire dédie à Hugo, grand chantre de la Nature, sont justement des poèmes très urbains : la magistrale allégorie du « Cygne » consacre une poésie qui opère une fusion entre le mythe et l'instantané et le poète commente lui-même cette synthèse :

> Paris change ! mais rien dans ma mélancolie
> N'a bougé ! palais neufs, échafaudages, blocs,
> Vieux faubourgs, tout pour moi devient allégorie,
> Et mes chers souvenirs sont plus lourds que des rocs. (p. 137)

Mais la minéralisation de la mémoire, ou sa fossilisation, renvoie aux figures de la déchéance que ces poèmes décrivent : vieillards aux corps détruits qui ne survivent que de manière précaire, « Débris d'humanité pour l'éternité mûrs ! » (p. 144) De sorte que le vivant se résorbe dans l'inerte, le « granit entouré d'une vague épouvante » (p. 123) que devient le poète l'isole comme un monument funéraire au milieu de la ville devenue nécropole. Le site parisien se justifie alors

1. Sainte-Beuve, *Vie, poésies et pensées de Joseph Delorme*, édition augmentée, *Poésies*, t. I, Michel Lévy frères, 1863, p. 12.

par l'observation privilégiée de « l'aliénation de ses victimes[1] » toutes promises à la disparition dans un écoulement temporel ininterrompu. Et il revient au poète de capturer dans une forme stable cette métamorphose infinie.

Ce rapport à l'artificiel, dans la mesure où il peut reproduire le travail de la langue au moule du vers, comporte une strate réflexive. Yves Bonnefoy a réfléchi à la ville de Paris et ses rapports avec les œuvres de Baudelaire et Nerval, non pas comme un motif ou un décor mais comme « l'occasion pour la conscience de soi de la poésie d'un approfondissement aussi rapide que décisif[2]. » C'est le lieu d'une « poésie réflexive » (Robb 1993, p. 218) qui s'étaie sur l'intertextualité parodique pour mieux appréhender sa propre dimension existentielle. Le « Rêve parisien » qui surgit à la fin des « Tableaux parisiens » semble être le lieu géométrique de cette conscience. Les deux sections inégales opposent la dilatation du rêve à l'aspect sordide du quotidien ; le rêve est l'occasion d'une débauche esthétisante où la Nature est singée, car, bien que le poète prétende avoir « banni de ces spectacles / Le végétal irrégulier » et privilégié « L'enivrante monotonie / Du métal, du marbre et de l'eau » (p. 156), la vision proposée fait intervenir l'isotopie de cette Nature même. Il convient alors moins de lire ce morceau de bravoure comme une fantaisie onirique parnassienne que comme l'impossible substitution de cet univers factice à la réalité. La deuxième section offre d'ailleurs une contrepartie poétique qui mêle le motif de la pendule, souvenir de « L'Horloge », et l'invasion des ténèbres comme le couvercle de « Spleen » ou le crêpe du « Possédé ».

2. Satanisme et mysticisme

Dans cet univers de souffrance se pose donc la question de la transcendance et avec elle celle de Dieu. Baudelaire fait le choix apparent du Diable, ce qui le rattache à une tradition romantique où Satan est à la fois une figure de révolte métaphysique et politique. Mais, selon Paul Bénichou, le recours à Satan, dont la figure est justement au centre de la section « Révolte » mais irradie dans le reste de l'œuvre, n'est pas synonyme de volonté démiurgique d'opposition : « Le retour du vieux démon chez Baudelaire annonce sa volonté misanthropique et pessimiste[3]. » Il y a donc un usage du Diable chez Baudelaire dont il faut essayer de ressaisir la finalité au sein des *Fleurs du Mal*.

1. Jackson 1982, p. 94.
2. Bonnefoy, Yves, « Le poète et "le flot mouvant des multitudes" » [2003], *Sous le signe de Baudelaire*, Gallimard, « Bibliothèque des idées », 2011, p. 206.
3. Bénichou, Paul, « Le Satan de Baudelaire », Guyaux et Marchal 2003, p. 12.

2.1. Romantisme noir et diableries frénétiques

Une lecture trop hâtive de l'œuvre pourrait conduire à un faux-semblant que Baudelaire lui-même se plaît parfois à entretenir. Le poète goûte un certain fantastique, probablement influencé par Poe mais également Maturin et Pétrus Borel, qui « devient pour [lui] un terrain solide[1]. » Ce fantastique s'abreuve également à l'œuvre de Constantin Guys et il s'accomplit sans nul doute dans plusieurs pièces des « Tableaux parisiens ». On trouve cependant des traces d'un fantastique qu'on peut ranger dans le romantisme dit frénétique, notamment dans des pièces de jeunesse intégrées aux *Fleurs du Mal*. C'est sans doute le premier contact que le lecteur prend avec une forme de surnaturel qui est lié à une posture carnavalesque faisant entrer les morts et le Diable dans la danse macabre. Comme échantillon de ce type de poésie que Cl. Pichois qualifie de « Jeune-France », outrancier dans sa manière, on peut se référer à trois poèmes qui se succédaient dans l'édition de 1857 mais que Baudelaire a ensuite redistribués : « Le Revenant » (p. 114), « Le Mort joyeux » (p. 120) et « Sépulture » (p. 118) auxquels on ajoutera « Le Possédé », texte plus tardif conçu au moment de remplacer les pièces condamnées. Baudelaire reprend les éléments traditionnels du sabbat, un bestiaire spécifique comprenant « L'araignée », « la vipère », « des loups », « les corbeaux », les « escargots » et les « vers » dans un décor de « fosse », de « terre grasse », derrière « quelque vieux décombre », le tout agrémenté des inévitables « sorcières faméliques ». Cette imagerie, qui se complète des « anges à l'œil fauve », nourrit un discours contestataire et scandaleux qui revendique une nécrophilie ou bien un satanisme superficiel. « Le Possédé » joue même d'une ambiguïté qui confine à la blague lorsque le vers final substitue le Diable à la femme aimée :

> Sois ce que tu voudras, nuit noire, rouge aurore ;
> Il n'est pas une fibre en tout mon corps tremblant
> Qui ne crie : *Ô mon cher Belzébuth, je t'adore !* (p. 85)

Lors de sa publication dans la *Revue française*, ce sonnet était agrémenté d'une note qui indiquait que ce vers final était un emprunt au *Diable amoureux* (1772) de Cazotte, conte dans lequel un jeune Espagnol, Alvare, évoque un démon qui prend les traits d'une jeune femme et tente de le faire succomber. Ce pan de l'œuvre de Baudelaire donne à penser que le satanisme n'était qu'un prétexte, voire un exercice de style qui n'aurait pas déplu à Gautier. Mais ce n'est qu'un leurre qui donne satisfaction au lecteur peu exigeant et guidé encore par la morale du siècle : il peut se délecter de l'odeur de soufre à peu de frais puis refermer le volume satisfait. C'est aussi ce type de pièce qui a pu installer l'œuvre dans un malentendu ; ainsi, dans un article nécrologique consacré au poète, Jules Vallès se montre plutôt sévère :

1. Lettre à François Buloz datée du 13 juin 1855, *CPl.* I, p. 314.

« Il n'était pas le damné d'un enfer terrible, mais le damné d'un enfer burlesque[1]. » Baudelaire lui-même semble s'être éloigné de ce type tapageur de littérature comme on peut le voir dans la pièce tardive « Le Monstre », où il tourne en dérision cet attirail de convention, notamment dans la seconde section où il se met en scène en adepte valétudinaire vantant les mérites d'une vieille courtisane semblable à celles du « Jeu » ou à l'allégorie de la mort de « Danse macabre » :

Sotte, tu t'en vas droit au Diable !
Volontiers, j'irais avec toi,
Si cette vitesse effroyable
Ne me causait pas quelque émoi.
Va-t'en donc, toute seule, au Diable !

Mon rein, mon poumon, mon jarret
Ne me laissent plus rendre hommage
À ce Seigneur, comme il faudrait.
« Hélas ! c'est vraiment bien dommage ! »
Disent mon rein et mon jarret.

Oh ! très sincèrement je souffre
De ne pas aller aux sabbats,
Pour voir, quand il pète du soufre,
Comment tu lui baises son cas.
Oh ! très sincèrement je souffre !

Je suis diablement affligé
De ne pas être ta torchère,
Et de te demander congé,
Flambeau d'enfer ! Juge, ma chère,
Combien je dois être affligé,

Puisque depuis longtemps je t'aime,
Étant très logique ! En effet,
Voulant du Mal chercher la crème
Et n'aimer qu'un monstre parfait,
Vraiment oui ! vieux monstre, je t'aime ! (p. 226-227)

Les jeux de mots et calembours abondent : l'expression *aller au Diable* est à prendre aux sens propre et figuré dans une savoureuse syllepse, l'adverbe *diablement* subit le même procédé et la gauloiserie est à peine masquée (le mot *cas* est à entendre à

1. Jules Vallès, *La Situation*, 5 septembre 1867, cité par Robert Kopp, « Baudelaire entre Banville et Leconte de Lisle », *Cahiers de l'AIEF*, 1998, n° 50, p. 196.

la place de *cul* comme Baudelaire s'en ouvre dans une lettre à Poulet-Malassis[1]). La pièce est vraisemblablement inspirée des satyriques du baroque et montre que Baudelaire ne boude pas cette veine satirique. Toujours est-il qu'avec un tel poème, il indique que le folklore satanique ne l'intéresse qu'en tant que ferment subversif et que la figure du Diable renvoie à des impératifs esthétiques plus profond et plus métaphysiques. C'est peu ou prou ce qu'Yves Bonnefoy retenait de la lecture des *Fleurs du Mal* dès les années 1950 :

> Certes le satanisme de Baudelaire n'est qu'un décor. Pierre Jean Jouve a raison de l'affirmer. Dans une société qui déteste l'éternel, Baudelaire a aimé le mal comme un sursaut d'absolu. Autre chose pourtant que ce défi a pu contribuer à ce satanisme. Une colère, ressentiment à l'égard d'une religion trop forte et qui a grandi dans son œuvre au point d'en changer le sens. D'un Dieu reçu sans véritable croyance, Baudelaire avait avant tout subi les exigences morales. Et celles-ci s'opposaient, sinon au début de son expérience, du moins à sa réussite[2].

Il y a bien une révolte mais surtout une interrogation profonde sur la nature du monde et de l'homme au-delà de la quadrature du catéchisme bourgeois.

2.2. L'enfer d'être chrétien

Comme la plupart de ses contemporains, Baudelaire est pétri de catholicisme. Marcel Rueff le reconnaît d'emblée lorsqu'il examine la composante morale de la démarche poétique de l'auteur : « On ne peut pas nier que l'attitude Baudelaire est foncièrement catholique. Et même quelque peu janséniste. Il n'est pas douteux que pour lui le problème du salut, de la grâce, se pose avec une redoutable insistance[3]. » Baudelaire associe très spontanément la figure du Diable à la religion, non sans une nuance de provocation ; ainsi déclare-t-il à Victor de Laprade au moment où il envisage sa candidature à l'Académie : « Toutefois, en supposant que l'ouvrage soit diabolique, existe-t-il, pourrait-on dire, quelqu'un de plus catholique que le Diable[4] ? »

La question du mal, de sa nature et de sa localisation, parcourt le recueil de Baudelaire. Son épicentre se trouve peut-être dans la section « Fleurs du Mal » où se concentrent dans un vortex toutes les formes de destructions dès 1857. Le mal est consubstantiel à l'Homme et les différentes incarnations des démons dans divers poèmes comme « Au lecteur », « Toute entière », « La Destruction » ou « La Béatrice » ne font que poser cette question indéfiniment : d'où vient le mal ? La

1. Lettre à Auguste Poulet-Malassis datée du 23 janvier 1866, *CPl*. II, p. 577.

2. « Les Fleurs du mal » [1953], Bonnefoy 2011, p. 16.

3. Marcel Rueff, « Sur l'architecture des *Fleurs du Mal* », *RHLF*, 1930, p. 396.

4. Lettre à Victor de Laprade datée du 23 décembre 1861, *CPl*. II, p. 198.

dimension morale du recueil s'en trouve accrue et « Baudelaire prend volontiers la perspective d'un moraliste chrétien[1]. » Cette inflexion dans la voix baudelairienne la hisse au rang de sermonnaire ce qui surprend peu lorsque l'on a en tête que Baudelaire était lecteur de Bossuet et de Bourdaloue. L'attirance vers le mal, l'attraction même vers ce gouffre, ne se sépare pas du péché de la chair : « Moi, je dis : la volupté unique et suprême de l'amour gît dans la certitude de faire le *mal*. – Et l'homme et la femme savent de naissance que dans le mal se trouve toute volupté[2]. » Cette rémanence de la liturgie catholique semblerait placer Baudelaire du côté de la tradition et d'un certain moralisme, certes hystérique, pour reprendre un des termes du poète lui-même qui figure dans son « Épigraphe pour un livre condamné », mais somme toute assez conservateur. Ce serait oublier que les figures du Diable et de Dieu sont à la question chez le poète qui n'oublie pas la leçon du romantisme qui a voulu rénover la question du bien et du mal en façonnant ses propres images de ces puissances occultes.

C'est paradoxalement à l'aune de la figure du Diable que Jonathan Culler propose de penser la modernité de Baudelaire : selon le critique, certains poèmes qui font intervenir la figure diabolique, comme « Au lecteur », « La Destruction » et « L'Irrémédiable », induisent une ambiguïté fondamentale qui laisse le lecteur dans l'indécision lorsqu'il s'agit de décréter si le mal est l'œuvre de Satan ou bien de l'Homme lui-même[3]. Deux possibilités s'offrent alors : soit le Diable est assez habile pour faire croire qu'il n'existe pas, soit il s'agit de projections déculpabilisantes auxquelles l'Homme procède afin de se dédouaner et de s'exonérer de ses actes nuisibles. Dans le premier cas, chacun doit suspecter le progrès de la connaissance et des mœurs qui tend à récuser l'influence maligne. L'Homme peut bien se préoccuper de sa part malfaisante et inspecter ces tendances qui l'habitent et le fondent, c'est encore un tour du Malin :

> Je veux dire que l'art moderne a une tendance essentiellement démoniaque. Et il semble que cette part infernale de l'homme, que l'homme prend plaisir à s'expliquer lui-même, augmente journellement comme si le Diable s'amusait à la grossir par des procédés artificiels, à l'instar des engraisseurs, empâtant patiemment le genre humain dans ses basses-cours pour se préparer une nourriture plus succulente[4].

Dans le second cas, il n'y a plus ni Dieu ni Diable et l'Homme se retrouve seul dans le gouffre. C'est le doute qu'instille un poème comme « L'Irrémédiable » qui, dans sa première section, multiplie les images de la chute et du gouffre dans une

1. Jackson 2005, p. 103.
2. *Fusées*, *Pl.* I, p. 652.
3. Culler, Jonathan, « "C'est le Diable qui tient les fils" », *Baudelaire. Une alchimie de la douleur*, dir. Patrick Labarthe, Eurédit, 2003, p. 45-59.
4. « Théodore de Banville », *Pl.* II, p. 168.

énumération paradigmatique qui fait défiler « Une Idée, une Forme, un Être », « Un Ange », « Un malheureux », « Un damné », tous perdus, avant de conclure dans une coda :

> — Emblèmes nets, tableau parfait
> D'une fortune irrémédiable,
> Qui donne à penser que le Diable
> Fait toujours bien ce qu'il fait !

Le syntagme « donne à penser » entretient donc un doute sur la véracité de l'acte satanique : est-ce le Diable (dont le nom se cache dans le mot à la rime qui donne son titre au poème) ou bien l'Homme qui est responsable de cette chute ? La seconde et brève section amplifie ce doute :

> Tête-à-tête sombre et limpide
> Qu'un cœur devenu son miroir !
> Puits de Vérité, clair et noir,
> Où tremble une étoile livide,
>
> Un phare ironique, infernal,
> Flambeau des grâces sataniques,
> Soulagement et gloire uniques,
> — La conscience dans le Mal ! (p. 130)

La lucidité est sans doute un réconfort et peut peut-être absoudre en partie l'abjection mais reste, au fond, un caïnisme qui dit à peine son nom et sur le point d'être soufflé. « Le Gouffre », poème ajouté en 1868, évacue même la bienveillance d'un Dieu qui « Dessine un cauchemar multiforme et sans trêve. » (p. 201) Dieu et Diable se superposent ainsi et se rejoignent dans une cruelle interrogation quant à leur existence. Il existe bien une métaphysique baudelairienne du vide, une transcendance qui ne se conçoit que comme déréliction ainsi que l'indique le dernier vers des « Aveugles » : « Je dis : Que cherchent-ils au Ciel, tous ces aveugles ? » (p. 145) Il existe une crainte, voire une épouvante, devant la possibilité d'un éternel retour. C'est ce qui pondère « Le Squelette laboureur » :

> Voulez-vous (d'un destin trop dur
> Épouvantable et clair emblème !)
> Montrer que dans la fosse même
> Le sommeil n'est pas sûr ;
>
> Qu'envers nous le Néant est traître ;
> Que tout, même la Mort, nous ment,
> Et que sempiternellement,
> Hélas ! il nous faudra peut-être

Dans quelque pays inconnu
Écorcher la terre revêche
Et pousser une lourde bêche
Sous notre pied sanglant et nu ? (p. 147)

Plus de Diable ni de Dieu mais le Néant et la Mort qui se jouent eux aussi du troupeau humain. « Le Rêve d'un curieux » dramatise non sans humour cette hantise d'un éternel retour nietzschéen avant l'heure :

J'étais comme l'enfant avide du spectacle,
Haïssant le rideau comme on hait un obstacle…
Enfin la vérité froide se révéla :

J'étais mort sans surprise, et la terrible aurore
M'enveloppait. – Eh quoi ! n'est-ce donc que cela ?
La toile était levée et j'attendais encore. (p. 185)

La lucidité est au bout de l'expérience de la mort mais cette connaissance est amère puisqu'elle discrédite toute assomption glorieuse. Devant cette Création pareille au « Coucher du soleil romantique » et son « Dieu qui se retire » (p. 207) ou bien à « L'Horloge » qui décompte mécaniquement les instants sans signification, la mort devient elle-même transcendance (Jackson 1982, p. 55). Sa conscience participe d'un salut mais non pas tant spirituel qu'artistique. Le finale d'« Une Charogne » est à cet égard emblématique : si l'on lit le sonnet baroque « Un cors mangé de vers… » de Jean-Baptiste Chassignet (1570-1631) que Baudelaire connaissait sans doute et qui fournit un bon exemple de la tradition du *memento mori*, le dernier tercet est une invective pieuse qui incite le lecteur à délaisser « Tout ce qui ne te rend plus sçavant et plus sage. » Baudelaire n'oublie pas cette vanité mais au lieu d'indiquer une voie de salut dans la perfection morale de soi-même, il opte pour la « sorcellerie évocatoire[1] » de la poésie qui promet un conservatoire perpétuel.

2.3. La fraternité douloureuse

Si l'Humanité est dépossédée de toute communication verticale avec un au-delà, il lui reste malgré tout une possibilité de communication horizontale. Jérôme Thélot y voit la particularité du sadisme tel que le conçoit poétique Baudelaire :

> Baudelaire, requis par la présence des autres et traversé de compassion, trouve dans sa tradition spiritualiste, d'Augustin à Pascal, une morale certes attachée à l'idée du châtiment comme expiation, de la souffrance comme régé-

1. « Théophile Gautier », *Pl.* II, p. 118.

nération, une morale donc encore sadique, mais à hauteur d'homme et alarmée de charité contrariée[1].

La communauté du sort induit une fraternité, celle avec le lecteur du poème liminaire comme celle que le narrateur d'« Assommons les pauvres ! » met en œuvre avec le mendiant, non sans humour et velléité satirique. S'il n'y a de vérité que dans le mal, alors le lien qui unit les êtres (et il faut ici autant penser au poète et son lecteur qu'aux amants liés par un compagnonnage vampirique) est un lien d'ombre qui implique spontanément une forme de violence. La transformation alchimique qui engendre la poésie ne peut s'accomplir qu'à travers un sacrifice : cette image très romantique, que l'on trouve par exemple dans « Le Pélican » de Musset et qui informe le poète christique hugolien, prend un sens particulier chez Baudelaire car elle est retrempée par la lecture de Joseph de Maistre[2]. Le sang versé comme acte rituel qui lie les hommes entre eux devient également une monnaie d'échange entre poète et public. La fraternité se consomme dans un partage qui exige le sang versé. « La Fontaine de sang » décrit bien cette scène originaire :

> Il me semble parfois que mon sang coule à flot,
> Ainsi qu'une fontaine aux rythmiques sanglots.
> Je l'entends bien qui coule avec un long murmure,
> Mais je me tâte en vain pour trouver la blessure.
>
> À travers la cité, comme dans un champ clos,
> Il s'en va, transformant les pavés en îlots,
> Désaltérant la soif de chaque créature,
> Et partout colorant en rouge la nature.
>
> [...]
>
> J'ai cherché dans l'amour un sommeil oublieux ;
> Mais l'amour n'est pour moi qu'un matelas d'aiguilles
> Fait pour donner à boire à ces cruelles filles ! (p. 170)

Moins une évocation de l'auto-mutilation que d'une conscience qui s'étend et gagne tous les êtres dans un rituel qui alimente et transforme le monde (comme le « sang rouge et vivant, dont la toile s'abreuve / Avec l'avidité d'un pré » dans « Une martyre », p. 166), cette évocation du sang versé permet également une réconciliation intime de soi avec soi. C'est une lecture possible de « L'Héautontimorouménos » qui débute sur une agression qui peut être portée contre une amante ou bien

1. Thélot, Jérôme, « Sur *Le Sadisme de Baudelaire* de Georges Blin », *L'Année Baudelaire*, 2018, vol. 22, p. 207.

2. Pour plus d'explications sur la réception de l'œuvre de Maistre par Baudelaire, voir Labarthe, Patrick, *Baudelaire et la tradition de l'allégorie*, Genève, Droz, 1999, p. 240-258.

contre le poète par sa propre main mais se développe comme un *ouroboros* qui reconstitue une totalité :

Ne suis-je pas un faux accord
Dans la divine symphonie
Grâce à la vorace Ironie
Qui me secoue et qui me mord ?

Elle est dans ma voix, la criarde !
C'est tout mon sang, ce poison noir !
Je suis le sinistre miroir
Où la mégère se regarde.

Je suis la plaie et le couteau !
Je suis le soufflet et la joue !
Je suis les membres et la roue,
Et la victime et le bourreau !

Je suis de mon cœur le vampire,
— Un de ces grands abandonnés
Au rire éternel condamnés,
Et qui ne peuvent plus sourire ! (p. 128-129)

S'il est possible de lire ce texte comme la prise de conscience d'une permutabilité entre le tourmenteur et sa victime, elle prend tout son sens lorsqu'on la replace dans une recherche d'harmonie en dépit des dissonances. L'expérience de la compassion donne une nouvelle dimension à la violence, non plus simplement frustration ou attraction vers le néant mais aspiration à une unité au-delà des contraires dans une dialectique éprouvante mais nécessaire. Mais cette résolution n'est possible que par un rituel de partage, ce qui explique que dans « Le Jeu », « maint pauvre homme / courant avec ferveur à l'abîme béant, / Et qui, soûl de son sang, préférerait en somme / La douleur à la mort et l'enfer au néant ! » (p. 149) La relation conflictuelle entre amants que l'on analysait comme un effet profond de la mélancolie et d'un rapport difficile à l'extériorité devient ici le substrat d'une apothéose. On le voit dans « Duellum » où la métaphore de l'amour comme combat est à la fin dépassée par un paradoxal saut dans l'absolu :

— Ce gouffre, c'est l'enfer de nos amis peuplé !
Roulons-y sans remords, amazone inhumaine,
Afin d'éterniser l'ardeur de notre haine ! (p. 83)

Là encore, ce qui pouvait paraître comme la marque excessive d'une volonté de choquer le bourgeois prend une dimension tragique et métaphysique qui répond à une interrogation fondamentale.

3. À la recherche de la modernité

3.1. Le problème de la morale

C'est l'un des mérites de Baudelaire d'avoir encouragé la dissociation entre art et morale. Ou d'avoir sensiblement brouillé les frontières entre différentes zones de l'intellect. Dans les notes qu'il prépare pour son avocat, il fait cette distinction :

> Il y a plusieurs morales. Il y a la morale positive et pratique à laquelle tout le monde doit obéir.
>
> Mais il y a la morale des arts. Celle-ci est tout autre et depuis le commencement du monde, les Arts l'ont bien prouvé[1].

Cette typologie est très sommaire et se repose sur une sagesse des nations qui n'aide pas à la prendre au sérieux. Cependant, elle a l'intérêt d'arracher nettement l'œuvre d'art à l'orbite des mœurs. Le procès de 1857 est en effet l'occasion pour Baudelaire de repenser sa démarche de poète et d'en spécifier les modalités sachant qu'elle amorce une forme d'autonomie de l'œuvre qui trouve une forme d'écho dans l'autonomisation progressive du champ littéraire telle que l'a définie Pierre Bourdieu[2]. Cette question complexe suit un cheminement tortueux dans la réflexion du poète. La distinction de l'art et des mœurs sur laquelle Baudelaire revient dans son premier projet de préface permet de sanctuariser l'œuvre et de distinguer sa destination :

> Ce n'est pas pour mes femmes, pour mes filles ou mes sœurs que ce livre a été écrit ; non plus que pour les femmes, les filles ou les sœurs de mon voisin. Je laisse cette fonction à ceux qui ont intérêt à confondre les bonnes actions avec le beau langage.
>
> Je sais que l'amant passionné du beau style s'expose à la haine des multitudes. Mais aucun respect humain, aucune fausse pudeur, aucune coalition, aucun suffrage universel ne me contraindront à parler le patois incomparable de ce siècle, ni à confondre l'encre avec la vertu. (p. 245)

Cette séparation, Baudelaire l'effectuait déjà en 1851 dans son article « Les drames et les romans honnêtes[3] » où il fustigeait l'école du bon sens représentée par Ponsard. En 1857, c'est une affaire personnelle et les années qui suivent vont être ponctuées de textes fournissant prétextes à définir des positions. Dans la notice consacrée à Gautier parue dans la *Revue fantaisiste* en 1861, il se plaint à nouveau du moralisme littéraire et persiste dans ses diatribes contre une conception de l'art en général et de la littérature en particulier qui grève d'utilitarisme toute création

1. *Pl.* I, p. 194.

2. Voir Bourdieu, Pierre, *Les règles de l'art. Genèse et structure du champ littéraire*, Seuil, 1992.

3. *Pl.* II, p. 38-43.

et substitue la bienséance bourgeoise à la quête de l'absolu. C'est aussi l'occasion pour lui d'exposer une partie substantielle de sa poétique :

> Une extrême sensibilité de cœur n'est pas absolument favorable au travail poétique. Une extrême sensibilité de cœur peut même nuire en ce cas. La sensibilité de l'imagination est d'une autre nature ; elle sait choisir, juger, comparer, fuir ceci, rechercher cela, rapidement, spontanément. C'est de cette sensibilité, qui s'appelle généralement le *Goût*, que nous tirons la puissance d'éviter le *mal* et de chercher le *bien* en matière poétique. Quant à l'honnêteté de cœur, une politesse vulgaire nous commande de supposer que tous les hommes, *même les poètes*, la possèdent. Que le poète croie ou ne croie pas qu'il soit nécessaire de donner à ses travaux le fondement d'une vie pure et correcte, cela ne relève que de son confesseur ou des tribunaux ; en quoi sa condition est absolument semblable à celle de tous ses concitoyens[1].

L'œuvre ne peut donc être jugée à l'aune d'un projet moral : ses effets ne sont pas visibles dans la sphère des mœurs mais bien plutôt dans le rapport que l'on peut entretenir avec la création artistique. De là la nécessité de séparer la recherche du bien et la recherche du beau, ce que Baudelaire n'aura de cesse de répéter : « Je pourrais ici renouveler mon éternelle thèse : La *morale* cherche le *bien*, la science, le *vrai*, la *poésie* et quelquefois le roman, ne cherchent que le *beau*. Tout homme qui ne sait pas approprier les facultés à leurs buts correspondants n'est ni philosophe ni artiste[2] [...]. » Toujours dans la notice sur Gautier, Baudelaire évoque ce qu'il nomme une « hérésie » et qui est en tout cas une faute de jugement ; il se cite lui-même, reprenant la matière de ses notes sur Poe :

> Il est une autre hérésie... une erreur qui a la vie plus dure, je veux parler de l'*hérésie de l'enseignement*, laquelle comprend comme corollaires inévitables, les hérésies de la *passion*, de la *vérité* et de la *morale*. Une foule de gens se figurent que le but de la poésie est un enseignement quelconque, qu'elle doit tantôt fortifier la conscience, tantôt perfectionner les mœurs, tantôt enfin démontrer quoi que ce soit d'utile... La Poésie, pour peu qu'on veuille descendre en soi-même, interroger son âme, rappeler ses souvenirs d'enthousiasme, n'a pas d'autre but qu'Elle-même ; elle ne peut pas en avoir d'autre, et aucun poème ne sera si grand, si noble, si véritablement digne du nom de poème, que celui qui aura été écrit uniquement pour le plaisir d'écrire un poème[3].

Dans le discours critique qui est le sien, Baudelaire annonce que l'œuvre contient sa propre finalité et qu'elle ne peut être comprise, voire jugée, qu'à partir de sa propre substance et non comme le seul produit d'une époque. La définition de la modernité telle que la propose Baudelaire dans son essai sur l'œuvre de Constantin

1. « Théophile Gautier », *Pl.* II, p. 116.

2. Lettre à Alphonse de Calonne datée du 8 janvier 1859, *CPl.* I, p. 537.

3. « Théophile Gautier », *Pl.* II, p. 112-113.

Guys n'est pas incompatible avec ce constat : « La modernité, c'est le transitoire, le fugitif, le contingent, la moitié de l'art, dont l'autre moitié est l'éternel et l'immuable[1]. » *Les Fleurs du Mal* rassemblent bien ces deux moitiés mais il faut les considérer en dehors de la pure attraction historique. Baudelaire sera confronté à une incompréhension fondamentale en 1857 et les différents projets de préface portent les traces de son découragement :

> J'avais primitivement l'intention de répondre à de nombreuses critiques et, en même temps, d'expliquer quelques questions très simples, totalement obscurcies par la lumière moderne : qu'est-ce que la Poésie ? quel est son but ? de la distinction du Bien d'avec le Beau ; de la Beauté dans le Mal ; que le rythme et la rime répondent dans l'homme aux immortels besoins de monotonie, de symétrie et de surprise ; de l'adaptation du style au sujet ; de la vanité et du danger de l'inspiration, etc., etc. ; mais j'ai eu l'imprudence de lire ce matin quelques feuilles publiques ; soudain, une indolence, du poids de vingt atmosphères, s'est abattue sur moi, et je me suis arrêté devant l'épouvantable inutilité d'expliquer quoi que ce soit à qui que ce soit. Ceux qui savent me devinent, et pour ceux qui ne peuvent ou ne veulent pas comprendre, j'amoncellerais sans fruit les explications. (p. 246)

Si, comme le dit Cl. Pichois dans sa notice sur le recueil, la « poésie est devenue agression[2] », la réception prend les allures d'une fin de non-recevoir qui ne suscite plus que découragement et désintérêt de la part du poète. C'est encore un trait de la modernité que cette incompatibilité qui isole un peu plus l'œuvre poétique.

3.2. La pensée de l'échec

Nous avons émis l'hypothèse d'analyse que les images de dévitalisation ou de déperdition renvoyaient d'une part à une problématique relation amoureuse et d'autre part à une forme de ritualisation de l'échange par la poésie. Mais il est encore une lecture possible qui fait basculer *Les Fleurs du Mal* dans une autre forme de modernité : c'est celle qui rend ces isotopies justiciables d'une hantise de l'échec. Cette crainte, Baudelaire la garde à l'esprit tout au long de son existence. Il s'en ouvre notamment auprès de sa mère dans une lettre bouleversante :

> Je contemple les anciennes années, les horribles années, je passe mon temps à réfléchir sur la brièveté de la vie ; rien de plus ; et ma volonté va toujours se rouillant. Si jamais homme a connu, jeune, le spleen et l'hypocondrie, certes, c'est moi. Et cependant, j'ai envie de vivre, et je voudrais connaître un peu la

1. *Le Peintre de la vie moderne*, *Pl.* II, p. 695.

2. *Pl.* I, p. 804.

sécurité, la gloire, le contentement de moi-même. Quelque chose de terrible me dit : *jamais*, et quelque autre chose me dit cependant : *essaye*[1].

Cette peur devient le sujet même de certains poèmes : c'est un des stades de l'alchimie poétique et l'incertitude qui la régit dans la démarche du poète. « L'Ennemi » reprend l'allégorie des saisons pour décrire une existence, celle du poète :

Ma jeunesse ne fut qu'un ténébreux orage,
Traversé çà et là par de brillants soleils ;
Le tonnerre et la pluie ont fait un tel ravage,
Qu'il reste en mon jardin bien peu de fruits vermeils.

Voilà que j'ai touché l'automne des idées,
Et qu'il faut employer la pelle et les râteaux
Pour rassembler à neuf les terres inondées,
Où l'eau creuse des trous grands comme des tombeaux.

Et qui sait si les fleurs nouvelles que je rêve
Trouveront dans ce sol lavé comme une grève
Le mystique aliment qui ferait leur vigueur ?

— Ô douleur ! ô douleur ! Le Temps mange la vie,
Et l'obscur Ennemi qui nous ronge le cœur
Du sang que nous perdons croît et se fortifie ! (p. 61)

Il ne s'agit pas seulement de mettre en scène le poète à son écritoire non plus que de prendre l'écriture comme thème : c'est une allégorie singulière car elle semble renvoyer à Baudelaire lui-même et pas seulement à un avatar du sujet lyrique. Le titre du recueil est contenu en creux, de même que des références autotextuelles manifestes à « L'Horloge » ou « La Mort des amants », voire « La Fontaine de sang » (le poème étant antérieur, il s'agit plutôt de réminiscences dans ces textes). Mais demeure une énigme, celle de l'identité de l'ennemi. Ne serait-ce pas l'atonie et la stérilité ou bien la déperdition et le gâchis ? Toujours est-il que Baudelaire ouvre la voie à Mallarmé dans une poésie qui se prend elle-même pour objet, dans une plasticité réflexive vertigineuse qui joint au geste poétique le recul critique, ces deux pôles créant le champ magnétique du texte. Mais cette mise en scène ne se fait pas sur le mode de la jubilation comme on aurait pu l'attendre, par exemple, d'un Hugo, ou sur celui de la conquête, comme plus tard chez un Rimbaud. C'est l'inquiétude qui se dégage d'un tel texte et le recours votif à l'écriture comme conjuration de la disparition de l'écriture contribue à « une poétique s'enracinant dans l'impossibilité de la poésie[2] ».

1. Lettre à Mme Aupick datée de février-mars 1861, *CPl.* II, p. 139.

2. Jackson 2005, p. 106.

Cette modernité se manifeste également dans la privation et le manque : manque d'unité et isolement de la dissonance. C'est cette dissonance, au sein de soi-même, qui permettait paradoxalement l'accomplissement de « L'Héautontimorouménos » mais c'est aussi celle qui condamne à la solitude comme dans « La Cloche fêlée » :

> Moi, mon âme est fêlée, et lorsqu'en ses ennuis
> Elle veut de ses chants peupler l'air froid des nuits,
> Il arrive souvent que sa voix affaiblie
>
> Semble le râle épais d'un blessé qu'on oublie
> Au bord d'un lac de sang, sous un grand tas de morts
> Et qui meurt, sans bouger, dans d'immenses efforts. (p. 121)

La hantise de l'oubli « sous un grand tas de morts » thématise la chausse-trappe de l'histoire de la littérature et le risque que prend le poète à proposer un contrechant. La modernité est une beauté convulsive qui fleurit dans la laideur mais elle court le risque d'être minorée, ignorée et de s'éteindre. À nouveau, cette peur de l'échec devient l'espoir du triomphe par l'écriture. Yves Charnet, suivant les intuitions de Cl. Pichois à propos de la « difficulté créatrice » dont Baudelaire se serait servi comme levier poétique, va plus loin dans ce constat du « rythme d'une écriture en chute libre dans les gouffres de sa propre impuissance[1]. » Il repère dans l'avènement des « Tableaux parisiens » la mise en œuvre d'une énergie noire qui s'alimente de la destruction et qui consacre la rupture avec l'ancienne inspiration créatrice, divorce dont on voyait déjà les prodromes dans la première dizaine des poèmes de « Spleen et Idéal » en 1857. L'« hommage profond » des « races maladives » à la « jeunesse » (p. 57) ne peut plus prendre la forme conventionnelle qui était la sienne. Y. Charnet insiste enfin sur le poème « Le Jeu » qui contient également une hantise de déclassement similaire à celle de « La Cloche fêlée » mais plus subtile[2]. Ce qui se joue dramatiquement, c'est la tentation du conformisme et le prix à payer pour s'y soustraire. Après avoir décrit un cercle de jeu peuplé de spectres, le poète dévoile qu'il s'agit d'un songe :

> Voilà le noir tableau qu'en un rêve nocturne
> Je vis se dérouler sous mon œil clairvoyant.
> Moi-même, dans un coin de l'antre taciturne
> Je me vis accoudé, froid, muet, enviant,

1. Charnet, Yves, « "L'orage rajeunit les fleurs". Lettre à Claude Pichois », Guyaux et Marchal 2003, p. 51.

2. Pour une analyse précise de ce poème, voir Thélot, Jérôme, *Baudelaire. Violence et poésie*, Gallimard, « Bibliothèque des idées », 1993, p. 462-468.

Enviant de ces gens la passion tenace,
De ces vieilles putains la funèbre gaieté,
Et tous gaillardement trafiquant à ma face,
L'un de son vieil honneur, l'autre de sa beauté ! (p. 149)

La « funèbre gaieté » capture la vitalité paradoxale que Baudelaire a mise au service de sa poésie mais la position excentrique, marginale du sujet lyrique qui est témoin de cet isolement par un effet de dédoublement onirique le confine à un rôle passif. Le rêve devient une fable aux dépens du poète mais c'est encore un moyen de donner du « jeu » entre le texte et le lecteur et d'inscrire en creux une défaite glorieuse.

Les Fleurs du Mal n'en finissent donc pas d'éclore et de diffuser une fragrance à la fois séduisante et repoussante. Dans un projet de préface qu'il ébauchait sans doute pour la troisième édition du recueil, le poète avait la velléité de se retirer dans une anesthésie complète : « Ne rien savoir, ne rien enseigner, ne rien vouloir, ne rien sentir, dormir et encore dormir, tel est aujourd'hui mon unique vœu. Vœu infâme et dégoûtant, mais sincère. » (p. 250) La démarche de Baudelaire annonce un épuisement de l'auteur avant l'épuisement de la littérature, comme si *Les Fleurs du Mal* venaient fleurir le tombeau de la poésie. Et, de fait, le recueil marque autant une fin qu'un début : exténuation austère du romantisme, solde des velléités politiques du poète, dalle funéraire sur les aspirations et les illusions de l'Humanité. Mais aussi ouverture vers les profondeurs, dépassement des limites du vers pour plonger dans la prose, utilisation d'une énergie sombre qui laisse songeur quant à une antimatière de la poésie. Le recueil est une allégorie[1] de l'existence mais appelle à une dissémination des germes de la modernité dans le terreau de sa propre décomposition.

1. Voir l'ouvrage fondamental de Patrick Labarthe, *Baudelaire et la tradition de l'allégorie*, *op. cit.*

Sujets de dissertation

1. Dans la notice qu'il consacre à Théodore de Banville en 1861, Baudelaire écrit : « Mais enfin, direz-vous, si lyrique que soit le poète, peut-il donc ne jamais descendre des régions éthéréennes, ne jamais sentir le courant de la vie ambiante, ne jamais voir le spectacle de la vie, la grotesquerie perpétuelle de la bête humaine, la nauséabonde niaiserie de la femme, etc. ?... Mais si vraiment ! le poète sait descendre dans la vie ; mais croyez que s'il y consent, ce n'est pas sans but, et qu'il saura tirer profit de son voyage. »

   Dans quelle mesure cette assertion peut-elle éclairer votre lecture des *Fleurs du Mal* ?

2. « Avec Baudelaire commence la dépersonnalisation de la poésie moderne, tout au moins en ce sens que la poésie ne jaillit plus de l'unité qui s'instaure entre la poésie et un homme donné, comme le voulaient les romantiques, et cela à la différence de la poésie des siècles passés. » (Hugo Friedrich, *Structure de la poésie moderne*, 1956)

   Ce constat critique rend-il compte de la poétique à l'œuvre dans *Les Fleurs du Mal* d'après votre lecture ?

3. Dans son essai sur *Baudelaire, poète comique* (2007), Alain Vaillant déclare : « Telle est la force première, omniprésente, polymorphe qui anime *Les Fleurs du Mal* : une véritable obsession de la matière, qui confère au recueil cette vibration inquiétante mais fascinante que tout lecteur ressent sans pouvoir la qualifier ni l'expliquer – une obsession qui, par ailleurs, fournit à l'esthétique baudelairienne de l'ambiguïté toute sa substance poétique. »

   Ce jugement convient-il à votre lecture des *Fleurs du Mal* ?

4. En conclusion de l'un de ses essais sur *Les Fleurs du Mal*, John E. Jackson écrit : « Le "mauvais moine" dans lequel [Baudelaire] se reconnaît a beau constater que rien n'embellit les murs du cloître odieux auquel il se compare, il n'en reste pas moins que cette constatation même revêt la couleur sombre d'un tableau auquel le spleen donne sa teinte propre et auquel la réflexion prête la fonction de manifester le désarroi de l'artiste ou du poète moderne ayant à affronter la temporalité marquée de contingence d'un monde désormais sécularisé. » (*Baudelaire sans fin*, 2005)

   Cette observation se vérifie-t-elle à l'aune de votre lecture du recueil ?

5. À propos de la modernité dans les écrits de Baudelaire, Henri Meschonnic remarque : « Nous avons détourné la modernité de la vie pour ne vouloir que celle de l'art. C'est pourquoi le nouveau a pris cette place dans le moderne. Et, dernier paradoxe, il brouille ce qui faisait la force de Baudelaire, la moder-

nité mise dans le sujet créateur et dans le regard. » (*Modernité Modernité*, 1988) *Les Fleurs du Mal* correspondent-elles à la modernité que Meschonnic prétend y circonscrire?

Bibliographie sélective

[N.B. : Le lieu d'édition n'est pas précisé quand il est à Paris.]

1. Œuvres de Charles Baudelaire

Baudelaire, Charles, *Œuvres complètes*, éd. Claude Pichois, Gallimard, « Bibliothèque de la Pléiade », 2 vol., 1975-1976.

—, *Correspondance*, éd. Claude Pichois, avec la collaboration de Jean Ziegler, Gallimard, « Bibliothèque de la Pléiade », 2 vol., 1973.

—, *Les Fleurs du mal*, éd. Jacques Dupont, bibliographie mise à jour par Andrea Schellino et Aurélia Cervoni, Flammarion, « GF », 2016.

—, *La Passion des images. Œuvres choisies*, éd. Henri Scepi, Gallimard, « Quarto », 2021.

2. Critique

Bonnefoy, Yves, *Sous le signe de Baudelaire*, Gallimard, « Bibliothèque des idées », 2011.

Compagnon, Antoine, *Baudelaire l'irréductible* [2014], Flammarion, « Champs. Essais », 2021.

Diaz, José-Luiz (dir.), *Lire* Les Fleurs du mal, actes des journées d'étude de la SERD les 10 et 11 octobre 2002, Université Paris 7-Denis Diderot, « Cahiers textuels », n° 25, 2002.

Guyaux, André, et Bertrand Marchal (dir.), *Les Fleurs du mal*, actes du colloque de la Sorbonne des 10 et 11 janvier 2003, PUPS, 2003.

Jackson, John E., *Baudelaire sans fin*, José Corti, « Les Essais », 2005.

Labarthe, Patrick, *Baudelaire et la tradition de l'allégorie* [1999], Genève, Droz, « Titre courant », 2015.

— (dir.), *Baudelaire. Une alchimie de la douleur. Études sur* Les Fleurs du Mal, Eurédit, 2003.

Murphy, Steve (dir.), *Lectures des* Fleurs du Mal, Rennes, PUR, « Didact Français », 2002.

Pichois, Claude, et Jean Ziegler, *Baudelaire* [1987], Fayard, 2005.

Richter, Mario, *Baudelaire.* Les Fleurs du Mal. *Lecture intégrale*, Genève, Slatkine, 2 vol., 2001.

Robb, Graham, *La poésie de Baudelaire et la poésie française. 1838-1852*, Aubier, « Critiques », 1993.

Schellino, Andrea, *La pensée de la décadence de Baudelaire à Nietzsche*, Classiques Garnier, « Baudelaire », 2020.

Thélot, Jérôme, *Baudelaire. Violence et poésie*, Gallimard, « Bibliothèque des idées », 1993.

Vaillant, Alain, *Baudelaire, poète comique*, Rennes, PUR, « Interférences », 2007.

Jean-Luc Lagarce
Juste la fin du monde

par Magali Rabot

L'édition de référence du concours est :

Jean-Luc Lagarce, *Juste la fin du monde*, édition Les Solitaires Intempestifs, Paris, « Classiques contemporains », 2007.

Dans nos références, nous indiquons systématiquement le numéro de la scène à laquelle est empruntée toute citation.

Introduction

Juste la fin du monde est, plus que jamais, un « classique du XXe siècle ». La pièce, qui déçoit Jean-Luc Lagarce au moment où il finit d'écrire les dernières lignes[1], n'a pourtant jamais eu autant de succès : entrée au répertoire de la Comédie-Française en 2008, mise au programme de l'agrégation de lettres modernes en 2012, elle figure à celui des lycéens de 1re en 2020. Xavier Dolan en a proposé une adaptation cinématographique en 2016 et la disparition brutale et prématurée de Gaspard Ulliel qui y incarnait le rôle de Louis, en 2022, a encore contribué sans doute à participer à la constitution de ce qui ressemble de plus en plus à un mythe moderne. Qu'y a-t-il donc de puissamment mythique dans l'histoire banale de cet homme ordinaire, Louis, revenu chez les siens pour « annoncer » sa « mort prochaine et irrémédiable » ? Surtout, qu'y a-t-il de mythique dans l'histoire de cet échec ? – car l'annonce promise n'est pas faite et la pièce se trouve toute construite autour d'un vide, d'un silence, près duquel non seulement le protagoniste mais tous les personnages peinent à dire.

Pour introduire à l'extrême richesse de cette pièce, nous dégagerons d'abord le contexte qui a permis la naissance d'une telle œuvre afin de comprendre comment celle-ci s'inscrit dans la modernité littéraire, celle du XXe siècle, mais également dans l'ensemble de la production de Jean-Luc Lagarce. Un deuxième temps de notre étude s'arrêtera sur les enjeux structurels de l'œuvre : nous nous intéresserons à son titre, à sa composition, au cadre spatio-temporel, à l'action et aux personnages qu'elle met en œuvre afin de dégager des repères essentiels à la compréhension de la pièce. Enfin, un dernier moment de notre analyse affrontera la portée du texte, entre intimité et universalité, tout en confrontant celui-ci à différents genres littéraires, ce qui permettra d'en souligner tout à la fois l'inscription dans une tradition et la singularité et l'originalité.

1. Jean-Luc Lagarce, *Journal. 1990-1995* (tome II), Besançon, Les Solitaires Intempestifs, 2008, p. 20. La note du dimanche 8 juillet 1990 indique en effet que *Juste la fin du monde* est « très décevant » aux yeux du dramaturge.

I

Le contexte

1. Le contexte littéraire

1.1. Le théâtre du XXe siècle

Une partie du théâtre du XXe siècle est, à la suite de celui des XVIIIe et XIXe siècles, un théâtre de la remise en question des conventions, des traditions dramaturgiques, mais cette remise en cause se fait de manière plus radicale que précédemment. Apogée de ce mouvement de contestation, le « Théâtre de l'Absurde » (M. Esslin)[1], dans les années 1950, bouleverse les notions d'action, de personnage, de dialogue. L'intrigue, ainsi, se réduit désormais à peu de chose, voire se trouve totalement évacuée, comme en témoigne par exemple *En attendant Godot* (1948) de Beckett qui met en scène une attente vaine. Les notions de personnage, d'identité, subissent une dégradation : dans le théâtre de ce dramaturge, le protagoniste est un clochard, un éclopé qui n'a « rien à faire » (*En attendant Godot*), il est réduit à la moitié d'un corps ou à une tête (*Oh les beaux jours*, 1961), voire à une bouche (*Pas moi*, 1972), il est un être fantomatique, dont la réalité semble échapper (*Pas*, 1975). Dans les pièces qualifiées d'« absurdes », le personnage peut encore être une figure creuse, interchangeable à volonté, comme le montre le théâtre d'Eugène Ionesco, et notam ment *La Cantatrice chauve* (1950) ou *La Leçon* (1951).

Les pièces du « Théâtre de l'Absurde » soulignent encore la difficulté voire l'impossibilité à communiquer, la fatalité qui fait que l'homme doit se résoudre à ne pouvoir échanger que des banalités, des paroles creuses (*La Cantatrice chauve, Les Chaises*, Ionesco), suggérant la profonde solitude de chacun dans la société et dans un monde que Dieu semble avoir abandonné – les pièces concernées, écrites

1. Martin Esslin, *Le Théâtre de l'absurde*, Paris, Buchet-Chastel, 1963.

au lendemain de la seconde guerre mondiale, mettraient ainsi en scène, selon Martin Esslin, « le sentiment de l'anxiété métaphysique face à l'absurdité de la condition humaine »[1]. Les auteurs de cette période jouent encore avec des potentialités jusque-là inexplorées de la parole théâtrale : un dramaturge comme Tardieu écrit *Conversation-sinfonietta* (1952), dans laquelle les répliques des personnages deviennent une symphonie, dirigée par un chef d'orchestre, ou *Un mot pour un autre* (1951) qui postule la compréhension du public malgré l'incongruité des dialogues qui n'emploient pas les mots attendus. Une grande partie des productions des années 1950 est encore qualifiée d'« anti-théâtre » : il s'agit d'un théâtre qui joue avec lui-même, avec ses propres codes, jusqu'à les exhiber. *La Cantatrice chauve*, sous-titrée « anti-pièce » par Ionesco, joue par exemple avec les attentes liées au titre : le personnage éponyme n'aura aucune importance dans la pièce.

Jean-Luc Lagarce, qui commence à écrire à la fin des années 1970, s'inscrit dans l'héritage de ces dramaturges, dont il reprend globalement les principes. Ses pièces proposent en effet bien souvent une action très ténue, mettent en scène des personnages ordinaires, confrontés à une difficulté considérable à dire les choses. La parole paraît y être utilisée parfois plus pour son caractère musical qu'à dessein de communiquer et le théâtre ne cesse de s'y contempler. *Juste la fin du monde* n'échappe pas à ces principes.

1.2. Les influences étrangères

Certains auteurs étrangers de la modernité, par ailleurs, semblent avoir exercé leur influence sur Jean-Luc Lagarce. C'est d'abord le cas des écrivains russes Tchekhov, Tourgueniev ou Lermontov, à qui le dramaturge français consacre une analyse dans son mémoire de maîtrise intitulé *Théâtre et Pouvoir en Occident*. Il écrit ainsi que « ce qui distingue cette période de création [les trente dernières années tsaristes] de tout autre moment dramaturgique russe [...], c'est la place et l'importance que prend l'atmosphère sur l'action théâtrale proprement dite. [...] L'intrigue disparaît au profit d'une atmosphère [...]. La nouveauté de ce théâtre est dans l'abandon, et de fait, dans le risque de cet abandon, des procédés dramatiques conventionnels. [...] Le temps reste en suspens, et "l'action" toute relative qui sous-tendait la représentation cesse comme elle a commencé, sans que vraiment grand-chose d'exceptionnel ait pu arriver »[2]. Disparition de « l'intrigue » au profit d'une « atmosphère », « abandon » des procédés dramatiques « conventionnels », temps comme « suspendu », « action » dépourvue d'éléments sensationnels : ce sont là des caractéristiques que l'on peut attribuer à bon nombre de pièces de Lagarce, dont *Juste la fin du monde*.

1. Martin Esslin, *op. cit.*, rééd. de 1971, p. 20.
2. Jean-Luc Lagarce, *Théâtre et pouvoir en Occident*, Besançon, Les Solitaires Intempestifs, 2000, p. 132.

En outre, la concentration sur l'intimité, le déploiement d'une parole qui relève bien souvent de la confidence, phénomènes que l'on rencontre dans le théâtre lagarcien, rappellent le travail du dramaturge suédois Strindberg. Une pièce comme *La Maison brûlée* (1907) entretient de nombreux points communs avec l'œuvre au programme. Le personnage de l'Étranger y revient chez lui après une longue absence en Amérique. Son retour implique une vaste rétrospection, qui n'est pas sans évoquer celle que vit le personnage de Louis. Enfin, l'influence de Maeterlinck (*Pelleas et Melisande*, 1892) et plus largement du théâtre symboliste est sans doute sensible dans l'onirisme qui affecte un certain nombre de passages de *Juste la fin du monde*, notamment l'intermède, le prologue et l'épilogue.

2. L'auteur dans son temps

Dramaturge et metteur en scène, Jean-Luc Lagarce est l'auteur de vingt-cinq pièces de théâtre, trois récits (*L'Apprentissage, Le Bain, Le Voyage à La Haye*) et un livret d'opéra (*Quichotte*). Il a tenu toute sa vie un *Journal*, composé d'une vingtaine de cahiers. Nous proposons dans la biobibliographie suivante les éléments essentiels permettant d'appréhender son œuvre.

- **1957** : 14 février – naissance à Héricourt, en Haute-Saône.
- **1975** : Obtention du baccalauréat. Études de philosophie à Besançon. Jean-Luc Lagarce suit des cours d'art dramatique au conservatoire national de région.
- **1977** : Début de la rédaction de son *Journal*, qu'il tiendra toute sa vie. Création de la compagnie le Théâtre de la Roulotte, théâtre amateur.
- **1978** : Licence de philosophie. Travail sur l'*Odyssée*, qui deviendra *Elles disent…* La pièce *Carthage, encore* est retenue par le comité de lecture de France Culture, elle sera diffusée en 1980. Première de *Clytemnestre*, échec.
- **1979** : Représentations d'*Elles disent…* Mise en scène de *Pas* et *Pas moi* de Beckett.
- **1980** : Lagarce achève l'écriture de *Voyage de Madame Knipper vers la Prusse orientale*, programmé au Petit Odéon. Maîtrise de philosophie : *Théâtre et Pouvoir en Occident*. Écriture des *Serviteurs*.
- **1981** : Écriture et représentations d'*Ici ou ailleurs* à Besançon. Mise en scène de *Turandot* d'après Carlo Gozzi. La Troupe de la Roulotte devient une troupe professionnelle.
- **1982** : Écriture et représentations de *Noce*, pièce également diffusée sur France Culture. *Voyage de Madame Knipper…*, mis en scène par Jean-Claude Fall au Petit Odéon. Écriture de *Vagues souvenirs de l'année de la peste*. Adaptation et mise en scène de *Phèdre* de Racine.

- **1983** : Écriture et représentations d'*Histoire d'amour (repérages)*, diffusé également sur France Culture. Mise en scène de *Vagues souvenirs de l'année de la peste* à Besançon. Écriture d'*Hollywood.*
- **1984** : *La lampe sous la véranda qu'allumeront désormais les trois boys*, qui deviendra *Les Orphelins*, mis en scène la même année. Adaptation et mise en scène de *Préparatifs d'une noce à la campagne*, d'après Kafka. Achève d'écrire *De Saxe, roman.* Adapte et met en scène *Les Égarements du cœur et de l'esprit*, d'après Crébillon.
- **1985** : Mise en scène d'*Hollywood*, de *De Saxe, roman.* Achève l'écriture de *L'Exercice de la Raison* et de *Retour à la Citadelle.*
- **1986** : Adaptation et mise en scène d'*Instructions aux domestiques*, d'après J. Swift. Écriture, pour le chorégraphe Hideyuki Yano, de *Sans titre I.* Achève *Derniers remords avant l'oubli.*
- **1987** : Montage de textes : *1957-1987*, qui deviendra en 1992 *Les Solitaires intempestifs.* Articles de critique cinématographique dans *Libération.* Mise en scène de *Dommage qu'elle soit une putain*, d'après J. Ford.
- **1988** : Installation à Paris. Lagarce obtient une bourse du Centre national des Lettres. Il apprend sa séropositivité. Adapte et met en scène *Chroniques maritales*, d'après Jouhandeau.
- **1989** : Réalisation d'une œuvre à la demande de Charlotte Nessi, *Quichotte*, livret d'opéra, pour une composition musicale de Mike Westbrook. Réalisation d'un moyen-métrage, *Journal 1* (50'). Mise en scène de *Music-Hall.*
- **1990** : Plusieurs mois à Berlin grâce à une bourse (Prix Léonard de Vinci) : Lagarce écrit *Juste la fin du monde.* Le texte est refusé par tous les comités de lecture. Mise en scène d'*On purge bébé* de Feydeau.
- **1991** : Montage de *Journal 1.* Mises en scène d'*Histoire d'amour (derniers chapitres)*, de *Conversation chez les Stein sur M. de Goethe absent.* Réalisation d'un texte de commande, *L'Apprentissage*, pour Roland Fichet. Mise en scène de *La Cantatrice chauve* de Ionesco – succès et reconnaissance nationale.
- **1992** : Mise en scène des *Solitaires intempestifs.* Création des Éditions Les Solitaires Intempestifs, avec François Berreur.
- **1993** : Nombreuses commandes, refusées pour raison de santé. Mise en scène du *Malade imaginaire.* Réalisation de *Portrait*, vidéo (1'). Lecture des *Règles du savoir-vivre dans la société moderne.* Tournée nationale et internationale de *La Cantatrice chauve.*
- **1994** : *J'étais dans ma maison et j'attendais que la pluie vienne*, commandé par le Théâtre ouvert. Hospitalisation en février à l'hôpital Cochin. Rédaction du *Voyage à La Haye.* Mises en scène de *L'Île des esclaves* de Marivaux, des

Règles du savoir-vivre dans la société moderne. Commande d'un texte par François Le Pillouër, directeur du Théâtre National de Bretagne : *Le Pays lointain*.

- **1995** : Mise en scène de *La Cagnotte* de Labiche. Achève *Le Pays lointain*. Commence les répétitions de *Lulu*. Lagarce meurt le 30 septembre, à 38 ans.
- **1996** : Le Théâtre de la Roulotte est mis en liquidation judiciaire.
- **1997** : Publication de *L'Apprentissage, Le Bain, Le Voyage à La Haye (récits)*.
- **1999** : Joël Jouanneau met en scène *Juste la fin du monde* au théâtre Vidy-Lausanne, spectacle qui est repris en 2000 au théâtre de la Colline. Le texte est publié en 2001 aux Solitaires Intempestifs.

3. *Juste la fin du monde* dans l'ensemble de la production de Jean-Luc Lagarce

3.1. Le théâtre de Lagarce : un théâtre de l'épanorthose

Les termes *palimpseste* ou *épanorthose* sont volontiers employés par la critique pour appréhender l'ensemble de la production de Lagarce, caractérisée en effet par la réécriture permanente de soi et des autres. Le dramaturge réécrit autrui d'abord : *La Bonne de chez Ducatel* présente un personnage qui s'exprime comme *Le Capital* de Marx ; *Erreur de construction* est fortement influencé par *La Cantatrice chauve* de Ionesco ; *Elles disent...* s'inspire de *L'Odyssée* d'Homère ; *Ici ou ailleurs* s'appuie de loin sur *Hamlet* de Shakespeare ; des pièces comme *Clytemnestre, Phèdre...* s'inscrivent dans une longue tradition de réécriture puisant dans la mythologie. Jean-Luc Lagarce reprend aussi ses propres textes : *Juste la fin du monde*, en particulier, constitue une étape dans un itinéraire qui aboutit au *Pays lointain*, dans laquelle sont fondus des passages entiers de l'œuvre précédente. Plus largement, tous les textes sont hantés par les mêmes obsessions, déclinées selon différentes modalités : le motif du retour en général, celui du fils prodigue en particulier. Cet effet de réécriture, de ressassement, qui affecte l'ensemble des textes est sensible de manière plus réduite à l'échelle de la phrase dans bon nombre de productions. Il n'est qu'à lire le prologue qui ouvre *Juste la fin du monde* pour voir comment le texte se construit dans un mouvement de répétition, celui d'une épanorthose toujours à la recherche du mot juste. Une comparaison de l'ouverture de cette pièce et de celle du *Pays lointain* permet ainsi de comprendre comment la deuxième s'inscrit comme réécriture de la première, et comment chacune décline, par le dessin de la phrase sur la page, par les hésitations et les corrections, une reprise lisible également au sein de la phrase :

Juste la fin du monde
Louis. – Plus tard, l'année d'après
– j'allais mourir à mon tour –
j'ai près de trente quatre ans maintenant et c'est à cet âge que je mourrai,
l'année d'après, [...]

Le Pays lointain
Louis. – Plus tard, l'année d'après.
L'Amant, mort déjà. – Une année après que je meurs, que je suis mort ?
Louis. – Exactement ça.
L'année d'après,
j'étais resté là, seul, abandonné, *toutes ces sortes de choses*,
plus tard, l'année d'après,
– j'allais mourir à mon tour –
(j'ai près de quarante ans maintenant et c'est à cet âge que je mourrai) [...]

3.2. Le retour du fils prodigue

Une des obsessions du théâtre de Lagarce est celle du retour, thématique mise en scène dans de nombreuses œuvres. *Elles disent... l'Odyssée* déploie ainsi un chœur élégiaque de femmes – Pénélope, Calypso, Circé, Nausicaa – qui commente le retour d'Ulysse à Ithaque. Dans *Ici ou ailleurs*, le personnage portant le numéro 3, avatar d'Hamlet, revient à Elseneur. *Derniers remords avant l'oubli* montre un ancien trio amoureux se reconstituer à l'occasion de la vente de la maison dans laquelle il a vécu – autre retour aux origines. Le nouveau Gouverneur de *Retour à la Citadelle* revient chez les siens, dans une ville qu'il a fréquentée par le passé...

Plus précisément, les textes mettent en scène bien souvent le retour du fils à la maison familiale. *Juste la fin du monde*, à ce titre, fait partie d'une sorte de trilogie consacrée à la réécriture de la parabole du fils prodigue (Évangile de Luc, XV), avec *J'étais dans ma maison et j'attendais que la pluie vienne* et *Le Pays lointain*. Dans *J'étais dans ma maison...* le « jeune frère » revient de longues années après avoir été chassé par son père. Confiné dans sa chambre, dans laquelle il est probablement mourant, il reste invisible du spectateur pendant toute la pièce, présence-absence évoquée par le chœur des femmes : l'Aînée, la Mère, la Plus Vieille, la Seconde, la Plus Jeune. Ce frère qui est là sans être là fait penser à Louis qui, même s'il figure sur la scène, ne semble jamais occuper celle-ci vraiment, ni être tout à fait présent. Il reste, même revenu dans la maison familiale, un étranger, celui qui est parti, et celui qui, devant bientôt quitter définitivement cette vie, est déjà réduit à une présence fantomatique. On notera cependant qu'à l'inverse de *J'étais dans ma maison...*, qui envisage le retour du point de vue des femmes, *Le Pays lointain*, comme *Juste la fin du monde*, aborde la réapparition du fils du point de vue de celui-ci, comme si la trilogie était conçue pour que les œuvres se complètent, se répondent.

En outre, dans ces deux dernières pièces, on notera des écarts conséquents par rapport à la parabole évangélique. En effet, dans *Juste la fin du monde* et *Le Pays lointain*, le fils aîné, parti, revient, non le fils cadet comme dans le texte biblique. Cette modification a des conséquences : Antoine doit reprendre le rôle traditionnel de l'aîné, de celui qui se sent responsable de toute la famille, charge présentée comme lourde. Un autre écart par rapport à la Bible consiste en la disparition du père, déjà mort dans les deux pièces, et l'apparition du personnage de la Mère qui se substitue en quelque sorte à lui. Enfin, la différence la plus notable consiste dans le fait que dans ces pièces l'enfant prodigue n'est pas réintégré au sein de la famille à son retour, contrairement à la parabole : il y a là une forme d'échec. Le retour de ce nouvel Ulysse s'inscrit ainsi dans le cadre d'une odyssée banale et dérisoire, qui n'aboutit pas tant à un retour qu'à un nouveau départ.

3.3. Des œuvres sur le deuil

Enfin, *Juste la fin du monde* forme un diptyque avec *J'étais dans ma maison et j'attendais que la pluie vienne*, pièces que le metteur en scène Joël Jouanneau a montées ensemble au Théâtre Vidy-Lausanne en 1999, avec le même décor et les mêmes comédiens. Pour lui, ces textes abordent la question du deuil : « Il me semblait, dès la lecture, que je devais créer *Juste la fin du monde* et faire suivre cet inédit de *J'étais dans ma maison et j'attendais que la pluie vienne*, que ces deux pièces constituaient deux volets d'une même fenêtre, qu'elles traversaient une même problématique : celle de la perte, l'apprentissage du deuil. Qu'elles étaient, de la part d'un auteur se sachant condamné, un stupéfiant don de lui-même à ceux qui survivent, une troublante marque d'amour. Et je pensais alors à ce propos de Claude Louis-Combet : "Le texte, depuis le commencement, n'avait pas été autre chose que la préparation d'un cri et sa retenue. Et tous les détours par lesquels la phrase avait suivi son cours, constituaient une manière de s'approcher du point où le cri allait éclater et une manière de se tenir à distance de ce point et de ce cri [...]" »[1].

4. Genèse de l'œuvre et premières représentations

Le *Journal* de Lagarce permet d'appréhender la difficile genèse du texte de *Juste la fin du monde*. À l'origine se trouve un manuscrit, commencé en 1986, intitulé *Le Combat avec l'enfant*, qui devient par la suite *Mes deux dernières années*. Sans

1. Propos cités dans *Lire un classique du XXe siècle : Jean-Luc Lagarce*, Besançon, Scérén / Les Solitaires Intempestifs, 2007, p. 167.

cesse remis sur le chantier, ce texte n'aboutit pas à quelque chose de définitif dans un premier temps. En février 1988, le dramaturge a l'idée d'une pièce : « Cela s'appelle *Les Adieux.* / Cinq personnages, la mère, le père, la sœur, le fils et l'ami du fils [...]. Ils passent une journée là à ne pas faire grand chose. Ils écoutent. [...] Éviter le silence, faire comme si de rien n'était. / On ne le dit pas, mais on sait que l'on ne se reverra jamais »[1]. Le roman *Mes deux dernières années* prend alors le titre des *Adieux* et le texte est envoyé à plusieurs éditeurs qui le refusent. Plus tard, Lagarce cherche à écrire une version scénique du roman, qu'il intitule *Quelques éclaircies.* Mais c'est lors de son séjour à Berlin en 1990, à l'occasion du prix qu'il a reçu (Léonard de Vinci), que le texte prend sa forme définitive et devient *Juste la fin du monde.* Le manuscrit est encore refusé, mais Lagarce ne veut pas le retoucher. Il le reprend dans les années 1994-1995 pour écrire *Le Pays lointain.* On voit ici comment l'auteur remet toujours son ouvrage sur le métier et est lui-même hanté par une écriture qui relève de la répétition et de la variation, à l'image de la parole des personnages de *Juste la fin du monde.* La pièce est finalement mise en scène par Joël Jouanneau à Lausanne en 1999, c'est-à-dire après la mort de Lagarce. Elle est reprise au théâtre de la Colline l'année suivante. En mars 2008, elle entre au répertoire de la Comédie-Française, dans la mise en scène de Michel Raskine, ce qui constitue une forme de consécration.

1. Jean-Luc Lagarce, *Journal. 1977-1990* (tome I), Besançon, Les Solitaires Intempestifs, 2007, note du 11 février 1988 p. 320.

II

Enjeux structurels

1. Le titre et la composition

1.1. Le titre

Le titre, *Juste la fin du monde*, surprend à première lecture dans la mesure où il associe deux éléments *a priori* incompatibles : le second (la « fin du monde ») relève de l'annonce énorme, catastrophique, d'une forme d'apocalypse ; le premier, au contraire, nuance cet énoncé en en atténuant la portée formidable par l'emploi de l'adverbe « juste ». Cette association étonnante fait du titre un véritable oxymore. Le décalage grinçant proposé au sein de cette formule suggère également une certaine ironie. Par ailleurs, ce titre reprend le lieu commun populaire, formulé généralement de manière négative, « ce n'est pas la fin du monde », pour en proposer une version affirmative et elliptique, « (c'est) juste la fin du monde ». Cette écriture « elliptique », c'est justement celle que reproche Suzanne à son frère dans la troisième scène de la première partie (« Parfois, tu nous envoyais des lettres elliptiques ») – comme si le propos avait été formulé par Louis lui-même, alors qu'il ne figure nulle part dans la pièce tel quel. Le titre est évidemment à mettre en relation avec l'annonce que Louis veut faire à sa famille, celle de sa mort prochaine. La « fin du monde » est bien cette mort, et parce qu'il ne s'agit que de la mort de Louis – non celle de toute l'humanité –, elle peut en effet être nuancée : c'est juste sa fin du monde à lui. Dans cette perspective, les monologues de Louis dans la pièce entrent parfois en résonance avec le titre. Ainsi, lors de la scène 10 de la première partie, Louis revient sur les pensées qui l'ont traversé quand il a appris qu'il allait mourir : « Au début [...], / on l'espère, / c'est que le reste du monde disparaîtra avec soi » – cette disparition supposée du « reste du monde » fait écho à la catastrophe mentionnée au seuil du texte.

1.2. La composition de l'œuvre

La pièce est composée de cinq temps : un prologue, une première partie, un intermède, une deuxième partie, un épilogue. Cette structure quinaire n'est pas sans rappeler le schéma de la tragédie classique. Il faut remarquer également que la pièce s'organise globalement selon une cadence mineure, allant d'une première partie composée de 11 scènes, à une deuxième qui en comprend seulement trois, en passant par l'intermède ponctué de 9 courtes scènes. Cette organisation décroissante donne l'impression d'un essoufflement voire d'un abandon ou d'un échec : la volonté qu'a Louis d'annoncer sa mort prochaine s'étiole peu à peu et la famille, qui échoue à se recomposer, va vers l'éparpillement, la dispersion.

Voir le tableau « Présence des personnages » page suivante.

Présence des personnages dans *Juste la fin du monde*, Jean-Luc Lagarce

	Prologue	Première partie											Intermède									2ème partie			Epilogue
		1	2	3	4	5	6	7	8	9	10	11	1	2	3	4	5	6	7	8	9	1	2	3	
Louis	X M	X	X	(X)	X	X M	X	X	X	X	X M	X	X		X		X				X	X M	X	X	X M
Suzanne		X		X	X			X		X				X		X	voix	X	voix	X			X	X	
Antoine		X	X		X					X		X		X		X		X		X			X	X	
Catherine		X	X		X		X			X						voix	X		X				X	(X)	
La Mère		X	X		X				X	X			X		voix	voix			X		X		X	X	

X : personnage présent, qui prend la parole.

(x) : personnage silencieux dont la présence est impliquée par les répliques des autres personnages.

M : monologue.

voix : voix au loin. Le personnage n'est pas visible sur scène.

1.2.1. Le prologue

La forme du prologue est héritée du théâtre antique. Le *prologue*, étymologiquement *pro-logos*, est le *discours* qui se trouve *avant* la tragédie à proprement parler. Lagarce n'est pas le premier à reprendre ce type de texte au XXe siècle : le dramaturge Jean Anouilh, dans *Antigone* (1944), y a déjà recours par exemple. Du prologue antique, *Juste la fin du monde* reprend les formes du monologue et de la tirade, le point de vue surplombant (le prologue incombe souvent à un dieu dans l'antiquité), la parabase (le coryphée, chef du chœur, s'adresse directement au public), et la fonction traditionnelle d'exposition du sujet. L'allusion qu'on y trouve à un « messager » peut encore être lue comme une référence à la tragédie antique, de même que le destin qui attend le personnage, la mort, contre laquelle il ne pourra rien faire puisqu'elle est déjà écrite (« c'est à cet âge que je mourrai »).

Par ailleurs, dès ce prologue, Louis n'est pas sans rappeler d'autres personnages présents avant lui dans des textes fondateurs : le retour du fils, c'est celui du fils prodigue dans la Bible ou celui d'Oreste dans la mythologie. Le retour, c'est encore celui du roi Ulysse qui met vingt ans à rentrer chez lui, à Ithaque. Le regard porté derrière soi évoque aussi celui du poète Orphée, qui se retourne pour voir Eurydice quand il sort des Enfers avec celle dont il a négocié la résurrection, et qu'il perd à jamais. Cependant, ces différents éléments qui inscrivent *Juste la fin du monde* dans un héritage vis-à-vis de la tradition entrent fortement en tension avec d'autres qui relèvent au contraire d'une forme de modernité. Il s'agit d'abord du choix retenu pour la mise en page, l'usage du verset, entendu comme unité de souffle, unité rythmique, indication donnée au comédien en vue de jouer le texte et manière d'orienter déjà la diction. Cette mise en page particulière traduit l'emprise de Jean-Luc Lagarce sur une future mise en scène et la volonté de ne rien laisser au hasard. Ensuite, la modernité naît de la parole singulière de Louis dont la tirade est constituée d'une phrase unique, s'étendant sur une quarantaine de lignes, et qui avance par épanalepses, épanorthoses et digressions. Le tout donne le sentiment d'une difficulté à mettre en mots, l'impression d'une boiterie, qui pourrait être assortie à une forme d'expression élégiaque. Au reste, c'est bien sur la parole que ce prologue attire l'attention, puisque le seul mot isolé en un verset est justement le verbe « dire », comme si le véritable sujet de la pièce à venir était l'annonce de la mort, non la mort elle-même. Enfin, le prologue surprend par sa façon d'envisager le temps : d'une part Louis dit sa mort à venir comme étant déjà advenue :

> Louis. – Plus tard, l'année d'après
> – *j'allais mourir* à mon tour – *[mort advenue]*
> j'ai près de trente quatre ans maintenant et c'est à cet âge *que je mourrai*,[1] *[mort à venir]*

1. Nous soulignons dans les deux cas.

D'autre part le leitmotiv « l'année d'après » ne trouve aucun référent temporel permettant de fixer l'année dont il s'agit ; d'autre part encore Louis emploie tous les temps (présent d'énonciation, futur simple, imparfait de l'indicatif, passé simple, passé composé...) dans une réplique dont le *hic et nunc* ne sont pas précisés et échappent, ce qui crée un sentiment de confusion.

Pour finir, on pourra souligner la modernité de ce prologue en confrontant celui-ci aux recommandations faites par Boileau dans son *Art poétique* au sujet de l'exposition dans une pièce classique :

> Que dès les premiers vers l'action préparée
> Sans peine du sujet aplanisse l'entrée.
> Je me ris d'un acteur qui, lent à s'exprimer,
> De ce qu'il veut, d'abord ne sait pas m'informer,
> Et qui, débrouillant mal une pénible intrigue,
> D'un divertissement me fait une fatigue.
> J'aimerais mieux encor qu'il déclinât son nom,
> Et dît : Je suis Oreste ou bien Agamemnon,
> Que d'aller, par un tas de confuses merveilles
> Sans rien dire à l'esprit, étourdir les oreilles :
> Le sujet n'est jamais assez tôt expliqué.[1]

Il semble que le texte de *Juste la fin du monde* s'amuse justement à prendre le contre-pied de toutes les recommandations du théoricien classique : Louis est en effet « lent à s'exprimer », « confus », il « étourdit les oreilles » et ne renseigne pas clairement le spectateur sur le « sujet » de l'action à venir.

1.2.2. La première partie

Après le prologue, la première partie est d'abord marquée par les retrouvailles familiales : tous les personnages sont présents lors de la première scène, qui s'ouvre sur un certain nombre de politesses, de présentations, conformes aux conventions sociales. Mais l'atmosphère qui devrait être propice aux réjouissances se tend immédiatement en raison de la posture d'Antoine qui se montre agressif (scène 1). La suite de cette première partie est composée de moments de duos, dans lesquels figure systématiquement Louis (scène 3 : Suzanne / Louis ; scène 6 : Catherine / Louis ; scène 7 : Suzanne / Louis ; scène 8 : la Mère / Louis ; scène 11 : Antoine / Louis), de scènes chorales où les membres de la famille sont tous, ou presque, réunis (scènes 2, 4, 9), et de monologues de Louis (scènes 5 et 10). Les duos sont généralement l'occasion pour les membres qui sont restés dans la maison familiale ou à proximité de développer une parole logorrhéique, narrative et rétrospective, qui a pour but d'expliquer ce qu'ils sont devenus en l'absence de Louis, de lui faire

1. Boileau, chap. III (v. 27-37), *Art poétique*, Paris, Flammarion, 1998, p. 99, « GF ».

des reproches, de lui donner des conseils au sujet de la posture à adopter vis-à-vis des autres membres de la famille. Alors que Louis était venu pour parler, il est donc réduit à écouter les autres, qui ont, eux aussi, des choses à dire. Les monologues sont des moments un peu hors temps, à part, qui donnent l'occasion au protagoniste de revenir sur sa décision de voir les siens (scène 5) ou sur sa fréquentation de la Mort, allégorisée, les mois qui ont précédé (scène 10).

1.2.3. L'intermède

Le terme *intermède* sert généralement à désigner un divertissement – que celui-ci soit dramatique, lyrique, chorégraphique ou musical – s'intercalant entre les actes d'une pièce de théâtre. Ici, l'intermède constitue réellement un temps de pause, un divertissement, entre les deux parties de la pièce. Les allées et venues rapides des personnages font penser à un ballet et Louis chante une chanson (scène 3 : « je me chantonne que désormais, / la pire des choses, "je le sais bien, la pire des choses, serait que je sois amoureux [...]" »). L'ensemble se caractérise par une atmosphère onirique : certaines répliques soulignent l'irréalité du moment (« C'est comme la nuit en pleine journée », scène 1) voire évoquent explicitement un rêve (« Et ensuite, dans mon rêve encore, / toutes les pièces de la maison étaient loin les unes des autres », scène 3), qui fait écho à l'action représentée. L'enchaînement des scènes relève d'une espèce de montage de fragments juxtaposés qui sont sans lien nécessaire entre eux, comme dans un songe. Les personnages se poursuivent sans s'atteindre, s'appellent mais ne trouvent pas de réponse, ou bien obtiennent la réponse d'une personne autre que celle qui a été appelée. Ce moment suggère donc l'échec de la communication au sein de la famille et l'impossible reconstitution du noyau familial, l'impossible retour à l'âge d'or.

L'intermède est composé de neuf scènes courtes, qui mettent en scène généralement un duo (1 : la Mère / Louis ; 2 : Suzanne / Antoine ; 4 : Suzanne / Antoine ; 5 : Catherine / Louis ; 6 : Suzanne / Antoine ; 7 : la Mère / Catherine ; 8 : Suzanne / Antoine ; 9 : la Mère / Louis). Le statut de la scène 3 – comme celui de la scène 1 mais à un degré moindre – est un peu plus énigmatique : celle-ci s'apparente à ces moments à part, hors temps, dont Louis est le seul à bénéficier dans la pièce (*cf.* prologue, première partie, scènes 5 et 10, deuxième partie, scène 1 et épilogue). Dans une scène sur deux apparaît le duo Antoine / Suzanne, comme un repère fixe dans la succession des différents fragments. Ce couple, formé par les membres de la fratrie qui sont restés auprès de la Mère, avait éclaté dans la première partie avec l'arrivée de Louis. Il se reconstitue à cette occasion. La deuxième partie viendra cependant consommer la rupture.

1.2.4. La deuxième partie

La deuxième partie, plus courte que la première, comprend seulement trois scènes. Le monologue de Louis (II, 1), toujours à part, prenant la parole depuis un instant qu'il est difficile de déterminer, donne un sentiment d'irréalité – comme le prologue, les scènes 5 et 10 de la première partie et l'épilogue. Les scènes 2 et 3 quant à elles montent progressivement en violence, Antoine se montrant de plus en plus agressif vis-à-vis de son frère (« Tu me touches : je te tue », scène 2). C'est à son tour de développer une logorrhée – son texte s'étend sur sept pages lors de la scène 3 –, présentant un geste rétrospectif réduisant Louis au silence. Cette dernière scène de la deuxième partie s'ouvre sur les personnages de la Mère, Suzanne et Catherine, dont la présence est seulement suggérée, et ces femmes semblent elles aussi mises en quelque sorte à l'écart de l'action, à laquelle elles assistent cependant (« on les regarde, on se tait »). Elles font alors penser au chœur qui, dans la tragédie antique, assiste aux événements se déroulant sur la scène et les commente.

En outre, la deuxième partie propose un renversement de taille : alors qu'on pouvait penser jusque-là qu'il s'agissait de mettre en scène la tragédie de Louis, destiné à mourir dans un avenir proche, elle permet de faire entendre le fait que le protagoniste n'est pas le seul à souffrir et que la véritable tragédie est peut-être celle d'Antoine, qui s'est toujours effacé pour laisser de la place à son frère. Antoine dénonce le fait que la posture de victime de Louis est une supercherie, un rôle. Cette prise de parole du fils cadet inverse la donne, si bien que le spectateur prend ses distances avec Louis et ne le considère plus comme un personnage pathétique à part entière. Il se rapproche au contraire d'Antoine qui lui était pourtant apparu comme un personnage désagréable jusqu'ici.

1.2.5. L'épilogue

Le mot *épilogue* signifie étymologiquement *discours à la suite de*. Plaute serait l'inventeur de cette forme qui vient à l'origine conclure une œuvre dramatique. Au Moyen Âge, on appelle *épilogue* les dernières lignes, les derniers vers dans lesquels l'auteur ou l'orateur prennent la parole pour s'exprimer, se nommer, remercier le public... Aujourd'hui, le terme est plutôt employé pour désigner les dernières lignes qui closent un texte narratif, détachées cependant du reste du récit par le geste même qui consiste à créer l'épilogue.

Dans *Juste la fin du monde*, l'épilogue, constitué d'un nouveau monologue de Louis, marque le retour à un espace-temps frappé d'irréalité, la mort du locuteur étant à nouveau affirmée comme accomplie (« Je meurs quelques mois plus tard, / une année tout au plus »). Prologue et épilogue encadrent donc strictement la pièce et placent celle-ci sous le point de vue surplombant du protagoniste, donnant l'impression que le spectateur a eu accès entre les deux à une forme d'intériorité du personnage, qui revient sur sa vie au moment de sa mort. La pièce se finit sans que Louis ait annoncé finalement celle-ci à sa famille : elle se termine donc sur ce qui semble bien un échec.

Le texte déploie ici le récit d'un souvenir de Louis, celui d'une promenade faite dans le sud de la France et formule, dans le cadre de ce souvenir, le désir passé de « pousser un grand et beau cri », « un long et joyeux cri ». Ce cri qui n'a pas été poussé en définitive (« mais je ne le fais pas, / je ne l'ai pas fait ») est à l'image de la parole tant attendue, qui n'a pas été prononcée. Il y a, là encore, quelque chose qui relève de l'échec et la pièce reste comme en suspens. Le cri est sujet à plusieurs interprétations : le metteur en scène Olivier Py y voit un cri de joie, quand Joël Jouanneau se demande « si ce cri ne ressemble pas un peu au cri du pape de Bacon. Le cri de celui qui, soudain, peut-être, a des doutes face à face avec le néant »[1].

2. Le cadre spatio-temporel

2.1. Le temps, entre réalisme et onirisme, passé et futur

La didascalie qui ouvre la pièce permet de situer l'espace et le temps dans un ancrage d'abord réaliste : « *cela se passe dans la maison de la Mère et de Suzanne, un dimanche, évidemment* » – l'adverbe permettant d'épingler au passage, plutôt ironiquement, la tradition des dimanches en famille. Au cours de la pièce, le lecteur-spectateur peut reconstituer une succession de faits qui s'étalent sur la journée à partir des propos des personnages : Louis est arrivé en train dans la nuit, vers 4h du matin, il a attendu au buffet de la gare un temps « décent » (scène 11), a voyagé en taxi – ces événements ont eu lieu avant que ne commence la pièce. Cette dernière s'ouvre alors sur les retrouvailles (scène 1), suivies de différentes discussions, la fin du repas (« Vous voulez encore du café ? », demande Catherine lors de la scène 9), la séparation et le départ de Louis (deuxième partie). Mais cette inscription de la pièce dans une chronologie réaliste est en réalité doublée d'un ancrage qui, lui, n'a rien de tel. La fin de la didascalie initiale postule en effet l'existence de quelque chose de beaucoup plus flou : « *ou bien encore durant près d'une année entière* ». Le texte, brouillant ainsi les repères, déréalisant la chronologie, inscrivant celle-ci dans un déroulement potentiellement onirique, donne congé aux conventions avant même que la pièce n'ait commencé. Pendant celle-ci, les monologues de Louis (prologue ; épilogue ; I, 5 et 10 ; intermède, scène 3 ; II, 1) s'inscriront bien dans cette même temporalité confuse, diffuse, dans un hors-temps scénique, à la fois avant sa mort et après celle-ci.

1. Propos cités en note dans *Lire un classique du XXe siècle: Jean-Luc Lagarce, op. cit.*, p. 139.

Partant de l'analyse d'une réplique de *Juste la fin du monde*, Armelle Talbot[1] propose de faire le lien entre la façon dont le personnage lagarcien s'exprime en se corrigeant sans cesse et ce temps étrange qui est envisagé dans la pièce. Selon elle, l'épanorthose, figure de correction qui invite à revoir ce qui a été dit, à considérer le passé donc, ne va pas sans une anticipation de la réception, c'est-à-dire sans envisager l'avenir – on révise et corrige ce qu'on a dit en fonction de ce qu'on croit qui va être compris et des réactions susceptibles d'être engendrées. L'épanorthose serait donc une figure de l'entre-deux, entre rétrospection et prospection. C'est bien de ce moment, de ce temps doté « d'une durée fondamentalement dynamique où passé et futur coexistent et s'affrontent »[2] que semble parler Louis, dans une sorte de présent étendu, qui tend vers l'éternité ou l'atemporalité, où sa mort peut être envisagée à la fois comme advenue et non advenue. La toute dernière phrase de la pièce est exemplaire sur ce point. Alors même qu'elle ne propose pas d'épanorthose et que son énoncé est grammaticalement efficace, elle se projette dans le futur pour envisager le présent mais uniquement comme passé, et passé révolu car oublié : « ce sont des oublis comme celui-là que je regretterai ». Cette façon de vider le présent de son contenu, de le dés-actualiser en quelque sorte, pour le remplir d'autres temps ou au contraire abolir toute possibilité temporelle, tend à déréaliser le personnage, à faire de lui un absent, c'est-à-dire, dans tous les sens du terme, celui qui n'est pas *présent*. L'article d'Armelle Talbot s'ouvre justement sur un parallèle entre cette façon de parler, de prononcer et de se repentir aussitôt d'avoir dit, et la posture du personnage qui semble ne jamais dépasser le « seuil » et occuper toujours un espace intermédiaire.

2.2. L'espace, entre réalité et onirisme

Comme le temps, l'espace sollicité par *Juste la fin du monde* peut d'abord être appréhendé comme réaliste. L'espace scénique est celui de la « *maison de la Mère et de Suzanne* », décor sans précision, familial – comme la temporalité l'était, celle du « *dimanche* ». En outre, l'espace dramaturgique, construit par le discours des personnages, permet d'envisager un hors-scène qui, tout en n'étant guère plus précis, peut relever également d'un certain réalisme : le texte mentionne ainsi l'étage de la maison, où vit Suzanne, le pavillon où vivent Antoine et sa famille, la gare et le buffet, la ville mystérieuse dans laquelle habite Louis. Mais cette façon d'appréhender l'espace de la pièce n'est pas la seule : en effet, le lieu depuis lequel Louis prend la parole dans ses moments de monologue semble constituer un ailleurs

1. Armelle Talbot, « L'épanorthose : de la parole comme expérience du temps », in *Jean-Luc Lagarce dans le mouvement dramatique, IV, colloque de Paris III – Sorbonne nouvelle* (dir. C. Naugrette, J.-P. Sarrazac), Besançon, Les Solitaires Intempestifs, 2008, p. 255-269.

2. *Ibid.*, p. 258.

dont Louis a l'exclusivité, auquel les autres personnages n'ont pas accès. Cet accès privilégié ainsi que le contenu même des propos du protagoniste font de ce lieu particulier un caisson de résonance à sa propre intériorité : dans les monologues en effet Louis se confie sur ses intentions, ses souvenirs, ses états d'esprit. Dans ce lieu privé, qui échappe à la réalité des autres membres de la famille, Louis peut paradoxalement interpeller le public (*cf.* le « vous » du prologue) – comme s'il était le seul personnage doté d'une existence réelle, ou que ce lieu occupait un espace intermédiaire entre la salle, réelle, et la scène, fictive, dans un entre-deux. L'intermède, enfin, met en scène un espace relevant davantage du rêve que de la réalité : les personnages se poursuivent sans s'atteindre, alors même qu'ils sont censés être toujours dans la maison.

Un certain nombre de metteurs en scène qui ont monté *Juste la fin du monde* ont été sensibles à la difficulté de trouver un décor qui respecte les postulations spatiales mais également temporelles de la pièce. Philippe Delaigue confie ainsi : « on peut toujours regarder le spectacle, entendre le texte, travailler le jeu à l'aune d'une réalité qui est la réalité d'une journée à la campagne, la réalité d'une famille, d'un rapport fraternel... Mais on peut lire aussi ce texte avec une autre perspective, comme s'il y avait deux plans de théâtre : un théâtre "réaliste", donc (et surtout pas naturaliste) et sur un plan – qui appartient plus probablement au personnage de Louis – qui est à la fois onirique et épique, c'est-à-dire traversant le temps d'une manière beaucoup plus large que l'espace de la simple journée. Le moment du rêve est même clairement présent dans la pièce. Du coup on est tout le temps, sur toutes les questions que l'on est conduit à se poser sur cette pièce et sur cette écriture, dans une sorte d'"entre-deux" où l'on peut toujours se référer à un réel, mais où le réel est constamment "débordé" ; la langue elle-même traverse ces deux perspectives »[1]. Jean-Charles Mouveaux, autre metteur en scène, estime de son côté que ce serait faire un contre-sens sur la pièce que de proposer un décor qui préciserait des intentions supposées réalistes de Lagarce : « L'action de la pièce se déroule sur un plateau vide de tout élément anecdotique afin de créer un grand nombre d'espaces différents. Espace physique et espace temps. Dessiner un cadre trop précis à cette histoire serait pour moi une erreur. Toute l'action de *Juste la fin du monde* est emmenée par l'unique volonté et le seul point de vue d'une personne : Louis. Sommes-nous dans la réminiscence, dans l'espoir, l'envie ou le fantasme de son histoire ? »[2]

1. Philippe Delaigue, propos recueillis par Denys Laboutière, 16 janvier 2002, cité sur https://www.theatre-contemporain.net/spectacles/Juste-la-fin-du-monde-33/ensavoirplus/

2. Jean-Charles Mouveaux (avril 2005), entretien consultable sur https://www.theatre-contemporain.net/spectacles/Juste-la-fin-du-monde-1170/ensavoirplus/

3. L'action, entre pulsion épique et pulsion lyrique

« L'intrigue disparaît souvent au profit d'une atmosphère »[1], écrit Jean-Luc Lagarce au sujet du théâtre de Tchekhov : ce propos est valable également pour l'action de *Juste la fin du monde*, au sujet de laquelle on pourrait dire que « rien ne se passe ». La didascalie initiale préfère ainsi le pronom démonstratif « *cela* » au terme « action » (« *cela se passe* »), et l'évènement qui avait été annoncé dans le prologue, « dire [la] mort prochaine », n'aura pas lieu – l'intrigue, centrée sur la parole, est déceptive.

S'il ne se passe rien, c'est parce que le temps présent de la scène est sans cesse envahi par un mouvement narratif et rétrospectif, une remémoration, qui empêche le surgissement de l'événement et *in fine* le dénouement. Ainsi, lors de la scène 2, Catherine parle de ses enfants (« je raconte ») ; à la scène 3, Suzanne fait le récit de ce qu'a été sa vie en l'absence de Louis ; lors de la scène suivante, la Mère « raconte » les dimanches. Dans la deuxième partie, c'est Antoine qui assume essentiellement ce geste rétrospectif. Louis n'échappe pas à la règle : il veut « raconter des histoires » à Antoine, qui refuse de l'entendre (I, 11). Lors de l'épilogue, il « raconte » le souvenir de sa marche nocturne. Hélène Kuntz[2] identifie dans ce geste mémoriel, analeptique, dans cette tentation du récit envahissant l'action, empêchant l'avènement de celle-ci, un geste épique, qui met en danger le drame au sens d'action dramatique. Au-delà, elle identifie une autre tentation dans l'œuvre lagarcienne, celle du lyrisme. La parole, jouant sur les répétitions et les variations, est plus musicale que dramatique. Elle conclut ainsi sa réflexion : « *Juste la fin du monde* et *J'étais dans ma maison…* sont traversés par une pulsion épique et une pulsion lyrique qui, pourtant, n'anéantissent pas tout échange entre les personnages et n'entravent pas la circulation du sens entre la scène et la salle. La langue commune que font entendre les personnages de Lagarce procède en effet d'un art de la simplicité qui convie le spectateur à une autre forme d'écoute, centrée sur la saisie d'une voix plutôt que sur la compréhension d'une action »[3].

Partout la parole semble sollicitée, en effet, non tant pour son contenu qui est loin d'être livré efficacement que pour sa forme, son rythme, sa puissance sonore. Critiques et metteurs en scène chantent à l'unisson pour souligner la dimension musicale de l'œuvre. Ainsi, Gilles Scaringi convoque le modèle de l'oratorio pour appréhender la pièce et sa structure chorale[4]. Dans l'oratorio, les personnages

1. *Théâtre et Pouvoir en Occident*, *op. cit.*, p. 132.
2. Hélène Kuntz, « Aux limites du dramatique », in *Jean-Luc Lagarce dans le mouvement dramatique*, *op. cit.*, p. 11-28.
3. *Ibid.*, p. 27.
4. G. Scaringi, « Une proposition de lecture de *Juste la fin du monde* », in *Lire un classique du XX*e *siècle : Jean-Luc Lagarce*, *op. cit.*, p. 123-141. Œuvre lyrique généralement de nature religieuse, l'oratorio se développe sous la forme d'un dialogue dramatique faisant alterner chœurs, arias et récitatifs.

figurent côte à côte et s'adressent à Dieu. *Juste la fin du monde*, par sa choralité, par le fait que tous adressent à Louis un lamento, un récitatif, reproduit ce modèle. De son côté, Joël Jouanneau écrit, au sujet de l'évolution du style de Lagarce, que son écriture s'est transformée pour devenir « une écriture musicale qui repose sur le ressassement. Mais, à l'opposé de Duras, c'est comme si chaque phrase était une correction de la phrase qui précède. C'est un ressassement qui va vers l'avant. Un art de la répétition qui n'est jamais en boucle, qui construit toujours une histoire. Comme si, avant de finir sa phrase, ou de nous quitter, il voulait absolument pouvoir être dans le plus sincère du sincère »[1]. Le critique Jean-Pierre Léonardini, portant un regard sur la mise en scène de J. Jouanneau au Théâtre de la Colline à Paris (2000), évoque encore cette dimension : « Devant le quasi-mutisme de Louis, empêché d'avouer quoi que ce soit de lui-même, les autres parlent sans cesse, s'étourdissent de mots à proportion de son silence. C'est bouleversant. À cause de la stricte économie du langage dont use Jean-Luc Lagarce, suivant une conception musicale, avec des répétitions, des repentirs, des lapsus, une attention maniaque portée à l'expression juste, par ceux qu'impressionne celui qui écrit mais se tait. [...] Le travail de Jouanneau est d'une rare délicatesse inspirée. [...] On sent qu'il a escorté les interprètes au plus près, jusque dans la moindre césure et le plus bref soupir. C'est orchestré comme une sonate, ou plutôt comme une fugue »[2]. Enfin, Jean-Pierre Ryngaert invite à faire le lien entre la parole des personnages, qui ne semblent pas dialoguer directement, et certaines partitions de jazz, où un dialogue indirect se constitue malgré tout par les jeux d'échos et de variations[3].

In fine, les pulsions épique et lyrique se fondent peut-être dans le modèle de la rhapsodie : le rhapsode, on le sait, est le chanteur de poèmes épiques. De la rhapsodie, la pièce adopte la structure ou plutôt ce qui passe pour une absence de structure : nulle liaison des scènes ici, elles se succèdent sans se suivre immédiatement, séparées par des ellipses, ponctuant toute la composition de blancs, de vides, de silences, que rien ne viendra combler. Jean-Pierre Sarrazac commente cette composition : « Le *continuum* dramatique cède la place à un *discontinuum*, la syntaxe orthodoxe à la parataxe, qui caractérise une esthétique du *disjoint*. La (dé)construction, la (dé)composition dramatique procèdent, chez Lagarce comme chez nombre d'auteurs modernes contemporains, de cette pulsion rhapsodique, qui brise la sacro-sainte unité d'action et est l'instigatrice d'une forme très libre – laquelle ne signifie pas absence de forme »[4].

1. Propos recueillis par Christophe Fovanna, *Journal de Genève et Gazette de Lausanne*, 27 février 1997, p. 8.

2. La chronique théâtrale de Jean-Pierre Léonarini, *L'Humanité*, 13 novembre 2000.

3. Jean-Pierre Ryngaert, « *Juste la fin du monde* : dire avec une infinie précision », dans *Lire un classique du XXe siècle*, *op. cit.*, p. 119-121.

4. Jean-Pierre Sarrazac, Préface de *Juste la fin du monde*, Besançon, Les Solitaires Intempestifs, réédition poche 2016, p. 14.

4. Les personnages, entre individus et allégories

Enfin, les personnages de *Juste la fin du monde* ont une identité déterminée : ils ont un prénom, un âge, un métier et leurs liens de parenté sont établis. Louis, 34 ans, est le fils aîné, il est écrivain (I, 3) ; Antoine, fils cadet, a 32 ans et travaille dans une usine d'outillage (I, 6) ; Suzanne, la benjamine, a 23 ans – son métier n'est pas précisé mais elle a l'air de gagner sa vie puisqu'elle est en mesure de payer des biens matériels (I, 3). Deux personnages ont un statut un peu à part : Catherine, en tant que pièce rapportée – elle est la femme d'Antoine –, et la Mère dont l'âge est précisé (61 ans) mais pas le prénom.

Les personnages de la pièce se répartissent en deux catégories : au début, il y a Louis, d'une part, les autres d'autre part. Louis est celui qui a quitté le cercle familial, tous les autres sont restés, à la maison ou à proximité. Son importance est établie par le fait que c'est à lui qu'incombent le prologue, l'épilogue, tous les monologues de la pièce, et le fait qu'il est le personnage le plus présent sur la scène (20 scènes sur 25), qu'il ne quitte ni dans la première ni dans la deuxième partie. Mais dans la deuxième partie de la pièce, cette répartition entre les personnages – Louis *vs* les autres – subit un déplacement : c'est Antoine qui paraît désormais occuper la position à part (« vous en êtes à me regarder comme une bête curieuse », « vous ne pouvez pas toujours avoir raison contre moi », II, 2), comme si finalement le fils prodigue avait été malgré tout réintégré à la famille, au détriment d'un autre. La Mère ne cache d'ailleurs pas qu'elle a un fils préféré, ou du moins le suggère implicitement, et peut-être aussi inconsciemment, quand elle parle de Louis comme de son « fils » et d'Antoine comme de « son autre fils » (I, 1).

Les personnages lagarciens semblent également conscients d'incarner un « rôle », terme qui revient à plusieurs reprises, suggérant une dimension métatextuelle : la pièce se prend elle-même comme objet de son discours et se désigne comme œuvre théâtrale en soulignant le fait que les personnages sont des êtres de fiction, des comédiens qui jouent. Ainsi, écouter Louis n'est pas le « rôle » de Catherine selon elle (I, 6) ; la Mère pense qu'Antoine, après le départ de son frère, s'est donné le « rôle » du fils aîné, se sentant responsable de tous les autres membres de la famille (I, 8) ; selon Antoine, Louis s'est toujours donné le « beau rôle » (II, 2), en se faisant passer pour une victime, il est « pris à ce rôle » (II, 3). De façon plus générale, le texte signale qu'il appartient à une œuvre théâtrale : au début de la deuxième partie, Louis rejette une idée parce qu'il estime qu'elle n'est pas « jouable », suggérant par là qu'il est conscient d'être le personnage d'un texte dramatique, et même le dramaturge et le metteur en scène de cette pièce. Il est une projection, sur scène, de Jean-Luc Lagarce avec qui il partage des points communs : le métier d'écrivain, le fait qu'il soit condamné – au moment de l'écriture de *Juste la fin du monde*, Lagarce se savait séropositif.

Au-delà de l'identité personnelle attribuée à chacun des personnages, l'on peut être sensible au fait que tous peuvent avoir une dimension allégorique. Pour ce qui est de la Mère, le phénomène est assez évident : parce qu'elle n'est désignée que par sa fonction maternelle, elle est, en quelque sorte, une *Mère, toutes les mères*, à l'image de ces personnages représentant explicitement une pluralité de figures que l'on trouve dans *Le Pays lointain : un Garçon, tous les garçons* et *le Guerrier, tous les guerriers*. Louis, homme ordinaire, qui n'a rien d'« exceptionnel » (I, 11), incarne un homme universellement banal, comme les autres membres de la famille. Ce statut particulier du personnage lagarcien, qui peut être pris à la fois comme un être individuel et une entité collective, allégorique, influe sur le sens que l'on peut donner à la pièce, qui sonne tout à la fois comme intime et universelle.

III

De l'intimité à l'universalité

1. Un théâtre de l'intime

1.1. Résonances autobiographiques : dans l'intimité de Jean-Luc Lagarce

Juste la fin du monde est de façon assez évidente d'inspiration autobiographique : le dramaturge est séropositif au moment où il écrit l'histoire de Louis, cet homme qui se sait mourant et doit l'annoncer à sa famille. Comme Louis, Jean-Luc fera le choix du silence pendant un moment[1]. Comme Jean-Luc, Louis a un frère et une sœur, il est écrivain (« Je pensais que ton métier était d'écrire », avance Suzanne, I, 3), voire dramaturge ou metteur en scène (« c'est juste une idée mais elle n'est pas jouable », dit Louis, II, 1). Les pages du *Journal* tenu par l'auteur de 1977 à 1995, outre le fait qu'elles retracent à grands traits l'évolution du projet de *Juste la fin du monde* et les moments qui sont dédiés à son écriture, entrent bien souvent en écho avec le texte, comme dans cette note datée du 20 septembre 1989 où le dramaturge évoque des rêves dans lesquels il se trouve obligé d'écouter les membres de sa famille : « Je dors mal. [...] Mais encore, je fais des cauchemars terribles [...]. Scènes terribles avec mon père [...], ma mère, ma cousine Évelyne, cette nuit, ou François [Berreur]. Ils sont durs et je voudrais qu'on me laisse tranquille, mais je ne peux pas partir. Alors, j'écoute ce qu'on a à me dire ». Et plus loin, à la même date : « les gens souvent me parlent de mon corps [...]. Et de ces hommes qui parlent de moi comme si j'étais mort, me vient directement en tête l'idée que en effet, d'une certaine manière, je le suis »[2]. Comment ne pas voir dans ces quelques lignes des éléments fondamentaux de *Juste la fin du monde* ? La nécessité d'écouter les autres malgré soi, l'étrange présence-absence qui caractérise le rapport de Louis au monde et aux autres sont en effet déjà là, dans la vie de Lagarce. L'épilogue, également, qui évoque Louis marchant la nuit « le long de la voie ferrée » arrivant à « l'entrée d'un viaduc immense, / [qui] domine la vallée »

1. Voir par exemple la note du lundi 20 avril 1992 dans *Journal. 1990-1995* (tome II), *op. cit.*, p. 127.

2. *Journal*. 1977-1990 (tome I), *op. cit.*, p. 491.

résonne avec ce moment raconté par Jean-Luc à la date du 14 juillet 1983, une même marche nocturne, dans la montagne[1]. Comme dans l'épilogue, un désir de « crier » est encore évoqué le 5 décembre 1990[2], quand la pièce est déjà achevée.

Mais la perspective autobiographique trouve rapidement ses limites : le père de Lagarce, au contraire de celui de Louis, n'est ni mort ni absent. L'homosexualité, le SIDA, très explicites dans le *Journal*, ne sont pas mentionnés dans la pièce. Ce refus est à mettre en lien avec la volonté, sans aucun doute, de ne pas réduire la portée de *Juste la fin du monde* : il ne s'agit pas d'écrire une autobiographie, ni de faire une œuvre sur l'homosexualité ou sur le SIDA. Pour mieux cerner les intentions de Lagarce, on pourra opposer *Juste la fin du monde* au film réalisé par Xavier Dolan qui, dans son adaptation, modifie voire dénature le propos de la pièce en rendant l'homosexualité de Louis explicite : le réalisateur s'approprie l'œuvre de façon à travailler sur un motif qui lui tient à cœur, traité dans d'autres films[3]. Pour ce qui est de l'évocation des années SIDA, on pourra confronter la démarche de *Juste la fin du monde*, qui ne fait pas de la maladie un sujet, à celle de Christophe Honoré qui, dans *Les Idoles* (2018), en fait un, à travers la représentation de six artistes qui y sont confrontés. La portée de la pièce de Lagarce se veut bien plus large et tend vers la représentation de quelque chose qui relève de l'humanité ou de l'universalité plutôt que de la minorité, elle vise à inclure plutôt qu'à exclure.

1.2. L'intimité de Louis

Bien plus qu'à l'intimité de Jean-Luc Lagarce, personne réelle, nous avons accès à celle de Louis, personnage fictif. Les monologues constituent sur ce point un lieu privilégié, car Louis y confie par exemple ses angoisses (I, 10), ses projets, ses envies (prologue, épilogue). Parfois, le monologue brise le quatrième mur par une adresse directe aux spectateurs, qui deviennent les confidents de Louis : il en est ainsi dans le prologue où le « vous » (« me donner et donner aux autres, et à eux, tout précisément, toi, *vous*, elle ») prend à partie le public. Mais plus généralement, c'est toute la pièce qui peut être interprétée comme l'accès à l'intériorité de Louis. Ainsi, Jean-Pierre Sarrazac propose de voir dans *Juste la fin du monde* un monodrame. Ce genre dramatique – qui renvoie à l'origine à une pièce à personnage unique – devient au début du XXe siècle « un genre qui s'efforce de tout réduire à la vision unique d'un personnage, même à l'intérieur d'une pièce à nombreux personnages »[4]. Le dramaturge russe Evreinov définit ainsi le monodrame : il s'agit d'« un type de représentation dramatique dans lequel le monde qui entoure le personnage apparaît tel que le perçoit le personnage

1. *Ibid.*, p. 81.
2. *Journal. 1990-1995* (tome II), *op. cit.*, note du mercredi 5 décembre 1990, p. 45.
3. *Cf. Tom à la ferme* (2013) par exemple.
4. Article « monodrame », in *Dictionnaire du théâtre*, Patrice Pavis, Malakoff, Armand Colin, 2019.

à tout moment de son existence scénique »[1]. On voit combien *Juste la fin du monde* s'inscrit dans l'héritage de cette forme théâtrale: le prologue et l'épilogue placent en effet tout le drame sous le point de vue surplombant de Louis et les différentes parties semblent être mises en scène d'après cette perspective, selon ce qui est perçu par le protagoniste, voire passent pour la projection de l'intériorité de celui-ci, ou l'extériorisation d'une pièce intérieure. Une intimité est projetée sur scène et c'est bien Louis qui en est le metteur en scène.

2. De la tragédie au *drame-de-la-vie*

2.1. Persistance de la tragédie dans *Juste la fin du monde*

Plus qu'avec le monodrame, c'est avec la tragédie que *Juste la fin du monde* s'inscrit en résonance. La rivalité qui oppose deux frères, en l'occurrence Antoine et Louis, présente à l'origine dans la Bible (Abel *vs* Caïn, Esaü *vs* Jacob), innerve en effet de nombreux textes tragiques qui ont précédé les écrits de Jean-Luc Lagarce: Britannicus et Néron, empruntés à l'histoire romaine, s'affrontent dans *Britannicus* de Racine; Étéocle et Polynice, personnages issus de la mythologie grecque, sont en conflit pour le trône, que ce soit dans *Sept contre Thèbes* d'Eschyle ou *La Thébaïde* de Racine. De la tragédie classique en particulier, la pièce retient la structure quinaire. Les unités de temps et de lieu sont respectées dans la mesure où l'action se passe « *un dimanche* » (si l'on ne prend pas en compte l'alternative proposée par la didascalie initiale, « *ou bien encore durant près d'une année entière* »), en un seul lieu, « *la maison de la Mère et de Suzanne* », suffisamment imprécis pour évoquer la forme du « palais à volonté » de la tradition classique.

En outre, le personnage de Louis n'est pas sans partager des ressemblances avec des personnages récurrents de la tragédie. Comme Oreste revient à Argos, sa patrie natale[2], Louis est le fils qui revient dans la maison familiale. Il est aussi, sur certains points, proche de l'Œdipe de Sophocle. Dans *Œdipe Roi* comme dans *Juste la fin du monde*, on trouve un geste rétrospectif, une anamnèse: l'enquête d'Œdipe pour identifier le meurtrier de Laïos convoque les différents témoins du passé, comme les lamentos des différents membres de la famille évoquent des faits révolus (« Lorsque tu es parti », I, 3; « Le dimanche », « c'est l'histoire d'avant », I, 4). Jean-Pierre Sarrazac a rapproché la volonté de précision des personnages lagarciens de ce qui se pratique dans une déposition: : les personnages pèsent le poids de leurs mots dans ce qui est

1. Nicolas Evreinov, *Introduction au monodrame* (1909). Propos cités par Patrice Pavis, *op. cit*, art. « monodrame ».

2. Le retour d'Oreste est mis en scène dans *Les Choéphores* d'Eschyle, *Électre* de Sophocle, celle d'Euripide, *Agamemnon* de Sénèque. On trouve au XXe siècle des reprises modernes du mythe avec l'*Électre* de Giraudoux et *Les Mouches* de Sartre.

le procès d'un « mort en puissance »[1]. Dans l'*Œdipe* de Sophocle, ce sont bien des témoignages qui permettent d'identifier le meurtrier du roi Laïos. Dans les deux pièces, la confusion temporelle affecte le déroulement de l'histoire : Œdipe est celui qui mélange les générations en épousant sa propre mère et en ayant pour enfants ses frères et sœurs ; le prologue, les monologues de Louis, l'épilogue mélangent le passé, le présent et le futur en se situant dans une époque échappant à la conception traditionnelle du temps. Le même orgueil, la même volonté de maîtrise affectent les deux protagonistes : Œdipe est celui qui, ignorant la puissance des dieux, croit avoir résolu l'énigme du sphinx lui-même, avec sa seule intelligence[2] – son comportement relève de l'*hybris*, la démesure, défaut qui est puni ; Louis est celui qui revendique aussi un certain degré de maîtrise – mais il sait qu'il ne fait que donner le change, que « donner et donner aux autres [...] l'illusion d'être responsable de [lui]-même et d'être, / [...] [son]propre maître » (prologue) – il est un Œdipe dégradé, sans exploit, sans dieu, qui triche avec lui-même et les autres.

En outre, la pièce est émaillée de références à des éléments tragiques traditionnels. L'allusion à un « messager » dans le prologue, le prologue lui-même, l'épilogue également, sont hérités de la tragédie antique. Le texte évoque, non sans une ironie tenant le modèle de la tragédie à distance, le fait que Louis est un prénom porté traditionnellement par « les rois de France » (I, 2) – la noblesse fournissant généralement le personnel tragique. Au sujet de Louis, Antoine dit qu'il n'est « pas mauvais » mais qu'« il n'est pas totalement bon, non plus » (II, 2), ce qui rappelle la définition du héros tragique selon Aristote[3], pour qui le protagoniste ne doit être ni tout à fait coupable, ni tout à fait innocent afin de susciter à la fois la crainte et la pitié du spectateur. Antoine aussi est concerné par cette définition car, tout en n'ayant jamais commis de crime véritable, il est celui à qui on a toujours fait porter une « faute ». Le terme, fréquent, est exclusivement prononcé par lui (« Cela va être de ma faute », I, 2 ; « cela va encore être de ma faute », II, 2 ; « et peu à peu, c'était de ma faute, ce ne pouvait être que de ma faute », II, 3, par exemple). Enfin, une certaine forme de fatalité semble peser sur les personnages, comme en témoignent les expressions récurrentes « toujours été ainsi », « toujours été comme ça »[4] – mais c'est un *fatum* dérisoire : la seule chose à laquelle il est « impossible d'[...] échapper » (I, 4), c'est seulement, semble-t-il, la promenade familiale dominicale.

La comparaison avec la tragédie s'arrête sans doute là. Le personnel de la pièce de Lagarce n'appartient pas à la noblesse : ce sont des hommes ordinaires, à l'image du

1. Jean-Pierre Sarrazac, « De la parabole du fils prodigue au drame-de-la-vie », in *Jean-Luc Lagarce dans le mouvement dramatique, op. cit.*, p. 288.

2. « Moi Œdipe qui ne sais rien, j'en ai fini avec la Sphinx, / Grâce à ma seule intelligence, sans rien attendre des oiseaux ! » Sophocle, *Œdipe Roi*, Paris, Flammarion, 2015, trad. Daniel Loayza, « GF », p. 67.

3. Aristote, *La Poétique*, chap. XIII. Voir aussi la Préface de *Phèdre* de Racine : « Phèdre n'est ni tout à fait coupable, ni tout à fait innocente ».

4. Pour les différentes occurrences de ces expressions *cf.* I, 1, 4, 8, 9, 11 ; intermède, scène 4.

spectateur, Étéocle et Polynice modernes, pris dans des problèmes triviaux, banals, universellement humains, qui se contentent de se menacer sans passer à l'acte : « Tu me touches : je te tue » (II, 2). Le fratricide n'aura pas lieu. À la différence d'Oreste, Louis ne revient pas pour venger le meurtre du père en tuant sa mère et l'amant de celle-ci. Au contraire du mythe d'Œdipe, la pièce ne mentionne pas d'inceste, sinon sur un mode comique et ironique, comme pour mettre à distance encore le modèle de la tragédie : « Antoine : Nous nous entendons. – Suzanne : C'est l'amour » (intermède, scène 2) ; Louis : « je renonce à tout, / j'épouse ma sœur, nous vivons très heureux » (II, 2). De plus, à la différence de ce qui se passe dans la tragédie classique, dans *Juste la fin du monde* les scènes se suivent sans être liées, « sans nécessité » (I, 8) : elles consistent en la juxtaposition de plusieurs fragments, généralement séparés par une ellipse, qui s'enchaînent sans dérouler une mécanique inéluctable qui aboutirait à un dénouement nécessaire, complet. Elles sont, en ce sens, à l'image de la parole lagarcienne telle qu'elle est mise en page : une superposition d'éléments à la verticale qui échouent globalement à créer la linéarité d'une phrase dont les éléments se suivraient pour formuler un énoncé clair et univoque. Une tension oppose ici verticalité et horizontalité, dans une esthétique qu'on pourrait qualifier, avec J.-P. Sarrazac, du « disjoint »[1]. Du tragique, oui, mais comme en pointillés.

2.2. L'impuissance à dire : le tragique de la parole

> Rien jamais ici ne se dit facilement,
>
> *Juste la fin du monde*
>
> J'entrepris de ne raconter que ma propre impuissance à raconter… […]. Et naturellement, cette impuissance, je fus impuissant à la raconter…,
>
> *Ici ou ailleurs*

Dans le théâtre de Jean-Luc Lagarce, les personnages font eux-mêmes le constat général de la difficulté à dire, voire de la faillite de la parole et de toute forme de communication, si bien que la critique parle souvent de dramaturgie de l'échec pour qualifier l'ensemble de l'œuvre lagarcienne. Ainsi, Geneviève Jolly souligne dans ce théâtre « l'importance du non-dit, celle de la difficulté ou de la maladresse à dire, qui fait que l'on ne saisit pas immédiatement ce qui est en train de se formuler, et, du reste, les fins des pièces peuvent également jouer sur cette ambiguïté, et rester comme en suspens »[2].

Ce qui donne immédiatement cette sensation de difficulté, d'échec, ce sont d'abord les épanalepses, les variations, les épanorthoses… qui construisent l'impression

1. Jean-Pierre Sarrazac, Préface de *Juste la fin du monde*, réédition citée, p. 14.

2. *Problématiques d'une œuvre, I, colloque de Strasbourg*, (dir. G. Jolly, D. Juillard, A. Pascaud), Besançon, Les Solitaires Intempestifs, 2007, p. 20.

que les personnages sont en permanence en quête du mot juste, qu'ils recherchent avec une « infinie précision » (Jean-Pierre Ryngaert)[1]. Ici, la parole est bien oralité, avec tout ce que cela implique : les personnages tâtonnent, cherchent leurs mots, se répètent, reformulent, se corrigent, s'interrompent, renoncent aussi face à la difficulté à verbaliser leur pensée : « je ne sais comment l'expliquer, / comment le dire, / alors je ne le dis pas », confie Suzanne (I, 3). Le silence de Louis, qui n'annonce pas sa mort malgré son projet de la dire, est à rattacher à cette difficulté. Dès lors, la force fatale qui frappe les personnages, contre laquelle ils luttent malgré tout, paraît bien être la parole, en tant que mise en mots de la pensée : le sentiment du tragique naît de la tension entre la volonté de dire et l'impossibilité de le faire et la pièce met en scène le tragique de l'incommunicabilité.

Autre élément tragique dans la parole, c'est le fait que celle-ci, plus forte que nous, peut prendre le dessus : les mots nous échappent malgré nous et ont une portée qui peut s'avérer fatale – d'où l'extrême attention que les personnages portent aux expressions qu'ils emploient. Un mot de trop et c'est le drame : le terme « brutal » provoque la colère et le déferlement de la parole d'Antoine dans la deuxième partie. Louis emploie le verbe « prévenir », qui fait réagir Catherine : « il a dû vous prévenir contre moi » ; « Pourquoi dites-vous ça : / "il a dû vous prévenir contre moi" » (I, 6). La puissance de la parole apparaît également sous la forme du lapsus qui témoigne, malgré une attention accrue portée au choix des mots, de quelque chose qui dépasse le personnage : « que la femme de *mon autre fils* ne connaisse pas mon fils cela, je ne l'aurais pas imaginé »[2] (I, 1). L'expression ne peut que blesser profondément Antoine qui, lui, est resté auprès de sa mère et pourrait prétendre légitimement à être le fils préféré. Cette dimension destructrice peut aussi être utilisée consciemment, comme une arme, comme le signale Antoine, qui affirme que les mots de Louis sont ravageurs : « tu vas me raconter des histoires. / [...] et peu à peu, tu vas me noyer » ; « tu entames la conversation, [...] / c'est une méthode, c'est juste une technique pour noyer et tuer les animaux » (I, 11). On peut aussi renoncer à ce pouvoir, baisser les armes : Louis ne fait pas son annonce, certes parce que dire est difficile voire impossible, mais c'est aussi pour épargner les autres – il repart « sans avoir jamais osé faire tout ce mal » (II, 1), il choisit de garder le silence, généreux et salvateur.

In fine, ce qui dépasse les personnages, c'est peut-être, plus que la parole, le silence, vainqueur dans de nombreux cas. Le choix des versets permet de mettre en scène sur la page une parole qui est cernée de toutes parts par un blanc menaçant, par le vide. Ainsi, chaque prise de parole est une lutte pour sortir de ce silence, lutte qui doit se renouveler à chaque ligne[3]. La composition de la pièce, dont les différents

1. Jean-Pierre Ryngaert, art. cité.

2. Nous soulignons.

3. On peut penser ici à la pièce radiophonique de Nathalie Sarraute, *Le Silence* (1967), dans laquelle six personnages parlent tandis que le septième reste obstinément silencieux. Les personnages ont beau essayer d'ignorer le mutisme de Jean-Pierre, ils se trouvent pris chacun leur tour, comme dans un « filet », par cette force qui les oppresse, qui les étouffe, qui les écrase.

mouvements sont de plus en plus courts, donne l'impression que le silence peu à peu se propage, finit par gagner : il ne reste que l'envie de pousser un « grand et beau cri », mais il est impossible de le faire entendre.

2.3. Un drame-de-la-vie

Pour parler de ce nouveau type de drame qui voit non seulement la déconstruction du dialogue traditionnel mais encore celle du personnage ainsi que la fragmentation de l'intrigue, Jean-Pierre Sarrazac crée les notions de *drame-dans-la-vie* et *drame-de-la-vie*. Au « drame-*dans*-la-vie » qui renvoie à la forme théâtrale traditionnelle, héritée d'Aristote, mettant en scène en une journée le passage du bonheur au malheur dans la tragédie, il oppose le « drame-*de*-la vie », apparu avec les dramaturges Ibsen, Maeterlinck, Strindberg et Tchekhov. Ce genre ne correspond plus à la mise en scène d'un moment crucial de l'existence du héros, mais concentre dans le cadre de l'action scénique toute sa vie, et toutes les petites catastrophes et péripéties qu'il peut rencontrer dans son existence banale. J.-P. Sarrazac parle alors d'« infradramatique » : « Au régime de l'infradramatique, plus de héros, mais des personnages très ordinaires ; plus de mythe, mais tout au plus du fait divers [...]. La devise du drame-de-la-vie pourrait tenir en une formule de Beckett : "quelque chose suit son cours". Plus de progression dramatique, plus de nouement et de dénouement, plus de grande catastrophe mais une série de petites. La dramaturgie est entrée dans cette ère – et dans cette aire – du quotidien qui fait dire à Tchekhov que "rien ne se passe" dans ses pièces [...]. [I]l a également partie liée avec la *subjectivisation* et, partant, avec la *relativisation* qui marque ces événements et micro-conflits. En d'autres termes, c'est à un théâtre intime et à des conflits souvent intrasubjectifs et intrapsychiques que nous avons affaire »[1]. La pièce de Jean-Luc Lagarce, *Juste la fin du monde*, relève de ce type de modernité : personnages qui n'ont rien d'« exceptionnel » (I, 11), absence de progression dramatique, de nœud, de dénouement fermé, succession de petites catastrophes... – nous sommes dans le quotidien, et en même temps sous l'éclairage subjectif de toute la vie de Louis qui défile. Il faut noter cependant que cet aspect subjectif, intime, n'est pas dénué de lien avec l'universalité : parce qu'il n'a rien d'exceptionnel, Louis est justement l'acteur d'une tragédie universellement humaine.

La notion de *drame-de-la-vie* n'est pas la seule à être convoquée par la critique pour expliquer la forme originale et fuyante de *Juste la fin du monde*. Jean-Pierre Sarrazac[2] situe encore celle-ci dans l'héritage du *stationemdrama*. Ce genre dramatique reprend lui-même la forme des Moralités, Mystères et autres œuvres didactiques médiévales

1. Jean-Pierre Sarrazac, « La Reprise », *La Réinvention du drame (sous l'influence de la scène)*, *Études Théâtrales*, n° 38-39, 2007, p. 12.

2. Jean-Pierre Sarrazac, « De la parabole du fils prodigue au drame-de-la-vie », art. cité.

destinées à représenter de manière symbolique un pèlerinage de vie humaine, et trouve son illustration dans *Brand* d'Ibsen (1865) et *Le Chemin de Damas* de Strindberg (1898). Beckett illustre encore cette forme en représentant l'ultime station du chemin qu'est la vie dans des pièces comme *En attendant Godot* ou *Fin de partie*. Au sujet de *Juste la fin du monde*, J.-P. Sarrazac écrit ainsi : « Parvenu au terme de son périple, [...] c'est-à-dire dans l'intimité de la Mort, le personnage-pèlerin des moralités médiévales n'attend plus que le jugement qui décidera s'il doit être condamné ou sauvé »[1]. Pour lui, Louis se place dans une situation similaire, quand il fait le bilan de sa vie, qu'il « range, [met] de l'ordre » (I, 10). Mais le dieu des Moralités médiévales, qui juge l'âme d'un homme à la fin de son existence représentée dans la pièce, n'existe plus dans le théâtre de Lagarce, nous sommes passés, écrit encore J.-P. Sarrazac, du *Theatrum mundi* (le théâtre du monde, placé sous le regard de dieu), au *Theatrum mentis* (théâtre de l'esprit), où chacun est « livré à sa propre subjectivité »[2]. Ainsi, si Louis effectue le bilan de sa propre vie, celui-ci n'est pas destiné à être jugé par un dieu, qui lui accorderait ou non l'accès au paradis, il n'est destiné qu'à lui-même, et peut-être, au-delà, au spectateur.

3. De la déploration de soi à la déploration de tous

Enfin, pour mieux cerner ce qui se joue au sein de *Juste la fin du monde*, il nous semble devoir rapprocher cette pièce du genre de l'élégie et du registre élégiaque. Le premier est une forme littéraire « ouverte à toutes les expérimentations », « particulièrement instable »[3], caractérisée essentiellement dans l'antiquité par l'emploi du distique élégiaque (association d'un hexamètre et d'un pentamètre), et le deuxième une tonalité rapidement cantonnée dans l'histoire littéraire à l'expression de la plainte, du deuil, de l'amour malheureux, comme en témoignent les fameuses lignes de Boileau, qui superposent genre et registre :

> La plaintive élégie, en longs habits de deuil,
> Sait, les cheveux épars, gémir sur un cercueil.
> Elle plaint des amans la joie et la tristesse ;
> Flatte, menace, irrite, apaise une maîtresse.[4]

Si *Juste la fin du* monde n'est pas à proprement parler une élégie, on peut y déceler des phénomènes de résonances à ce genre littéraire, auxquels il convient de prêter

1. Jean-Pierre Sarrazac, art. cité, p. 276.

2. *Ibid.*, p. 277.

3. Delphine Denis, « De l'élégie à l'élégiaque : un débat théorique à l'âge classique », *Les Registres. Enjeux pragmatiques et visées stylistiques*, Lucile Gaudin-Bordes et Geneviève Salvan (dir.), Louvain-la-Neuve, Academia-Bruylant, 2008, collection « Au cœur des textes », p. 63-76.

4. Boileau, *op. cit.*, chant II, v. 39-42, p. 94.

attention. De plus, le ton de la plainte, la thématique du deuil confèrent à la pièce une indéniable tournure élégiaque.

3.1. Suzanne et Catherine, personnages élégiaques

3.1.1. Des personnages en attente

Certaines œuvres de Lagarce témoignent d'une volonté de reprendre le modèle de l'élégie : une de ses premières pièces, *Elles disent…*, réécrit *L'Odyssée* en accordant une attention toute particulière aux femmes – Calypso, Circé, Nausicaa et Pénélope –, figées dans l'attente du retour d'Ulysse. En cela, Lagarce s'inscrit dans l'héritage de son prédécesseur de plusieurs siècles, Ovide, qui donnait déjà la parole à des femmes abandonnées – notamment Pénélope – dans les *Héroïdes*. Dans *J'étais dans ma maison et j'attendais que la pluie vienne*, un chœur de femmes s'exprime pour dire l'attente subie pendant des années en espérant le retour du « jeune frère ». *Juste la fin du monde* s'inscrit dans cette lignée.

Suzanne, en effet, comme les femmes de *J'étais dans ma maison…*, comme Ariane ou Didon dans les *Héroïdes*, semble fixer l'horizon pour guetter le retour de l'absent : « Il est venu en taxi. / J'étais derrière la maison et j'entends une voiture, […]. / Je t'attendais et le bruit de la voiture, du taxi, immédiatement, j'ai su que tu arrivais […] » (I, 1). Catherine, dans une moindre mesure, est aussi un personnage qui attend – elle attend Antoine à la sortie de son travail, « une petite usine d'outillage, je sais où c'est, / parfois je vais l'attendre » (I, 6) – mais l'attente de son mari est résolue à la fin de la journée.

Les figures féminines du théâtre de Lagarce, malgré la ressemblance qu'elles entretiennent avec les personnages des héroïdes, incarnent toutefois des femmes plutôt simples, prises dans des intrigues qui relèvent du quotidien. Aux plaintes de la reine de Carthage, de celle d'Ithaque… dans les *Héroïdes*, succèdent celles de femmes qui n'ont rien qui les distingue, et qui, souvent, ne sont pas même dotées d'un nom : La Mère (*Juste la fin du monde*), L'Aînée, la Plus Jeune… (*J'étais dans ma maison…*). Ces femmes renvoient, dès lors, à quelque chose de plus qu'elles-mêmes, elles acquièrent une dimension collective, allégorique, universelle : c'est La Mère, toutes les mères, la Sœur, toutes les sœurs[1]. L'élégie de l'une devient élégie de toutes. Lagarce attire l'attention sur cette valeur universelle de ces personnages dans le « Synopsis » de *J'étais dans ma maison…* :

> Les sœurs et les épouses et les mères encore, et les amantes qu'on oublia et celles qu'on ne voulait pas voir, dont on ne voulait pas comprendre le désir et qui attendent, qui promirent d'attendre et qui le firent […].

1. Nous avons évoqué plus haut les personnages collectifs présents dans *Le Pays lointain* : un personnage incarne une gamme de personnages, désignée par son rôle (le garçon, tous les garçons, le guerrier, tous les guerriers).

Ou encore, elles peuvent être le détour d'une phrase, le jeu des mots, Louise, Hélène, Solange, Béatrice et Anne [...].

S'appeler aussi Électre, Chrysothémis, Iphigénie, Clytemnestre, et la femme captive, la Troyenne. [...]

Et encore, c'est pareil, toujours pareil, Olga, Macha, Irina et Natalia Ivanova [...].[1]

Il y a de cela dans *Juste la fin du monde* mais cette dimension est cependant plus ténue parce que la pièce est placée sous le point de vue surplombant de Louis, ce qui n'est pas le cas dans *J'étais dans ma maison...* où le fils disparaît pour laisser la parole exclusivement aux femmes délaissées. En outre, le personnage de La Mère de *Juste la fin du monde* n'est pas caractérisé par l'attente, comme si, finalement, l'attitude nostalgique qui est la sienne la figeait dans un passé l'empêchant d'envisager un futur possible voire un présent, celui sur lequel doit déboucher l'attente.

3.1.2. Un discours simple, épuré, épuisé

À la souffrance de ces femmes banales correspond l'emploi d'une rhétorique simple, naturelle, prosaïque, – les exclamations, les hyperboles, les interrogations rhétoriques, les malédictions, les imprécations... sont rares ici, voire totalement absentes. Les textes, ancrés dans le quotidien, la simplicité, sont subtilement élégiaques. Qu'on oppose les plaintes de Suzanne, dans *Juste la fin du monde* – « Ce n'est pas bien que tu sois parti, / parti si longtemps, /ce n'est pas bien et ce n'est pas bien pour moi » (I, 3) – à celles de Pénélope dans les *Héroïdes* :

> Pénélope : Ta Pénélope t'envoie cette lettre, trop tardif Ulysse : ne me réponds rien, mais viens toi-même. Elle est certainement tombée, cette Troie odieuse aux Danaennes. Priam et Troie tout entière valent à peine tout ce qu'ils me coûtent. Oh ! que n'a-t-il été enseveli dans les eaux courroucées, le ravisseur adultère, alors que sa flotte le portait vers Lacédémone ! Je n'aurais pas, sur une couche froide et solitaire, pleuré l'absence d'un époux ; je n'accuserais pas, loin de lui, la lenteur des jours ; et, dans mes efforts pour remplir le vide des nuits, je ne fatiguerais pas mes mains de veuve sur une toile toujours inachevée. Quand m'est-il arrivé de ne pas craindre des périls plus grands que la réalité ?[2]

Il semble que l'élégie se soit vidée de sa force et que l'abandonnée ne trouve plus l'énergie – et les moyens rhétoriques – de se plaindre après avoir tant attendu. Les pièces de Lagarce montrent des femmes non, comme chez Ovide, fraîchement délaissées et en proie à la fureur, mais vingt ans après. La souffrance s'est installée dans la durée et s'est atténuée avec le temps. Au début, l'on croit qu'on va se faire « dévorer peu à peu par l'inquiétude et la douleur », qu'on mourra « de chagrin »,

1. Jean-Luc Lagarce, « Synopsis », in *J'étais dans ma maison...*, Besançon, Les Solitaires Intempestifs, 1997, p. 60-61.

2. Ovide, *Lettres d'amour / Les Héroïdes*, éd. Jean-Pierre Néraudau, Paris, Gallimard, 1999, coll. Folio Classique, p. 43.

« – *elle ne survécut pas à son frère, elle l'aimait tant qu'elle mourut avec lui, de détresse, comme ça*, la mâchoire qui se décroche – / mais je ne crois pas cela, c'est un mensonge », dit la Seconde sœur dans *J'étais dans ma maison*[1].

3.1.3. Une élégie en présence de l'autre

Contrairement à une grande partie de la tradition, où le départ puis l'absence de l'être aimé fournissent le moteur de la plainte élégiaque, la lamentation lagarcienne exhalée dans *Juste la fin du monde* présente cette originalité d'être une plainte *en présence* de l'être aimé. Ici, au rebours de la tradition, c'est le retour de Louis qui est la cause du déferlement de la parole et c'est sa présence qui alimente paradoxalement le moteur élégiaque. En outre, ce qui est intéressant, c'est que Louis, même revenu, n'est pas « tellement tellement présent » (I, 3) : il est là, il écoute, mais ne répond pas vraiment. Ainsi, dans la scène 3 de la première partie, sa présence, induite par le fait que Suzanne s'adresse à lui (« Lorsque tu es parti »), est totalement silencieuse. Dans les scènes où il est confronté aux autres personnages, il s'en sort avec un silence (« silencieux, / ô tellement silencieux », dit Antoine, II, 3), quelques répliques, rares (I, 2, 4, 6, 7, 8, 9), un « sourire » ou « deux ou trois mots » (I, 8). L'élégie reste finalement élégie en l'absence de l'autre pourtant là. Il en va de même dans *J'étais dans ma maison…* où les femmes se plaignent de l'absence du fils, alors que celui-ci est revenu et dort dans la chambre à côté d'elles. Cette présence-absence semble être une spécificité du personnage de Louis, qui en fait la modernité : sa réalité est douteuse, même aux yeux des êtres de fiction qui partagent le même espace que lui.

3.2. Louis, l'élégie de soi-même

3.2.1. Un personnage figé dans l'attente

Le personnage qui semble figé dans l'attente à laquelle sont condamnées les héroïnes ovidiennes paraît être, dans *Juste la fin du monde*, de façon surprenante, Louis lui-même, comme en témoigne le relevé des occurrences du verbe qui lui est le plus souvent associé : « de nombreux mois déjà que *j'attendais* à ne rien faire », « que *j'attendais* d'en avoir fini » (prologue), « *J'attendais* le moment décent pour venir ici », « j'étais au buffet et *j'attendais* », « *j'attendais* et je me suis dit » (I, 11), « la pire des choses, / que je veuille *attendre* un peu »[2] (Intermède, scène 3). Mais, contrairement aux héroïnes antiques abandonnées, le personnage n'attend le retour de personne, n'a été abandonné par personne : Louis est figé dans l'attente de la mort, non encore advenue (« j'attendais d'en avoir fini », prologue), à moins que cette

1. *J'étais dans ma maison…*, p. 45-46.

2. Nous soulignons à chaque fois.

attente ne soit celle qui caractérise la posture du personnage dans l'au-delà, auquel Louis semble déjà appartenir. Ambiguïté et incertitude, encore, font douter de la réalité du personnage, qui semble d'autant plus solitaire qu'il n'attend personne.

Ce temps spécifique de l'attente, dans lequel sont pris bon nombre de personnages lagarciens, a fait l'objet d'une réflexion du dramaturge dans un texte publié à l'occasion de la présentation d'*Elles disent…* à Besançon en 1979. Jean-Luc Lagarce s'y arrête sur la lenteur de l'écoulement des heures qui caractérise ce temps particulier :

> Une « histoire de lenteur »… Lenteur de la vie passée dans l'attente ; elles disent la solitude, elles disent l'absence. Ulysse amant, Ulysse époux, Ulysse père, Ulysse toujours absent […]. Pour Calypso, pour Circé, le passage d'Ulysse crée une brèche dans l'éternité. […] Ulysse abandonne à chaque femme qu'il quitte un fardeau d'irréversible solitude et d'attente irraisonnée. […] La vie se disperse, se dissout lentement, très lentement. La vie doucement s'immobilise.[1]

Cette « histoire de lenteur », cette « vie passée dans l'attente », appartiennent aussi à l'histoire de Louis. L'annonce de sa mort – ou sa mort advenue – semble lui avoir laissé ce « fardeau d'irréversible solitude » qui ressort particulièrement de son monologue à la scène 10 de la première partie. Cette vie qui « se disperse », qui « doucement s'immobilise », « se dissout » n'est pas sans rappeler non plus le mouvement global de la pièce dont les parties deviennent, à mesure qu'on avance, de plus en plus courtes, s'étiolent, s'essoufflent, dans un mouvement qui est peut-être aussi celui de la vie de Louis qui s'éteint peu à peu.

3.2.2. L'acceptation de son propre deuil

Se démarquant encore de la tradition élégiaque, *Juste la fin du monde* montre également la difficulté, non à faire de deuil de l'autre, mais à faire le deuil de soi : Louis sait qu'il va mourir et n'arrive pas à accepter cette idée. L'élégie ici est moins celle des femmes qui se plaignent d'avoir perdu l'amant ou l'époux – l'absence étant équivalente à la mort finalement –, que celle de Louis lui-même confronté à sa mort imminente dans une élégie nouvelle, qui ne prend plus autrui en considération mais soi-même, dans une entreprise égotiste. Ce qui peut surprendre encore, c'est le fait que la mort est placée dans le futur : l'élégie traditionnelle se conjugue plutôt au passé ou au présent. Ici, non seulement la mort est à venir, mais elle est déjà advenue, le point de vue de Louis le faisant parler dans le prologue, les monologues (I, 5 et I, 10), l'épilogue, depuis une époque imprécise, située à la fois avant et après son décès : « Plus tard, l'année d'après /– J'allais mourir à mon tour – /J'ai près de trente-quatre ans maintenant et c'est à cet âge que je mourrai,

1. Jean-Luc Lagarce, propos cité dans l'avant-propos de l'édition d'*Elles disent… l'Odyssée*, Besançon, Les Solitaires Intempestifs, 2019, p. 11-12.

[...] » (prologue). Étrange voix d'outre-tombe, « chant de mort-vivant »[1] qui propose la déploration de soi-même. La scène 10 de la première partie, en particulier, fait résonner cette acceptation progressive de sa prochaine disparition : les six blocs de versets successifs, séparés par un blanc typographique, commençant pour les cinq premiers par un repère temporel (« Au début », « Ensuite », « Parfois », « Plus tard encore », « Mais lorsqu'un soir ») soulignent les différentes étapes de l'acceptation du deuil de soi. Le sixième bloc est bien celui de la résignation : « je reviens et j'attends. / Je me tiendrai tranquille », « Je range, je mets de l'ordre ».

3.2.3. L'Homme malheureux : une construction fictive ?

Mais la pièce de Lagarce met également en avant le fait que la posture de Louis est un rôle, un mensonge, une fiction, dénoncée par Antoine : « C'est lui, l'Homme malheureux » (intermède, scène 6). Antoine en effet pointe du doigt la supercherie : « tu ne manquais de rien et tu ne subissais rien de ce qu'on appelle le malheur », « tout ton malheur ne fut jamais qu'un malheur soi-disant » (II, 3). L'imposture est reconnue par Louis dans les monologues : il est « un jeune homme faussement fragile qui s'étiole et prend des poses » (I, 10). À la fin de la scène 10, il dénonce sa fausseté, le fait qu'il faisait « juste mine de ». C'est bien pourtant une souffrance réelle qui semble communiquée au début de ce monologue, qui fait le récit rétrospectif des états d'âme qui l'ont traversé depuis qu'il a appris qu'il allait mourir. Cette souffrance est exprimée en particulier dans le deuxième bloc de versets, consacré à l'expression de la colère qui l'a pris, de la « haine » qui a été une des étapes traversées dans l'acceptation de sa propre mort. Ce sentiment se formule dans la volonté de mettre à mort les autres, les vivants : « Je vous tue les uns après les autres », « vous ne le savez pas / et je suis l'unique survivant », « Je suis un meurtrier et les meurtriers ne meurent pas ». Il s'agit cependant d'une vaine volonté de maîtriser les choses, dans un renversement paradoxal et ironique puisque Louis devient ici l'unique survivant alors qu'il est le seul dont la mort est certaine, « irrémédiable ». Mort-vivant, présent-absent, vrai-faux personnage, vraiment-faussement malheureux, Louis est donc le lieu de toutes les contradictions, il est bien en cela un personnage de l'entre-deux.

1. Nous empruntons cette expression à Cécile Yapaudjian-Labat, *Écriture, deuil et mélancolie. Les derniers textes de Samuel Beckett, Robert Pinget et Claude Simon*, Paris, Classiques Garnier, 2010, p. 295. Elle est employée au sujet de l'œuvre de Beckett (« La litanie beckettienne est un chant de mort-vivant qui porte en un seul mot l'infini d'une parole – d'une vie – qui pourtant s'éteint »).

3.3. Une forme élégiaque

3.3.1. Le ressassement

Au-delà de la perte de l'autre, de celle de soi, une autre perte essentielle affecte le texte lagarcien, celle du mot juste, qui arriverait à dire avec précision la peine et la souffrance. Si l'élégie est contenue, retenue, c'est aussi parce que les personnages éprouvent cette difficulté à dire et cherchent en tâtonnant, en multipliant les reprises, les variations, en ressassant, afin de trouver le mot, absent, qui se refuse, celui qui, peut-être, arrivera à dire l'émotion juste. Le texte oscille ainsi sans cesse entre la volonté de se plaindre, de faire élégie, et la suggestion du fait que cette tentative de dire la souffrance est vaine. Souffrance de ne pas avoir reçu de véritables nouvelles, d'avoir perdu l'autre avec la distance : « Suzanne. – Parfois, tu nous envoyais des lettres, / parfois tu nous envoies des lettres » (I, 4) ; souffrance d'être toujours considéré comme le frère le plus brutal, celui qui fait toujours tout mal : « je disais seulement, / je voulais seulement dire / et ce n'était pas en pensant mal » (II, 2). La parole avance ainsi tout en ressassant l'Absent – le mot –, oscillant entre « une quête incessante vers un objet irrémédiablement perdu » tout en étant « consciente de sa visée infinie et indicible »[1]. La figure de l'épanorthose, chère à Jean-Luc Lagarce, dit encore « l'approximation du langage, incapable d'atteindre sa cible mais s'obstinant à s'en approcher »[2]. Dans *Elles disent… l'Odyssée*, une de ses premières œuvres, si la parole est beaucoup moins ressassante que dans les œuvres ultérieures, on trouve, dans les Enfers, Antiope, « frappée par la folie, qui erre sans cesse en répétant les mêmes litanies »[3], véritable allégorie de l'écriture lagarcienne.

3.3.2. La claudication du verset lagarcien

Enfin, le ressassement, l'épanorthose incessante, déployés par le biais du verset, nous semblent créer parfois dans les textes un effet de claudication qu'on peut, sans doute, rapprocher de la boiterie du distique élégiaque. L'on sait que ce distique repose sur l'emploi de deux vers inégaux, l'hexamètre et le pentamètre. Cette dissymétrie est représentée par une claudication dans l'allégorie de l'élégie que présente Ovide dans les *Amours*[4]. Dans les textes lagarciens, on retrouve parfois, en sourdine, quelque chose qui rappelle un peu cette boiterie. Le prologue de *Juste la fin du monde* en offre un exemple. Ici alternent des versets courts, qui

1. Cécile Yapaudjian-Labat, *Écriture, deuil et mélancolie. Les derniers textes de Samuel Beckett, Robert Pinget et Claude Simon*, *op. cit.*, p. 284. Nous reprenons un propos que la critique tient au sujet des œuvres des auteurs désignés par le titre de son ouvrage.

2. *Ibid.*, p. 287. Nous reprenons un propos que la critique tient au sujet des œuvres des auteurs désignés par le titre de son ouvrage.

3. *Elles disent…*, *op. cit.*, p. 60.

4. Ovide, *Les Amours*, éd. J.-P. Néraudau, Paris, « Les belles lettres », coll. « Classiques en poche », 2002, III, 1, p. 123.

reposent généralement sur la répétition (« l'année d'après », « malgré tout »), et des versets plus longs (« j'ai près de trente-quatre ans maintenant et c'est à cet âge que je mourrai », par exemple) : c'est comme si la parole, revenant sur elle-même, avait besoin de trouver constamment un appui, un pied fort, à partir duquel elle puisse s'élancer. Ce pied fort, c'est le ressassement qui le lui fournit.

Ainsi, il semble bien que nous puissions établir un lien entre l'élégie, l'élégiaque, et le théâtre de Jean-Luc Lagarce. D'une part, le théâtre du dramaturge, à ses débuts, puise dans l'élégie, et entretient une parenté particulière avec les *Héroïdes*, en déployant des chœurs de femmes abandonnées par des hommes – c'est le cas dans *J'étais dans ma maison...* Mais l'élégie se modernise, devient plus naturelle, plus quotidienne, et la déploration n'est plus réservée aux reines et à leur pompe grandiloquente, elle est celle de toutes les femmes, même banales, et acquiert par là une dimension universelle. Le ton élégiaque est cependant conjugué en mode mineur dans *Juste la fin du monde* où le point de vue adopté n'est pas celui des abandonnées mais bien plutôt de celui qui est parti. Il n'empêche : Suzanne est bien une Électre ou une Pénélope moderne, délaissée elle aussi et se plaignant doucement, prosaïquement. Au-delà, l'écriture lagarcienne propose, par le ressassement et l'épanorthose, de faire entendre le deuil, que ce soit celui, traditionnel, qui est tourné vers l'autre, ou, de façon plus moderne, le deuil de soi, le deuil du mot juste – et peut-être aussi, dès lors, le deuil de l'élégie, car il semble impossible de trouver les mots pour dire la souffrance. On ne peut que suggérer celle-ci : l'effet de sourdine créé par le ressassement, par le rythme subtilement claudiquant, fait résonner ce déséquilibre fondamental, cette perte qui affecte le sujet, en donnant l'impression d'une absence, d'un centre vide, autour duquel la parole tourne désespérément, en boitillant.[1] En cela, la pièce témoigne d'une difficulté universelle, celle de communiquer à l'autre ce qui nous affecte, de passer de notre intériorité à celle de l'autre, de notre intimité à une autre.

1. En cela, Lagarce semble bien être un héritier d'Eugène Ionesco qui écrit dans *Notes et Contre-notes* : « D'abord le théâtre a une façon propre d'utiliser la parole, c'est le dialogue, c'est la parole de combat, de conflit. Si elle n'est que discussions chez certains auteurs, c'est une grande faute de leur part. Il existe d'autres moyens de théâtraliser la parole : en la portant à son paroxysme, pour donner au théâtre sa vraie mesure, qui est dans la démesure ; le verbe lui-même doit être tendu jusqu'à ses limites ultimes, le langage doit presque exploser, ou se détruire, dans son impossibilité de contenir les significations ». Ionesco, « Expérience du théâtre », in *Notes et Contre-notes*, Gallimard, Paris, 1966, rééd. Folio essais, 1991, p. 63.

Conclusion

Juste la fin du monde, chronique ordinaire d'un échec personnel ? Certainement pas. Ce qui constitue l'œuvre en mythe, c'est, étrangement, la simplicité de ce qui est raconté : la mort injuste d'un jeune homme – Lagarce, certes, Louis, aussi, Gaspard Ulliel, encore, et tellement d'autres –, et la difficulté à laquelle ce jeune homme est confronté pour parler à ceux qui sont censés être les plus proches de lui, et, à l'inverse, la même difficulté à laquelle sont confrontés ces autres membres de la même famille qui cherchent à lui parler. Ce drame de l'intimité, c'est, paradoxalement, la chose du monde la plus universellement partageable. Victor Hugo le soulignait déjà dans sa préface aux *Contemplations* (1856) : « Est-ce donc la vie d'un homme ? Oui, et la vie des autres hommes aussi. Nul de nous n'a l'honneur d'avoir une vie qui soit à lui. Ma vie est la vôtre, votre vie est la mienne, vous vivez ce que je vis ; la destinée est une. Prenez donc ce miroir, et regardez-vous-y. On se plaint quelquefois des écrivains qui disent moi. Parlez-nous de nous, leur crie-t-on. Hélas ! Quand je vous parle de moi, je vous parle de vous. Comment ne le sentez-vous pas ? Ah ! Insensé, qui crois que je ne suis pas toi ! » C'est cette universalité, sans doute, qui a contribué au succès de l'œuvre, de même que sa dimension lyrique, élégiaque : les plus beaux chants ne sont-ils pas ceux qui évoquent une perte irrémédiable ? Véritable chant du cygne, *Juste la fin du monde* est bien la pièce de la perte : perte de soi, perte des autres, mais surtout perte du mot, celui qui permet de relier les hommes ou celui qui permet d'exprimer ce qui nous hante au plus profond de nous-même. Si la pièce donne l'impression d'un échec, elle est, d'un point de vue poétique, tout à fait réussie.

Sujets de dissertation

1. Le metteur en scène Joël Jouanneau affirme au sujet de l'écriture de Lagarce qu'il s'agit d'« une écriture musicale qui repose sur le ressassement. Mais, à l'opposé de Duras, c'est comme si chaque phrase était une correction de la phrase qui précède. C'est un ressassement qui va vers l'avant. Un art de la répétition qui n'est jamais en boucle, qui construit toujours une histoire. Comme si, avant de finir sa phrase, ou de nous quitter, il voulait absolument pouvoir être dans le plus sincère du sincère ». Vous commenterez et discuterez ce propos en vous fondant sur votre lecture de *Juste la fin du monde*.
2. Le metteur en scène Jean-Charles Mouveaux formule au sujet de la pièce de Jean-Luc Lagarce le jugement suivant : « Dessiner un cadre trop précis à cette histoire serait pour moi une erreur. Toute l'action *de Juste la fin du monde* est emmenée par l'unique volonté et le seul point de vue d'une personne : Louis. » Dans quelle mesure ce propos vous semble-t-il rendre compte de la pièce ?
3. Un personnage de Jean-Luc Lagarce conclut la pièce *Ici ou ailleurs* sur ces mots : « J'entrepris de ne raconter que ma propre impuissance à raconter… […] Et naturellement, cette impuissance, je fus impuissant à la raconter ». Quel éclairage ce propos apporte-t-il à votre lecture de *Juste la fin du monde* ?

Bibliographie sélective

[N.B. : Le lieu d'édition n'est pas précisé quand il est à Paris.]

1. Autres œuvres du même auteur

Jean-Luc Lagarce, *J'étais dans ma maison et j'attendais que la pluie vienne*, Besançon, Les Solitaires Intempestifs, 1997.

—, *Le Pays lointain*, Besançon, Les Solitaires Intempestifs, 1999.

—, *Elles disent… l'Odyssée*, Besançon, Les Solitaires Intempestifs, 2019.

2. Études

Lire un classique du XXe siècle : Jean-Luc Lagarce, Besançon, Scérén / Les Solitaires Intempestifs, 2007.

Problématiques d'une œuvre, I, colloque de Strasbourg (dir. G. Jolly, D. Juillard, A. Pascaud), Besançon, Les Solitaires Intempestifs, 2007.

Regards lointains, II, Colloque de Paris IV - Sorbonne (dir. D. Guénoun), Besançon, Les Solitaires Intempestifs, 2007.

Traduire Lagarce (langue, culture, imaginaire), III, colloque de Besançon (dir. S. Toudoire-Surlapierre, A. Moreira da Silva, B. Curatolo, F. Berreur), Besançon, Les Solitaires Intempestifs, 2008.

Jean-Luc Lagarce dans le mouvement dramatique, IV, colloque de Paris III - Sorbonne nouvelle (dir. C. Naugrette, J.-P. Sarrazac), Besançon, Les Solitaires Intempestifs, 2008.

Europe : Jean-Luc Lagarce (dir. C. Dobzynski, J.-B. Para), n° 969-970, janvier-février 2010.

Notices biographiques et bibliographiques sur les auteur.e.s

Coordination : Jean-Michel Gouvard est Professeur de Langue et de Littérature françaises à l'Université de Bordeaux-Montaigne (France) et Associate Fellow à l'Institute of Modern Languages Research (University of London, Royaume-Uni). Il est membre de Plurielles (UR 24142). Ses travaux portent sur les interactions entre la création littéraire et les représentations culturelles, sociologiques et politiques, du Second Empire à nos jours. Son dernier essai publié s'intitule *Le Nautilus en bouteille. Une lecture de Jules Verne à la lumière de Walter Benjamin* (Rennes, Pontcerq, 2019). Il est l'auteur de divers ouvrages à destination des étudiants, dont *La Versification française* (Paris, PUF, 2015) et *De l'Explication de texte au commentaire composé* (Paris, Ellipses, 2015). Depuis le début des années 2000, il a été à de nombreuses reprises membre des jurys du CAPES externe et de l'agrégation interne de Lettres Modernes.

Moyen Âge : Alain Corbellari est professeur de littérature française médiévale aux universités de Lausanne et de Neuchâtel. Spécialiste de la réception du Moyen Âge dans la Modernité (en particulier dans la bande dessinée) et de l'histoire des études médiévales, il est entre autres l'auteur de *Joseph Bédier écrivain et philologue*, Genève, Droz, 1997 ; *Guillaume d'Orange ou la naissance du héros médiéval*, Klincksieck, 2011 ; *Des fabliaux et des hommes*, Genève, Droz, 2015 ; *Prismes de l'amour courtois*, Dijon, Éditions universitaires de Dijon, 2018, *Le Moyen Âge à travers les âges*, Neuchâtel, Alphil, 2019, *Moyen Âge et critique littéraire*, Saint-Denis, Presses universitaires de Vincennes, 2021 ; *Le complot en littérature*, Saint-Denis, Presses universitaires de Vincennes, 2023.

XVIe siècle : Lisa Pochmalicki, agrégée de lettres modernes et docteure en littérature française, enseigne à l'Université de Strasbourg. Dans le cadre de sa thèse, qui porte sur la réception et l'autorité de Marco Polo dans la littérature de la Renaissance, elle a publié des articles sur les représentations européennes de l'Extrême-Orient. Elle s'est également intéressée aux récits de voyageurs français partis dans l'Empire ottoman au XVIe siècle. Ses travaux ont donné lieu à une édition critique du *Voyage de Paris en Constantinople* de Jean Chesneau publiée chez Droz en 2019.

XVIIe siècle : Éric Tourrette est PRAG HDR de lettres modernes à l'Université Lyon 3. Il est membre du groupe Marge. Ses travaux portent sur la langue et la littérature du XVIIe siècle, particulièrement sur les moralistes classiques et les « remarqueurs » (auteurs de remarques sur la langue française).

XVIIIe siècle : Jean-Paul Sermain, après avoir enseigné dans les universités d'Aix-en-Provence et de Sarrebruck, a été nommé professeur de littérature française du XVIIIe siècle à la Sorbonne nouvelle en 1998. Il est devenu professeur émérite en 2017. Il a étudié l'histoire des idées rhétoriques, leur lien avec la fiction, et il a considéré dans sa thèse la poétique du roman d'Ancien Régime (*Métafictions 1670-1730*, 2002). Il a consacré de nombreuses études et deux livres au conte merveilleux (*Le Conte de fées du classicisme aux Lumières*, 2005, *Les Mille et une nuits entre Orient et Occident*, 2009). Enfin il s'est intéressé dans plusieurs articles au théâtre du XVIIIe siècle et son dernier ouvrage porte sur Marivaux et la mise en scène (2013). Il fait paraître en 2023 chez Peeters *La Belle et la Bête*, un mythe moderne au gré des contes et de leur dialogue. Il achève une vaste étude en trois volumes : *Manières de penser, les œuvres littéraires à travers l'histoire, Écrire par lieu commun, un partage d'idées, Penser par figure, façons de raisonner.*

XIXe siècle : Agrégé de Lettres modernes et docteur en littérature française de Paris Sorbonne, **Antoine Piantoni** a notamment travaillé sur le groupe des poètes fantaisistes du début du XXe siècle. Ses recherches l'ont mené à élargir sa réflexion aux XIXe et XXIe siècles, dans la triple perspective d'une histoire des formes (notamment du poème en prose), de la sociabilité littéraire des groupes et de la réception des *minores*. Ses travaux sur la poésie du XIXe concernent des poètes comme Tristan Corbière, Germain Nouveau et Charles Cros. Il a récemment dirigé le volume *Francis Carco. L'apache des lettres* dans la collection « Minores XIX-XX » aux éditions Classiques Garnier.

XXe siècle : Magali Rabot, agrégée de Lettres modernes, est professeure en lycée. Elle a publié une monographie consacrée à l'analyse de *Juste la fin du monde* aux éditions Ellipses et publie chaque année des articles destinés aux candidats aux concours des grandes écoles de commerce.

Table des matières

Auteurs divers
Fabliaux

Jean de Léry
Histoire d'un voyage faict en la terre du Brésil

La Bruyère
Les Caractères

Marivaux
L'Île des esclaves

Charles Baudelaire
Les Fleurs du mal

Jean-Luc Lagarce
Juste la fin du monde

Dépôt légal : juillet 2023 - N° imprimeur : 072376073

Imprimé en France par Présence Graphique - Monts